O PAPEL DO ESTADO SEGUNDO OS DIVERSOS LIBERALISMOS

O PAPEL DO ESTADO SEGUNDO OS DIVERSOS LIBERALISMOS

LUCAS BERLANZA

70

O PAPEL DO ESTADO SEGUNDO OS DIVERSOS LIBERALISMOS

Autor: Lucas Berlanza

Diretor da Almedina Brasil: Rodrigo Mentz
Editor: Marco Pace
Editor de Desenvolvimento: Rafael Fulanetti
Assistentes Editoriais: Larissa Nogueira e Letícia Gabriella Batista
Estagiária de Produção: Laura Roberti
Revisão: Luciana Boni e Gabriela Leite

Diagramação: Almedina
Design de Capa: Roberta Bassanetto

ISBN: 9786554270656
Abril, 2023
Impressão e Acabamento: Forma Certa Gráfica Digital

Dados Internacionais de Catalogação na Publicação (CIP)
(Câmara Brasileira do Livro, SP, Brasil)

Berlanza, Lucas
O papel do Estado segundo os diversos liberalismos
Lucas Berlanza. – 1. ed. – São Paulo : Edições 70, 2023.

Bibliografia.
ISBN 978-65-5427-065-6

1. Economia 2. Liberalismo – História 3. Locke, John, 1632-1704
Crítica e interpretação 4. Smith, Adam, 1723-1790
5. Weber, Max, 1864-1920 I. Título.

23-145348 CDD-320.5109

Índices para catálogo sistemático:

1. Liberalismo : História : Ciência política 320.5109

Aline Graziele Benitez – Bibliotecária – CRB-1/3129

Este livro segue as regras do novo Acordo Ortográfico da Língua Portuguesa (1990).

Editora: Almedina Brasil
Rua José Maria Lisboa, 860, Conj. 131 e 132, Jardim Paulista | 01423-001 São Paulo | Brasil
www.almedina.com.br

PREFÁCIO

Era o dia 20 de novembro de 2021, eu estava dentro do avião lendo o artigo "Fabiano, sociais-democratas, liberais sociais: uma tentativa de entendimento"[1] e tive a nítida impressão de que se tratava de um capítulo de um livro. Antes do aviso de "portas em automático", postei no Instagram sobre essa minha impressão e marquei o autor do artigo: Lucas Berlanza.

Qual não foi a minha surpresa quando, poucas semanas depois, mais precisamente no dia 1º de dezembro, Lucas me mandou a seguinte mensagem: "Você falou que aquele artigo era estilo um capítulo de livro, então vou transformá-lo em um".

Mais algumas semanas se passaram, até que no dia 29 de dezembro de 2021 recebi a honrosa incumbência de prefaciar o livro que o autor escrevia fervorosamente nos últimos dias do ano! Eis o livro!

O Papel do Estado Segundo os Diversos Liberalismos poderia ser também chamado de "O liberalismo Redivivo", visto ser um legítimo e necessário resgate da história do liberalismo, capaz de trazer luz ao debate tão ofuscado pelos reducionismos e opiniões pessoais.

---

[1] BERLANZA, Lucas. Fabianos, sociais-democratas, liberais sociais: uma tentativa de entendimento. Disponível em: https://www.institutoliberal.org.br/blog/fabianos-sociais-democratas-liberais-sociais-uma-tentativa-de-entendimento/. Acesso em 18.11.2022.

O livro traduz a coragem do autor ao acolher a existência de diversos liberalismos como galhos de uma mesma árvore, na medida em que o liberalismo é uma tradição filosófica que se construiu e se constrói na linha do tempo e dos acontecimentos.

Nestas páginas, o autor materializa uma frase que já o ouvi enunciar algumas vezes: as ideias não nascem do nada!

De uma honestidade intelectual rara nos nossos dias, o livro é um convite à serenidade na avaliação, sobretudo nesses tempos em que as ideias liberais ganham cada vez mais adeptos. Frear a precipitação é fundamental.

O livro é, também, um alerta para os recém-chegados ao liberalismo que costumam cair nas armadilhas da simplificação do papel do Estado liberal sem, muitas vezes, considerar que o entendimento deste papel nunca foi uma constante na história da tradição do pensamento liberal e que ele não está alheio ao contexto histórico de cada época.

O autor traz a perspectiva histórica de cada um dos liberalismos e o faz de forma brilhante e lúcida. Aliás, a lucidez é uma das características que mais admiro no autor.

É tão honestamente desenvolvido que, se bem compreendido, o presente livro contribuirá para que as boas ideias sigam florescendo sem negar suas raízes.

Ao finalizar a leitura de *O Papel do Estado Segundo os Diversos Liberalismos*, tive uma nova impressão: a de que se trata do prelúdio de um novo alvorecer, livre de radicalismos e preconceitos.

Boa leitura.

GUTA PINI

SUMÁRIO

INTRODUÇÃO

O liberalismo, como temos repetidamente sustentado, conquanto seja produto de um longo processo de elaboração histórica, com antecedentes reconhecíveis – o que em nada faz dele uma exceção, já que não se pode dizer de praticamente nada na História que tenha surgido do nada –, é a mais fascinante novidade dos últimos séculos. Justamente por seus méritos sem par e sua grandeza sublime, o liberalismo segue a encontrar em seu trajeto os mais delicados obstáculos. Conforme o pensador espanhol José Ortega y Gasset (1883-1955), cujas palavras expressarão melhor a ideia em enfoque do que quaisquer combinações verborrágicas que pudéssemos conceber, ele é "a suprema generosidade: é o direito que a maioria outorga à minoria e é, portanto, o mais nobre grito que soou no planeta. Proclama a decisão de conviver com o inimigo; mais ainda, com o inimigo débil. Era inverossímil que a espécie humana houvesse chegado a uma coisa tão bonita, tão paradoxal, tão elegante, tão acrobática, tão antinatural. Por isso, não deve surpreender que tão rapidamente pareça essa mesma espécie decidida a abandoná-la. É um exercício demasiado difícil e complicado para que se consolide na Terra. Conviver com o inimigo! Governar com a oposição! Não começa a ser já incompreensível semelhante ternura? Nada acusa com maior clareza a fisionomia do presente como o fato de que vão sendo tão poucos os países onde existe a oposição. Em quase todos, uma massa homogênea pesa sobre o Poder público e esmaga, aniquila todo o grupo opositor. A massa – quem o diria ao ver seu aspecto compacto e multitudinário? – não deseja a convivência com o que não é ela. Odeia de morte o que não é ela"[2].

Gasset escreveu estas linhas no começo do século XX, presenciando a emergência da democracia de massa, mas, de par com ela, do fascismo, do socialismo soviético, do populismo latino-americano e diversas outras propostas políticas que ameaçavam as liberdades individuais. A generosidade do liberalismo a que se refere é precisamente a generosidade de reconhecer e respeitar a dignidade e as prerrogativas do indivíduo.

No liberalismo, o individualismo ocidental alcança um patamar mais bem acabado de realização. O indivíduo se torna a chave metodológica para o reconhecimento da pluralidade, da heterogeneidade. Se, enquanto indivíduos, estamos em posição de demandar o respeito a uma série de direitos fundamentais, particularmente a vida, a liberdade e a propriedade, podemos fazer uso dessa tríade sagrada para dar vazão a um sem-número de preferências, crenças e estilos de vida. O liberalismo é uma aposta na licença para a convivência e o entrechoque criativo dos diversos, respeitando-se regras a partir das quais uns não possam esmagar os outros em suas possibilidades de existência. Esta é a razão por que, diga-se o que se queira, não encontramos neste mundo alternativa de organização social mais coerente com as nossas imperfeições e os limites de nossos poderes e capacidades. Se não existem entre nós seres humanos perfeitos, dotados da mais completa sapiência, capazes de identificar e prever os mínimos detalhes, não há como pretender que haja qualquer supremo ponto de vista em condições de se impor a todos os demais, de dissolver os diversos na homogeneidade, de aniquilá-los e se apresentar como a Verdade inquestionável. A imposição deve ser apenas de um

---

[2] ORTEGA Y GASSET, José. A rebelião das massas. Tradução de Herrera Filho. Domínio público, 2013, p. 86. Disponível em: http://www.dominiopublico.gov.br/pesquisa/DetalheObraForm.do?select_action=&c. Acesso em 2016, 2017.

mínimo de regras que permitam que as vozes se expressem sem serem arbitrariamente silenciadas. É por isso que não se pode levar a sério o pedantismo daqueles que acusam o liberalismo de ser uma narrativa tão totalizante e autoritária quanto aquelas a que ele se opõe; sob a sua égide, o amante de ditaduras pode perfeitamente proclamar sua paixão por déspotas de qualquer espécie. Sob a égide desses mesmos déspotas, o liberal será preso ou morto. Não há equiparação possível e por isso não temos peias em proclamar a franca superioridade moral do liberalismo perante todos os seus adversários.

Por liberalismo, referimo-nos, naturalmente, como o professor Og Leme (1922-2004), a três noções que se complementam: "1. O liberalismo é uma visão de mundo, aquilo a que os alemães chamam de *weltanschauung*, de acordo com a qual a vida humana apenas faz sentido em liberdade; 2. É uma doutrina, isto é, um conjunto sistematizado de ideias, valores, princípios e conhecimentos sobre a importância radical da liberdade e das instituições que a tornam possível; 3. É um movimento político, partidário ou não, favorável ao estabelecimento de uma ordem liberal baseada naquelas instituições garantidoras dos direitos individuais"[3]. Tendo por marco a obra de John Locke (1632-1704), o liberalismo é, tal como também o conceituou José Guilherme Merquior (1941-1991), uma grande tradição política, a tradição política da modernidade por excelência, que precisamente se concentra na garantia de direitos fundamentais ao indivíduo contra o arbítrio, geralmente (embora não exclusivamente) aquele cometido pela estrutura que detém o poder de coerção e que, no mínimo, existe para exercer as funções de segurança e justiça, sustentando as regras mínimas a que se fez referência anteriormente – aquela a que se chama Estado. Não avançando em direção ao anarquismo, ao contrário dos anarcocomunistas e dos anarcocapitalistas, admitindo que o Estado seja necessário, o liberalismo tem por preocupação mantê-lo operando dentro de condições bem claramente especificadas, que o impeçam

[3] LEME, OG. Afinal, o que é o liberalismo? In: Introdução ao Liberalismo, org. Lucas Berlanza. Almedina, 2021, p. 29.

de se intrometer mais do que deve naqueles direitos e espaços de existência que nasceu exatamente para proteger.

Não obstante isso, a todo instante, nos deparamos com os que desejam suprimir o liberalismo como se disso dependesse a causa de suas vidas. Ortega y Gasset, em suas palavras inspiradoras, já os vislumbrava estendendo um espectro de tirania sobre o mundo. Ainda hoje, quando se discutem hipóteses de "democracias iliberais" e populismos redentores, o liberalismo é injuriado como um Judas Iscariotes contemporâneo.

Ludwig von Mises (1881-1973) escreveu em seu clássico *A Mentalidade Anticapitalista* que, do ponto de vista da dimensão econômica do liberalismo, a economia de mercado, a aversão se dá porque seus críticos são psicologicamente saudosos de um momento histórico em que a vida transcorria com uma sensação muito maior de permanência, rejeitando a mobilidade que se faz acompanhar de uma dinâmica capitalista – e, por extensão, de uma dinâmica de liberdade. Sociais-democratas e socialistas em geral costumam reduzir o liberalismo à sua dimensão econômica, a intelectuais de terno discutindo taxas e dados enquanto pessoas reais, de carne e osso, passam fome e padecem na miséria.

O liberalismo, porém, muito mais do que isso, é uma experiência histórica. Donald Stewart Jr. (1931-1999), fundador do Instituto Liberal, organização brasileira dedicada desde os anos 80 à divulgação do liberalismo, ressaltaria que ele se baseia em informações concretas, em instituições e rumos que já demonstraram seu sucesso através do tempo. É um conjunto de ideias e instituições, decorrentes dessas mesmas ideias, que marcam a perspectiva de estabelecimento de "regras de jogo" na convivência social. Mais do que apenas as realizações e sucessos do capitalismo, o liberalismo tem a seu favor uma série de princípios e edificações institucionais que pode reivindicar para si mesmo, como obra sua. É ele que proclama a liberdade de ler o que se queira, de pensar o que se queira e sobre o que se queira, de falar o que se queira, de se associar com quem se queira, de se casar com quem se queira, de ser amigo de quem se queira, de comercializar com quem se queira. Foi ele quem proclamou as constituições, foi ele quem assentou os sistemas representativos, permitindo a expressão, na dimensão das decisões políticas inevitáveis, do ponto de vista das minorias e maiorias, sem que umas aniquilem as outras.

De outro lado, os autênticos reacionários desprezam o liberalismo porque o veem abrindo as portas à degeneração moral. Sem sombra de dúvidas, ao julgar-nos livres, ele nos julga mais livres para errar; podemos e devemos combater o erro pelo poder das ideias e da palavra, mas, se a liberdade o permite multiplicar-se, ela também abre portas para a generalização de inovações positivas de outra maneira jamais imagináveis. Os tradicionalistas antiliberais, no fundo, por mais que o neguem, odeiam o liberalismo porque ele impede o mundo estático, espiritualmente imóvel, completamente homogeneizado sob a égide de suas convicções de fé; que importa, eles grasnam, se o liberalismo ajuda a melhorar as condições médias de vida se ao mesmo tempo ele permite a terrível situação de religiões diferentes poderem conviver em público?

Há também, entretanto, outra fonte de críticas contra o liberalismo, que ganharam força na passagem do século XIX para o século XX. Recorremos ao velho Friedrich Hayek (1899-1992), que, de maneira judiciosa, explica:

> "Mas se o avanço rumo ao que costumamos chamar 'ação positiva' não podia deixar de ser lento, e se, para aperfeiçoar-se de imediato, o liberalismo tinha de valer-se em grande parte do aumento gradual da riqueza trazida pela liberdade, precisaria por outro lado combater constantemente as propostas políticas antiliberais que ameaçavam esse avanço. O liberalismo veio a ser considerado uma filosofia 'negativa' porque não podia oferecer a cada indivíduo mais do que uma participação no progresso comum – progresso cada vez mais considerado natural e inevitável e não mais encarado como decorrente da política de liberdade. Pode-se mesmo dizer que o próprio sucesso do liberalismo tornou-se a causa do seu declínio. Devido ao êxito alcançado, o homem se foi mostrando cada vez menos disposto a tolerar os males ainda existentes, que a essa altura lhe pareciam insuportáveis e desnecessários.

> A impaciência crescente em face do lento progresso da política liberal, a justa irritação com aqueles que empregavam a fraseologia liberal em defesa de privilégios antissociais, e a ilimitada ambição aparentemente justificada pela melhoria material já conquistada fizeram com que, ao aproximar-se o final do século, a crença nos princípios básicos do liberalismo fosse aos poucos abandonada"[4].

Em outras palavras, Hayek e seu professor Mises afirmariam que o liberalismo e o capitalismo promoveram a multiplicação de riquezas, a urbanização, o desenvolvimento, mas foram responsabilizados pela pobreza grotesca, pela situação, por exemplo, lastimável de muitos operários nas grandes cidades da Revolução Industrial, muito mais herança do passado que o liberalismo suplantava que criação maquiavélica de um suposto "dinheirismo" diabólico. Emergia nesse contexto a chamada "questão social": reivindicava-se que o Estado não se limitasse à garantia dos direitos individuais, da proteção já mencionada da vida, da liberdade e da propriedade. Reivindicava-se que tomasse uma atitude contra a pobreza, que protegesse os trabalhadores do que se julgava uma "minoridade social" em relação aos seus ricos patrões, que fornecesse redes mínimas de seguridade social.

Como veremos ao longo deste livro, essas reivindicações vieram de fora do liberalismo – a partir, por exemplo, da social-democracia – ou de dentro de suas fileiras, a partir do então alcunhado "liberalismo social". A narrativa, que vige até hoje entre muitos círculos, é a de que o liberalismo seria uma ideologia antissocial, insensível, avessa à solidariedade e à empatia, uma ideologia preocupada com o enriquecimento dos ricos e indiferente ao sofrimento dos indigentes. Essa narrativa chega ao ponto de negar o liberalismo como doutrina social que é, política que é, para colocá-lo na posição paradoxal de chaga destrutiva, que dissolve os elos fraternos entre as pessoas e as divide em prol de interesses particulares menos felizes.

---

[4] HAYEK, Friedrich. O Caminho da Servidão. Instituto Ludwig von Mises Brasil, 2010, p. 43.

O debate sobre a "questão social" e, por consequência, sobre o papel que o Estado deveria ter em sua resolução, dividiu também os próprios liberais, tamanha a sua relevância e tais as suas implicações. A discussão, que ganha relevo em momentos de crise e é decisiva nos embates político-teóricos entre os liberais brasileiros contemporâneos, motivou-nos a redigir este breve trabalho, com o objetivo de trazer alguma luz ao tema empregando a ferramenta que melhor permite, a nosso ver, compreender as principais correntes políticas, não sendo o liberalismo de forma alguma exceção: a história. Olhando para o liberalismo não como uma suposta doutrina abstrata, etérea e inatingível, como que produzida perfeita e acabada, em forma de cartilha, por um ou dois autores luminares a quem se recorre a todo instante como se detivessem a palavra final e sacrossanta a seu respeito, mas para os diversos pensadores liberais reais, que desenvolveram raciocínios, teorias e princípios que conformaram essa tradição, conforme nos orientariam figuras como Merquior e o professor Antonio Paim (1927-2021), permitimo-nos um passeio pela maneira por que alguns dos mais importantes entre eles abordaram a relevância e a função do Estado e que intervenções admitiram que ele aplicasse ao problema da "questão social". O objetivo prioritário deste livro, ainda que subsidiariamente apresente uma sucinta e inevitavelmente seletiva história das correntes liberais, é demonstrar duas verdades: a primeira, a de que o tema jamais encontrou um único entendimento dentro do liberalismo, comportando, sem romper os fundamentos da "macrocorrente" política em que se constitui, interpretações e matizes bastante variados, a depender dos autores e do contexto histórico, afrontando as retóricas simplistas que por vezes prevalecem entre os próprios liberais, que dirá entre seus oponentes antiliberais – eis porque falamos em "liberalismos" mais do que propriamente de um único liberalismo; a segunda, a de que, qualquer que seja a interpretação dos autores liberais acerca do assunto, resta patente, a partir de suas próprias elaborações intelectuais, que não há qualquer motivo razoável para acusá-los, à diferença de qualquer outra concepção política, de desprezarem o sofrimento e a pobreza e terem qualquer outra intenção que não a de encontrar o melhor e mais justo arranjo social para todos. O fato de chegarem a respostas diferentes não pode ser usado para cassar suas credenciais de liberalismo, posto que o liberalismo jamais teve uma visão absoluta e única sobre o assunto – e muitos autores a quem se creditam certas perspectivas, conforme pretendemos sinteticamente demonstrar, passavam longe de esposá-las.

Cabe-nos, de início, uma ilustração dos problemas que os reducionismos reinantes provocam. Atuando no campo das ideias e militando – sem receio algum da palavra, já que não a entendemos aqui como anulação do espírito crítico – no Brasil contemporâneo, a melhor contribuição que podemos prestar é a da preservação no debate público, em seu próprio campo teórico-prático, do pensamento liberal.

Preservar o liberalismo em seu campo significa, a um só tempo, resguardá-lo do perigo das transitoriedades políticas, de se ver intrinsecamente atrelado a articulações de forças em vias de afundar; reconhecer a sua pluralidade, não admitindo reduções do seu significado amplo como corrente de pensamento da modernidade que abarca diferentes tendências e subdivisões; e reconhecer, igualmente, que esta última verdade não implica que liberalismo seja qualquer coisa e, consequentemente, que qualquer coisa se possa proclamar liberal sem resistência.

Essa é, hoje, a maior responsabilidade dos liberais. Nos últimos anos, quando uma nova etapa na popularização de teses e referências do liberalismo e do conservadorismo no Brasil, que convencionamos de forma simplificada designar por "nova direita", despontou em reação ao período dos governos do PT, certos representantes das correntes mais radicais do espectro do pensamento individualista se arrogaram o monopólio do significado de "liberalismo".

Apressemo-nos em dizer, não queremos com esse apontamento afastar os anarquistas de mercado e os objetivistas das ações e organizações do amplo "movimento" liberal; suas contribuições têm sido fundamentais e muito bem-vindas ao debate. Porém, quando alguns dos adeptos dessas correntes proclamam que qualquer linha de pensamento menos "privatista" do que as deles não pertence ao campo do liberalismo, isto é, que qualquer um que não queira o fim total do Estado ou a sua absoluta redução apenas à segurança e à justiça não é verdadeiramente um liberal, estão proclamando uma falsidade histórico-conceitual e temos que nos manifestar contrariamente. Por exemplo, chega a ser tragicômico que um adepto das ideias de Hans Hermann-Hoppe (n. 1949), um autor anarquista que expõe abertamente sua visão libertária como uma superação do liberalismo clássico, pretenda pregar o Evangelho do verdadeiro liberalismo aos liberais.

No entanto, com a recente divisão de movimentos e organizações liberais e os complexos e confusos realinhamentos de peças no tabuleiro da política brasileira, vemos igualmente surgir, no campo da discussão teórica – e a discussão teórica, enfatize-se, termina por influenciar, ao menos no longo prazo, de uma maneira ou de outra, os rumos políticos –, um problema oposto e que, considerando a repercussão que vem conquistando nas Academias e até em formadores de opinião, parece já ser maior.

Está ganhando força uma estranha seita, uma "igreja dos liberais do bem", tomada por uma presunção bastante injustificada e igualmente reducionista, que vem enfatizando convenções e opções vocabulares estranhas para se apresentar como detentora do sentido do liberalismo – mas na direção contrária, isto é, para eles, o liberalismo verdadeiramente liberal (com o perdão da redundância) seria a sua vertente que mais admite a presença do Estado, isto é, o liberalismo social.

Ora, ainda que não de forma predominante, o chamado "liberalismo social" marca presença no Instituto Liberal desde os anos 80 e 90, com pensadores como José Guilherme Merquior. Autores como Antonio Paim e Ubiratan Borges de Macedo (1937-2007) também divulgaram as referências e teses do liberalismo social. O Instituto Liberal não pretende excluir o liberalismo social da categoria do liberalismo, nem liberais sociais como Merquior pretenderam que os liberais que não pertencem à sua escola deixem, por isso, de ser liberais. Uma simples consulta ao clássico de Merquior *O Liberalismo Antigo e Moderno* permite constatá-lo com facilidade.

É, ao contrário, precisamente o que vem tentando fazer um grupo cada vez mais barulhento de professores e jornalistas que se sentiriam claramente confortáveis em se enquadrarem na classificação já consagrada de "liberais sociais". Não obstante isso, em vez de simplesmente assim se apresentarem, eles vêm tentando se arvorar em representantes do "liberalismo democrático" ou "liberais democratas".

Referimo-nos a uma espécie de "igreja liberal social", em cujo pedestal estão autores como o pensador norte-americano John Rawls (1921-2002), que quer sistematicamente excluir todo o resto do liberalismo, movendo-o em absoluto em direção à esquerda e tachando todos os outros autores de "neoliberais" – conceito que define como referente a uma categoria que, na verdade, não seria realmente liberal, porque "denuncia toda ideia diferente" e "atenta contra a democracia e o Iluminismo", visto que seria escrava da economia e submeteria aos seus ditames toda a vida humana.

Essas são precisamente as palavras de um leitor de um tributo ao professor Antonio Paim que publicamos na *Folha de S. Paulo*[5], que descobrimos ser um professor gaúcho, na seção de comentários do site do jornal. Ele afirma que liberais de verdade são nomes como o próprio Rawls e Jean Jacques Rousseau (1712-1778) (!) e critica os "neoliberais" do Instituto Liberal. A ele e seus pares, respondemos que não somos nós, os "neoliberais antidemocráticos" que eles apontam, quem, da forma mais arbitrária e pedante possível, estamos excluindo liberais do campo do liberalismo para, em seu lugar, inserir o radical francês defensor da "vontade geral" como grande nome da lista.

Só não é o mesmo caso do professor José Eduardo Faria, que, em artigo no *Estadão*[6], condenou a defesa do *voucher* como a melhor polí-

---

[5] BERLANZA, Lucas. Antonio Paim: tributo ao mestre. Disponível em: https://www1.folha.uol.com.br/poder/2021/05/antonio-paim-tributo-ao-mestre.shtml. Acesso em 30.11.2021.

[6] FARIA, José Eduardo. Os direitos, os vouchers e a dignidade da condição humana. Disponível em: https://estadodaarte.estadao.com.br/jef-vouchers-dignidade-ea/?fbclid=IwAR0C8mPFv0sQc4ZXCkvosyTlFJER6zg1i3_NKZM60rrMlIDEFbLCmx22ctk. Acesso em 30.11.2021.

tica de auxílio aos mais pobres nos setores da saúde e da educação – a seu juízo, uma ofensiva dos "extremados chicaguistas" contra os "direitos sociais" defendidos pelos "liberais mais refinados" –, porque ele ao menos não expulsa os seus proponentes arbitrariamente do campo do liberalismo, limitando-se a tratá-los por radicais. Porém, como se vê, os argumentos são similares, senão idênticos. Ainda no artigo, ele se derrete em elogios para "liberais consistentes e respeitados, como John Rawls e Ronald Dworkin, e seus interlocutores comunitaristas (como Charles Taylor, Michael Sandel e Michael Walzer), para quem a ideia de bem comum vai além da mera somatória das vontades individuais", e acusa os chicaguistas de "limitar sua visão do liberalismo ao princípio da não interferência do Estado na esfera do mercado".

Essa distorção patética que aponta os liberais versados em Economia pela Universidade de Chicago como inimigos do Estado de Direito e da vida em sociedade, entre outras afirmações arbitrárias e repugnantes, já está passando de todos os limites. Não é preciso ir muito longe; basta avaliar os trabalhos do professor Og Leme, membro-fundador do Instituto Liberal, oriundo da escola de Chicago, que erigia o Estado de Direito entre os mais cruciais alicerces do liberalismo. Obviamente era um economista, o que implica ênfases temáticas na área em seus trabalhos, mas não poderia estar mais distante de uma abordagem meramente economicista. Igualmente, Roberto Campos (1917-2001) condenava a ideia de que um economista deveria ser economicista. Poucos autores terão trabalhado em áreas tão diversificadas quanto o austríaco Friedrich Hayek, a quem socialistas, sociais-democratas e keynesianos se acostumaram a apelidar pejorativamente de "pai do neoliberalismo", para que seja minimamente justo acusá-lo de ser um autor que só trabalha a pauta econômica. Pode-se criticar sua proposta de uma versão alternativa à democracia liberal, que chamou de "demarquia"[7], como aliás o fez o professor Antonio

[7] O regime da demarquia diferiria do regime típico das democracias atuais porque separaria o Congresso atualmente existente, onde há uma representação dos eleitores através dos parlamentares com a função de debater e criticar o

Paim, mas não o reduzir à caricatura de um autor que propõe a extinção da solidariedade e uma visão completamente atomista da vida social. Muito menos a isso reduzir uma miríade de outros autores que foram por ele influenciados, muitos deles sem sequer necessariamente adotarem a tese demárquica. O que se vê por detrás desse intento é uma empreitada sórdida e desonesta, nada menos que isso.

Essa mesma narrativa acadêmica de promover uma separação radical entre "liberais verdadeiros, favoráveis à democracia" e "neoliberais que só querem liberdade econômica" alcançou o Youtube. Em uma entrevista, reproduzindo essa alegação, a apresentadora Gabriela Prioli expôs um esquema do espectro político e pediu que o deputado Kim Kataguiri nele se classificasse[8]. Havia três categorias totalmente separadas no meio: "liberais democratas" (à esquerda), "neoliberais" e "conservadores liberais". É claro que o deputado não sabia o que escolher. Pense-se, por exemplo, em Ronald Reagan (1911-2004) ou Margaret Thatcher (1925-2013); ambos defendiam, obviamente, a democracia liberal ocidental. Ambos se inspiraram em autores ditos "neoliberais" – Milton Friedman (1912-2006) e Hayek, respectivamente. Ambos eram de partidos e movimentos conservadores. Onde a apresentadora os classificaria?

Não afirmamos que Prioli estivesse sendo mal-intencionada, mas claramente ela reverbera essa narrativa em seu esquema de classificação, talvez por influência dos intelectuais que frequentam seu mesmo círculo social. O truque é claro: "deixar no ar" que quem não segue Dworkin (1931-2013), Rawls e companhia, preferindo uma abordagem mais privatista, mais próxima à Escola de Chicago ou à Escola Austríaca de Economia, é um inimigo do Estado de Direito e da democracia liberal.

Já se veem figuras que mal se distinguem da social-democracia utilizando tal retórica para monopolizarem o significado da tradição

---

governo e disputar o poder, do Poder Legislativo propriamente dito, que conformaria uma esfera particular.

[8] Disponível em: https://www.youtube.com/watch?v=A3UskvbB3tI&t=448s. Acesso em 30.11.2021.

liberal e apontarem todos que não as acompanham nesse movimento como autoritários antidemocráticos. Eles são os "liberais do bem"; nós, os "liberais do mal" ou, antes, os "falsos liberais".

É preciso que não nos intimidemos por esse discurso e, ao mesmo tempo e não menos importante, que nos esforcemos por não conceder a menor dose de razão a essa falsidade. Quando todo tipo de estupidez reacionária travestida de conservadora ou trogloditismo obscurantista ganha apoio de liberais "do mal" – nas palavras deles – apenas para que se possa bajular políticos de estimação ou conquistar aplausos efêmeros, a seita dos "liberais do bem" se orgulha de ver fortalecido o próprio discurso mentiroso. Da mesma forma, quando qualquer corrente genuinamente liberal, com que podemos todos estar de acordo em determinadas pautas fundamentais, é, de forma completamente obtusa e historicamente absurda, rotulada de "comunista" por não acreditar que Mises ou Ayn Rand (1905-1982) detém o monopólio do liberalismo, está-se erguendo um brinde à ignorância.

Não podemos deixar que o liberalismo seja monopolizado por nenhuma escola arrogante e sedenta por dominá-lo, empobrecendo os segmentos sociais a que pode atingir em virtude de sua diversidade, nem fazer, nós mesmos, com que ele seja afundado no precipício. Esse é o alerta mais urgente para a geração liberal de nosso tempo, sob pena de ela servir, em primeiro lugar, à mentira, e, em segundo lugar, mas não menos importante, à sua própria desagregação, contrariando o chamado do professor Antonio Paim:

> "A questão central passou a ser, em nossos dias, a necessidade de promovermos a identificação de pontos em comum das diferentes correntes do liberalismo, sem embargo de preferências por essa ou aquela vertente que enfatiza esse ou aquele aspecto. Meu apelo aos jovens liberais é no sentido de que procurem ações nas quais possam atuar conjuntamente. Se não nos unirmos, serão menores as possibilidades de nos tornarmos uma corrente de opinião capaz de influir sobre o rumo dos acontecimentos."[9]

---

[9] PAIM, Antonio. Evolução Histórica do Liberalismo. LVM Editora, 2019, p. 12.

Para encontrar o que nos une e convergir, forçoso é que saibamos também reconhecer as diferenças, para que, cientes da pluralidade, alcancemos a maturidade do reconhecimento de que precisamos conviver com ela para que possamos enfrentar nossos principais oponentes. Igualmente, é preciso mostrar, através dessa pluralidade, a que se reduzem os ataques vis dos inimigos do liberalismo. Eis os esforços a que pretendemos, dentro de nossas possibilidades, registrar nossa pequena contribuição com este livro.

1.

JOHN LOCKE, O ESTADO LIBERAL E A POBREZA

Conforme apontamos, se o liberalismo não surge do nada e sempre há certa nebulosidade nas fronteiras entre os pilares que darão sustentação a uma teoria ou doutrina e o momento a partir do qual essa teoria ou doutrina pode ser mais concretamente identificada ou, mais adiante, reconhecer-se a si mesma, costuma-se apontar na obra do britânico John Locke o marco definidor do pensamento liberal.

1.1. A liberdade inglesa e o *whiggismo*

Com efeito, a primeira materialização partidária de um movimento com inspirações liberais, dentro do que Merquior chamaria de "protoliberalismo", seria o *whiggismo* inglês, que se oporia ao agrarianismo dos *tories* – termo que a princípio foi empregado a respeito da facção política que, emergindo no século XVII, originalmente defendia os direitos do monarca católico Jaime II (1633-1701) de ascender ao trono do Reino Unido, mas também foi adotado para se referir aos opositores posteriores dos *whigs*, desejosos de preservar certa soma de prerrogativas nas mãos do rei.

Desde 1215, a Inglaterra tinha um Parlamento, com a vigência da Magna Carta, ainda que não fosse efetivamente um Poder Legislativo moderno. Estabelecida como ferramenta para equacionar os conflitos da época, a Magna Carta conferia aos nobres o direito de operarem como consultores do rei em grandes questões governamentais, reconhecendo-lhes alguns direitos, como a proteção contra prisões arbitrárias e limitações na cobrança de impostos. Apesar de seu foco nas pretensões da nobreza, esse histórico documento também estatuía alguns direitos para os servos, como o de que nenhum homem poderia ter retirados os seus bens sem pagamento imediato, a menos que oferecesse o adiamento do pagamento.

Apesar de representar um notório avanço no sentido de reconhecer prerrogativas individuais explicitamente, a Magna Carta fracassou em 1215 em promover a paz entre o rei e os nobres rebeldes. Henrique III (1207-1272) tentou revitalizá-la em nova versão, também sem grande sucesso, mas, apesar de ter de lidar com tensões por décadas, o documento alcançou sua versão definitiva em 1297, tornando-se influente durante o resto da trajetória da Inglaterra medieval. O papel relevante do Parlamento na vida britânica se consagrou em 1327, com a deposição do rei Eduardo II (1284-1327), crescentemente impopular perante os nobres. Apesar de ser questionável o peso da instituição em si para efetivar a deposição, ela foi o instrumento através do qual o processo se concretizou. A seguir, em 1341, começou a separação tradicional do Parlamento britânico em duas câmaras, com reuniões distintas entre os chamados Comuns e os Lordes, os primeiros incluindo os burgueses e os cavaleiros e os segundos englobando os postos da nobreza e os clérigos.

No começo do século XVII, em sentido contrário, Jaime I (1566-1625) e Carlos I (1600-1649) promoveram a centralização e o aumento do poder da Coroa, usando como justificativa a doutrina do direito divino dos reis, e a tradição pré-liberal da Magna Carta foi empregada como retórica para confrontar esse movimento. Os opositores desse monarquismo autoritário sustentaram que a Magna Carta havia erigido, nos costumes e na tradição britânicos, a dignidade dos indivíduos e do sistema de justiça, bem como a efetividade do Parlamento, esferas que não poderiam ser esmagadas por nenhum rei. Como pontuado, não era exatamente verdade que a Magna Carta resguardasse poderes equivalentes aos que o liberalismo reconheceria ao Legislativo, mas ela representava uma tradição de grande poder simbólico a que os ingleses recorreram naquela circunstância histórica.

À guerra civil em 1640, com a execução de Carlos I, sucedeu-se o regime republicano de Oliver Cromwell (1599-1658), uma das figuras mais controversas da história britânica. Ele começou seu regime extinguindo a Câmara dos Lordes, mas depois também aboliu a dos Comuns por discordâncias políticas e conduziu a formação de três outros Parlamentos até 1658. Entre a crise de Carlos I e o período de Cromwell, existiram ainda dois movimentos vistos como populistas ou radicais que merecem destaque: os *diggers* ou "escavadores", um movimento liderado pelo reformador protestante Gerrard Winstanley (1609-1676), que defendia uma vida agrária sem salários ou propriedade privada, e os *levellers* ou "niveladores", liderados por John Lilburne (1614-1657), Richard Overton (1640-1664), William Walwyn (1600-1681) e Thomas Prince (1630-157), que já pregavam uma extensão do sufrágio para artesãos e pequenos proprietários, o fim de prisões por dívida e a tolerância religiosa. Lilburne já enfatizava em sua época que os britânicos eram homens "nascidos livres", antecipando diversos aspectos do pensamento político moderno que se consolidariam posteriormente. Esses grupos foram reprimidos e deixaram de ter relevância na década de 1650, após a execução do rei; por isso, infelizmente para eles, não constituíram uma tradição duradoura.

Após a morte de Cromwell, um novo período de convulsão política se seguiu e em 1660 a monarquia foi restaurada, com a recomposição das Câmaras e a coroação de Carlos II (1630-1685). Seu reinado lidaria com a instituição parlamentar existente até 1681, quando o monarca aceitou o risco que isso implicava e simplesmente dissolveu o Parlamento, governando sem ele pelos quatro anos finais de seu reinado, sobre um povo que aceitou a situação por estar exausto dos conflitos bélicos.

Foi aí que entrou em cena seu irmão Jaime II, que herdaria seu trono, após sua morte, em 1685. Apesar de seu autoritarismo na reta final, Carlos II era leal à igreja protestante oficial da Inglaterra, ainda que privadamente esposasse simpatias pelo Catolicismo. Jaime II, ao contrário, declarando-se abertamente católico, despertou as animosidades religiosas latentes no país, enfrentando grande oposição dos protestantes. Eles convidaram Guilherme de Orange (1650-1702), príncipe holandês casado com a filha de Jaime II, para invadir a Inglaterra e reivindicar o trono.

Guilherme desembarcou na Inglaterra com o exército holandês em 5 de novembro de 1688, sentenciando que respeitaria as liberdades britânicas e a oficialidade da religião protestante. Sem necessidade de derramamento de sangue, ele depôs Jaime II e ocupou o trono, no evento que ficou conhecido como Revolução Gloriosa. Em dezembro de 1689, como consagração do processo revolucionário, foi aprovada a Declaração de Direitos, um documento que, aprofundando o espírito da Magna Carta de 1215, impunha mais restrições aos poderes do rei sobre o Parlamento.

Os parlamentares precisavam justificar a sua revolução e legitimar os seus objetivos. Estabeleceram, portanto, que o rei passaria a não poder mais suspender as leis e sua execução sem que o Parlamento consentisse, que não poderia arrecadar recursos sem a autorização do Parlamento, que poderia ser peticionado pelos súditos, que não poderia criar um exército permanente sem que o Parlamento autorizasse, que os membros do Parlamento seriam eleitos de forma livre (embora, evidentemente, não se tratasse aqui de sufrágio universal) e que haveria ampla liberdade nos debates parlamentares. Esse rumo foi seguido partindo-se da premissa de que os reis não derivavam suas Coroas de uma determinação divina, de que os homens tinham o direito de legitimar seus monarcas e de que o poder de fazer as leis e efetivá-las precisava repousar sobre as mãos do Parlamento, isto é, da representação legislativa, e não do monarca propriamente dito; partindo-se da premissa, em suma, de que existe uma estrutura política – o Estado –, de que existe uma Coroa, mas é preciso que haja regras que limitem o poder de que dispõem para proteger os cidadãos, os indivíduos. A premissa, em outras palavras, do que viria a ser o liberalismo.

1.2. A concepção política lockeana

Um filósofo da época, em particular, se destacou como inspiração teórica para essa agenda, que se tornou o fundamento da facção *whig*. Este era precisamente John Locke e é por isso que ele recebe reconhecimento na história do liberalismo. Cumpre, portanto, iniciar nossa abordagem por uma exposição da visão lockeana quanto ao papel do Estado e de que maneira se pode encontrar alguma apreciação do problema social, especificamente no tocante à pobreza, em seus trabalhos.

Não é possível fazê-lo, contudo, sem antes atentar para a teoria hobbesiana. Thomas Hobbes (1588-1679), um pouco anterior e, por algumas décadas, contemporâneo a Locke, foi um teórico influenciado pela Reforma Anglicana, pelo auge do absolutismo monárquico e pela revolução científica.

Apesar de seu Protestantismo, Hobbes se encaixa no contexto do pensamento moderno precisamente porque construiu seus argumentos sobre a natureza humana e a lógica por detrás da organização do Estado e da sociedade civil sobre uma base de teor material e mecânico. Apesar de as duas últimas partes de seu livro mais famoso, *O Leviatã*, se concentrarem amplamente em temáticas religiosas e interpretações bíblicas, ele não se fundamentou, como outrora, na tese antiga do direito divino dos reis para delinear o coração de sua concepção política. Em vez disso, expôs uma teoria contratualista, que apresenta a origem da sociedade civil organizada em torno de um Estado – uma espécie de "homem artificial", uma instituição que decorreria, nos indivíduos da espécie humana, da "preocupação com a sua própria conservação e a garantia de uma vida mais feliz"[10], elementos ameaçados pelo que seria, sem o Estado, em um hipotético estado de natureza, uma condição constante de belicismo e matança, dando-se vazão às desenfreadas paixões dos homens.

---

[10] HOBBES, Thomas. Leviatã ou matéria, forma e poder de um Estado eclesiástico e civil. Martin Claret, 2012, p. 136.

O único meio de permitir que os indivíduos tivessem acesso a direitos e a instrumentos de proteção de suas vidas e atividades seria instituir uma autoridade estatal para desempenhar essa missão, o "soberano" – que, apesar do nome, pode ser um monarca ou uma assembleia. O problema é que, no sistema hobbesiano, embora o Estado não tenha seu poder em virtude de um direito divino, os mais diversos assuntos, desde as penalidades aplicadas até as doutrinas e ideias permitidas na sociedade, estão subordinados às determinações do "soberano", isto é, do Estado. A liberdade dos cidadãos ou súditos somente existe "naquelas coisas permitidas pelo soberano ao regular suas ações, como a liberdade de comprar e vender ou realizar contratos mútuos, de cada um escolher sua residência, sua alimentação, sua profissão, e instruir seus filhos como achar melhor"[11]. Se o dito "soberano" quisesse negar ao súdito todas essas franquias de liberdade, mesmo negar-lhe a própria vida, como no caso de uma execução injusta, ele na prática teria esse direito, ao menos perante o juízo dos demais, porque a liberdade para Hobbes é uma "liberdade do Estado", não intrinsecamente do indivíduo.

O Estado, em outras palavras, existe e deve existir para que possamos viver nossas vidas e coexistir de forma organizada. No entanto, para que isso aconteça, diria Hobbes, embora o objetivo seja que a maior parte das atividades seja realizada pelos indivíduos deixados em paz, esse Estado deve ter poder absoluto para cumprir sua função. Se ele simplesmente não quiser que os indivíduos sejam deixados em paz, eles não serão.

Eis o que o pensamento de Locke mudaria. Tendo estudado Medicina, Ciências Naturais e Filosofia em Oxford, Locke se tornou um teórico versátil, ícone do empirismo e interessado em temas como Epistemologia, Ética e Religião. Politicamente, apoiava o líder da oposição a Carlos II no Parlamento, lorde Shaftersbury (1621-1683), que já militava pelas bandeiras que expusemos há pouco: rei protestante,

---

[11] HOBBES, Thomas. Leviatã ou matéria, forma e poder de um Estado eclesiástico e civil. Martin Claret, 2012, p. 172.

Parlamento forte, mas também tolerância religiosa. Eram exatamente as pregações que Locke sistematizaria em sua teoria política.

Trabalhando sobre o terreno plantado por Hobbes e autores semelhantes para reformá-lo e contestá-lo em suas limitações, Locke reconheceu o Estado como produto da lei natural e instrumento necessário à garantia dos direitos, da mesma forma que Hobbes, sem recorrer ao direito divino dos reis. O liberalismo não nasceu, portanto, como um contestador definitivo do Estado, um "proto-anarquismo". Ao contrário, nasceu de uma teoria que buscava esclarecer a legitimidade e a atribuição do Estado, reconhecendo sua utilidade e existência. Porém, Locke questionou, e nisso seu espírito se casaria com o dos *whigs*, sua autoridade absoluta e propôs que ele fosse sempre submetido a um sistema de limitação de poderes que resguardasse a dimensão individual. Retornando ao Reino Unido com a Revolução Gloriosa, ele teve seus textos exibidos como justificativas para o que havia sido perpetrado.

Locke foi autor de diversas obras importantes no campo da teoria política. Uma delas foi a *Carta sobre a Tolerância*, em que defendeu principalmente a tolerância religiosa – apesar de não a estender aos ateus. Outra é o *Primeiro Tratado sobre o Governo Civil*, em que se dedicou a criticar a tradição do direito divino dos reis, demonstrando seguir as mesmas bases modernas de Hobbes. Nesta obra, Locke procurou refutar diretamente as pregações do pastor Robert Filmer (1588-1653), que justificava esse direito divino a partir da Bíblia, alegando que ele provinha da autoridade paterna legada por Adão, o primeiro homem, à sua descendência. Apesar de crer em Deus e afirmar que a lei natural provinha Dele, Locke enfatizava existirem direitos que podem ser derivados, pela razão, da própria natureza, inserindo-se na tradição filosófica dos direitos naturais.

Orientado por esse paradigma, ele desenvolveria, no *Segundo Tratado sobre o Governo Civil*, a exposição mais completa de sua teoria sobre o Estado liberal e a propriedade privada. Para Locke, "a liberdade dos homens submetidos a um governo consiste em possuir uma regra permanente à qual devem obedecer, comum a todos os membros daquela sociedade e instituída pelo poder legislativo nela estabelecido. É a liberdade de seguir minha própria vontade em todas as coisas não prescritas por esta regra; e não estar sujeito à vontade inconstante, incerta, desconhecida e arbitrária de outro homem: como a liberdade natural consiste na não submissão a qualquer obrigação exceto a da lei da natureza"[12]. Locke não concebia que o ser humano, por natureza, dispensaria essa liberdade para se submeter a uma autoridade absoluta. Não obstante, além da já mencionada aversão aos ateus como uma exceção a seus princípios de tolerância religiosa, Locke admitia a instituição da escravidão, como consequência da captura do inimigo em uma guerra justa, em que este optaria por se deixar escravizar em vez de ser morto.

A autoridade estatal deveria, a seu ver, garantir a concretização de determinados direitos, mas não transformar os que a ela estão sujeitos em completos submissos, caso em que a organização do Estado não ofereceria qualquer vantagem. A propriedade privada, isto é, a prerrogativa de dispor de determinados recursos materiais como e quando se queira, é um direito natural que se materializa sempre que o indivíduo se apossa de bens da natureza e trabalha sobre eles, retirando-os de seu estado original. Seria isso o que originalmente faria de uma terra ou um produto propriedade de alguém, que todos os demais deveriam respeitar. O alicerce do pensamento liberal está aí, ainda que essa teoria da apropriação dos bens e a própria teoria contratualista sejam sujeitas a muitas críticas, inclusive dentro do campo liberal; está no reconhecimento do espaço em direitos e prerrogativas que compete ao indivíduo para limitar o poder total e inquestionável do "soberano" e na sacralidade da propriedade privada.

Assim ele resumiria sua teoria: "O homem nasceu, como já foi provado, com um direito à liberdade perfeita e em pleno gozo de todos os direitos e privilégios da lei da natureza, assim como qualquer outro

---

[12] LOCKE, John. Segundo Tratado sobre o Governo Civil. Petrópolis: Editora Vozes/Clube do Livro Liberal, 1994, p. 41. Disponível em: https://fpa2014.files.wordpress.com/2014/01/john-locke-segundo-tratado-sobre-o-governo.pdf. Acesso em 28.01.2023.

homem ou grupo de homens na terra; a natureza lhe proporciona, então, não somente o poder de preservar aquilo que lhe pertence – ou seja, sua vida, sua liberdade, seus bens – contra as depredações e as tentativas de outros homens, mas de julgar e punir as infrações daquela lei em outros, quando ele está convencido de que a ofensa merece, e até com a morte, em crimes em que ele considera que a atrocidade a justifica. Mas como nenhuma sociedade política pode existir ou subsistir sem ter em si o poder de preservar a propriedade, e, para isso, punir as ofensas de todos os membros daquela sociedade, só existe uma sociedade política onde cada um dos membros renunciou ao seu poder natural e o depositou nas mãos da comunidade em todos os casos que os excluem de apelar por proteção à lei por ela estabelecida; e assim, excluído todo julgamento particular de cada membro particular, a comunidade se torna um árbitro; e, compreendendo regras imparciais e homens autorizados pela comunidade para fazê-las cumprir, ela decide todas as diferenças que podem ocorrer entre quaisquer membros daquela sociedade com respeito a qualquer questão de direito e pune aquelas ofensas que qualquer membro tenha cometido contra a sociedade com aquelas penalidades estabelecidas pela lei; deste modo, é fácil discernir aqueles que vivem daqueles que não vivem em uma sociedade política. Aqueles que estão reunidos de modo a formar um único corpo, com um sistema jurídico e judiciário com autoridade para decidir controvérsias entre eles e punir os ofensores, estão em sociedade civil uns com os outros; mas aqueles que não têm em comum nenhum direito de recurso, ou seja, sobre a terra, estão ainda no estado de natureza, onde cada um serve a si mesmo de juiz e de executor, o que é, como mostrei antes, o perfeito estado de natureza"[13].

Seguindo essa premissa explicativa da razão de ser da formação de uma comunidade política, de Estados e governos, Locke era

[13] LOCKE, John. Segundo Tratado sobre o Governo Civil. Petrópolis: Editora Vozes/Clube do Livro Liberal, 1994, p. 58. Disponível em: https://fpa2014.files.wordpress.com/2014/01/john-locke-segundo-tratado-sobre-o-governo.pdf. Acesso em 28.01.2023.

completamente contrário à monarquia absoluta, endossada por Hobbes, porque, se ela não oferece um instrumento institucional a que os súditos possam recorrer contra o monarca, na verdade eles não estariam, dentro da teoria lockeana, em uma sociedade civil com o rei, mas em estado de natureza para com ele, o que torna o sistema absolutista inconsistente com a ideia lockeana de uma sociedade civil.

Essa sociedade civil existe porque, se o homem já teria naturalmente a maior parte dos direitos que ela garante, seu gozo no hipotético estado de natureza seria muito precário, dado que o estado de natureza não dispõe de "uma lei estabelecida, fixada, conhecida, aceita e reconhecida pelo consentimento geral, para ser o padrão do certo e do errado e também a medida comum para decidir todas as controvérsias entre os homens", de "um juiz conhecido e imparcial, com autoridade para dirimir todas as diferenças segundo a lei estabelecida", nem de "poder para apoiar e manter a sentença quando ela é justa, assim como para impor sua devida execução"[14]. Mesmo assim, o governo estabelecido para garantir essas funções não pode afrontar as leis e se assumir como autoritário, sob pena de se tornar ilegítimo; ele tem deveres a que deve se curvar, ao contrário do soberano hobbesiano, que faz a lei civil por si mesmo e a ninguém presta contas.

Locke concebeu então um Poder Legislativo, que ele gostaria que não estivesse o tempo inteiro em funcionamento, pois idealmente seria parcimonioso; um Poder Executivo, que deve ter existência contínua; e um Poder Federativo, que seria responsável basicamente pelas relações externas. Ele não distinguiu claramente o Judiciário, embora este, em sua teoria, pareça estar compreendido no Executivo. O Legislativo, submetido ao povo que pode modificá-lo e insurgir-se se for aviltado, é o poder supremo; se o Executivo instaurar pela força limitações ao Legislativo, entrará em guerra contra o povo, que

---

[14] LOCKE, John. Segundo Tratado sobre o Governo Civil. Petrópolis: Editora Vozes/Clube do Livro Liberal, 1994, p. 69. Disponível em: https://fpa2014.files.wordpress.com/2014/01/john-locke-segundo-tratado-sobre-o-governo.pdf. Acesso em 28.01.2023.

então, uma vez mais, tem o direito de se insurgir para reestabelecer a sociedade civil. "Quando o conjunto do povo ou um indivíduo isolado são privados de seu direito ou são submetidos ao exercício de um poder ilegal, não dispondo de qualquer juiz para apelar na terra, têm a liberdade de apelar ao céu quando acharem que a causa merece. Por isso, embora o povo não possa ser juiz, por não possuir pela constituição daquela sociedade qualquer poder superior, para dirimir e dar uma sentença efetiva no caso, ele tem o direito, concedido por uma lei antecedente e soberana a todas as leis positivas dos homens, que lhe reserva a decisão final que pertence a todo homem quando ele não dispõe de nenhum recurso sobre a terra, de julgar se tem justa causa para fazer seu apelo ao céu. E ele não poderia renunciar a este julgamento, pois nenhum homem tem o poder de se submeter a outro ao ponto de dar a este outro a liberdade de destruí-lo; nem Deus nem a natureza jamais permitiram que um homem se abandonasse ao ponto de negligenciar sua própria preservação; e assim como ele não pode destruir sua própria vida, também não pode dar a ninguém o poder de fazê-lo. Ninguém deve pensar que isso vai servir como base perpétua para a desordem, pois só entra em ação quando a situação estiver tão ruim que a maioria a perceba, se canse e julgue necessário providenciar uma solução. Mas o poder executivo ou os príncipes sábios jamais correrão este risco, e é preciso que todos evitem isso ao máximo, pois não existe nada no mundo mais perigoso"[15]. Embora desgostoso com a ideia de revoltas sociais, Locke admitia que eventualmente poderiam ser necessárias, o que era um pensamento bastante inquietante para sua época.

A tríade vida-liberdade-propriedade erigida na obra de Locke pode ser considerada uma constante definidora da tradição liberal. Certamente, as três representam valores centrais para o indivíduo,

[15] LOCKE, John. Segundo Tratado sobre o Governo Civil. Petrópolis: Editora Vozes/Clube do Livro Liberal, 1994, p. 81. Disponível em: https://fpa2014.files.wordpress.com/2014/01/john-locke-segundo-tratado-sobre-o-governo.pdf. Acesso em 28.01.2023.

qualquer que seja a vertente ou desdobramento do liberalismo de que se esteja tratando. Uma escola de pensamento que não valorizasse a vida, a liberdade e a propriedade deixaria de fazer qualquer sentido enquanto parte do pensamento liberal. Não é, contudo, diga-se de passagem, tão simples quanto se quer às vezes fazer parecer nas discussões contemporâneas o estabelecimento de uma hierarquia absoluta e rígida entre esses três valores, quando se trata de definir prioridades em dadas circunstâncias práticas. Sem dúvida, sem estar vivo (e aí se trata desta vida aqui, neste mundo; a existência de outra não entra no cálculo do liberalismo), não se pode exercer a liberdade nem dispor de propriedade sobre as coisas materiais; por sua vez, sem dispor de propriedade, a liberdade fica profundamente obstaculizada. No entanto, em dadas circunstâncias, houve grandes personalidades que arriscaram e sacrificaram suas vidas pela liberdade e a propriedade – tanto as próprias quanto as dos outros que as cercavam, suas famílias e conterrâneos. Entenderam que valia a pena morrer pela causa. Ao mesmo tempo, há casos em que o ser humano desfruta da vida, mas não pode ter liberdade nem dispor da propriedade sem tutela, e liberais como Milton Friedman, como voltaremos a ressaltar mais adiante neste livro, reconheceriam tal fato como obviamente legítimo; é o caso de crianças e enfermos mentais, por exemplo. O mais importante é reconhecer que os três valores são essenciais para o liberalismo. Perante praticamente qualquer outro valor que se estime, os três deverão prevalecer; porém, quando parecem conflitar entre si, há um cálculo mais ou menos difícil a fazer, não sendo possível estatuir uma resposta universalmente pronta, cabível a todos os casos e unânime entre todos os liberais.

1.3. Influências fora da Inglaterra: os casos de Voltaire, Montesquieu e Kant

Seja como for, tendo exposto os pilares da concepção política lockeana, importa ressaltar que as mais diversas materializações do

Iluminismo e do liberalismo no campo da política nos séculos XVIII e XIX beberam de sua fonte. Os iluministas franceses, por exemplo, receberam sua impressão, ainda que a orientação empirista britânica e o racionalismo da França sejam colocados tradicionalmente em oposição. François Marie-Arouet, notabilizado por seu pseudônimo Voltaire (1694-1778), era confesso admirador tanto do pensamento de Locke quanto das instituições britânicas. A despeito de sua pregação algo cáustica contra a religião cristã por suas convicções deístas e anticlericais, seu estilo altamente sarcástico e sua veia racionalista, aspectos apontados como constantes entre os ingredientes do radicalismo da então futura Revolução Francesa, a essência das ideias de Voltaire, já no século seguinte, concentrava-se nas mesmas teses centrais lockeanas: liberdades individuais, limitação do poder dos monarcas, direito de propriedade, liberdade de expressão e opinião e combate a privilégios, sustentando a imparcialidade da lei. Igualmente longe do anarquismo, Voltaire influenciou a adoção na França da tributação proporcional. As inovações voltairianas alcançaram também, por volta da mesma época, os regimes de outros monarcas europeus, que estabeleceram reformas sem adotar um figurino institucional inspirado objetivamente no liberalismo; ficaram conhecidos como déspotas esclarecidos.

Outro francês influenciado por Locke foi Charles Louis de Secondat, o barão de Montesquieu (1689-1775), cuja obra mais famosa foi *O Espírito das Leis*. Na primeira parte de sua obra *As etapas do pensamento sociológico*, o sociólogo francês Raymond Aron (1905-1986) apontou Montesquieu como precursor da Sociologia. Segundo Aron, ele apresentou muitas qualidades que não apareceriam em alguns dos consolidadores propriamente ditos da disciplina; conjugando uma visão mais generalista – enfocando a convicção na existência de valores e princípios gerais, de um direito natural que permitiria condenar totalmente certas instituições e abraçar outras, da mesma forma por que o fazia Locke – com a valorização da diversidade de costumes e tradições de povo para povo, para ele, "o objetivo da ordem política é assegurar a moderação do poder pelo equilíbrio dos poderes, o equilíbrio entre povo, nobreza e rei na monarquia francesa ou na monarquia inglesa; o equilíbrio entre o povo e privilegiados, entre plebe e patriciado na república romana"[16]. É a teoria da divisão e equilíbrio de poderes, que desenvolve a teoria exposta por Locke, que principalmente consagra o papel de Montesquieu na história do liberalismo e do constitucionalismo. Nesse sentido, ele se expressa da seguinte forma, dando contornos mais claros ao que contemporaneamente chamamos de Poder Judiciário e ao qual Locke não havia dado a mesma posição de protagonismo:

> "A liberdade política, em um cidadão, é esta tranquilidade de espírito que provém da opinião que cada qual tem de sua segurança; e, para que tenhamos essa liberdade, o governo deve ser tal que um cidadão não possa temer outro cidadão.
>
> Quando na mesma pessoa ou no mesmo corpo de magistratura o poder legislativo é reunido ao poder executivo, não há liberdade; porque é de temer que o mesmo monarca ou o mesmo senado faça leis tirânicas, para executá-las tiranicamente.
>
> Tampouco há liberdade se o poder de julgar não for separado do poder legislativo e do executivo. Se estiver unido ao poder legislativo, será arbitrário o poder sobre a vida e a liberdade dos cidadãos; pois o juiz será legislador. Se estiver unido ao poder executivo, o juiz poderá ter a força de um opressor.
>
> Tudo estaria perdido se o mesmo homem ou o mesmo corpo de principais ou de nobres ou do povo exercesse estes três poderes: o de fazer as leis, o de executar as resoluções públicas e o de julgar os crimes ou os litígios dos particulares."[17]

Ainda no século XVIII, cumpre destacar as contribuições do professor e catedrático alemão – tecnicamente, prussiano, já que viveu

---

[16] ARON, Raymond. As Etapas do Pensamento Sociológico. Martins Fontes, 2002, p. 58.

[17] MONTESQUIEU, Charles de Secondar, Baron de. Do espírito das leis / Tradução Roberto Leal Ferreira. Martin Claret, 2014, p. 230.

antes da unificação da Alemanha – Immanuel Kant (1724-1804). Kant é mais conhecido por sua árida obra filosófica no campo da teoria do conhecimento, demarcando uma síntese particular entre o empirismo representado por Locke e o racionalismo continental de nomes como René Descartes (1596-1650), através de seus clássicos como *Crítica da Razão Pura* e *Crítica da Razão Prática*. Também é conhecido por sua ética, centrada no conceito do imperativo categórico, de acordo com o qual uma ação só é realmente boa se ela puder ser considerada uma exigência universal, sem matizes, sem importarem os fins e as circunstâncias. Por suas elaborações nos campos da Epistemologia e da Ética, é reconhecido como um dos mais importantes filósofos modernos, quando não é explicitamente apontado como o mais relevante de todos.

Porém, Kant também teve suas incursões à temática política; ele defendeu o contratualismo e as bases do Estado liberal, na Alemanha, de forma muito similar às conceituações lockeanas. Ao contrário de Locke, Kant rejeitava totalmente a hipótese de uma revolta contra o Estado estabelecido, contra a ordem institucional configurada, o dito "apelo aos céus", sob a alegação de que, se esse "apelo" fosse universalizado, nenhuma ordem social se preservaria. O próprio Kant, aliás, viria a manifestar simpatia pela Revolução Francesa em seu começo, o que se explica porque ele acreditava não se tratar verdadeiramente de um movimento revolucionário, mas de uma modificação constitucional que o próprio rei Luís XVI (1754-1793) teria provocado ao convocar a assembleia dos Estados Gerais. Depois, naturalmente, desgostou-se do que se sucedeu.

Excetuando-se distinções como essa, em trabalhos como *À Paz Perpétua*, datado de 1795, Kant defendeu o império das leis, através da vigência de governos republicanos – no sentido da adoção de um regime em que as liberdades individuais e a consideração de todos como cidadãos sejam consagradas, seja ele uma República enquanto forma de governo ou uma monarquia constitucional. Sustentou a divisão de poderes ao estilo de Montesquieu, com o endosso do sistema representativo, e até acreditou na possibilidade de um cenário ideal em que todos os governos do mundo se encaixariam nessa descrição, não manteriam exércitos permanentes e sempre se relacionariam de forma pacífica. A respeito da liberdade, também dentro do espírito das teses lockeanas, assim se expressou Kant em seu trabalho *O que é o Iluminismo?* (1784):

> "Se, pois, se fizer a pergunta – Vivemos nós agora numa época esclarecida? – a resposta é: não. Mas vivemos numa época do Iluminismo. Falta ainda muito para que os homens tomados em conjunto, da maneira como as coisas agora estão, se encontrem já numa situação ou nela se possam apenas vir a pôr de, em matéria de religião, se servirem bem e com segurança do seu próprio entendimento, sem a orientação de outrem. Temos apenas claros indícios de que se lhes abre agora o campo em que podem atuar livremente, e diminuem pouco a pouco os obstáculos à ilustração geral ou à saída dos homens da menoridade de que são culpados. Assim considerada, esta época é a época do Iluminismo, ou o século de Frederico. Um príncipe que não acha indigno de si dizer que tem por dever nada prescrever aos homens em matéria de religião, mas deixar-lhes aí a plena liberdade, que, por conseguinte, recusa o arrogante nome de tolerância, é efetivamente esclarecido e merece ser encomiado pelo mundo grato e pela posteridade como aquele que, pela primeira vez, libertou o gênero humano da menoridade, pelo menos por parte do governo, e concedeu a cada qual a liberdade de se servir da própria razão em tudo o que é assunto da consciência. Sob o seu auspício, clérigos veneráveis podem, sem prejuízo do seu dever ministerial e na qualidade de eruditos, expor livre e publicamente ao mundo para que este examine os seus juízos e as suas ideias que, aqui ou além, se afastam do símbolo admitido; mas, mais permitido é ainda a quem não está limitado por nenhum dever de ofício. Este espírito de liberdade difunde-se também no exterior, mesmo onde entra em conflito com obstáculos externos de um governo que a si mesmo se compreende mal. Com efeito, perante tal governo brilha um exemplo de que, no seio da liberdade, não há o mínimo a recear pela ordem pública e pela unidade da comunidade. Os homens libertam-se pouco a pouco da brutalidade, quando de nenhum modo se procura, de propósito, conservá-los nela.

> (...)
>
> Um grau maior da liberdade civil afigura-se vantajoso para a liberdade do espírito do povo e, no entanto, estabelece-lhe limites intransponíveis; um grau menor cria-lhe, pelo contrário, o espaço para ela se alargar segundo toda a sua capacidade. Se a natureza, sob este duro invólucro, desenvolveu o germe de que delicadamente cuida, a saber, a tendência e a vocação para o pensamento livre, então ela atua também gradualmente sobre o modo do sentir do povo (pelo que este se tornará cada vez mais capaz de agir segundo a liberdade) e, por fim, até mesmo sobre os princípios do governo que acha salutar para si próprio tratar o homem, que agora é mais do que uma máquina, segundo a sua dignidade."[18]

Conforme se verifica, Kant fez elogios ao monarca prussiano, Frederico II (1712-1786), cujo regime, em verdade, não alcançava o patamar do liberalismo. Limitava-se ao despotismo esclarecido de influência voltairiana a que fizemos referência, tendo sido inclusive amigo de Voltaire; era, de todo modo, por isso mesmo, um governante ilustrado, que promoveu diversas reformas afins ao pensamento iluminista.

1.4. O papel do Estado na economia e a questão da pobreza, segundo John Locke

Atesta-se, assim, o peso da presença de Locke no liberalismo clássico, embora a convenção em torno de seu nome como patriarca dessa tradição não tenha sido tão plenamente disseminada antes do século XX. Sua contribuição mais importante foi mesmo na explanação sistemática contra o direito divino dos reis, a favor do contratualismo, da imposição de regras ao poder e da defesa das liberdades individuais dentro de uma esfera principalmente política. Contudo, Locke também

---

[18] KANT, Immanuel. O que é o Iluminismo/Trad. Artur Morão. Disponível em: https://www.marxists.org/portugues/kant/1784/mes/resposta.pdf. Acesso em 29.01.2023.

fez uma incursão embrionária em questões de ordem econômica, ainda que o tratamento conferido a essas questões, em sua época, não fosse sistemático, de vez que a Economia como campo autônomo de conhecimento não era enfatizada. Ele atuou como assessor da Coroa inglesa na posição de Secretário do *Council for Trade and Plantations*, concentrando suas atenções, em especial, "nas questões concernentes ao comércio internacional, à desvalorização da moeda e à fixação de um limite para a taxa de juros"[19]. Já há uma dimensão profundamente econômica, a bem da verdade, na teoria lockeana da propriedade, a que já fizemos referência e que a faz derivar de uma apropriação dos bens naturais e do trabalho que se exerce sobre esses bens.

A aversão de Locke às intervenções do Estado que contrariem o direito de propriedade se estendia a uma defesa da vigência de preços naturais, gerados pela própria atividade econômica. Ao contrário do que alguns sustentariam muito posteriormente, portanto, em alguma medida – o que significa dizer: não de forma absoluta ou completa, não de forma intocada e unívoca –, a necessidade de liberdade econômica sempre foi parte integrante do pensamento liberal. Desde Locke, os primeiros liberais jamais disseram que o intervencionismo estatal seria um princípio meritório, um valor em si mesmo, sendo a liberdade de iniciativa passível de ser completamente abandonada, sem prejuízo das demais liberdades. Está no âmago das preocupações – de algum modo, poder-se-ia dizer, mesmo desde Hobbes, antes do liberalismo – a urgência de proteger as coisas de que dispomos, o que fazemos com elas e como decidimos trocá-las. Por exemplo, Locke pregou contrariamente à proposta do governo de fixar de forma arbitrária a taxa de juros em 4%, argumentando que essa taxa se distanciaria de seu valor natural:

> "Os agentes, cientes do nível natural, recusar-se-iam a efetuar os empréstimos ao nível estipulado. Tratariam de pensar meios para burlar

[19] GUIMARÃES, Alexandre Queiroz. John Locke e o surgimento da economia política. Ensaios FEE, Porto Alegre, (16) 1:155-168, 1995.

a lei, ou, então, reduziriam drasticamente os empréstimos, com forte prejuízo para a economia do reino. A consciência de uma taxa inferior à natural provocaria o entesouramento, assim como a fuga da moeda buscando aplicações no Exterior, acarretando uma redução da quantidade de moeda disponível. Nota-se, assim, que a medida arbitrária, longe de favorecer os negócios, ou seria ineficiente (inócua), ou causaria danos"[20].

No mesmo espírito, Locke se opôs a medidas de desvalorização da moeda. Para ele, "uma lei não pode conceder às notas (à moeda) aquele valor intrínseco que o consenso universal anexou à prata e ao ouro"[21]. Entretanto, Locke também guardava preocupações pré-liberais, típicas do mercantilismo; tinha como uma de suas prioridades a manutenção da balança comercial favorável e o acúmulo de metais preciosos.

Resta-nos apreciar o que pensava Locke, em seu tempo, sobre o que posteriormente se poderia chamar de "questão social" – sem pretendermos correr o risco de incorrer em qualquer anacronismo. Que entendimento apresentava o pioneiro da tradição liberal acerca da pobreza e do papel do Estado e do governo em combatê-la? Teria ele se manifestado acerca desse assunto?

No século XVII, o processo de urbanização e o crescimento da mendicância levaram o Estado inglês a atentar para o assunto, implementando políticas assistenciais. A respeito, Locke publicou, em 1697, seu *Ensaio sobre a lei assistencial*. No contexto em que isso se deu, travava-se um debate entre os *whigs* e os *tories* sobre o tema da propriedade:

"A ação assistencial também teve forte conotação política. Havia, por outro lado, um rico debate em torno do conceito de propriedade

---

[20] Idem.

[21] LOCKE, John. Some of the consequences that are like to follow upon lessening of interest to 4 percent. In: LETWIN, W. The origins of scientific economics: english economic thought 1660-1776. Westport, Com.: Greenwood, p. 279.

envolvendo os *whigs* e os *tories*. Para os primeiros, o que ameaçava a propriedade era o poder absoluto do rei que se considerava o legítimo proprietário da terra. Para os segundos, a propriedade era ameaçada justamente porque os *whigs* postulavam igualdade natural entre os homens"[22].

Nesse contexto, pode-se dizer que a visão de Locke a respeito da pobreza era majoritariamente crítica aos próprios pobres. A maioria, em seu juízo, só era pobre por seus próprios vícios, sua própria preguiça, seus próprios valores deturpados. No entanto, ele reconhecia a existência de um problema e, principalmente, demonstrava preocupação com a educação das crianças pobres.

O primeiro objetivo de uma preocupação estatal com a pobreza, para ele, deveria ser encontrar uma maneira de levar os pobres ao trabalho – partindo-se do princípio, enfatize-se, de que é geralmente deles a culpa pela condição em que se encontram. Curiosamente e algo paradoxalmente, o recurso de que Locke lançaria mão para atingir esse objetivo seria um mecanismo intervencionista, suprimindo uma atividade econômica, a da venda de certas bebidas em determinadas localidades:

> "Para lançar os pobres ao trabalho, em nossa humilde concepção, deveria ter a restrição de sua libertinagem por meio da estrita execução das leis estipuladas contra isso, mais particularmente pela supressão das lojas de bebidas alcoólicas supérfluas e cervejarias desnecessárias, sobretudo nas paróquias do interior que não dependem de grandes estradas"[23].

---

[22] NASCIMENTO, Christian Lindberg L. do. Locke e o direito dos pobres. Cadernos Espinosanos: Estudos sobre o século XVII, (38) – jan.-jun./2018. Disponível em: https://www.revistas.usp.br/espinosanos/article/view/144131/141541. Acesso em 29.01.2023.

[23] LOCKE, John. Ensaio sobre a lei assistencial. In.: Ensaios políticos. Organizado por Mark Goldie. Tradução Eunice Ostrensky. Martins Fontes, 2007, p. 226.

Entretanto, Locke dividiu os pobres a serem auxiliados em três categorias: os idosos e inaptos fisicamente para se sustentarem; os que podem fazer algo para se sustentarem, mas não completamente; e, por fim, os completamente vadios. Para ele, todos os vadios deveriam ser presos ou forçados a trabalhar nos portos ingleses; em caso de fuga, deveriam ser deportados para as colônias.

Para que não se pretextasse a ausência de ofertas de trabalho, o foco das casas de assistência, organizadas nas paróquias, deveria ser encontrar ocupações profissionais para os pobres que as pudessem exercer, a fim de que tivessem a dignidade de garantir o próprio sustento. Os menores de 14 anos deveriam ser encaminhados às escolas para crianças pobres; infelizmente, esses estabelecimentos de ensino, na época, exibiam extrema dureza em comparação com o que hoje entendemos dever ser uma escola. Havia, além de castigos físicos, a obrigação de trabalhar até o anoitecer. Na leitura lockeana, as crianças pobres deveriam frequentar escolas operárias, onde aprenderiam uma profissão – em geral, a tecelagem ou o tricô –, seriam alimentadas e teriam de frequentar a Igreja. Por aí se vê, ainda, uma imbricação de provisões indicadas ao Estado com a religião como encarregada de promover uma reforma moral na sociedade; de certo modo, pode-se enxergar nas orientações de Locke a respeito de "valores da ética calvinista, identificada por (Max) Weber no livro *Ética protestante e o espírito do capitalismo*. Segundo o sociólogo alemão, o trabalho árduo era entendido como algo benéfico para toda a comunidade, favorecendo o florescimento do capitalismo"[24].

Em outro texto, publicado em 1671, a *Proposta de uma representação contendo um esquema de métodos para a inserção empregatícia dos pobres*, também Locke "em diversos pontos advoga a clara intervenção do Estado na solução do problema dos pobres e, de certa forma,

---

[24] NASCIMENTO, Christian Lindberg L. do. Locke e o direito dos pobres. Cadernos Espinosanos: Estudos sobre o século XVII, (38) – jan.-jun./2018. Disponível em: https://www.revistas.usp.br/espinosanos/article/view/144131/141541. Acesso em 29.01.2023.

responde pelo pragmatismo liberal que propugna reduzir ao mínimo a ingerência do Estado naquilo que pode ser dispensado ou suprido pela iniciativa privada e incrementar ao máximo onde circunstancialmente esta tem que ser exercida"[25].

Em síntese, a metodologia sugerida por Locke, em especial para tratar as crianças, naturalmente precisa ser compreendida em seu contexto, o da Inglaterra do século XVII, e ninguém em sã consciência a consideraria elogiosa nos dias de hoje. Contudo, considerando-se, como aqui nos interessa, a posição fundamental de Locke na construção da tradição do liberalismo, o que importa ressaltar é que, conquanto privilegiasse a responsabilização dos próprios pobres pela situação em que se encontravam e, por consequência, enfatizasse medidas punitivas e duras, bem como a caridade em detrimento da ação estatal, o ilustre teórico do *whiggismo* não se furtava em advogar um envolvimento do governo, eventualmente mesmo imiscuindo-se em práticas tão intervencionistas quanto a supressão do funcionamento de lojas de bebidas, para lidar com o que considerava uma chaga social atentatória à dignidade e manutenção da vida, um dos três pilares sagrados de seu pensamento.

---

[25] TAMBARA, Elomar Antonio Callegaro; ARRIADA, Eduardo. John Locke: alguns problemas referentes à educação do pobre. História da Educação, 21 (52), mai.-ago./2017. Disponível em: https://www.scielo.br/j/heduc/a/CT5SSczTtBqfg5P8MnkjsgS/?lang=pt. Acesso em 29.01.2023.

2.

ADAM SMITH E SEU LIBERALISMO ECONÔMICO: ATÉ QUE PONTO?

2.1. Escola de Salamanca e a importância de Adam Smith

Em nossa abordagem acerca da relevância da obra lockeana e sua consideração generalizada como marco inaugural do liberalismo, pontuamos que não existe ideia que surja do nada e evidentemente qualquer convenção desse gênero é um recorte. Ideias anteriores ao que conhecemos hoje por liberalismo já o antecipavam, em alguns de seus aspectos, havendo referências a princípios como o império da lei muito antes dos labores do filósofo britânico. A caríssima professora Catarina Rochamonte, por exemplo, sintetiza que ideias que podemos considerar precursoras do liberalismo, ainda que possamos discutir o grau de proximidade que exibiam com o liberalismo propriamente dito, "remetem à Grécia dos séculos 5/4 a.C., à concepção de direito natural, à limitação dos poderes do Estado desenvolvida pelos filósofos estoicos, aos ideais defendidos pelos romanos Cícero (106 a.C. – 43 a.C.), Tito Lívio (59 a.C. – – 17 a.C.) e Marco Aurélio (121-180) e aos autores medievais e da escolástica tardia sistematizados por Tomás de Aquino (1225-1274), posteriormente convertidos em um sistema de política essencialmente liberal pelos jesuítas espanhóis da Escola de Salamanca, considerada por muitos estudiosos como precursora intelectual da Escola Austríaca de Economia"[26].

De fato, diversos pesquisadores e estudiosos têm levantado informações recentemente sobre o trabalho dos pensadores escolásticos tardios da Espanha, especialmente no século XVI, em um mundo marcado pelas reformas e guerras religiosas e as grandes navegações, bem como o ápice do movimento europeu de resgate das culturas da Antiguidade Clássica conhecido como Renascimento. Nesse contexto, desenvolveram-se ali, no centro cultural do império ultramarino mais poderoso daquele século – seguido por Portugal –, as reflexões mais sofisticadas da época sobre o que viriam a ser os direitos humanos, com base na teoria dos direitos naturais e na filosofia católica.

Antes de tudo teólogos, os nomes que integram o que alguns autores convencionaram chamar de Escola de Salamanca, como Francisco de Vitoria (1492-1546), Domingo de Soto (1496-1560), Juan Ginés de Sepúlveda (1490-1573), Martín de Azpilcueta (1492--1586), Francisco Suárez (1548-1617), Luis de Molina (1535-1600) e Diego de Cavarrubias Leyva (1512-1577), debruçaram-se, a partir de suas preocupações de caráter religioso, sobre temáticas de natureza jurídica e econômica. Em suas discussões, suscitam-se pensamentos como a dignidade dos povos indígenas, as razões justas para a guerra entre os diferentes Estados e as normas corretas de conduta para o monarca. Com a explosão do humanismo renascentista, a riqueza do império espanhol e o interesse da própria nobreza, a universidade de Salamanca se tornou um robusto centro intelectual. Apesar de as análises desses pensadores estarem subordinadas à sua posição como teólogos e apologetas dos juízos de uma religião específica, o Catolicismo Romano, eles promoveram incursões bastante avançadas a algumas das principais questões econômicas, demonstrando também grande variedade em seus posicionamentos.

---

[26] ROCHAMONTE, Catarina. Liberdade e ordem espontânea no pensamento de F. A. Hayek. In: Introdução ao Liberalismo (Org. Lucas Berlanza). Edições 70, 2021, p. 150.

Observa-se em suas obras, por exemplo, uma antecipação da teoria do valor subjetivo dos produtos, valor esse que dependeria não do trabalho envidado para desenvolvê-los, mas do interesse que parcelas da sociedade vierem a demonstrar em suas utilidades e em sua aquisição, seja por qual motivo. Os críticos dos economistas clássicos que atuaram entre os séculos XVIII e XIX, de berço no protestantismo e no Reino Unido de Locke, apontam que eles degeneraram essa concepção, adotando a ideia do trabalho como o gerador de valor, o que abriu brechas para as teses socialistas que surgiriam posteriormente. Escolas econômicas mais recentes, surgidas na reta final do século XIX, em especial a Escola Austríaca, romperam com esse desvio ao adotar o valor subjetivo, no que foi nada mais que a recuperação da tese dos escolásticos de Salamanca. Para os principais propagandistas desse pioneirismo notável dos teólogos espanhóis na área econômica, em especial libertários e anarquistas de mercado como Murray Rothbard (1926-1995), se eles são os heróis, o vilão da história econômica seria ninguém menos que Adam Smith (1723-1790).

Expondo simplificadamente a questão, alguns enxergam nos referidos escolásticos tardios defensores antigos de um liberalismo econômico radical, quase um libertarianismo, enquanto Adam Smith teria sido erguido como o mito da fundação da Economia, agradando aos promotores dos desdobramentos posteriores na área econômica muito em virtude de abrir portas para intervencionismos estatais mais pronunciados – a despeito de paradoxalmente ser apontado como o maior de todos os campeões do liberalismo econômico. Para as abordagens mais tradicionais, com efeito, Adam Smith é visto como o pai da Economia como um campo de pesquisa autônomo e, do ponto de vista justamente da Economia, em associação com as elaborações políticas anteriores de Locke, um dos pilares do surgimento do liberalismo.

Seria absurdo, sem sombra de dúvidas, e não temos cessado de enfatizá-lo, tomar convenções de marcos inaugurais como chancelas para apagar da História as complexidades do passado. O jurista holandês Hugo Grócio (1583-1645), por exemplo, referência na teorização do direito natural e uma das principais influências sobre o pensamento político de Locke, foi diretamente influenciado pelos escolásticos. Indiretamente, há quem aponte a influência deles inclusive sobre o próprio Adam Smith; Samuel von Pufendorf (1632-1694), alemão e teórico da guerra justa, seguiu Hugo Grócio e teria sido influenciado pelo pensamento de Salamanca, ocultando suas referências por ser um protestante, sob governo protestante, inspirando-se em autores católicos. Por sua vez, Pufendorf influenciou Francis Hutcheson (1694--1746), que foi professor de Adam Smith[27]. O importante economista liberal francês Jean-Baptiste Say (1767-1832) também referencia o pensamento dos teólogos de Salamanca na área econômica e adota sua perspectiva subjetivista.

Seguindo a linha de atacar Adam Smith e prestigiar os teólogos de Salamanca, assim se pronuncia o libertário espanhol Jesús Huerta de Soto (n. 1956):

> "Para Friedrich A. Hayek, os princípios teóricos da economia de mercado, assim como os elementos básicos do liberalismo econômico, não foram concebidos, como geralmente se acredita, pelos calvinistas e protestantes escoceses, sendo que, pelo contrário, são o resultado do esforço doutrinário empreendido pelos dominicanos e jesuítas membros da Escola de Salamanca durante o Século de Ouro espanhol. Hayek chegou mesmo ao extremo de citar dois dos nossos escolásticos, Luís de Molina e Juan de Lugo, no seu discurso de aceitação do Prêmio Nobel da Economia em 1974. Este economista austríaco começou a convencer-se da origem católica e espanhola da análise econômica austríaca a partir dos anos de 1950, graças à influência do professor italiano Bruno Leoni. Leoni convenceu Hayek de que as raízes da concepção dinâmica e subjetivista da economia eram de origem continental e de que, portanto, deveriam ser procuradas na Europa mediterrânica e na tradição grega, romana e tomista, mais do que na tradição dos filósofos escoceses do

---

27 TOURINHO, Luís Vaz de Campos Moreira. A Escola de Salamanca e sua contribuição à história do pensamento econômico. Universidade Federal da Bahia, 2018, p. 78.

século XVIII. Além disso, Hayek teve a sorte de, durante esses anos, ter uma das suas melhores alunas, Marjorie Grice-Hutchinson, que se especializara em latim e literatura espanhola, levando a cabo, sob a orientação de Hayek, um trabalho de investigação sobre as contribuições dos escolásticos espanhóis no âmbito da economia, trabalho esse que, com o tempo, se converteu num pequeno clássico.

Quem foram estes precursores intelectuais da moderna Escola Austríaca de Economia? A maioria deles foram dominicanos e jesuítas, professores de moral e teologia em universidades que, como a de Salamanca e a de Coimbra, constituíram os focos mais importantes do pensamento durante o Século de Ouro espanhol.

(...)

De fato, pode-se afirmar que o principal mérito de Carl Menger consistiu em redescobrir e impulsionar esta tradição católica continental de origem espanhola que, praticamente, estava esquecida e havia caído em decadência como consequência, por um lado, do triunfo da reforma protestante e da lenda negra contra tudo o que fosse espanhol e, por outro lado e, sobretudo, devido à muito negativa influência que as teorias de Adam Smith e do resto dos seus seguidores da Escola Clássica da Economia tiveram na história do pensamento econômico. Com efeito, como indica Murray N. Rothbard, Adam Smith abandonou as contribuições anteriores centradas na teoria subjetiva do valor, a função empresarial e o interesse em explicar os preços que se verificam no mercado real, substituindo a todas pela teoria do valor trabalho, sobre a qual Marx construirá, como conclusão natural, toda a teoria socialista da exploração. (...) Adam Smith rompeu com o *laissez-faire* radical dos seus antecessores jusnaturalistas do continente (espanhóis, franceses e italianos) introduzindo na história do pensamento um 'liberalismo' muito tíbio e tão empestado de exceções e relativizações que muitos teóricos 'sociais-democratas' de hoje poderiam inclusivamente aceitar."[28]

[28] SOTO, Jesús Huerta de. As raízes escolásticas da Escola Austríaca e o problema com Adam Smith. Mises Brasil. 20 mai. 2010. Disponível em: https://www.mises.org.br/Article.aspx?id=688. Acesso em 29.01.2023.

O problema que observamos nesse gênero de furor iconoclasta, a despeito da oportuna síntese histórica e teórica do ilustre autor espanhol, é que o que poderia ser apenas uma crítica positiva, chamando a atenção para detalhes soterrados ou negligenciados pelas intempéries da História, corre facilmente o risco de se transformar em uma demolição revisionista e míope. Ora, o próprio Jean-Baptiste Say, já citado, não obstante reconhecesse os méritos dos escolásticos tardios de Salamanca e preferisse algumas de suas teses, não deixava por isso de ser um confesso admirador de Adam Smith. Não é preciso, para reconhecer os méritos pioneiros dos teólogos de Salamanca, aderir às investidas exacerbadas de Rothbard e Soto contra a obra do notável pensador do Iluminismo escocês.

Em primeiro lugar, como bem apontado, os teólogos de Salamanca, que naturalmente "envelopavam" suas reflexões sobre questões econômicas com a preocupação teológica que predominava em suas empreitadas intelectuais, também apresentavam divergências. Alguns defendiam, a título de ilustração, maior ou menor intervenção estatal para controlar preços. Igualmente aquele que é considerado o fundador da Escola Austríaca, Carl Menger (1840-1921), como veremos adiante, não era nem de longe o "anarquista" que alguns de seus sucessores parecem querer pintar. Obviamente, não o eram os escolásticos, ao admitir, por exemplo, que o governante deveria cobrar impostos, adotando um orçamento equilibrado, e que deveria ainda manter uma reserva de recursos para situações de guerra, fome ou peste[29].

Em segundo lugar, não há nenhuma novidade absoluta em admitir que as primeiras considerações sobre questões econômicas não nascem com Adam Smith. É possível recuar muitos séculos encontrando reflexões sobre o assunto; de forma mais específica, entre os escolásticos de Salamanca e Smith, ainda existiram os fisiocratas franceses. Autointitulando-se "*economistès*", esses pensadores do século XVIII,

[29] CAMACHO apud TOURINHO, Luís Vaz de Campos Moreira. A Escola de Salamanca e sua contribuição à história do pensamento econômico. Universidade Federal da Bahia, 2018, p. 58.

liderados pelo médico François Quesnay (1694-1774), também influenciados pelos escolásticos e pelos jusnaturalistas, combatiam em geral a intervenção estatal na economia, e a eles ficou associado o lema de origem incerta "*laissez-faire, laissez-passer*" ("deixar fazer, deixar passar"). A expressão francesa "*laissez-faire*", ademais, se tornou em diferentes contextos um sinônimo de ampla liberdade econômica. A maioria dos fisiocratas tinha, no entanto, a visão limitada de que a riqueza estava intrinsecamente associada à terra, privilegiando, portanto, um modo de vida agrário, em detrimento da cidade e da indústria.

Por fim, em terceiro lugar, o fato é que os teóricos de Salamanca não lograram êxito em transmitir sua "escola", com uma identidade e uma coesão próprias até o século XIX. No século XVIII, já desarticuladas com a ascensão da burguesia e do secularismo, suas doutrinas estavam presentes de forma indireta, mas não teriam como ser as responsáveis pelo barulho moderno em torno das teses liberais econômicas que seria possibilitado por uma sistematização didática, tão autônoma quanto possível em relação a outras áreas do conhecimento e capaz de mobilizar praticamente todos os defensores da agenda da abertura do mercado e da livre iniciativa por décadas. Consideramos uma atitude desnecessariamente despeitada negar a Adam Smith o mérito de tê-lo feito com sua célebre e volumosa obra *Uma Investigação sobre a Natureza e as Causas da Riqueza das Nações*, mais conhecida apenas como *A Riqueza das Nações*, originalmente lançada em 1776. Seu legado se incorporaria indiscutivelmente à formação das escolas de pensamento e movimentos políticos liberais mais influentes mundo afora, provocando a eclosão da geração clássica da Economia moderna. Erguendo-se contra a mentalidade econômica dominante na Europa em sua época, principalmente desde a ascensão dos Estados absolutistas, genericamente designada por *mercantilismo* – a ênfase na busca por promover mais importações que exportações, impondo altas taxas para a recepção de produtos do exterior, e estabelecer comércios exclusivos entre metrópoles e colônias –, ele se tornou um símbolo, sim, para a causa do liberalismo econômico. Não nos parece lícito negar que isso seja um mérito e, portanto, consideramos mais do que evidenciada a sua representatividade para a tradição liberal. Diante dessa representatividade, é essencial para nossos propósitos neste trabalho apreciar a visão de Adam Smith sobre as ações que o Estado pode desempenhar na vida social e econômica.

2.2. O Iluminismo escocês e Adam Smith

Nascido em Kincald, na Escócia, Adam Smith prestou todas as suas contribuições dentro do contexto teórico do chamado Iluminismo escocês. A despeito de se falar em um fenômeno geral chamado "Iluminismo", demarcando uma grande fase de enfrentamento às superstições, de valorização da razão e da perquirição filosófico-científica, bem como da possibilidade de mobilizá-las para equacionar os problemas sociais e melhorar as condições de vida do ser humano, suas manifestações são diferenciadas em cada nação. Para todos os efeitos, o liberalismo é filho do Iluminismo; também por isso, os "liberalismos" são plurais como plurais eram os Iluminismos.

Com a união política da Escócia ao Reino Unido, a subsequente transformação das universidades escocesas sob a égide das instituições gestadas pela Revolução Gloriosa[30] e a formação de clubes e associações de acadêmicos e pensadores, estabeleceu-se uma atmosfera propícia para a emergência de um rico movimento intelectual escocês. O professor de Adam Smith, Francis Hutcheson, foi um dos personagens desse momento, assim como o filósofo cético David Hume (1713-1784), um dos nomes mais importantes da Filosofia ocidental, cuja obra-prima foi *Um Tratado sobre a Natureza Humana.*

Hume foi influenciado pelo modelo científico de Isaac Newton (1643-1727) e pela epistemologia lockeana, e seu pensamento tinha fundamentos empiristas. Sua visão cética sobre a temática religiosa

---

[30] CERQUEIRA, Hugo E. A. da Gama. Adam Smith e seu contexto: o Iluminismo escocês. UFGM/Cedeplar, 2005.

o levou a ser inserido no *Índex Librorum* da Igreja Católica e a ser discriminado nas próprias universidades escocesas. Como historiador, ele foi reverenciado na França, onde chegou a morar como secretário do embaixador britânico em Paris. Muitos dos princípios liberais já apareciam, precisamente porque iluministas, na obra de Hume; ele já enfatizava a instituição da propriedade, a limitação do poder dos governos e o cultivo das artes e das ciências.

O mais importante para nossos propósitos é identificar que o ceticismo humeano levava justamente a desconfiar do racionalismo exacerbado e do poder humano de concentrar o conhecimento e determinar de forma meramente calculista os rumos de uma comunidade política. Ao contrário da mentalidade francesa, por exemplo, que levava a consequências mais radicais e revolucionárias, redundando em uma variante iluminista que tinha o hábito mais generalizado de se julgar investida da prerrogativa de revolver todas as coisas, os iluministas escoceses, na linha de Hume, acreditavam na necessidade de ponderar sobre a utilidade dos costumes e de sua interação com os limites da natureza humana. O próprio contratualismo, que está na gênese do liberalismo, conforme visto no capítulo anterior, foi relativizado pelos escoceses. Pensadores como Hume acreditavam que o "contrato social" não passava de uma alegoria bastante imperfeita, sendo a sociedade muito mais um produto dos hábitos, dos pendores naturais à convivência, do que de um esquema racional previamente idealizado. Mesmo que os governos costumassem ter por nascedouro a violência de um chefe militar, algo que o próprio Hume admitia[31], no fim das contas, acabam por se consolidar atendendo à necessidade humana de certa soma de ordem e rotina, dialogando diretamente com a formação de hábitos e costumes:

> "Para os escoceses, os hábitos adquiridos ao longo do processo de educação e socialização, são reforçados pela existência de instituições

[31] HUME, David. Ensaios morais, políticos e literários. (Os Pensadores). Nova Cultural, 1996.

que conferem estabilidade e continuidade à vida em sociedade e fazem com que ela possa prescindir, em larga medida, de deliberações individuais para continuar existindo. Hábitos e instituições não apenas estabilizam comportamentos, mas limitam o leque de opções disponíveis ou autorizadas a cada indivíduo e, nesse sentido, contribuem para reduzir a incerteza e a desordem da vida. Por outro lado, também reside aí a justificativa dos pensadores escoceses para aquela atitude cautelosa e avessa a rupturas e utopias que caracteriza sua abordagem. Dada a própria natureza dos costumes, transformações sociais não podem ser feitas por decreto: elas só poderiam ocorrer gradualmente, por uma lenta alteração dos sentimentos humanos a que estão associados. A consequência é que a crença dos *literati* no progresso não é cega, mas temperada pelo reconhecimento de que este é um processo gradual e cujo resultado não está assegurado de antemão. Ao mesmo tempo, o progresso passaria a ser visto menos como o resultado de ações individuais ou iniciativas racionalmente planejadas, mas, sobretudo, como o resultado de mudanças, muitas vezes imperceptíveis, nas condições mais gerais que prevalecem em cada sociedade. Não se trata para os *literati* de negar a capacidade humana de agir intencionalmente, mas de reconhecer que não é possível explicar a evolução de instituições como resultado de escolhas racionais dos indivíduos."[32]

Seria nesses pressupostos, portanto, que pensadores como Hayek encontrariam antecedentes para suas postulações da "ordem espontânea" e seu desapreço à centralização de poder como ferramenta de transformação social. Nesse contexto é que Adam Smith moldaria sua mentalidade.

Professor na Universidade de Glasgow, Smith, pupilo de Hutcheson e grande amigo (posteriormente executor literário) de Hume, é uma personalidade sobre quem, a bem da verdade, pouco se sabe além do que está registrado em suas obras mais célebres. Com a reputação de

[32] CERQUEIRA, Hugo E. A. da Gama. Adam Smith e seu contexto: o Iluminismo escocês. UFGM/Cedeplar, 2005.

ser um tanto excêntrico, ele, que foi filho único e morou com a mãe por quase toda a vida, ordenou expressamente antes de morrer que seus papéis, originais, cartas e documentos fossem queimados. O cumprimento da ordem deixou muito pouco material para que a posteridade pudesse reconstruir em riqueza de detalhes a sua biografia. Sabe-se, porém, que não tinha receio de defender seus pontos de vista e suas relações pessoais; conta-se que, quando a obra de Hume despertou reações escandalizadas em Oxford, em sua época de estudante, Smith chegou a ser severamente repreendido por insistir em ler o *Tratado*.

Consagrado como professor e escritor, embora sua obra não tenha sido muito extensa, Smith lecionava Filosofia Moral em Glasgow desde 1752 quando publicou *A Riqueza das Nações*. Embora sua fama se deva mais a este livro e à sua contribuição na emergência autônoma da Economia como ciência e no combate ao mercantilismo, ele foi na maior parte do tempo um filósofo moral e publicou outra obra, em 1759, que talvez se possa dizer que resumiu suas ocupações e reflexões predominantes: a *Teoria sobre os sentimentos morais ou Ensaio para uma análise dos princípios pelos quais os homens naturalmente julgam a conduta e o caráter, primeiro de seus próximos, depois de si mesmos*. O livro era dividido em sete partes: na primeira, Smith apresentava o conceito básico de sua abordagem, o de "simpatia" – que hoje poderia ser melhor compreendido como "empatia", isto é, a capacidade humana de reconhecer os sentimentos, anseios, sofrimentos vivenciados pelos outros; a segunda avaliava as virtudes da justiça e da beneficência; a terceira entrava no mérito da questão quanto ao que fundamenta os julgamentos que fazemos acerca de nossas próprias ações, sentimentos e deveres; a quarta e a quinta partes discutiam o sentimento de aprovação e desaprovação moral, sob a influência do senso de utilidade, dos costumes e dos usos; a sexta discutia o caráter da virtude; a sétima, por fim, avaliava criticamente diversos sistemas de Filosofia Moral, à luz daquele que o próprio Smith estava construindo.

Contrariando aqueles que se vincularam a caricaturas do pensamento de Adam Smith, julgando encontrar no "campeão do liberalismo" algum tipo de atomismo moral, a completa conversão do ser humano em um boneco economicista, a defesa de um individualismo estrito e confundido com o descompromisso absoluto com os demais seres humanos, a *Teoria sobre os Sentimentos Morais* revelou um autor sumamente preocupado com aquilo que une as pessoas na comunidade. Essas apreciações não podem ser plenamente compreendidas sem que consideremos a inserção de Smith no panteão dos pensadores iluministas escoceses.

Resumidamente, ele sustentou que a interação social é indispensável para a formação de nosso senso moral durante a vida. Convivendo com os demais, através da capacidade que designou de "simpatia", conseguiríamos perceber muitas vezes como se sentem em relação ao que fazem uns com os outros e como os comportamentos são avaliados pelas pessoas. Com base nisso, construiríamos nossos julgamentos morais. Assim como Hume, influenciado por Newton, ele estava preocupado em estabelecer relações de causa e efeito, princípios e leis que poderiam de alguma forma permitir a compreensão dos fenômenos sociais, assim como se podia traçar análises coordenadas dos fenômenos naturais.

Em sua teoria, Smith reconheceu que são naturais no ser humano tanto o sentimento de se preocupar com o seu próprio interesse quanto o de se preocupar com os interesses, o bem-estar, as necessidades dos indivíduos que o cercam, em maior ou menor extensão. Desejosos, ao mesmo tempo, de conquistar o que atende ao nosso interesse, mas também de gozar da aprovação dos círculos sociais que frequentamos, colocamos em ação o desenvolvimento de nossos juízos morais, moldados, como vimos, pela "simpatia". Isso é o que nos leva a promover o domínio de nossas paixões para que possamos estar juntos e facilitar a identificação dos outros com nossos sentimentos. É assim que conseguimos viver em sociedade:

> "Todos os membros de uma sociedade humana precisam cada um do auxílio dos outros e estão, da mesma maneira, expostos a danos mútuos. A sociedade floresce e é feliz onde o auxílio necessário é fornecido reciprocamente pelo amor, gratidão, amizade e estima", disse Smith em sua

teoria sobre os sentimentos morais. No entanto, "a sociedade pode subsistir entre homens diferentes, assim como entre diferentes comerciantes, por uma compreensão de sua utilidade, sem qualquer amor ou afeição mútuos. (...) A sociedade, entretanto, não pode subsistir entre aqueles que estão sempre prontos para prejudicar e lesar uns aos outros"[33].

Adam Smith, portanto, enaltecia a caridade, a benevolência, o amor e todos os gestos que podem enriquecer a interação entre as pessoas e aumentar a sua felicidade e prosperidade. Não havia nada em sua teoria que menosprezasse as chamadas virtudes cristãs ou que condenasse o movimento deliberado de promover o bem de outro ser humano. Muito ao contrário, ele nitidamente gostaria de encorajar a estima recíproca e aquelas virtudes que a civilização ocidental identificaria com a moralidade cristã. Com esse espírito, ele questionou as teorias morais expostas por Bernard de Mandeville (1670-1733), autor de *A Fábula das Abelhas*, um escritor nascido na Holanda que tinha afinidades *whigs* e que havia provocado grande controvérsia. Mandeville é visto, inclusive por nomes como Hayek, como um precursor da teoria da ordem espontânea, porque ele acreditava que as aquisições capazes de melhorar a vida humana costumam provir como consequências não-intencionais das ações tomadas pela humanidade, embora não tenha desenvolvido de forma sistemática a defesa do livre mercado. No entanto, em sua teoria moral, o satírico Mandeville sustentou que essas consequências na verdade provinham sempre dos vícios e não daquilo que chamamos de virtudes; sentimentos como egoísmo e luxúria eram, para ele, a base da civilização, o motor de seus maiores sucessos, e qualquer teoria moral que admitisse a capacidade de o ser humano ser movido por virtudes não passaria de uma falácia ou uma hipocrisia. Nosso iluminista escocês não aceitava esse posicionamento de Mandeville e dedicou muitas linhas a combatê-lo, defendendo a viabilidade das virtudes.

---

[33] SMITH, Adam. The theory of moral sentiments. Eds. D. D. Raphael e A. L. Macfie. Indianapolis: Liberty Fund, 1982. II.ii.3.1-3.

O que Adam Smith não fez foi sustentar que essas virtudes, no grau mais disseminado e absoluto de excelência, seriam a pedra angular da vida social. Recolhido às limitações das civilizações conhecidas neste planeta em sua época, o filósofo escocês compreendeu que era preciso fundar a ordem social não na caridade, mas na justiça. Isso quer dizer que, se não temos condições de garantir que todas as pessoas se dedicarão a pensar umas nas outras no grau mais admirável, excelente e abnegado imaginável, precisamos garantir, ao menos, para que os seres humanos possam viver juntos, que, na perseguição de seus interesses particulares e na busca pela aprovação social mínima que cada um desejar, uns não "esmaguem" os outros enquanto fazem as mesmas buscas às suas maneiras particulares. Mais do que isso: precisamos agir de modo a que, em suas interações por objetivos particulares, minimamente sendo instados a respeitar a vida e a propriedade alheias, os seres humanos possam produzir a maior soma de bens e experimentar, a um só tempo, a convivência mais tolerável e a mais eficiente para o atendimento de suas necessidades.

É por isso que, em verdade, não existe contradição, como por vezes se quer pintar, entre a *Teoria sobre os Sentimentos Morais* e *A Riqueza das Nações*. Apenas, na segunda, em vez de apreciar todas as ações e todos os sentimentos morais, Smith decidiu se concentrar em estudar as interações movidas pelo interesse pessoal, as trocas empreendidas com esse propósito e os seus efeitos. Com isso, ele estabeleceu a base para o estudo separado da atividade econômica e concluiu pelas vantagens do mercado. Cientes dessa premissa, podemos agora apreciar o papel do Estado dentro do ponto de vista proposto por Adam Smith em seu mais famoso trabalho.

2.3. O papel do Estado segundo *A Riqueza das Nações*

A Riqueza das Nações principiava desafiando o mercantilismo ao rejeitar as premissas de que o enriquecimento de uma nação se deveria ao acúmulo de metais preciosos, isto é, à obsessão com a balança comercial favorável; a verdadeira fonte da riqueza das nações estaria, isso sim, no trabalho, multiplicando-se a riqueza em virtude da diversidade e divisão do labor humano:

> "O trabalho anual de cada nação constitui o fundo que originalmente lhe fornece todos os bens necessários e os confortos materiais que consome anualmente. O mencionado fundo consiste sempre na produção imediata do referido trabalho ou naquilo que com essa produção é comprado de outras nações. Conforme, portanto, essa produção, ou o que com ela se compra, estiver numa proporção maior ou menor em relação ao número dos que a consumirão, a nação será mais ou menos bem suprida de todos os bens necessários e os confortos de que tem necessidade. Essa proporção deve em cada nação ser regulada ou determinada por duas circunstâncias diferentes; primeiro, pela habilidade, destreza e bom senso com os quais seu trabalho for geralmente executado; em segundo lugar, pela proporção entre o número dos que executam trabalho útil e o dos que não executam tal trabalho. Qualquer que seja o solo, o clima ou a extensão do território de uma determinada nação, a abundância ou escassez do montante anual de bens de que disporá, nessa situação específica, dependerá necessariamente das duas circunstâncias que acabamos de mencionar"[34].

Tem-se nessas primeiras considerações um grande mérito na abordagem smithiana, que serve de antídoto contra o pensamento dos que ainda hoje enxergam nos minerais e na abundância de recursos naturais o cerne do enriquecimento dos países. Smith o depositava na organização do trabalho humano, o que representa um passo adiante na compreensão do fenômeno, passível, é claro, de ser enriquecido com outras considerações, a exemplo da dinâmica de funcionamento das instituições políticas, discernindo-as entre as que mais fomentam

---

[34] SMITH, Adam. A Riqueza das Nações – Investigação sobre sua natureza e suas causas. Com a introdução de Edwin Cannan. Vol. I, Coleção Os Economistas, Editora Nova Cultural Ltda., 1959, p. 59.

o exercício desse trabalho e da geração de riquezas em liberdade e as que mais o obstaculizam. Não que Smith ignorasse esse fator, diga-se de passagem: ao escrever sobre as colônias conquistadas pelos países europeus, sustentou que as colônias inglesas passaram a prosperar mais do que outras justamente pela qualidade das instituições que organizaram e a liberdade de condução de suas atividades.

A divisão do trabalho, cada vez mais sofisticada, era, para Adam Smith, a causa do aprimoramento das forças produtivas e da qualificação de seus resultados:

> "Esse grande aumento da quantidade de trabalho que, em consequência da divisão do trabalho, o mesmo número de pessoas é capaz de realizar, é devido a três circunstâncias distintas: em primeiro lugar, devido à maior destreza existente em cada trabalhador; em segundo, à poupança daquele tempo que, geralmente, seria costume perder ao passar de um tipo de trabalho para outro; finalmente, à invenção de um grande número de máquinas que facilitam e abreviam o trabalho, possibilitando a uma única pessoa fazer o trabalho que, de outra forma, teria que ser feito por muitas."[35]

Smith também teceu considerações elogiosas ao desenvolvimento tecnológico, próprio da Revolução Industrial, que possibilitaria acelerar e multiplicar os efeitos do trabalho pelas facilidades que facultava. Disse ainda que os aperfeiçoamentos técnicos não surgiam sempre das pessoas que trabalhavam com as próprias máquinas, mas muitas vezes do engenho de profissionais dedicados exclusivamente a pensar a respeito; ele ressaltou que filósofos e pesquisadores também contribuíram para a economia de tempo no trabalho ao exercer essa função de observar e pensar, enquanto outros exerciam a função de fazer, de obrar com o produto de suas reflexões – mais um sucesso oriundo da divisão do trabalho. A essa reflexão, poderíamos somar a presença da função empresarial, exercida por aqueles que identificam

---

[35] Idem, p. 68.

necessidades e problemas a serem resolvidos e investem em ideias que poderiam enfrentá-las.

Essa divisão do trabalho seria, mais uma vez dentro do princípio do Iluminismo escocês de que prevalecem consequências naturais sobre construções intelectuais deliberadas, a "consequência necessária, embora muito lenta e gradual, de uma certa tendência ou propensão existente na natureza humana que não tem em vista essa utilidade extensa, ou seja: a propensão a intercambiar, permutar ou trocar uma coisa pela outra"[36]. Precisando quase constantemente do auxílio dos outros de sua espécie, o ser humano não se encontra em posição de esperar que ela venha simplesmente por caridade ou benevolência.

Em virtude disso, Adam Smith escreveu aquela que talvez seja a passagem mais popular de sua obra:

> "(...) ele terá maior probabilidade de obter o que quer se conseguir interessar a seu favor a autoestima dos outros, mostrando-lhes que é vantajoso para eles fazer-lhe ou dar-lhe aquilo de que ele precisa. É isto o que faz toda pessoa que propõe um negócio a outra. Dê-me aquilo que eu quero, e você terá isto aqui, que você quer — esse é o significado de qualquer oferta desse tipo; e é dessa forma que obtemos uns dos outros a grande maioria dos serviços de que necessitamos. Não é da benevolência do açougueiro, do cervejeiro ou do padeiro que esperamos nosso jantar, mas da consideração que eles têm pelo seu próprio interesse. Dirigimo-nos não à sua humanidade, mas à sua autoestima, e nunca lhes falamos das nossas próprias necessidades, mas das vantagens que advirão para eles. Ninguém, a não ser o mendigo, sujeita-se a depender sobretudo da benevolência dos semelhantes. Mesmo o mendigo não depende inteiramente dessa benevolência. Com efeito, a caridade de pessoas com boa disposição lhe fornece tudo o de que carece para a subsistência. Mas embora esse princípio lhe assegure, em última análise, tudo o que é necessário para a sua subsistência, ele não pode garantir-lhe isso sempre, em determinados momentos em que precisar. A maior parte

---

[36] Idem, p. 73.

dos desejos ocasionais do mendigo são atendidos da mesma forma que os de outras pessoas, através de negociação, de permuta ou de compra. Com o dinheiro que alguém lhe dá, ele compra alimento. A roupa velha que um outro lhe dá, ele a troca por outras roupas velhas que lhe servem melhor, por moradia, alimento ou dinheiro, com o qual pode comprar alimento, roupas ou moradia, conforme tiver necessidade"[37].

O pensador escocês chegou a acreditar que a diferença de habilidades e aptidões entre as pessoas não se deve tanto a características inatas, já que era cético em relação a elas, mas da própria diversidade de demandas que se manifestam na vida em sociedade, levando à formalização de pequenas esferas em uma mesma sociedade com seus próprios costumes, hábitos e, consequentemente, rumos diferentes na formação dos infantes e jovens. Essa diversidade termina por ser, em geral ao contrário do que acontece entre as demais espécies animais, útil para o ser humano, porque uns passam a atender a necessidades – algumas vezes, a interesses que nem sabiam ter – aproveitando-se das habilidades e afazeres dos outros.

A extensão do poder de troca, isto é, a extensão do mercado, seria determinante para a extensão potencial da divisão do trabalho. Quanto mais extenso o mercado, mais extensas as possibilidades de dividir o trabalho e trocar os frutos desse trabalho; por consequência, mais rica a sociedade inteira, em média. Com essa ponderação lógica, Adam Smith abriu sua sustentação dos méritos da liberdade de mercado. Ele utilizou a História como referência para sustentar seu argumento, lembrando que as primeiras civilizações se concentraram no Mediterrâneo, mar que propiciava facilidades à navegação e ao relacionamento entre regiões diferentes; pelo mesmo princípio, as mais portentosas sociedades da Antiguidade estavam próximas a meios de transporte fluviais, permitindo-lhes maior alcance e maior potencial de realização de trocas.

---

[37] Idem, p. 74.

Adam Smith então explicou a origem do dinheiro pela necessidade de estabelecer instrumentos padronizados de troca, já que nem todos tinham algo de valor para trocar uns com os outros e era preciso encontrar algo que fosse atrativo de forma generalizada. Os metais foram a resposta mais fácil para esse problema. Dentro da mesma abordagem, ele distinguiu entre o valor de uso de um objeto ou bem, isto é, a sua utilidade, e o seu valor de troca, que seria o seu poder de compra em relação a outras mercadorias; esses conceitos são fundamentais na teoria econômica. Aqui, porém, conforme já apreciamos, Smith conferiu um valor exagerado ao papel do tipo e intensidade de trabalho dispendido na confecção de um produto ou serviço para a determinação de seu valor de troca.

Sobre os monopólios, Adam Smith escreveu que mantêm o mercado sempre em falta, "por nunca suprirem a demanda efetiva", e "vendem suas mercadorias muito acima do preço natural delas, auferindo ganhos – quer consistam em salários ou lucros – muito acima de sua taxa natural. O preço do monopólio é, em qualquer ocasião, o mais alto que se possa conseguir. Ao contrário, o preço natural, isto é, o preço da livre concorrência, é o mais baixo que se possa aceitar, não em cada ocasião, mas durante qualquer período de tempo considerável e sucessivo. O primeiro é, em qualquer ocasião, o preço mais alto que se possa extorquir dos compradores, ou que supostamente eles consentirão em pagar. O segundo é o preço mais baixo que os vendedores comumente podem aceitar se quiserem continuar a manter seu negócio"[38]. Por essa razão, a atuação do Estado para garantir privilégios a esse ou aquele produtor, na visão de Adam Smith, é uma intervenção nefasta para a vida social, que deve ser evitada a todo custo.

Curiosamente, ele não tinha uma visão nada idílica dos empresários; para ele, os patrões tinham uma vantagem política em relação aos empregados e estabeleciam acordos tácitos, dentro de um país, para limitar seus salários. No entanto, quanto mais dinâmica for uma

---

[38] Idem, p. 114.

economia, quanto menos estática ela se mantiver, mais forçará os salários a aumentarem, gerando disputas dos patrões pelos empregados.

Embora reconhecesse a desigualdade como algo inevitável, oriundo das diferenças entre as formações pessoais e profissões, Adam Smith apontou a existência de desigualdades evitáveis e rechaçáveis: aquelas geradas pela política, isto é, pelo Estado:

> "Três são as maneiras pelas quais a política europeia provoca essas desigualdades. Primeiro, limitando a concorrência, em se tratando de alguns empregos, a um número menor de pessoas do que o número daquelas que de outra forma estariam dispostas a concorrer; segundo, aumentando em outros empregos a concorrência, além da que ocorreria naturalmente; terceiro, criando obstáculos à livre circulação de mão-de-obra e de capital, tanto de uma profissão para outra como de um lugar para outro"[39].

O iluminista escocês atacou as regulamentações e decretos que restringiam os atores no mercado, "bloqueando" as possibilidades de concorrência. Defendeu, com isso, o princípio da liberdade de iniciativa: que possa agir no mercado quem o desejar, sem interdições que favorecem àqueles que já estão "no jogo". Em sentido oposto, Smith também criticou o excesso de investimento em determinadas profissões em detrimento de outras, de forma artificial, desvinculada das demandas reais, o que tem efeitos econômicos prejudiciais, principalmente quando as formações dos profissionais são feitas às expensas públicas.

Alvejou também as leis de residência que impunham obstáculos para que os pobres transferissem seus trabalhos de um local para outro: "Remover uma pessoa, que não cometeu nenhuma falta, de uma paróquia onde escolheu residir, constitui uma violação evidente da liberdade e da justiça natural. E, no entanto, as pessoas simples do povo da Inglaterra, tão ciosas da sua liberdade, mas nunca

---

39 Idem, p. 164.

perfeitamente conscientes do conteúdo e do significado autêntico dessa prerrogativa — como aliás acontece na maioria dos outros países —, têm suportado já durante mais de um século tal tipo de opressão, sem encontrar saída para esse impasse. Embora também pessoas ponderadas por vezes se tenham queixado da lei da residência como de uma calamidade pública, esta nunca foi objeto de clamor geral do povo, como ocorreu contra as garantias gerais, sem dúvida uma prática abusiva, mas que provavelmente não provocava uma opressão geral. Arriscar-me-ia a afirmar que dificilmente existe na Inglaterra um pobre de quarenta anos de idade que em algum período de sua vida não tenha sentido em sua própria pele a opressão cruel dessa infeliz lei sobre a residência"[40].

Ao abordar o acúmulo de capital, Adam Smith explicou-o como consequência do incremento das necessidades em sociedades marcadas pela divisão do trabalho; seria necessária a provisão de certo estoque de bens e recursos para empreender um trabalho, por óbvio, antes que o próprio trabalho fosse realizado e seus frutos fossem colhidos. O aprimoramento desse acúmulo leva ao investimento em tecnologia e mão-de-obra. Ainda de acordo com ele, raramente os países empobrecem devido aos vícios e esbanjamentos dos capitalistas, mas comumente isso se dá devido ao setor estatal, em uma crítica bastante presente entre os liberais contemporâneos:

> "As grandes nações nunca empobrecem devido ao esbanjamento ou à imprudência de particulares, embora empobreçam às vezes em consequência do esbanjamento e da imprudência cometidos pela administração pública. Toda ou quase toda a renda pública é empregada, na maioria dos países, em manter cidadãos improdutivos. Tais pessoas constituem uma corte numerosa e esplêndida, um grande estabelecimento eclesiástico; grandes esquadras e exércitos, que em tempos de paz nada produzem, e em tempo de guerra nada adquirem que possa compensar os gastos de sua manutenção, mesmo enquanto perdura a guerra. Essas pessoas, que

[40] Idem, p. 183.

nada produzem, são mantidas pela produção do trabalho de terceiros. Quando, portanto, esse contingente é multiplicado além do necessário, em determinado ano ele pode consumir uma parcela tão grande da produção anual, a ponto de não deixar o suficiente para manter os trabalhadores produtivos, que reproduziriam, no ano vindouro, o que foi gasto neste. Em consequência, a produção do ano seguinte será menor do que a do precedente e se a mesma situação confusa continuar, a produção do terceiro ano será ainda inferior à do segundo. Os cidadãos improdutivos, que deveriam ser mantidos apenas por uma parcela da renda economizada pelo povo, podem chegar a consumir parte tão relevante da renda total, e com isso obrigar tão grande número de pessoas a interferir em seu capital, nos fundos destinados à manutenção de mão-de-obra produtiva, que toda a frugalidade e a boa administração dos indivíduos podem ser incapazes de compensar o desperdício e o aviltamento da produção, gerados por essa intromissão violenta e forçada"[41].

Por oposição, na Inglaterra, o capital "foi sendo silenciosa e gradualmente acumulado pela frugalidade e pela boa administração de indivíduos particulares, por seu esforço geral, contínuo e ininterrupto no sentido de melhorar sua própria condição. Foi esse esforço, protegido pela lei e permitido pela liberdade de agir por si próprio da maneira mais vantajosa, que deu sustentação ao avanço da Inglaterra em direção à grande riqueza e ao desenvolvimento em quase todas as épocas anteriores"[42].

Entretanto, as relativizações do que se costuma apelidar de "*laissez-faire*" na visão de Adam Smith começam a ficar mais claras se o leitor de *A Riqueza das Nações* avançar para suas análises do problema das importações de produtos dos mercados estrangeiros. Sim, sem sombra de dúvidas, o ilustre escocês fez uma apologia explícita do combate aos subsídios, monopólios e protecionismos, às legislações concebidas sob o pretexto de "proteção da indústria nacional", proclamando, como

[41] Idem, p. 343.

[42] Idem, p. 346.

reza o liberalismo econômico até hoje, que esses dispositivos não são justos e não representam vantagem para a sociedade, apenas para os poucos que privilegiam. No entanto, poucos atentam para as seguintes considerações que fez em sua obra, que passamos a reproduzir:

> "Contudo, parece haver dois casos nos quais geralmente será vantajoso impor alguma restrição à atividade estrangeira, para estimular a nacional.
>
> O primeiro ocorre quando se trata de um tipo específico de atividade necessária para a defesa do país. A defesa da Grã-Bretanha, por exemplo, depende muito do número de seus marujos e navios. Por isso, a lei sobre a navegação, com muita propriedade, procura assegurar aos marinheiros e à esquadra britânicos o monopólio do comércio de seu próprio país; em certos casos, através de proibições absolutas e, em outros, impondo pesadas restrições à navegação de outros países. (...) O segundo caso, em que geralmente será vantajoso impor alguma restrição à indústria estrangeira para estimular a nacional, ocorre quando dentro do país se impõe alguma taxa aos produtos nacionais. Nesse caso, parece razoável impor uma taxa igual ao produto similar do país estrangeiro. (...)
>
> Assim como há dois casos em que geralmente será vantajoso impor alguma taxa a produtos estrangeiros para incentivar a produção nacional, da mesma forma existem dois outros em que, às vezes, pode ser matéria de deliberação: no primeiro, até que ponto é indicado continuar a permitir a livre importação de certas mercadorias estrangeiras; no segundo, até que ponto, ou de que maneira, pode ser aconselhável reintroduzir tal liberdade de importação, depois de ela ter sido sustada por algum tempo. O caso em que às vezes pode ser conveniente refletir até que ponto é aconselhável continuar a importar certas mercadorias estrangeiras ocorre quando alguma nação estrangeira restringe, através de altas taxas alfandegárias, ou através de proibições, a importação de algumas de nossas mercadorias pelo seu país. Nesse caso, a vingança naturalmente dita a retaliação, que nos leva a impor taxas aduaneiras iguais e as mesmas proibições à importação por nosso país de algumas ou de todas as mercadorias da respectiva nação. Eis por que é raro as nações deixarem de retaliar dessa

maneira. (...) Retaliações desse gênero podem constituir boa política quando há probabilidade de com isso se conseguir a supressão das altas taxas alfandegárias ou das proibições que deram motivo às retaliações. A recuperação de um grande mercado estrangeiro, geralmente, mais do que compensa o inconveniente passageiro de pagar mais caro, durante um breve período, alguns tipos de mercadorias. Avaliar se tais retaliações têm probabilidade de produzir esse efeito talvez não seja tanto da alçada do legislador, cujas decisões devem orientar-se com base em princípios gerais, que são sempre os mesmos, mas antes compete à habilidade desse animal insidioso e astuto, vulgarmente denominado estadista ou político, cujos conselhos se orientam pelas flutuações momentâneas dos negócios. Quando não há nenhuma probabilidade de conseguir a supressão das medidas que oprimem o nosso comércio, parece ser mau método compensar o dano infligido a certas classes da nossa população, retrucando nós mesmos com retaliações prejudiciais que não afetarão somente essas classes, mas praticamente todas as categorias da população. (...) O caso sobre o qual, às vezes, pode ser conveniente refletir até que ponto e de que maneira é indicado restabelecer a livre importação de mercadorias estrangeiras, depois de ela ter sido sustada por algum tempo, ocorre quando determinados produtos manufaturados, devido às altas taxas ou proibições impostas a todas as mercadorias estrangeiras que podem vir a concorrer com eles, foram ampliados de maneira a exigir o emprego de grande quantidade de mão-de-obra. Nesse caso, o espírito de humanidade pode exigir que a liberdade de comércio seja restaurada apenas lenta e gradativamente, com boa dose de reserva e ponderação. Se essas altas taxas e proibições fossem abolidas de uma só vez, haveria o perigo de mercadorias estrangeiras mais baratas do mesmo tipo invadirem tão rapidamente o mercado interno que imediatamente muitos milhares de nossos cidadãos ficassem privados de seu emprego normal e dos meios de subsistência. Poderia certamente ser de proporções consideráveis o problema criado por tal medida. Entretanto, é sumamente provável que seria uma desordem muito menor do que se costuma imaginar"[43].

---

[43] Idem, p. 444, 445, 447, 448 e 449.

A desordem, neste último caso, tenderia a ser menor do que o imaginado, segundo Adam Smith, porque as pessoas privadas de seus empregos poderiam encontrar outros, e porque muitos produtos manufaturados "dos quais uma parte costuma ser exportada a outros países europeus, sem subsídios", devem "ser vendidos no exterior tão barato quanto qualquer outra mercadoria da mesma qualidade e espécie e, consequentemente, devem ser vendidos mais barato no mercado interno. Portanto, continuariam a manter a posse do mercado interno"[44].

O fato é que, em todas as circunstâncias acima elencadas, Adam Smith admitiu que políticas protecionistas fossem adotadas. Ele o fez de forma reticente nos dois últimos casos, mais ou menos no segundo caso e de forma enfática no primeiro, referente à lei de navegação britânica. Chegou a escrever a respeito dessa lei que a defesa do país é mais importante que seu comércio; pode-se compreender a lógica com que Adam Smith sustentou seu ponto ao levar em conta que a defesa do país poderia ser, em circunstâncias extremas, responsável por garantir a vida dos indivíduos, sendo a vida um dos três valores liberais essenciais, conforme apreciamos ao analisar o pensamento de Locke. Por considerar que o protecionismo era necessário para melhorar as garantias de que o Estado britânico poderia proteger essas vidas em situações de guerra, o ícone liberal aceitava relativizar o livre comércio. O que jamais justificaria o protecionismo, em sua concepção, seria o argumento mercantilista de que a balança comercial com determinado país estaria desfavorável; esse, para Adam Smith, não seria nunca um motivo aceitável. Ao contrário, a riqueza das outras nações era considerada vantajosa para o comércio. No cenário ideal, todos os países deveriam enriquecer. Esse mesmo espírito moveria todos os seguidores das ideias de Adam Smith no século seguinte.

Os argumentos apresentados ao longo da maior parte de *A Riqueza das Nações* levaram o pensador escocês a concluir que o melhor regime econômico seria o da "liberdade natural", na qual, sem violar as leis

---

[44] Idem, p. 449.

da justiça, os indivíduos estariam livres para buscar seus interesses e concorrer com quem quisessem. Isso, em sua opinião, seria melhor para o próprio "soberano", isto é, para o Estado, que não teria como reunir toda a soma de sabedoria necessária para direcionar todos os indivíduos para as ocupações econômicas que julgasse mais apropriadas, e se exauriria ao tentar fazê-lo. Após pontificar essa conclusão, ele sustentou que o soberano, no sistema de "liberdade natural" por ele defendido, teria três deveres, "por certo, de grande relevância, mas simples e inteligíveis ao entendimento comum: primeiro, o dever de proteger a sociedade contra a violência e a invasão de outros países independentes; segundo, o dever de proteger, na medida do possível, cada membro da sociedade contra a injustiça e a opressão de qualquer outro membro da mesma, ou seja, o dever de implantar uma administração judicial exata; e, terceiro, o dever de criar e manter certas obras e instituições públicas que jamais algum indivíduo ou um pequeno contingente de indivíduos poderão ter interesse em criar e manter, já que o lucro jamais poderia compensar o gasto de um indivíduo ou de um pequeno contingente de indivíduos, embora muitas vezes ele possa até compensar em maior grau o gasto de uma grande sociedade"[45].

Tal como Locke e a maioria dos liberais clássicos, dessa forma, Adam Smith compreendia que o Estado tinha a prerrogativa mínima da segurança e da justiça. Tinha, entretanto, também a prerrogativa de se ocupar de funções que, em sua opinião, não seriam atrativas à iniciativa privada em determinadas circunstâncias para que fossem produzidas suficientemente, não obstante fossem necessidades sociais prementes; entre esses bens, incluir-se-iam elementos da infraestrutura, como estradas, pontes, canais e portos. Como vimos logo anteriormente, também mantinha a prerrogativa de decidir, em certas situações muito específicas, por adotar políticas protecionistas. Ele ainda deixava ao governo a responsabilidade da regulação

[45] SMITH, Adam. A Riqueza das Nações – Investigação sobre sua natureza e suas causas. Com a introdução de Edwin Cannan. Vol. II, Coleção Os Economistas, Editora Nova Cultural Ltda., 1959, p. 170.

bancária e admitia, no campo da educação, ao menos parcialmente, o financiamento estatal da educação básica – embora privilegiasse sua manutenção em caráter local, nas menores unidades da administração pública, sinalizando simpatia ao princípio da subsidiariedade.

Tratemos de apreciar algumas dessas funções do Estado para Adam Smith de forma mais específica. Um dos gastos estatais indispensáveis, decorrência natural dessas finalidades precípuas reconhecidas por Adam Smith, seria precisamente o gasto com a defesa. Em uma sociedade mais sofisticada, devido ao desenvolvimento das manufaturas e ao aperfeiçoamento da arte bélica, não seria possível deixar a cada indivíduo a tarefa de financiar os recursos com que iria à guerra: "quando a arte bélica evoluiu gradualmente, tornando-se uma ciência extremamente intricada e complexa, quando a ocorrência de uma guerra deixa de ser determinada, como nos primeiros estágios da sociedade, por uma única escaramuça ou batalha irregular, e a luta costuma prolongar-se através de várias campanhas diferentes, cada uma das quais dura a maior parte do ano, torna-se universalmente necessário que a coletividade mantenha os que a servem na guerra, pelo menos durante o período em que estiverem em serviço militar. Se assim não ocorresse, qualquer que fosse, em tempo de paz, a ocupação normal dos que vão à guerra, um serviço tão cansativo e caro constituiria um ônus por demais pesado para esses cidadãos"[46].

Essas seriam as razões primordiais para que os Estados mantivessem exércitos permanentes, que, na visão de Adam Smith, também serviriam para estender o império da lei, mantendo uma gestão regular de territórios em que, sem isso, não se instalaria lei alguma. Os exércitos precisam ser bem tratados, bem equipados e subordinados à lei, para que possam servir a ela e às instituições estabelecidas em vez de subvertê-las.

O Estado, para Adam Smith, teria de trazer também, através da Justiça, a segurança dos contratos e o reconhecimento de direitos autorais e patentes. No que diz respeito às obras públicas, já referidas,

[46] Idem, p. 176.

ele afirmou que as demais ações do Estado "consistem sobretudo nas que se destinam a facilitar o comércio da sociedade e nas que visam a promover a instrução do povo"[47]. A princípio, ele admitiu que significativa parcela das obras de infraestrutura pode ser paga gerando por si mesma montantes suficientes para se custearem. Na opinião de Smith, os próprios transportadores de produtos que utilizariam as pontes, portos ou estradas podem pagar pela sua construção mediante a cobrança de pedágios ou taxas, obtendo depois recursos para se ressarcirem através da venda das mercadorias. No entanto, ele confiava apenas ao Estado, através de comissários, a responsabilidade de coletar essas taxas.

Sua afinidade com o postulado da subsidiariedade fica clara na seguinte argumentação: "Mesmo as obras públicas que, por sua natureza, não têm condições de gerar renda para sua própria manutenção, mas cuja conveniência está mais ou menos restrita a algum lugar ou distrito em particular, sempre são mais bem mantidas com uma receita local ou provincial, sob a direção de uma administração local e provincial, do que com a receita geral do Estado, cuja administração sempre deve caber ao poder executivo. Se porventura as ruas de Londres tivessem que ser iluminadas e pavimentadas à custa do Tesouro, haveria alguma probabilidade de serem tão bem iluminadas e pavimentadas como atualmente, ou mesmo a um custo tão baixo? Além disso, a despesa necessária para isto, em vez de ser coberta por um tributo local sobre os habitantes de cada rua, paróquia ou distrito de Londres, neste caso seria custeada pela receita geral do Estado e, consequentemente, coberta por um tributo imposto a todos os habitantes do reino, cuja grande maioria não aufere nenhum benefício da iluminação e da pavimentação das ruas de Londres"[48].

O posicionamento de Adam Smith sobre a educação era bastante favorável ao seu financiamento por meios privados, remunerando-se os professores através do pagamento feito pelos alunos e suas famílias.

---

[47] Idem, p. 198.

[48] Idem, p. 205.

O que principalmente justificaria a ação do Estado na educação seria evitar a degradação do tecido social pelo embotamento mental e moral a que estariam sujeitos os indivíduos com as ocupações mais modestas da divisão do trabalho nas sociedades complexas, conforme explicou do seguinte modo:

"Em alguns casos, o estado da sociedade necessariamente leva a maior parte dos indivíduos a situações que naturalmente lhes dão, independentemente de qualquer atenção por parte do governo, quase todas as capacidades e virtudes exigidas por aquele estado e que talvez ele possa admitir. Em outros casos, o estado da sociedade não oferece a maioria dos indivíduos em tais situações, sendo necessária certa atenção do governo para impedir a corrupção e degeneração quase total da maioria da população. Com o avanço da divisão do trabalho, a ocupação da maior parte daqueles que vivem do trabalho, isto é, da maioria da população, acaba restringindo-se a algumas operações extremamente simples, muitas vezes a uma ou duas. Ora, a compreensão da maior parte das pessoas é formada pelas suas ocupações normais. O homem que gasta toda sua vida executando algumas operações simples, cujos efeitos também são, talvez, sempre os mesmos ou mais ou menos os mesmos, não tem nenhuma oportunidade para exercitar sua compreensão ou para exercer seu espírito inventivo no sentido de encontrar meios para eliminar dificuldades que nunca ocorrem. Ele perde naturalmente o hábito de fazer isso, tornando-se geralmente tão embotado e ignorante quanto o possa ser uma criatura humana. O entorpecimento de sua mente o torna não somente incapaz de saborear ou ter alguma participação em toda conversação racional, mas também de conceber algum sentimento generoso, nobre ou terno, e, consequentemente, de formar algum julgamento justo até mesmo acerca de muitas das obrigações normais da vida privada. Ele é totalmente incapaz de formar juízo sobre os grandes e vastos interesses de seu país; e, a menos que se tenha empreendido um esforço inaudito para transformá-lo, é igualmente incapaz de defender seu país na guerra. A uniformidade de sua vida estagnada naturalmente corrompe a coragem de seu espírito, fazendo-o olhar com horror a vida irregular, incerta e cheia de aventuras de um soldado. Esse tipo de vida corrompe até mesmo sua atividade corporal, tornando-o incapaz de utilizar sua força física com vigor e perseverança em alguma ocupação que não aquela para a qual foi criado. Assim, a habilidade que ele adquiriu em sua ocupação específica parece ter sido adquirida à custa de suas virtudes intelectuais, sociais e marciais. Ora, em toda sociedade evoluída e civilizada, este é o estado em que inevitavelmente caem os trabalhadores pobres — isto é, a grande massa da população — a menos que o governo tome algumas providências para impedir que tal aconteça"[49].

Por esse motivo, embora reconhecesse que as pessoas de ocupações mais modestas não podem ter, nessas sociedades complexas, o mesmo gênero de instrução que as mais afortunadas, é oportuno para todos que elas tenham acesso a matérias essenciais da educação, em especial a alfabetização e a matemática. "Com gastos muito pequenos", defendeu, "o Estado pode facilitar, encorajar e até mesmo impor a quase toda a população a necessidade de aprender os pontos mais essenciais da educação. O Estado pode facilitar essa aprendizagem elementar criando em cada paróquia ou distrito uma pequena escola, onde as crianças possam ser ensinadas pagando tão pouco que até mesmo um trabalhador comum tem condições de arcar com este gasto, sendo o professor pago em parte, não totalmente, pelo Estado, digo só em parte porque, se o professor fosse pago totalmente, ou mesmo principalmente, com o dinheiro do Estado, logo começaria a negligenciar seu trabalho"[50].

A oferta de pequenos prêmios e distinções aos filhos dos pobres que se destacassem nas escolas e a própria imposição legal da instrução básica como condição para o exercício de diversas atividades estavam entre as medidas que Adam Smith sugeria para serem tomadas pelo Estado no campo da educação popular.

---

[49] Idem, p. 243.

[50] Idem, p. 246.

Adicionalmente, ele defendia que certos gastos são necessários, a depender das diferentes formas de governo, para manter a "dignidade" dos ocupantes da chefia de Estado no exercício da função: "Em uma sociedade rica e desenvolvida, em que todas as diversas classes da população gastam cada dia mais com suas casas, com sua mobília, com sua mesa, roupas e pertences, não é de esperar que o soberano, sozinho, vá contra os costumes. Naturalmente, ou melhor, necessariamente, também ele gasta mais com todos os referidos artigos. Parece até mesmo que a sua dignidade assim o exige. Visto que, em termos de dignidade, um monarca está mais acima de seus súditos do que sempre se supõe que o magistrado supremo de alguma república esteja em relação a seus concidadãos, da mesma forma se requer um gasto maior para sustentar essa dignidade superior do monarca. Naturalmente esperamos encontrar mais esplendor na corte de um rei do que na mansão de um doge ou de um burgomestre. Tanto a despesa destinada à defesa da sociedade como a destinada ao sustento da dignidade do magistrado supremo são aplicadas em benefício geral de toda a sociedade. É, pois, justo que ambas sejam cobertas pela contribuição geral de toda a sociedade, contribuindo todos os seus membros, na medida do possível, em proporção com suas respectivas capacidades"[51].

Da mesma forma, Adam Smith admitia que o Judiciário fosse financiado pela sociedade inteira, mas também considerava a hipótese de custeá-lo apenas com os recursos daqueles que o acionassem e dos criminosos condenados. Em relação à origem dos impostos gerais, estabelecia quatro regras básicas: a primeira, a de que os impostos devem ser proporcionais às capacidades de cada indivíduo, de acordo com os recursos de que desfruta sob a proteção do Estado; a segunda, a de que o imposto pago por cada indivíduo deve ser fixo, rotineiro, previamente conhecido, não arbitrário e errático; a terceira, a de que os impostos devem ser recolhidos da maneira que mais provavelmente convirá ao pagador; e a quarta, a de que os impostos devem ser

[51] Idem, p. 271.

planejados de forma a retirar e conservar "fora do bolso das pessoas o mínimo possível"[52]. Os impostos podem ser exercidos sobre a renda, os lucros ou os salários, que são as três fontes de rendimento privado dos indivíduos.

Têm-se, em síntese, no pensamento de Adam Smith, a aceitação de uma presença maior do Estado do que a defendida por alguns de seus sucessores na sustentação das teses do liberalismo econômico. De maneira alguma, porém, parece justo equipará-lo à tradição social-democrata, que sequer existia em sua época. Conforme esperamos que reste demonstrado, a grande maioria dos personagens da história do liberalismo se encontra mesmo, em matéria de reconhecimento de atribuições estatais, em um caminho do meio entre as correntes mais estatistas e as mais próximas ao libertarianismo do século XX e, especificamente, ao anarquismo (que as nega todas). É assim também que se encaixaria o ilustre pensador escocês.

52 Idem, p. 282.

3.

BURKE, ROUSSEAU E AS REVOLUÇÕES

3.1. A Revolução Americana

No mesmo ano em que Adam Smith trazia à luz *A Riqueza das Nações*, as Treze Colônias da Inglaterra declararam sua independência, dando origem a um novo país: os Estados Unidos da América. O nascimento da potência global mais perene entre os séculos XX e XXI já seria, apenas por isso, um dos acontecimentos mais importantes do século XVIII. A independência dos Estados Unidos, porém, tem um significado mais amplo do que aquele que representa para a própria sociedade daquele gigante norte-americano. Em primeiro lugar, porque representou um exemplo prático da brecha aberta por John Locke ao sugerir que os indivíduos poderiam se rebelar contra a injustiça e a tirania mediante o "apelo aos céus". Em segundo lugar, porque foi um caso pioneiro de uma comunidade política inteira constituída fazendo referência às teorias de representação e liberdade alimentadas pelos filósofos iluministas; como tal, é um capítulo ímpar da história do liberalismo. O exemplo norte-americano de 1776 inspiraria as independências de outras colônias dos países europeus, especialmente na América Latina, que somariam o impacto da literatura iluminista ao sucesso concreto dos Patriotas norte-americanos – como ficaram conhecidos os defensores da Independência, por oposição aos Lealistas, fiéis à Coroa britânica.

Com a assinatura do Tratado de Paris, em 1763, finalizou-se a Guerra dos Sete Anos e o Canadá foi incorporado pela Grã-Bretanha. No entanto, os gastos do conflito, na perspectiva dos colonos, levaram as Treze Colônias a sofrerem superexploração da metrópole em busca de recursos. Insatisfeitos, diversos segmentos da sociedade se uniram para protestar e desafiar a Coroa britânica. Concretamente, este foi o contexto que levou à guerra de Independência. Os rumos adotados, entretanto, se deviam também à formação cultural das Treze Colônias, habituadas a um espírito de participação e associação muito mais bem enraizado que o que existia, por exemplo, nas colônias ibéricas, herdando o legado institucional e político da própria Inglaterra que estavam enfrentando.

Ao contrário do que uma abordagem mais cômoda poderia sugerir, embora sem dúvida as ideias de Locke e dos iluministas que atuaram entre os séculos XVII e XVIII tenham tido peso na formação do ideário norte-americano, historiadores como Bernard Bailyn (1922-2020) apontam que a influência mais predominante sobre os fundadores dos Estados Unidos estava em autores muito menos conhecidos, os pioneiros do *whiggismo*, que antecederam Locke:

> "Nesse processo sutil, a fonte mais poderosa, a influência formadora, não foram as ideias do Iluminismo europeu, os discursos dos filósofos políticos, ou o pensamento político da Antiguidade clássica, mas a tradição mais obscura dos opositores ingleses do poderoso sistema político da Grã-Bretanha do século 18. A oposição ao Estado militar-fiscal da Grã-Bretanha, que na década de 1760 dominava a Europa Ocidental e estava começando a exercer seu poder no Extremo Oriente, teve suas origens no pensamento republicano dos radicais da Inglaterra na Guerra Civil do século 17. Essa tradição, subjugada pela bem-sucedida restauração monárquica, continuou sob a superfície da vida política britânica no século 18 e permaneceu ativa nas publicações de escritores obscuros"[53].

---

[53] BAILYN, Bernard. As origens ideológicas da Revolução Americana. EDUSC, 2003, p. 9.

Ainda que nomes como Isaac Kramnick (1938-2019) relativizem os apontamentos de historiadores como Bailyn acerca do peso desses autores[54], não estamos restritos a realçar um referencial puramente lockeano ou puramente não-lockeano, o que justifica mencioná-los adequadamente. Entre esses escritores obscuros, aos quais poderíamos somar teóricos um pouco mais recuados, como o célebre poeta republicano John Milton (1608-1674), cujo clássico discurso *Areopagítica* bradava pela liberdade de imprensa, Bailey relacionou John Trenchard (1662-1723) e Thomas Gordon (1691-1750), lideranças da tradição conhecida como *Commonwealth men*, que na verdade teria tido mais impacto sobre o pensamento dos colonos americanos que sobre os próprios britânicos, por suas tendências republicanas e por suas críticas à Corte britânica. Outros nomes dessa concepção particular do *whiggismo* citados por Bailey foram Walter Moyle (1672--1721), Robert Molesworth (1656-1725) e, mais tardiamente, James Burgh (1714-1775), Richard Price (1723-1791) e Joseph Priesteleu (1733-1804), estes últimos mantendo contatos diretos com os próprios fundadores dos Estados Unidos. Essa tradição se inspirava no pensamento republicano clássico, uma recuperação renascentista de ideias de autores greco-romanos como Cícero e Aristóteles (384 a.C.-322 a.C.).

Naturalmente, e seria anacrônico dizê-lo, Aristóteles não conheceu o liberalismo sob a forma das instituições constitucionais e representativas modernas. Em seu ensaio *A liberdade dos antigos comparada à dos modernos*, o liberal francês Benjamin Constant (1767-1830) pontuou que a ideia de liberdade predominante na Antiguidade clássica enfatizava, muito mais do que o estabelecimento de regras que protegessem prerrogativas individuais da ação do Estado, a participação direta nos processos decisórios, sem o figurino ora vigente da escolha de representantes.

---

[54] KRAMNICK, Isaac. Republicanism and Bourgeois Radicalism: Political Ideology in Late Eighteenth-Century England and America. Cornell University Press, 1990.

É o que encontraremos na *Política* de Aristóteles, como não poderia deixar de ser. Deixando de lado outros conceitos aprovados na obra que hoje podem transparecer aberrantes ou esdrúxulos, mas eram corriqueiros à época – como a escravidão, as considerações acerca das mulheres, as recomendações de idades certas para casamentos e abortos –, concentramo-nos aqui na sua concepção geral de sociedade e política. A participação e as prerrogativas de cada homem dentro das diversas sociedades políticas variavam, segundo o grande filósofo grego, sobretudo em função de ricos e pobres. Isso porque Aristóteles expunha um entendimento, muito presente na sustentação do voto censitário, de que os mais abastados, distantes do trabalho braçal, tenderiam a ser mais próprios a se ocuparem das questões públicas – a ser, portanto, "cidadãos", por oposição ao contingente populacional que ele considerava apenas "habitante" do território. Ele também colocava a educação como um dever do Estado, submetendo-se as crianças à sua ampla tutela para que fossem educadas ao "bem comum", finalidade principal da ordem política.

Nada, porém, é mais efetivo nesse tratado de Aristóteles para a apreciação da política, não apenas atualmente como ao longo de todos os séculos desde então decorridos, que os modelos de formas de governo existentes que o filósofo categorizou. Esse modelo é um arquétipo eficaz para, adaptado às circunstâncias, entender uma série inumerável de regimes que, com essas ou aquelas inovações próprias aos tempos, ainda bebem muito das mesmas fontes e são ali reconhecíveis em vários aspectos primaciais.

As grandes categorias gerais em que ele dividiu os governos têm várias subdivisões, ricamente ilustradas com exemplos da sua época. A cada uma delas corresponde um regime degenerado, que seria sua pior variante. Limitamo-nos a um resumo de suas características gerais e das formas pervertidas. Uma das grandes categorias de governo é a Monarquia, isto é, o poder nas mãos de um só, que podia variar bastante em tipos temporários, eletivos, hereditários, militaristas e até absolutos. A degeneração da monarquia é chamada Tirania, um regime despótico em que o indivíduo que concentra o poder despreza a sociedade política e se ocupa apenas de seus interesses.

A outra categoria é a Aristocracia, o "governo dos melhores", onde apenas alguns indivíduos, distinguidos por sua superioridade de méritos, governam a cidade. Sua degeneração é a Oligarquia, quando esses governantes exclusivos não apresentam efetivamente o mérito desejado. Em alguns casos, as oligarquias atrairiam a ira do povo pelo entesouramento que promoveriam às custas de todos à volta.

Soma-se a elas a famigerada Democracia – evidentemente, não pode ser confundida com o conceito, típico da modernidade, da "democracia representativa" –, em que todos os homens livres votam, ou a maioria que dispusesse de alguma renda, mas com mais amplitude que nas oligarquias. O problema, num ponto extremo, é que a maioria mais pobre poderia degenerar a democracia em uma Demagogia, um governo em nome da indigência, que perverteria a propriedade e degeneraria o conjunto social.

Por fim, acrescenta-se a *Politeia* ou "República" propriamente dita, um regime equilibrado que mesclaria aspectos da democracia e da aristocracia. Aristóteles citou o exemplo da Lacedemônia, onde, se os mais ricos – teoricamente, lembre-se, com mais mérito e condições de governo – tinham prerrogativas especiais para várias decisões, como a aplicação de penas (modernamente, determinadas também por pessoas especiais, os juízes profissionais), o povo tinha envolvimento na magistratura e seu bem-estar e alimentação eram consagrados como valores fundamentais.

Daí proveio a valorização do "republicanismo" como um princípio, recuperado pela tradição dos *Commonwealth men* lidos pelos fundadores americanos. Os fundadores dos Estados Unidos "misturaram essa tradição com as ideias do Iluminismo europeu e as ideias políticas mais liberais da Antiguidade clássica e, gradualmente, conforme a crise se desenvolvia, foram estruturando suas opiniões"[55]. Na época da Independência propriamente dita, essas opiniões gerais já estavam

[55] Idem, p. 9.

mais bem estruturadas, ainda que seja incontestável – e os fatos subsequentes da política norte-americana o revelariam com absoluta clareza – que esses fundadores divergiam bastante entre eles. Conforme ainda Bailey, as doutrinas-chave da fundação dos Estados Unidos estavam prontas:

> "(...) uma redefinição do que era uma 'constituição' e como poderia dominar o sistema político; uma interpretação original da separação dos poderes; uma crença na compatibilidade de poderes federais duais; um sentido de que 'direitos' individuais numa sociedade civil eram reais e poderiam ser identificados e defendidos; e, sobretudo, um temor veemente do poder político, seu efeito mortal sobre a sobrevivência da liberdade e a absoluta necessidade de coibir seu abuso. Em 1769, nenhum desses elementos estava claro no pensamento deles; por volta de 1776, eram vívidos, impelentes e inspiradores. Nos anos que se seguiram, essas ideias iriam formar as constituições de vários estados que fizeram a união da América do Norte e finalmente a constituição delineada para a nação em 1787"[56].

Curiosamente, um dos receios que estavam difundidos entre boa parte dos colonos que fizeram a Independência era o da manutenção de exércitos permanentes, vistos por eles como uma ameaça de reforço do poder central. O problema do "poder", e, por consequência, do Estado, era a grande preocupação teórica desses iluministas norte-americanos.

Outro tema fundamental para delinear a originalidade daquilo que ficou conhecido como Revolução Americana era o conceito de "constituição". No começo, os *Founding Fathers* – como são também chamados os pais fundadores dos Estados Unidos – compartilhavam a visão tipicamente britânica de que uma Constituição não é um documento escrito que determine os fundamentos legais de uma comunidade política, mas uma ordem constituída de instituições,

---

[56] Idem, p. 9.

costumes e tradições que perfazem uma sociedade inteira. Enfatizavam, porém, muito particularmente, o sucesso da Constituição britânica como produto de sua capacidade de equilibrar as forças da sociedade. Aí entrava a influência do "republicanismo clássico" de Aristóteles: os pais fundadores admiravam o arranjo entre a realeza, a nobreza e os comuns, que, separadamente, inspirariam, respectivamente, como formas de governo, a monarquia, a aristocracia e a democracia, sujeitas aos riscos acima expostos. A sociedade – e, portanto, a Constituição, no sentido britânico – do Reino Unido conseguia articular essas forças em um sistema misto, equilibrando os poderes de cada uma delas para que não dominassem umas às outras. Porém, justamente por esse sucesso ser bastante particular dos britânicos e mesmo entre eles não ter sido alcançado ou mantido sem custos, os colonos americanos estavam sempre com receio dos riscos do autoritarismo e da tirania. Paulatinamente, surgiu entre alguns deles a sensação de que as colônias preservavam melhor a tradição de liberdade britânica do que o próprio Reino Unido.

Nessa atmosfera, os fatos se sucederam, com os colonos denunciando uma série de práticas e legislações que consideravam opressoras a seu modo de vida e suas liberdades, entre elas o aumento de impostos e os favoritismos para ocupação de cargos públicos. Em dezembro de 1773, deu-se a promulgação da Lei do Chá, com a concessão de monopólio do comércio do chá à Companhia das Índias Orientais, de que muitos britânicos possuíam ações. Os comerciantes norte-americanos, sentindo-se prejudicados, assaltaram os navios da companhia disfarçados de índios e despejaram o carregamento de chá no mar, no evento conhecido como Festa do Chá de Boston. A Grã-Bretanha reagiu decretando o fechamento do porto de Boston, a necessidade de indenização à Companhia prejudicada e o julgamento dos envolvidos – a ser feito, o que é muito importante, em território britânico, bem como uma lei que permitia o confisco de edifícios desocupados para o uso de tropas sob as ordens dos governadores. Essas medidas reforçaram a ideia popular entre os colonos de que havia uma conspiração britânica contra as liberdades das Treze Colônias e de que o equilíbrio entre as forças sociais que prevalecia na metrópole não estaria mais estendido a elas.

Apesar, portanto, de ter representado uma ruptura de grande impacto, ter sido um fato inédito na História e ter inspirado muitos outros acontecimentos fora do próprio país, características que lhe valeram a alcunha de Revolução Americana, a guerra de independência dos Estados Unidos não foi motivada por pretensões de transformação totalizante. Os pais fundadores não queriam criar um novo homem, um novo Céu ou uma nova Terra. Desde o princípio do movimento, faziam referência às antigas liberdades britânicas, ao argumento de que os britânicos estavam ameaçando as liberdades constitutivas de sua própria sociedade. Voltavam a tradição intelectual britânica contra os próprios britânicos; eram as liberdades *whigs* e os princípios da Revolução Gloriosa que, na visão dos colonos, estavam sendo atraiçoados pelo próprio povo que os gestou. Um componente religioso muito claro se fazia presente, além disso; dizia-se que os ministros e favoritos do rei Jorge III (1738-1820) estavam sendo instigados pelo demônio para ameaçar as liberdades americanas e subjugar tiranicamente os colonos. No caldo cultural daquela revolução, acrescentava-se ainda a semente do excepcionalismo americano: muitos passaram a crer que os Estados Unidos detinham uma missão ímpar perante a humanidade, a de se libertarem e fazerem refulgir com renovado vigor a chama das liberdades que os britânicos haviam enfraquecido.

A temática da representação foi um dos temas que os pais fundadores dos Estados Unidos retrabalharam na Revolução Americana. Conforme reconheceu o ministro anglicano Samuel Seabury em 1774, a concepção "de que não estamos comprometidos por nenhuma lei com a qual não consentimos ou por nós mesmos ou por nossos representantes é uma posição inusitada que não tem apoio em nenhum registro oficial da constituição britânica, antigo ou moderno. É republicana em sua própria natureza"[57]. No começo, entretanto, os

[57] SEABURY apud BAILYN, Bernard. As origens ideológicas da Revolução Americana. EDUSC, 2003, p. 167.

pais fundadores não eram simpáticos à ideia de materializar a representação sob a forma de partidos políticos. Embora essa noção mais moderna ainda tivesse que experimentar um longo desenvolvimento até ser devidamente acolhida, eles se viram forçados a aceitar a formação de grupos políticos opostos porque a complexidade social, na prática, assim o exigiu; a ideia de que a representação é de "todos" e de que todos têm de estar sempre, em todas as questões, vinculados a uma única visão de "bem comum", se demonstrou inexequível.

O conceito de Constituição também teria sua profunda transformação com a Revolução Americana. Na década de 1770, os colonos acentuaram a tese de que a Constituição seria, essencialmente, não tanto o conjunto total das instituições e tradições que comporiam a sociedade, mas uma linha demarcando o limite de atuação dos poderes, um conjunto de grandes princípios que delimitariam até onde cada uma das partes, governantes e súditos, poderia ir em seu relacionamento recíproco. Começou a emergir entre os panfletários americanos a noção de que a Constituição deveria ser uma demarcação dos limites dos poderes de todas as forças sociais, mediante um acordo que adquiriria permanência se fosse estabelecido em um texto escrito, ainda que sempre subordinado aos direitos naturais. Ao mesmo tempo, em relação ao equilíbrio das forças sociais, os colonos americanos, apesar de admirarem a constituição social britânica, tinham que adaptar seus pensamentos ao cenário da América, onde não havia realeza nem nobreza e o sistema de governo mais adequado seria republicano. Nesse cenário, preservavam a típica preocupação aristocrática com os perigos de uma extensão muito ampla do poder para os "comuns"; muitos pais fundadores temiam os riscos da democracia já apontados pelos autores clássicos. O tema suscitou inúmeras discussões entre eles, com sugestões diversas para lidar com a questão, antes que as soluções consagradas no regime político dos Estados Unidos fossem efetivamente alcançadas. Conforme Bailey, "havia quase tantas variações nesses programas constitucionais, que tentavam de algum modo conter a força da "democracia" dentro de um sistema republicano, como havia escritores"[58].

A ideia de "soberania" foi outra a ser adaptada pelos revolucionários americanos. O conceito de "soberano", tal como adotado inclusive por Hobbes, referia-se a um poder único que, em toda comunidade política, seria "superior em autoridade legal a qualquer outro poder"[59]. Essa soberania, para o *whiggismo*, estaria depositada no Parlamento, e esse argumento foi usado pelos britânicos para justificar o poder das decisões parlamentares britânicas contra os colonos americanos. Na prática, porém, as Treze Colônias estavam habituadas ao exercício de diversas funções, como o poder de tributação, pelas Assembleias locais. A questão ensejou um prolongado debate entre os colonos para justificar, do ponto de vista teórico, a defesa da manutenção dessa prerrogativa, em resposta ao argumento mais bem consolidado dos lealistas e dos britânicos. Mais uma vez, como nas demais questões, de forma gradual, elaboraram a ideia de que os poderes centrais em um império não deveriam ser estendidos a todos os aspectos políticos e que unidades menores de uma entidade política maior poderiam conservar alguns poderes soberanos para si mesmas. Isso foi o prólogo da autonomia dos estados que tanto marcaria os Estados Unidos.

A escravidão foi uma das problemáticas políticas que a Revolução Americana não equacionou. A despeito de a escravidão ter sido criticada tanto por americanos quanto britânicos à época, ela perseverou ainda por bom tempo depois da Independência e entre os pais fundadores havia muitos proprietários de escravos. Infelizmente, a ordem e a liberdade que anunciavam não se aplicaram aos negros escravizados, em contradição da época que marcaria o Iluminismo e o liberalismo também em outros países do continente americano, entre eles o Brasil.

---

[58] BAILYN, Bernard. As origens ideológicas da Revolução Americana. EDUSC, 2003, p. 261.

[59] Idem, p. 186.

3.2. A Declaração de Independência e a Constituição

Entre os pais fundadores dos Estados Unidos, cuja lista é até hoje objeto de discussões, costumam-se contar os colonos que lutaram como Patriotas na Revolução Americana e os que assinaram a Constituição de 1787. Entre eles, destacam-se personalidades como George Washington (1732-1799), Alexander Hamilton (1755-1804), Benjamin Franklin (1706-1790), John Adams (1735-1826), Samuel Adams (1722-1803), Thomas Jefferson (1743-1826) e James Madison (1751-1836). Seria impraticável para os propósitos de nosso trabalho avaliar todas as suas concepções políticas, com suas diferenças e debates acalorados, razão pela qual optamos por nos concentrar nas realizações textuais coletivas dos pais fundadores que dão testemunho das ideias e concepções de Estado ali presentes, ainda que tenham sido, também elas, objeto de acirradas divergências. Elas são, naturalmente, a *Declaração de Independência* em 1776 e a própria Constituição.

A *Declaração*, com a maior parte da redação atribuída a Thomas Jefferson, enumerava os atos cometidos pelo governo britânico que geraram a insatisfação dos colonos e ressaltava as tentativas feitas de alertar a metrópole de seus próprios excessos, alerta por ela ignorado. Por isso, "apelando para o Juiz Supremo do mundo", "em nome e por autoridade do bom povo destas colônias", declararam: "que estas colônias unidas são e de direito têm de ser Estados livres e independentes; que estão desobrigados de qualquer vassalagem para com a Coroa britânica, e que todo vínculo político entre elas e a Grã-Bretanha está e deve ficar totalmente dissolvido; e que, como Estados livres e independentes, têm inteiro poder para declarar a guerra, concluir a paz, contrair alianças, estabelecer comércio e praticar todos os atos e ações a que têm direito os Estados independentes"[60].

---

[60] A Declaração de Independência dos Estados Unidos da América. Disponível em: http://www.uel.br/pessoal/jneto/gradua/historia/recdida/declaraindepeEUAHISJNeto.pdf. Acesso em 29.01.2023.

Mais importante do que esse desfecho, a justificativa da declaração se celebrizou, a ponto de ser inserida em destaque em quase qualquer reconstrução histórica da tradição liberal, por ser iniciada com considerações filosóficas que reverberavam a teoria lockeana da revolta contra governos estabelecidos:

> "Quando, no curso dos acontecimentos humanos, se torna necessário a um povo dissolver os laços políticos que o ligavam a outro, e assumir, entre os poderes da Terra, posição igual e separada, a que lhe dão direito as leis da natureza e as do Deus da natureza, o respeito digno para com as opiniões dos homens exige que se declarem as causas que os levam a essa separação. Consideramos estas verdades como evidentes por si mesmas: que todos os homens são criados iguais, dotados pelo Criador de certos direitos inalienáveis, que entre estes estão a vida, a liberdade e a procura da felicidade. Que, a fim de assegurar esses direitos, governos são instituídos entre os homens, derivando seus justos poderes do consentimento dos governados; que, sempre que qualquer forma de governo se torne destrutiva de tais fins, cabe ao povo o direito de alterá-la ou aboli-la e instituir novo governo, baseando-o em tais princípios e organizando-lhe os poderes pela forma que lhe pareça mais conveniente para realizar-lhe a segurança e a felicidade. Na realidade, a prudência recomenda que não se mudem os governos instituídos há muito tempo por motivos leves e passageiros; e, assim sendo, toda experiência tem mostrado que os homens estão mais dispostos a sofrer, enquanto os males são suportáveis, do que a se desagravar, abolindo as formas a que se acostumaram. Mas, quando uma longa série de abusos e usurpações, perseguindo invariavelmente o mesmo objeto, indica o desígnio de reduzi-los ao despotismo absoluto, assistem-lhes o direito, bem como o dever, de abolir tais governos e instituir novos guardiães para sua futura segurança. Tal tem sido o sofrimento paciente destas colônias e tal agora a necessidade que as força a alterar os sistemas anteriores de governo"[61].

[61] Idem.

Já a Constituição adveio de uma sequência de intrincados debates nos anos que se sucederam à Independência. Entre 1776 e a década de 1780, as ideias básicas dos pais fundadores, que foram gestadas e discutidas no período imediatamente anterior, foram testadas nas Constituições estaduais, porque cada estado teve que constituir seu próprio governo e suas próprias regras. Era uma Confederação; os estados eram fortes e surgiram primeiro. Na década de 1780, apareceu o desafio de constituir o poder nacional. Assim ocorreu uma cisão entre os federalistas, como Alexander Hamilton, que defendiam a importância de um poder central mais forte e bem caracterizado, mas mantido em dimensões seguras para não ameaçar as liberdades caras a todos, e os antifederalistas, como Thomas Jefferson, que temiam qualquer movimento nesse sentido, em especial a formação de um exército nacional permanente. A isso, os federalistas respondiam que não defendiam um "exército permanente", mas um "exército regular" profissional, submetido incessantemente ao controle civil. Esses foram, por assim dizer, os dois primeiros "partidos políticos" dos Estados Unidos.

De acordo com Bailey, "a dimensão histórica da condenação que os antifederalistas faziam da Constituição tinha um elemento mais sutil e mais poderoso. Uma crença inquestionavelmente fundamental na tradição recebida, que havia sido colocada em foco durante a luta pré-revolucionária com a Grã-Bretanha, era a convicção de que os únicos Estados verdadeiramente livres eram repúblicas, onde o povo se governava por meio de representantes livremente eleitos; que repúblicas, estruturas necessariamente delicadas, poderiam sobreviver apenas em pequenas unidades, uma vez que exigiam uniformidade de opinião, ou ao menos um consenso rígido, sendo necessária a força para controlar a diversidade ressoante; e que o princípio que animava as repúblicas era a virtude"[62].

Em vez da Constituição proposta, os antifederalistas pretendiam que os Estados Unidos continuassem regidos pelos Artigos da

---

[62] BAILYN, Bernard. As origens ideológicas da Revolução Americana. EDUSC, 2003, p. 303.

Confederação, um acordo básico entre as Treze Colônias criado em 1777 e ratificado em 1781. Os Artigos eram apenas treze e permitiam as mais amplas liberdades aos estados, estabelecendo apenas que promoveriam uma união para se protegerem em conjunto de qualquer agressão a seus modos de vida e suas liberdades. Os Artigos visavam a assegurar a amizade e a livre circulação entre os habitantes dos Estados Unidos da América, com exceção dos fugitivos da justiça, os mendigos e os sem-teto. Criavam uma assembleia nacional, o Congresso da Confederação, e deixavam ao governo nacional os poderes de declarar guerra, conduzir a política externa e as relações comerciais; não obstante isso, boa parte dessas ações só podia ser tomada com autorização de um número mínimo de estados. Os gastos dessa estrutura central seriam pagos com fundos levantados pelas legislaturas estaduais; mas essa instituição nacional exclusiva, dependente de recursos, era bastante fraca e os seus críticos afirmavam que não era capaz de garantir o cumprimento de suas deliberações.

Com isso, os Estados Unidos permaneceram em seus anos iniciais sem nenhum presidente, sem uma base nacional de impostos e sem um Judiciário nacional. Com essa estrutura central fraca, o país lidou com as restrições comerciais das potências europeias, influenciadas ainda pelas concepções mercantilistas e colonialistas, bem como com a inexperiência dos parlamentares do Congresso da Confederação e com os débitos e dificuldades financeiras oriundos da guerra de Independência. Esses problemas e as considerações de estadistas como John Adams acerca da impossibilidade de formalizar acordos comerciais com essa estrutura central tão fraca levaram aos esforços do "Partido Federalista" pela formalização de um governo central mais forte, o que se deu com a Convenção Constituinte de 1787, na Filadélfia.

A Constituição americana de 1787, que continua em vigência, consistia em apenas uma introdução, sete artigos e uma conclusão. Desde sua ratificação até os dias de hoje, recebeu 27 emendas. Em sua abertura, ela rememorava os princípios da *Declaração de Independência*, asseverando que sua base era a vontade do povo norte-americano de constituir seu próprio governo, ao mesmo tempo fortalecendo e garantindo a perpetuidade de sua união, mas preservando as liberdades essenciais de que esse povo era tão cioso.

Estabelecia um Poder Legislativo bicameral, com um Senado e uma Câmara dos Representantes. Conjuntamente, esse Legislativo passava a ter o poder de cobrar impostos, pagar débitos, tomar providências relativas à defesa comum e ao bem-estar geral, emitir a moeda, regular o comércio, suprimir insurreições, repelir invasões, reconhecer patentes, padronizar formas de medida, naturalizar estrangeiros e declarar guerra. A Constituição criava também um Poder Executivo federal, chefiado pelo presidente e o vice-presidente da República. O presidente teria o poder de formalizar tratados com autorização de dois terços do Parlamento, seria o comandante-em-chefe das Forças Armadas e nomearia seus ministérios. O Poder Judiciário passava a ter uma dimensão federal, com a presença da Suprema Corte, mas precisando respeitar uma autonomia bastante considerável das leis estaduais.

Com as primeiras emendas, a Constituição passou a expressamente proibir qualquer atentado à liberdade de religião e de expressão ou ao direito de petição, ressaltar a proibição ao estabelecimento de uma religião oficial de Estado, garantir o direito ao armamento para defesa pessoal e destacar que qualquer atribuição não expressamente estatuída na Constituição ficaria sob a autoridade dos estados. Em emendas mais tardias, após a Guerra Civil americana, os Estados Unidos aboliriam a escravidão e exigiriam a admissão do voto feminino.

Pode-se verificar que a Revolução Americana estava marcadamente motivada por ideais de restrição aos perigos do poder e muitos entre seus realizadores estavam profundamente desejosos de conviver com governos pequenos, que tivessem poucas atribuições. Também é explícita a diversidade que existia entre eles, tornando impossível apresentar uma visão absolutamente única como representativa de todo o seu conjunto, o que se aplica à ocupação principal do presente trabalho, que é investigar o papel que se atribuiu e atribui ao Estado por diferentes personalidades e escolas da tradição liberal.

Alguns, como Hamilton, alimentavam uma visão mais centralizadora e pró-urbanização, enquanto outros, como Jefferson, defendendo uma descentralização extremamente ampla, alimentavam certa preferência por um modo de vida típico do mundo agrário.

Resta evidente, no entanto, que eram homens que, ao mesmo tempo em que experimentavam grandes inovações, faziam questão de evocar a tradição e os costumes. Não havia qualquer sabor de anarquismo em suas teses e mesmo os que defendiam a descentralização estavam reivindicando autonomia para os governos dos estados; jamais, por óbvio, para a abolição deles. Iríamos além, contudo; também não estavam reivindicando que o Estado se limitasse à segurança e à justiça. Parece suficiente, para demonstrar esse ponto, utilizar o exemplo de Thomas Jefferson, o principal líder do grupo político que, à época, era mais virulento no combate ao aumento do poder central.

Thomas Jefferson foi um sistemático defensor da educação pública, isto é, com presença do Estado. Em 1779, por exemplo, ele publicou *A Bill for the More General Diffusion of Knowledge*, propondo um sistema educacional a ser financiado via impostos para todas as crianças, em aulas ministradas ao longo de três anos, o que, inclusive, era uma proposição incomum em sua época. No texto da proposta, dizia Jefferson:

> "Embora pareça que (...) certas formas de governo são mais bem calculadas do que outras para proteger os indivíduos no livre exercício de seus direitos naturais e, ao mesmo tempo, estão mais bem protegidas contra a degeneração, ainda assim a experiência mostrou que, mesmo sob as melhores formas, aqueles a quem foi confiado o poder, com o tempo, e por meio de lentas operações, o perverteram em tirania; e acredita-se que o meio mais eficaz de prevenir isso seria iluminar, na medida do possível, as mentes das pessoas em geral e, mais especialmente, dar-lhes conhecimento daqueles fatos que a história exibe, com que, por isso, imbuídos da experiência de outras épocas e países, eles podem ser capacitados a conhecer a ambição sob todas as suas formas, e prontos para exercer seus poderes naturais para derrotar os propósitos dela; e, considerando que é

> geralmente verdade que as pessoas serão mais felizes se suas leis forem melhores e mais bem administradas e se as leis forem formadas com sabedoria e administradas honestamente, na proporção em que aqueles que as formam e administram são sábios e honestos; de onde se torna conveniente para promover a felicidade pública que aquelas pessoas, a quem a natureza dotou de gênio e virtude, sejam prestadas por uma educação liberal digna de receber e capacitadas para guardar o sagrado depósito dos direitos e liberdades de seus concidadãos, e que elas devem ser chamadas a esse cargo, independentemente da riqueza, nascimento ou outra condição ou circunstância acidental; mas a indigência do maior número os impede de educar, por sua própria conta, aqueles de seus filhos que a natureza adequadamente formou e, se dispostos a se tornarem instrumentos úteis para o público, é melhor que tal seja procurado e educado na despesa comum de todos, do que a felicidade de todos deva ser confiada aos fracos ou ímpios"[63].

Em 1785, o mesmo Thomas Jefferson propôs a criação de um complexo esquema de escolas públicas para o estado de Virgínia. Após deixar a Presidência dos Estados Unidos, ele liderou a fundação, em 1819, de uma universidade pública, a Universidade de Virgínia.

No campo da saúde pública, muitos entre os pais fundadores admitiram o envolvimento do Estado com a questão[64]. Ainda em 1777, John Adams elogiou a aprovação de uma legislação de apoio ao Hospital do Exército e, em 1798, como presidente, criou um fundo para apoiar marinheiros feridos e deficientes, o que estimulou a emergência de uma rede de hospitais espalhados pelo país. O financiamento era com-

---

[63] BERKES, Anna. A Bill for the More General Diffusion of KnowledgeThomas Jefferson Encyclopedia. Abr. 2009. Disponível em: https://www.monticello.org/research-education/thomas-jefferson-encyclopedia/bill-more-general-diffusion--knowledge/. Acesso em 29.01.2023.

[64] ABRAMS, Jeanne. Why the Founders would have seen the benefits of Medicare-for-all. The Washington Post. 5 set. 2019. Disponível em: https://www.washingtonpost.com/outlook/2019/09/05/why-founders-would-have-supported--medicare-all/. Acesso em 29.01.2023.

partilhado entre o Estado e a iniciativa privada. Benjamin Franklin ajudou a fundar, no mesmo modelo, um hospital público e a primeira escola de medicina do país. George Washington estabeleceu a vacinação compulsória dos soldados revolucionários sob seu comando contra a varíola e o próprio Jefferson defendeu a vacinação com aporte estatal para ajudar a inocular a vacina nos mais pobres.

3.3. O democratismo rousseauniano

O outro grande evento de impacto na trajetória do Iluminismo e do liberalismo do final do século XVIII, para o bem ou para o mal, foi a Revolução Francesa. Antes, porém, de entendê-la melhor, é preciso compreender o problema representado pela filosofia de Jean Jacques-Rousseau.

Esse pensador nascido em Genebra, no que hoje é a Suíça, foi um dos personagens que mais "bagunçaram" a face do mundo. Suas teses de consequências revolucionárias desafiam classificações. Sempre que avaliarmos a questão, devemos nos lembrar de que, em sua época, as categorias filosófico-políticas que conhecemos não estavam em vigor; nomes como Locke ou Adam Smith não se identificavam como "liberais". Eles estabeleceram os pilares do Iluminismo – e, nesse particular, havia muitos pensadores, como Kant, conscientes de estarem integrando um fenômeno maior, que viam o Iluminismo como um movimento filosófico geral de que tomavam parte –, que estavam conformando o que viria a ser chamado de liberalismo, de vez que, como dissemos, o liberalismo é a expressão política mais bem acabada da modernidade. Rousseau foi um filósofo que atuou nesse caldeirão e tentou lidar com ele de uma forma bastante particular. As particularidades de sua abordagem foram de tal monta que seus intérpretes, até hoje, não conseguem sequer se aproximar de um entendimento comum.

Ao mesmo tempo, Rousseau foi, para diversos analistas, um liberal, dentro do que isso poderia significar sendo aplicado ao seu tempo, porque estava preocupado com as teorias contratualistas e se proclamava um defensor da liberdade dos indivíduos; mesmo o conservador britânico Roger Scruton (1944-2020) empregaria o termo ao falar do pensador genebrino que tanta influência teve sobre a França, ainda que admitisse que o próprio Rousseau não se identificaria com as teses dos pensadores que nos acostumamos a chamar de "liberais clássicos"[65]. Ao mesmo tempo, é considerado por muitos outros o avô da esquerda contemporânea, patriarca dos socialismos, autoritarismos e até dos totalitarismos, tendo sido criticado duramente, mesmo entre os séculos XVIII e XIX, por liberais como Voltaire, Madame de Stael (1766-1817) e Benjamin Constant. Enquadrado no Iluminismo, como muitos de seus adversários, é também considerado um precursor do "Contra-Iluminismo", visto como um berço para a corrente filosófico-artística mais emocional que se denominaria Romantismo.

A despeito de ser também um pensador de outros temas, como a Educação, como autor do clássico *Emílio*, o que nos interessa aqui é seu pensamento político. Para isso, cumpre um breve exame de duas obras: o *Discurso sobre as Origens e os Fundamentos da Desigualdade entre os Homens* (1754) e *Do Contrato Social* (1762).

O primeiro é, seguramente, uma brecha para diversas temeridades que se introduziram posteriormente nos discursos sociais e políticos. Rousseau principiou a segunda parte de seu texto a dizer: "o primeiro que, cercando um terreno, se lembrou de dizer: 'Isto é meu' e encontrou pessoas bastante simples para o acreditar, foi o verdadeiro fundador da sociedade civil. Quantos crimes, guerras, assassinatos, misérias e horrores não teriam sido poupados ao gênero humano por aquele que, arrancando as estacas ou tapando o fosso, tivesse gritado a seus semelhantes: 'Não escutem esse impostor! Vocês estarão perdidos se esquecerem que os frutos são de todos e que a terra não é de ninguém!'"[66]. Socialistas e marxistas, dos mais diversos matizes,

---

[65] SCRUTON, Roger. Rousseau & the origins of liberalism. The New Criterion. Out. 1998. Disponível em: https://newcriterion.com/issues/1998/10/rousseau-the-origins-of-liberalism. Acesso em 29.01.2023.

[66] ROUSSEAU, Jean-Jacques. Discurso sobre a origem e os fundamentos da desigualdade entre os homens. 2. ed. Abril Cultural, 1978, p. 2265 (Coleção Os Pensadores).

rebeldes da contracultura; ambientalistas ensandecidos – em suma, todos os que bombardearam a "insensibilidade cruel dos capitalistas malvados destruidores da natureza" reproduziriam declarações da mesma estirpe das rousseaunianas contra o liberalismo nos séculos subsequentes; dificilmente as usariam a seu favor.

O que Rousseau pôs em xeque, e todos eles se deleitam em ecoar, era a ideia de propriedade privada – esse mesmo pilar fundamental, alicerce do mínimo possível de segurança e crescimento. Com brilhantismo, Mises demonstrou que a propriedade privada faz com que "a fatia do produto social de cada membro da sociedade seja dependente do produto economicamente imputado a ele, isto é, dependente de seu trabalho e de sua propriedade", e a consequência disso é que "a matança de seres humanos em decorrência da luta pela sobrevivência, como ocorre nos reinos animal e vegetal, é substituída por uma redução na taxa de natalidade em decorrência das forças sociais"[67]. A propriedade privada é, portanto, um recurso de equilíbrio e de pacificação da sociedade, condição para o aumento na capacidade de produção – em outras palavras, é o melhor para todos. O respeito à propriedade privada e à liberdade de iniciativa tende a seguir provocando, como a História o demonstra, uma melhoria das condições materiais das sociedades. A Rousseau não foi dado prever que os maiores morticínios seriam levados a efeito, na era que se seguiu, por aqueles que justamente procuraram implantar a relativização deste alicerce. Os maiores genocidas foram aqueles que criaram obstáculos à delimitação individual de porte de bens e à liberdade de negociá-los.

Ao contrário de basicamente todos os liberais clássicos, Rousseau idealizava o homem no hipotético "estado de natureza"; sancionava que as instituições sociais engendraram as desigualdades, que não existiriam no imaginário "estado original do homem". Via, nas novas requisições e necessidades que eclodiram com o desenvolvimento da

---

[67] HOPPE, Hans-Habermann. A origem da propriedade privada e da família. Instituto Ludwig von Mises Brasil. 24 jun. 2022. Disponível em: https://www.mises.org.br/ArticlePrint.aspx?id=1037. Acesso em 29.01.2023.

civilização, uma nova forma de escravidão, da qual o homem estaria liberto se gozasse mais amplamente dos seus "direitos naturais" – estabelecidos, também eles, em abstrato, concebidos sem se relacionarem com a concretude do mundo. Para ele, a constituição da civilização foi uma degeneração do idílico estado de liberdade natural, não um avanço. A constituição de uma sociedade entre os homens naturais isolados – que, ao contrário do que diria Hobbes, não viveriam em guerra entre si – fez surgir o amor-próprio ("*amour-propre*") e esse processo, malconduzido, engendrou todos os problemas que vivenciamos em nossas comunidades políticas. Necessário se faria resgatar o homem das perversões em que a civilização o mergulhou e dotá-lo de ferramentas para reencontrar o rumo certo, o que se faria através da educação moral das crianças e da formalização de um contrato social autêntico, nas bases apresentadas por Rousseau.

O problema seria mais detalhadamente descrito em *Do Contrato Social*. O pensador genebrino abriu sua tese recuperando a argumentação do *Discurso*: "o homem nasceu livre e por toda parte ele está agrilhoado"[68]. Procurando demonstrar o que legitimaria essa conversão, Rousseau construiu seu raciocínio a partir da família, que seria a mais antiga das sociedades e a única realmente natural. Mesmo assim, a própria família, quando os filhos envelhecem, não se mantém mais por laços naturais, mas por uma convenção. A família seria, assim, o modelo inspirador do Estado – com a diferença de que, neste último, não tem lugar o amor pelos filhos, mas "o prazer de comandar supre esse amor que o chefe não tem pelos seus povos"[69].

Discutindo com as ideias de Hugo Grócio e Thomas Hobbes, Rousseau contestou o direito estabelecido a partir do fato de que os mais fortes subjugavam os mais fracos. Para ele, "tão logo que seja a força que gera o direito, o efeito muda com a causa; toda força que sobrepuja a primeira há de sucedê-la nesse direito. Tão logo se possa

---

[68] ROUSSEAU, Jean-Jacques. Do Contrato Social. Trad. Antônio de Pádua Danesi. Martins Fontes, 1996, p. 9.

[69] Idem, p. 10.

desobedecer impunemente, torna-se legítimo fazê-lo, e como o mais forte sempre tem razão, basta agir de modo a ser o mais forte. Ora, o que é um direito que perece quando cessa a força?"[70].

Negando, assim, tanto a autoridade de um homem sobre o outro como efeito de uma lei natural quanto como efeito da força, Rousseau ponderou que essa autoridade se verifica em consequência de uma convenção. Avaliando as sociedades conhecidas e predominantes até o seu tempo, questionou os benefícios que o povo tinha ao reconhecer a autoridade dos monarcas em troca de uma pretensa proteção e da tranquilidade civil, quando, em verdade, o que se dava era que as guerras em que os monarcas se envolviam e os desmandos e incompetências de seus ministérios arruinavam as pessoas. "Renunciar à liberdade" para sujeitar-se a tais autoridades, dizia Rousseau, "é renunciar à qualidade de homem, aos direitos da humanidade e até aos próprios deveres. Não há nenhuma reparação possível para quem renuncia a tudo. Tal renúncia é incompatível com a natureza do homem e subtrair toda liberdade a sua vontade é subtrair toda moralidade a suas ações. Enfim, é inútil e contraditória a convenção que estipula, de um lado, uma autoridade absoluta e, de outro, uma obediência sem limites"[71]. Não há como negar que essas são declarações bastante compatíveis com a tradição iluminista e liberal; na verdade, Rousseau foi além do jusnaturalismo de Hugo Grócio e John Locke e meritoriamente condenou a escravidão enquanto instituição. Para ele, sequer a guerra daria direitos aos indivíduos de subjugarem uns aos outros. Não há como estabelecer essa relação de autoridade entre indivíduos, dentro de um "direito", através da "força"; "escravidão" e "direito", diria Rousseau, contradizem-se mutuamente.

Ao sair do estado de natureza, quando não consegue mais sustentar as condições de independência em que nele se encontrava, o ser humano precisa estabelecer com os outros, conforme a teoria rousseauniana, um "contrato social", cujas cláusulas, em praticamente

[70] Idem, p. 11.

[71] Idem, p. 15.

todo lugar, embora não tenham sido formalmente enunciadas, são similares, reduzindo-se a uma determinação geral: "a alienação total de cada associado, com todos os seus direitos, a toda a comunidade. Pois, em primeiro lugar, cada qual dando-se por inteiro, a condição é igual para todos, e, sendo a condição igual para todos, ninguém tem interesse em torná-la onerosa para os demais"[72]. A não ser assim, cada indivíduo retornaria à liberdade natural de que abdicou ao aceitar a "liberdade convencional" extraída desse acordo.

Aqui o problema que os críticos enxergam em Rousseau começou a aparecer. Ele traduziu essa abordagem da seguinte forma, mais resumida: "Cada um de nós põe em comum sua pessoa e todo o seu poder sob a suprema direção da *vontade geral*; e recebemos, coletivamente, cada membro como parte indivisível do todo"[73]. E ele prosseguiu: "Imediatamente, em vez da pessoa particular de cada contratante, esse ato de associação produz um corpo moral e coletivo composto de tantos membros quantos são os votos da assembleia, o qual recebe, por esse mesmo ato, sua unidade, seu eu comum, sua vida e sua vontade. Essa pessoa pública, assim formada pela união de todas as demais, tomava outrora o nome de *Cidade* e hoje o de *República* ou de *corpo político*, o qual é chamado por seus membros de *Estado* quando passivo, *soberano* quando ativo e *Potência* quando comparado aos seus semelhantes. Quanto aos associados, eles recebem coletivamente o nome de *povo* e se chamam, em particular, *cidadãos*, enquanto participantes da autoridade soberana, e *súditos*, enquanto submetidos às leis do Estado"[74].

Para Rousseau, quando esse "corpo coletivo" se reúne para consagrar o pacto que o unirá, ele precisa estabelecer uma espécie de "concordância média", a que todos se devem submeter, sob pena da dissolução da convenção social formalizada. Esta média seria a "vontade geral" – expressão que Rousseau não inventou, colhendo-a

---

[72] Idem, p. 21.

[73] Idem, p. 22.

[74] Idem, p. 22.

de outros autores, como o enciclopedista francês Denis Diderot (1713-1784) –, a única que "pode dirigir as forças do Estado em conformidade com o objetivo de sua instituição, que é o bem comum", erigindo-se essa vontade sobre o que há de comum nos diversos interesses que compuseram a sociedade, pois, "se não houvesse um ponto em que todos os interesses concordam, nenhuma sociedade poderia existir"[75]. Por isso, disse ele ainda: "(...) cada indivíduo pode, como homem, ter uma vontade particular oposta ou diversa da vontade geral que tem como cidadão. Seu interesse particular pode ser muito diferente do interesse comum; sua existência absoluta e naturalmente independente pode levá-lo a considerar o que deve à causa comum como uma contribuição gratuita, cuja perda será menos prejudicial aos demais do que será o pagamento oneroso para ele; e, considerando a pessoa moral que constitui o Estado como ente de razão, pois que não é um homem, gozará dos direitos do cidadão sem querer cumprir os deveres do súdito – injustiça cujo progresso redundaria na ruína do corpo político. A fim de que o pacto social não venha a constituir, pois, um formulário vão, compreende ele tacitamente esse compromisso, o único que pode dar força aos outros; aquele que se recusar a obedecer à vontade geral a isso será constrangido por todo o corpo – o que significa apenas que será *forçado a ser livre (grifo nosso)*, pois é esta a condição que, entregando à pátria cada cidadão, o garante contra toda a dependência pessoal, condição que configura o artifício e o jogo da máquina política, a única a legitimar os compromissos civis, que sem isso seriam absurdos, tirânicos e sujeitos aos maiores abusos"[76].

O verdadeiro "soberano", para Rousseau, estaria constituído pelos ditames dessa "vontade geral", nunca pelas opiniões particulares de um ou dois indivíduos. Contudo, não será demais frisar para a compreensão de seu pensamento que ele delineou uma distinção clara entre a "vontade geral" e a "vontade de todos". Enquanto a primeira é esse alegado "interesse comum" que embasaria o contrato social, a

[75] Idem, p. 33.

[76] Idem, p. 25.

segunda "diz respeito ao interesse privado, nada mais sendo que uma soma das vontades particulares. Quando, porém, se retiram dessas mesmas vontades os mais e os menos que se destroem mutuamente, resta, como soma das diferenças, a vontade geral"[77].

Rousseau supunha que os indivíduos cediam ao soberano, através do contrato social corporificado pela vontade geral, de seus poderes, bens e liberdades, apenas a parte que conviria a esse "interesse comum" formado por eles em assembleia. Contudo, "é preciso convir também que só o soberano pode julgar desse interesse. Todos os serviços que um cidadão pode prestar ao Estado passam a ser um dever tão logo o soberano os solicite; mas o soberano, de sua parte, não pode onerar os súditos com nenhuma pena inútil à comunidade; não pode sequer desejá-lo, pois, sob a lei da razão, não menos que sob a da natureza, nada se faz sem causa"[78]. Em tais circunstâncias, valeria a pena, para Rousseau, mesmo morrer pelo "soberano" assim estabelecido: "Quem deseja os fins deseja também os meios, e esses meios são inseparáveis de certos riscos e até de certas perdas. Quem deseja conservar a sua vida a expensas dos outros também deve dá-la por eles quando necessário. Ora, o cidadão já não é juiz do perigo ao qual a lei quer que ele se exponha, e, quando o príncipe lhe diz: 'É útil ao Estado que morras', deve morrer, pois foi somente graças a essa condição que até então viveu em segurança e que sua vida já não é apenas uma dádiva da natureza, mas um dom condicional do Estado"[79]. Ele defendeu também a pena de morte ou o exílio como punições àqueles que, como criminosos, atentem contra o pacto, isto é, contra a vontade geral; condenou, porém, o abuso de suplícios e execuções como demonstração de preguiça e fraqueza dos governos.

Para dar movimento e vontade ao corpo político, uma vez constituído, seria preciso, para Rousseau, estatuir uma legislação, que teria de ser voltada, como, aliás, nesse particular, concordariam muitos

[77] Idem, p. 37.
[78] Idem, p. 39.
[79] Idem, p. 43.

liberais, a todos, não a indivíduos em particular. O pensador genebrino até admitia que as leis possam consagrar privilégios, mas não poderiam consagrá-los nomeadamente: "pode criar diversas classes de cidadãos, e até especificar as qualidades que darão direito a essas classes, porém não pode nomear os que nela serão admitidos"[80]. Essa legislação, entretanto, poderia ser apresentada ao povo, não necessariamente elaborada por ele.

A falta de humildade dos propósitos de Rousseau se patenteia quando ele argumenta: "Quem ousa empreender a instituição de um povo deve sentir-se capaz de mudar, por assim dizer, a natureza humana; de transformar cada indivíduo que, por si mesmo, é um todo perfeito e solidário em parte de um todo maior, do qual esse indivíduo recebe, de certa forma, sua vida e seu ser; de alterar a constituição do homem para fortalecê-la; de substituir por uma existência parcial e moral a existência física e independente que todos recebemos da natureza. Deve, numa palavra, arrebatar ao homem suas próprias forças para lhe dar outras que lhe sejam estranhas e das quais não possa fazer uso sem o auxílio de outrem. Quanto mais mortas e aniquiladas são as forças naturais, mais as adquiridas são grandes e duradouras, e na mesma proporção a instituição é sólida e perfeita. De sorte que, quando cada cidadão nada é e nada pode senão com todos os outros, e quando a força adquirida pelo todo é igual ou superior à soma das forças naturais de todos os indivíduos, pode dizer-se que a legislação está no mais alto grau de perfeição a que pode chegar"[81]. O Legislador, encarregado dessa função de elaborar as leis, não obstante a envergadura de que é investido pelas palavras de Rousseau, podendo até ser um estrangeiro, deve submetê-las à apreciação da vontade geral, sem a qual elas não teriam qualquer autoridade.

O filósofo preconizava também que os melhores sistemas de legislação deveriam ser fundamentados em dois valores: a liberdade e a igualdade. A igualdade, ele tratou de enfatizar, não significaria jamais

---

[80] Idem, p. 47.

[81] Idem, p. 50.

a equivalência em poder e riqueza, mas significaria que, no campo do poder, todos sejam igualmente protegidos contra a violência e que ele "nunca se exerça senão em virtude da classe e das leis", e, quanto à riqueza, "que nenhum cidadão seja assaz opulento para poder comprar o outro, e nenhum assaz pobre para ser obrigado a vender-se. O que supõe, da parte dos grandes, moderação de bens e de crédito, e, da parte dos pequenos, moderação de avareza e de cobiça"[82]. Rousseau sustentou, citando inclusive Montesquieu, que essas leis precisam ser ajustadas aos povos aos quais são feitas; apontou que deve haver um Poder Legislativo, mas que ele reside totalmente nas mãos do povo; que o governo deve existir separadamente, servindo como "suprema administração ao exercício legítimo do Poder Executivo", devendo constituir um corpo, chamado *Príncipe*, formado por *reis* e *governadores*.

Defendia, entretanto, que o povo deveria se reunir não apenas no momento de constituir um Estado, mas sim periodicamente, de forma fixa, pela lei, o que se torna mais factível em Estados menores, para exercer sua soberania, legitimando novamente os governos. Aí têm-se uma característica do pensamento de Rousseau que afronta praticamente todos os liberais clássicos: sua ojeriza ao moderno sistema representativo. De acordo com ele, "a soberania não pode ser representada pela mesma razão que não pode ser alienada; consiste essencialmente na vontade geral, e a vontade não se representa: ou é a mesma, ou é outra – não existe meio-termo. Os deputados do povo não são, pois, nem podem ser os seus representantes; são simples comissários, e nada podem concluir definitivamente. Toda lei que o povo não tinha ratificado diretamente é nula, não é uma lei. O povo inglês pensa ser livre, mas está redondamente enganado, pois só o é durante a eleição dos membros do Parlamento; assim que estes são eleitos, ele é escravo, não é nada. Nos breves momentos de sua liberdade, pelo uso que dela faz bem merece perdê-la"[83]. O assembleísmo e a democracia direta são, portanto, características essenciais da filosofia política de

82 Idem, p. 62.

83 Idem, p. 114.

Rousseau, que não se vão encontrar na concepção dos outros clássicos iluministas inseridos na história do liberalismo.

Por fim, estabeleceu Rousseau o conceito de "religião civil". Para ele, todos os Estados sempre se fundamentaram em teologias e religiões, e o Cristianismo, ao reforçar um discurso de separação, convidando seus adeptos a se preocuparem com as questões espirituais de forma dissociada das questões materiais, enfraquece a lealdade dos adeptos ao Estado e às suas leis, o que seria pernicioso à comunidade política. A despeito das opiniões individuais, Rousseau considerava haver "uma profissão de fé meramente civil, cujos artigos o soberano deve fixar, não exatamente como dogmas de religião, mas como sentimentos de sociabilidade, sem os quais é impossível ser bom cidadão ou súdito fiel"[84]. Cogitou que o soberano poderia banir da comunidade política aqueles que não acolhessem esses princípios de "religião civil" – que poderia mesmo puni-los com a morte se, ao acolher os princípios desse credo, os descumprisse. "Os dogmas da religião civil devem ser simples, em pequeno número, enunciados com precisão, sem explicações nem comentários. A existência da divindade poderosa, inteligente, benfazeja, previdente e providente, a vida futura, a felicidade dos justos, o castigo dos maus, a santidade do contrato social e das leis, são estes os dogmas positivos. Quanto aos dogmas negativos, limito-os a um só: a intolerância, implícita nos cultos que excluímos", recomendava Rousseau.

Não se poderia dizer que Rousseau tivesse o objetivo de estabelecer despotismos de qualquer espécie. Muitas preocupações típicas dos liberais estavam em suas cogitações e ponderações. O problema com sua filosofia é que, enquanto a grande maioria dos liberais clássicos se ocupou de proteger as liberdades individuais, enfatizando a existência, sobretudo, de dispositivos contra majoritários que protegessem a vida, a liberdade e a propriedade, e que procurassem estabelecer pesos e contrapesos entre as instituições através das quais a comunidade política se corporifica, Rousseau, sem ser, ele mesmo, um amante de

---

[84] Idem, p. 165.

caos ou revoluções, enfatizou sobremaneira o coletivo, o todo, o povo em conjunto, como um poder nobre, sobrecarregado de investiduras. Conferiu muito mais importância à "vontade geral", que supunha poder ser extraída e corroborada em constantes reuniões das massas, do que aos indivíduos que essa vontade deveria se encarregar de, conformando um Estado, proteger. Conferiu a esse conjunto, ainda que não fosse o seu desejo, o poder de, constantemente, demolir todas as instituições e tradições, ao sugerir a convulsão constante do sistema político através de suas assembleias recorrentes. Ao mesmo tempo, inaugurou um discurso radical, nos séculos subsequentes, de responsabilização das instituições e de sua organização pelos males humanos, mais do que da própria natureza humana e suas imperfeições intrínsecas. Não há muito como não enxergar nessas posturas antecipações das revoluções socialistas e dos totalitarismos posteriores; não há como não enxergar que muitos líderes porvindouros usariam pretextos que recordavam a "vontade geral" e a "religião civil" para se tornarem tiranos com um poder jamais equiparado no passado, como o fariam nazistas, fascistas e bolcheviques no século XX. Sua ênfase na "cidadania" e no "povo", bem como na "religião civil", pode ter tido, junto ao Romantismo, influência significativa sobre a emergência dos nacionalismos da modernidade. É possível, no entanto, reconhecer, como faria Roger Scruton, que, em Estados desvinculados da obediência a uma religião oficial, marcados pelas instituições liberais, é preciso estabelecer um tipo diferente de lealdade, a lealdade nacional, sem para isso trazer as palavras de Rousseau às suas potencialmente perigosas consequências. É possível aos cultivadores da História, das artes e da cultura alimentar a lealdade ao corpo nacional, alimentar a "imaginação moral" dos compatriotas a esse respeito, sem que o Estado seja tratado como um "senhor" ou erija princípios estatutários nesse sentido. O Estado não precisa se agigantar para impor essa fé perigosamente totalitária – idealmente, não o deve, posto que seria uma fé imposta, portanto falsa – e a religião cristã não é necessariamente inimiga dessa lealdade, posto que a maioria das liberdades com que Rousseau dizia simpatizar tem grande dívida com seu legado cultural em nossa civilização, e os Evangelhos mesmo orientam "dar a César o que é de César". Podemos, em outras palavras, sustentar a importância de uma lealdade dos cidadãos ao corpo político, mas o Estado é um instrumento e não um deus.

Entre as críticas liberais a Rousseau, podemos ressaltar a de Benjamin Constant. De acordo com este pensador francês, os antigos valorizavam, em seu conceito de "liberdade", a participação no corpo político, enquanto os modernos entendem como "liberdade" a proteção de suas prerrogativas individuais contra a coerção, tal como temos exposto. A liberdade individual, sinônimo de "liberdade moderna" na concepção de Constant, não poderia ser sacrificada por um governo que se quisesse bem-sucedido. Isso não significava que a liberdade, ou antes o direito, de participação, ainda que através da escolha de representantes, dentro da chamada "liberdade política" valorizada por Rousseau – e similar à "liberdade dos antigos" – devesse ser suprimida; até porque, talvez acrescentaríamos a Constant, ainda vivemos em comunidades políticas e a liberdade política é a ferramenta que os regimes constitucionais nos oferecem para continuarmos a ter influência em decisões capazes de fortalecer o resguardo da própria liberdade individual. O próprio Constant diria que, se "o perigo da liberdade antiga estava em que, atentos unicamente à necessidade de garantir a participação no poder social, os homens não se preocupassem com os direitos e garantias individuais", a liberdade moderna também oferece o risco de fazer com que, "absorvidos pelo gozo da independência privada e na busca de interesses particulares, renunciemos demasiado facilmente a nosso direito de participar do poder político"[85]. Por exemplo, diante das contradições sociais e do medo do caos, podemos preferir que a autoridade e as decisões fiquem nas mãos de um ditador ou de um monarca absoluto, a fim de contornar as crises e nos deixar relativamente despreocupados.

[85] CONSTANT, Benjamin. Da liberdade dos antigos comparada à dos modernos. 1819. Disponível em: http://www.fafich.ufmg.br/~luarnaut/Constant_liberdade.pdf. Acesso em 29.01.2023.

O que não se pode fazer é pedir aos povos modernos que abram mão dessa liberdade moderna em prol da manifestação de uma "vontade geral" que, ao fim e ao cabo, se torna a dissolução da personalidade individual em um todo tirânico. A crítica, nesse sentido, que Constant formulou ao pensamento rousseauniano, pode ser resumida magistralmente com este trecho de outra de suas obras fundamentais, *Princípios de Política*:

> "Rousseau ignorou esta verdade e o seu erro fez do seu *Contrato Social*, tão frequentemente invocado em prol da liberdade, o instrumento mais terrível de todos os gêneros de despotismo. Definiu o contrato celebrado entre a sociedade e os seus membros como a alienação completa e sem reservas de cada indivíduo com todos os seus direitos em mãos da comunidade. Para nos tranquilizar acerca das consequências do abandono tão absoluto de todas as partes da nossa existência em benefício de um ser abstrato, diz-nos que o soberano, ou seja, o corpo social, não pode prejudicar nem ao conjunto dos seus membros, nem a cada um deles em particular; que ao se entregar cada um por completo, a condição é igual para todos, e que ninguém tem interesse em torná-la onerosa aos demais; que ao se dar cada um a todos, não se dá a ninguém; que cada um adquire sobre todos os associados os mesmos direitos que ele lhes entrega, e ganha o equivalente de tudo quanto perde, com mais poder para conservar o que tem. Mas esquece que todos esses atributos preservadores que confere ao ser abstrato que chama de soberano resultam de que esse ser se compõe de todos os indivíduos sem exceção. Ora, tão logo que o soberano tem de fazer uso do poder que possui, ou seja, tão logo que deve proceder a uma organização prática da autoridade, não podendo o soberano exercê-la por si próprio, delega-a, e todos esses atributos desaparecem. Ao estar necessariamente, pela sua própria vontade ou à força, a ação que se executa em nome de todos à disposição de um só ou de alguns, resulta que ao se dar um a todos, não é verdade que não se dê a ninguém; pelo contrário, dá-se aos que agem em nome de todos. Daí que, ao se dar por completo, não se coloca numa condição igual para todos, já que alguns se aproveitam exclusivamente do sacrifício do resto. Não é

verdade que ninguém tenha interesse em tornar onerosa a condição aos demais, posto que há associados que estão por fora da condição comum. Não é verdade que todos os associados adquirem os mesmos direitos que cedem; não todos ganham o equivalente do que perdem e o resultado daquilo que sacrificam é, ou pode ser, o estabelecimento de uma força que lhes tira o que têm"[86].

Apesar de a filosofia de Rousseau ter influenciado muitos políticos e ativistas liberais no século XIX, em especial aqueles dos chamados "partidos liberais radicais", geralmente simpáticos ao republicanismo e a soluções revolucionárias, dificilmente se encontrará hoje algum movimento liberal organizado que o empregue como referência, quiçá como a principal. De fato, ele é muito mais evocado pelas tradições ditas "de esquerda". Alguns autores, como o professor Antonio Paim, preferiram excluir Rousseau do liberalismo, designando sua corrente política pelo nome de "*democratismo*", especialmente em virtude de sua ênfase na democracia direta e seu menosprezo ao sistema representativo liberal. Como quer que seja, o impacto de suas teses sobre o pensamento dos revolucionários franceses e, particularmente, sobre sua ala mais radical, a dos jacobinos, seria decisivo para os debates políticos modernos.

3.4. A Revolução Francesa e a Declaração dos Direitos do Homem e do Cidadão

Tendo exposto as linhas gerais do pensamento de Rousseau que influenciaria a Revolução Francesa, cumpre agora sintetizar o que foi essa revolução, seus principais acontecimentos e implicações.

A França era uma monarquia absoluta desde o século XVI, regida pelo que se convencionaria chamar de Antigo Regime. De muitas

[86] CONSTANT, Benjamin. Princípios de Política. Tradução ao espanhol a cargo de Josefa Hernández Alonso. Aguillar, p. 10-11.

maneiras, aliás, o país era o símbolo do modelo absolutista, marcado pela concentração de poder nas mãos do rei sob o pretexto do direito divino; o rei Luís XIV (1638-1715) havia reforçado a natureza do regime com diversas medidas centralizadoras, tendo inclusive proclamado sua famosa sentença: "O Estado sou eu".

O rei na época revolucionária, porém, era Luís XVI (1754-1793). O legado do monarca destronado pela revolução é controverso; por contraintuitivo que possa parecer, seu reinado foi iniciado com esforços francos por estabelecer reformas na administração francesa à luz do Iluminismo. Ele tentou estabelecer transformações econômicas, combater a escravidão e a pena de morte e abolir a servidão herdada do feudalismo. Ao assumir o trono, disse que queria "ser amado"[87]. Luís XVI, por exemplo, assinou o Édito de Versalhes, que concedia direitos civis inéditos a não católicos, ainda que continuasse a privá-los de direitos políticos e da possibilidade de promover cultos públicos.

As tentativas de reformas econômicas, porém, falharam uma atrás da outra para combater a crise, seus ministros foram sucessivamente trocados e a intenção de uma gestão "iluminista" não logrou êxito. O cenário desolador das finanças nacionais, levando parte da população à fome, e a influência da literatura incendiária dos iluministas franceses levavam camponeses e burgueses a se irritarem com a desigualdade na cobrança de impostos, extremamente complexa em sua distribuição regional pelo território francês e bastante mais generosa com nobres e clérigos.

Em 1787, Charles Alexandre, o Visconde de Callone (1734-1802), controlador-geral das finanças do Estado na época, convocou uma Assembleia de Notáveis para tentar resolver a crise financeira francesa, propondo uma ambiciosa redução de privilégios da nobreza e do clero e uma reforma nos impostos. A proposta foi rejeitada e Luís XVI se viu obrigado a substituí-lo. A visão tradicional é de que a nobreza rejeitou a redução de seus privilégios, mas o historiador britânico Simon

---

[87] HARDMAN, John. Louis XVI, The Silent King. New York: Oxford University Press, 2000. pp. 37–39.

Scharma (n. 1945) apresentou uma visão alternativa[88], alegando que os nobres estavam dispostos a admitir modificações fundamentais, mas houve principalmente discordância quanto a aspectos operacionais das reformas e, contrariamente ao que se esperaria, desagrado por certas mudanças sugeridas não terem ido tão longe quanto deveriam.

Loménie de Brienne (1727-1794), seu sucessor, que havia liderado a oposição a Callone na Assembleia de Notáveis, consultou os *parlements*, organizações de teor jurídico formadas por aristocratas e espalhadas pelas diferentes regiões da França, que sugeriram a convocação dos Estados-Gerais para lidar com o problema.

A Assembleia dos Estados-Gerais não era convocada desde 1614. Tratava-se de uma reunião dos corpos da sociedade, identificados como "estados", realizada para fins consultivos, especialmente em questões fiscais. O Primeiro Estado reunia o clero, o Segundo Estado reunia a nobreza e o Terceiro Estado reunia os plebeus (burgueses, camponeses e o grupo de artesãos, lojistas, entre outros pequenos trabalhadores e proprietários urbanos conhecidos pejorativamente como *sans-cullotes*). Cada um dos três estados se reuniria separadamente. O Terceiro Estado conseguiu obter dupla representação na Assembleia, mas descobriu-se que seu voto individual nas questões discutidas teria menos peso. Os estados rapidamente se desviaram da temática que o rei queria que fosse discutida; curiosamente, um padre, Emmanuel Joseph Sieyès (1748-1836), integrou a representação do Terceiro Estado em vez do Primeiro e, influenciado pelo contratualismo de Locke e Rousseau, divulgou seu panfleto *O Que é o Terceiro Estado?* em janeiro de 1789, despertando o ímpeto revolucionário. O texto dizia que o Terceiro Estado era a representação efetiva e suficiente da nação francesa, dispensando o parasitismo dos outros dois estados:

> "Quem então se atreverá a dizer que o Terceiro Estado não tem em si tudo o que é necessário para a formação de uma nação completa?

---

[88] SCHAMA, Simon. Citizens: A Chronicle of the French Revolution. Random House, 1989, pp. 287–92, 310.

É o homem forte e robusto que ainda tem um braço algemado. Se a ordem privilegiada fosse abolida, a nação seria nada menos, mas algo mais. Portanto, o que é o Terceiro Estado? Tudo; mas tudo acorrentado e oprimido. O que seria sem a ordem privilegiada? Tudo, menos um tudo livre e florescente. Nada pode dar certo sem ele, tudo seria infinitamente melhor sem os outros. (...) Não é suficiente mostrar que pessoas privilegiadas, longe de serem úteis à nação, não podem senão enfraquecê-la e prejudicá-la; é necessário provar ainda que a ordem nobre não entra de forma alguma na organização social; que pode, de fato, ser um fardo para a nação, mas não pode por si só constituir uma nação. Não é evidente que a ordem nobre tem privilégios e despesas que ousa chamar de direitos, mas que estão à parte dos direitos da grande massa de cidadãos? Afasta-se aí da lei comum. Portanto, seus direitos civis fazem dela um povo isolado no meio da grande nação. (...) O Terceiro Estado abrange então tudo o que pertence à nação; e tudo o que não é o Terceiro Estado não pode ser considerado como sendo da nação. Qual é o terceiro estado? É o todo"[89].

Sob o influxo dessa mensagem radical e da insatisfação disseminada, pouco tempo após o início da Assembleia dos Estados-Gerais, formalmente em 5 de maio, o Terceiro Estado se proclamou uma Assembleia Constituinte e prometeu que não se retiraria até que a Constituição estivesse assentada. O conceito de "nação", aplicado à sociedade francesa e principalmente ao Terceiro Estado, começava a prevalecer sobre a ideia do "reino" e suas instituições e disposições tradicionais. O governo francês concentrou tropas em Paris diante da tensão institucional, mas uma revolução popular irrompeu, não apenas ali, como em outras regiões do país.

Neste primeiro momento, os membros do Terceiro Estado, ao rejeitarem a ideia de "estados" e dizerem que representariam o "povo"

---

[89] Modern History Sourcebook:
Abbé Sieyes: What is the Third Estate? Disponível em: https://sourcebooks.fordham.edu/mod/sieyes.asp. Acesso em 06.01.2022.

em uma Assembleia Constituinte, ainda convocavam os membros dos demais estados a se juntarem à iniciativa legislativa. Conseguiram, inclusive, apoio, principalmente no clero. Com os esforços do rei por evitar que a Assembleia Constituinte crescesse, a rebelião nas ruas estourou, tendo por marco simbólico a tomada da Bastilha, uma antiga fortaleza que já não representava muito em termos práticos, mas era um emblema do Antigo Regime. O caos social assumiu contornos violentos, com camponeses invadindo castelos e massacrando a nobreza dos campos, muitos estimulados por teorias conspiratórias espalhadas oralmente, mencionando planos ardilosos dos nobres para afundá-los na miséria.

Diante do processo instaurado, a Assembleia Constituinte, reunindo segmentos da sociedade com diferentes interesses e graus de radicalismo nas transformações ambicionadas, decretou, em 4 de agosto de 1789, o fim dos privilégios herdados do feudalismo e aprovou a *Declaração dos Direitos do Homem e do Cidadão*, um conjunto de dezessete artigos que deveriam servir de base ética e filosófica para a nova Constituição da França a ser elaborada. O texto era composto sob o lema "liberdade, igualdade e fraternidade" e tinha influências diversas dos autores iluministas. Eis seu conteúdo, que explicita também uma concepção específica, embora não minuciosa, da natureza do Estado e suas atribuições:

> "Os representantes do povo francês, constituídos em Assembleia Nacional, considerando que a ignorância, o esquecimento ou o desprezo dos direitos do homem são as únicas causas das desgraças públicas e da corrupção dos governos, resolveram expor em declaração solene os Direitos naturais, inalienáveis e sagrados do Homem, a fim de que esta declaração, constantemente presente em todos os membros do corpo social, lhes lembre sem cessar os seus direitos e os seus deveres; a fim de que os atos do Poder legislativo e do Poder executivo, a instituição política, sejam por isso mais respeitados; a fim de que as reclamações dos cidadãos, doravante fundadas em princípios simples e incontestáveis, se dirijam sempre à conservação da Constituição e à felicidade geral. Por

consequência, a Assembleia Nacional reconhece e declara, na presença e sob os auspícios do Ser Supremo, os seguintes direitos do Homem e do Cidadão:

Artigo 1º – Os homens nascem e são livres e iguais em direitos. As distinções sociais só podem fundar-se na utilidade comum.

Artigo 2º – O fim de toda a associação política é a conservação dos direitos naturais e imprescritíveis do homem. Esses direitos são a liberdade. a propriedade, a segurança e a resistência à opressão.

Artigo 3º – O princípio de toda a soberania reside essencialmente na Nação. Nenhuma corporação, nenhum indivíduo podem exercer autoridade que aquela não emane expressamente.

Artigo 4º – A liberdade consiste em poder fazer tudo aquilo que não prejudique outrem: assim, o exercício dos direitos naturais de cada homem não tem por limites senão os que asseguram aos outros membros da sociedade o gozo dos mesmos direitos. Estes limites apenas podem ser determinados pela Lei.

Artigo 5º – A Lei não proíbe senão as ações prejudiciais à sociedade. Tudo aquilo que ela não proíbe não pode ser impedido, e ninguém pode ser constrangido a fazer o que ela não ordene.

Artigo 6º – A Lei é a expressão da vontade geral. Todos os cidadãos têm o direito de concorrer, pessoalmente ou através dos seus representantes, para a sua formação. Ela deve ser a mesma para todos, quer se destine a proteger, quer a punir. Todos os cidadãos são iguais a seus olhos, são igualmente admissíveis a todas as dignidades, lugares e empregos públicos, segundo a sua capacidade, e sem outra distinção que não seja a das suas virtudes e dos seus talentos.

Artigo 7º – Ninguém pode ser acusado, preso ou detido senão nos casos determinados pela Lei e de acordo com as formas por esta prescritas. Os que solicitam, expedem, executam ou mandam executar ordens arbitrárias devem ser castigados; mas qualquer cidadão convocado ou detido em virtude da Lei deve obedecer imediatamente, senão torna-se culpado de resistência.

Artigo 8º – A Lei apenas deve estabelecer penas estrita e evidentemente necessárias, e ninguém pode ser punido senão em virtude de uma lei estabelecida e promulgada antes do delito e legalmente aplicada.

Artigo 9º – Todo o acusado se presume inocente até ser declarado culpado e, se se julgar indispensável prendê-lo, todo o rigor não necessário à guarda da sua pessoa deverá ser severamente reprimido pela Lei.

Artigo 10º – Ninguém pode ser inquietado pelas suas opiniões, incluindo opiniões religiosas, contanto que a manifestação delas não perturbe a ordem pública estabelecida pela Lei.

Artigo 11º – A livre comunicação dos pensamentos e das opiniões é um dos mais preciosos direitos do Homem; todo o cidadão pode, portanto, falar, escrever, imprimir livremente, respondendo, todavia, pelos abusos desta liberdade nos termos previstos na Lei.

Artigo 12º – A garantia dos direitos do Homem e do Cidadão carece de uma força pública; esta força é, pois, instituída para vantagem de todos, e não para utilidade particular daqueles a quem é confiada.

Artigo 13º – Para a manutenção da força pública e para as despesas de administração é indispensável uma contribuição comum, que deve ser repartida entre os cidadãos de acordo com as suas possibilidades.

Artigo 14º – Todos os cidadãos têm o direito de verificar, por si ou pelos seus representantes, a necessidade da contribuição pública, de consenti-la livremente, de observar o seu emprego e de lhe fixar a repartição, a coleta, a cobrança e a duração.

Artigo 15º – A sociedade tem o direito de pedir contas a todo agente público pela sua administração.

Artigo 16º – Qualquer sociedade em que não esteja assegurada a garantia dos direitos, nem estabelecida a separação dos poderes, não tem Constituição.

> Artigo 17º – Como a propriedade é um direito inviolável e sagrado, ninguém dela pode ser privado, a não ser quando a necessidade pública legalmente comprovada o exigir evidentemente e sob condição de justa e prévia indenização."[90]

Curiosamente, Olympe de Gouges (1748-1703), que propôs em paralelo a *Declaração dos Direitos da Mulher e da Cidadã*, não conseguiu aprová-la e foi executada anos depois pela facção mais radical da revolução...

A burguesia de Paris organizou um governo provisório, a *Comuna*, chefiando uma milícia provisória e substituindo a bandeira da família real francesa pela bandeira tricolor, que se tornaria o pavilhão oficial da França.

A Assembleia Constituinte aconteceu entre 1789 e 1791. Enquanto o rei se mudava para o Palácio das Tulherias, sofrendo a pressão popular, e gestava-se uma conspiração com outras monarquias absolutas para tentar reverter o ciclo revolucionário, o novo governo francês "saqueou" a Igreja Católica, vendendo suas terras e adotando uma política de emissão de moeda que alimentou a inflação. A família real, ainda em 1791, tentou fugir para a Áustria, mas foi detida na fronteira. A França aprovou sua nova Constituição, implantando uma monarquia constitucional com voto censitário.

A Assembleia Legislativa continuava incapaz de estabilizar o quadro político do país. Em 14 de julho de 1791, aprovou-se a Lei de Le Chapelier, ameaçando até com pena de morte os sindicatos de trabalhadores e os mobilizadores de greves. A Igreja, submetida ao Estado, viu seus clérigos se transformarem em funcionários públicos. A política externa e o tratamento a ser dado ao rei Luís XIV dividiam as forças políticas e sociais da Assembleia.

Em 1792, a Assembleia declarou guerra contra a Áustria e suas pretensões de restituição do absolutismo francês. Luís XVI e sua

---

[90] DECLARAÇÃO dos Direitos do Homem e do Cidadão de 1789. Disponível em: https://www.ufsm.br/app/uploads/sites/414/2018/10/1789.pdf. Acesso em 06.01.2022.

esposa Maria Antonieta (1755-1793) foram presos diante do risco de ataque estrangeiro. O período foi marcado por massacres de pessoas consideradas aliadas dos inimigos externos, os sangrentos Massacres de Setembro. No dia 20 do mesmo mês, as tropas revolucionárias francesas surpreenderam e triunfaram sobre a coligação contrarrevolucionária na Batalha de Valmy.

Em 10 de agosto de 1792, sob pressão das alas mais radicais da revolução, a Assembleia se dissolveu e convocou a eleição de uma Convenção nacional, por sufrágio universal masculino (um fato inédito no mundo). Nesse momento, a Revolução Francesa estava dividida em diferentes facções políticas, que levavam seus ideais a consequências distintas.

Os *girondinos*, liderados por Jacques Pierre-Brissott (1754-1793), críticos dos Massacres de Setembro, eram a ala mais moderada. Muitos girondinos apoiavam um tratamento respeitoso ao rei Luís XVI e queriam que o "carro da revolução" cessasse com a monarquia constitucional, embora depois tenham sustentado um republicanismo moderado. Outro grupo, o dos *feuillants*, era composto por monarquistas constitucionais que, no entanto, se opuseram à guerra contra a Áustria e se afastaram, com isso, dos próprios girondinos.

Contra os girondinos, havia uma série de grupos mais radicais e violentos: os *cordeliers*, um segmento de estratos mais populares, e os *enragès*, a ala mais radical, liderada por Jacques Roux (1752-1794), que criticava também a alta burguesia e os ricos, em uma antecipação do socialismo. A mais poderosa e influente, que acabou "engolindo" as demais – ou, melhor dizendo, guilhotinando a concorrência, literalmente – foi a dos Montanheses ou *jacobinos*, que assumiram o poder com a filosofia de tornar o governo da França "revolucionário até a paz". Fica patente o impacto das teses rousseaunianas, levadas a extremos; enquanto o "povo", personificado pelos líderes jacobinos, não se sentisse satisfeito com as instituições e a ordem social, a "revolução" persistiria. Isso significou a licença para execuções sumárias, a adoção de uma economia de guerra, congelamentos de preços e uma série de políticas intervencionistas, menosprezadas pelos simplistas que enxergam a Revolução Francesa em bloco como um triunfo do liberalismo e do "capitalismo".

A França reconheceu a "religião civil" rousseauniana, erigindo o deísmo a um status oficial, reiniciando a contagem do tempo com um novo calendário revolucionário, além de uma série de outras medidas que deixavam claro que líderes como Jean-Paul Marat (1743-1793), Georges Danton (1759-1794) e, principalmente, Maximilen de Robespierre (1758-1794), longe de apenas quererem implantar um figurino político liberal, queriam criar um novo mundo, uma nova humanidade, um novo paradigma, "assassinando" todas as estruturas do passado – e, concretamente, as pessoas que supostamente veriam nelas algum valor. Isso justificou a matança de todos que considerassem inimigos do "povo" e, ao fim das contas, eles mesmos se mataram entre si, processo que culminou com a execução de Robespierre, depois da exaustão imposta à sociedade francesa pelo seu período de governo, conhecido como Reino do Terror, e o golpe de 9 Termidor, articulado por girondinos sobreviventes, que estabeleceu o Diretório, em 1794. Este novo regime político era regido por cinco membros que ocupavam o Poder Executivo, sob a alcunha de "diretores". Elaborou uma nova Constituição em 1795, restabelecendo o voto censitário – abolido durante o predomínio jacobino pela Convenção.

O Diretório se viu obrigado a lidar com articulaçõcs golpistas dc monarquistas e jacobinos sobreviventes, destacando-se a Conspiração dos Iguais, liderada por François Nöel Babeuf (1760-1797), considerado por muitos comunistas dos séculos XIX e XX como um precursor de suas teses, que defendia a coletivização das terras e a reedição dos Massacres de Setembro. Diante da fragilidade do Diretório, tomou corpo a crença em que seria necessário um governo mais forte, de apelo militar, para manter a ordem na França, de preferência capitaneado por um líder popular. Esse líder foi o general Napoleão Bonaparte (1769-1821), que chegou a ter simpatias jacobinas por certo tempo e que, junto a outros dois nomes, o padre Sieyès – o mesmo que, lá no início, havia soltado uma das primeiras faíscas para o incêndio revolucionário – e Pierre-Roger Ducos (1747-1816), estabeleceu o regime do Consulado.

O Consulado encerrou a Revolução Francesa, adotando uma administração centralizada, reformulando o sistema educacional – com foco na educação das elites –, promovendo o fechamento e a censura de alguns veículos de oposição e garantindo o aumento de poder de Napoleão, que se tornou cônsul vitalício através de um plebiscito em 1802. A força de Napoleão aumentou tanto que, em 18 de maio de 1804, quedou-se a República e Napoleão se transformou no primeiro imperador francês.

O reinado de Napoleão representou uma fase de expansionismo militar e conversão da França em grande força política da Europa, reagindo e derrotando os governos absolutistas que lhe declararam guerra. Graças a esse expansionismo, diversas reformas empreendidas por ele sob o pretexto de consolidar as conquistas revolucionárias, como o sistema métrico e o Código Civil Napoleônico, enfatizando o devido processo legal, além da própria *Declaração dos Direitos* que fundamentara a revolução, influenciaram o resto do continente. De acordo com Alex Catharino (n. 1974), "apesar das inúmeras mazelas legadas pela Revolução Francesa, particularmente em seus aspectos ideológicos e no legado da banalização do uso da violência como instrumento de controle político, é possível constar que no processo revolucionário foi se desenvolvendo no interior da máquina administrativa um novo modelo de gestão pública que, ao assumir progressivamente a função limitadora dos poderes discricionários dos órgãos administrativos, contribuiu significativamente para o aperfeiçoamento e modernização do Poder Executivo e para a criação do Direito Administrativo Público, fruto das inúmeras reformas estatais do governo francês"[91].

Não foi o fim do caos político na França; o século XIX assistiria a novas turbulências. Napoleão seria deposto em 1815 na Batalha de

[91] CATHARINO, Alex. Fundamentos Teóricos do Liberalismo. In: PAIM, Antonio. Evolução Histórica do Liberalismo. LVM Editora, 2019, p. 40.

Waterloo; a monarquia seria reposta com a dinastia dos Bourbon, mantendo-se até 1830, quando a Revolução de Julho estabeleceu uma monarquia de tônica mais liberal, que por sua vez durou até 1848, quando nova revolução instaura outra República. Esta República, por sua vez, encerraria com um golpe de Estado que transformaria Luís Bonaparte (1808-1873) em imperador, sob o título de Napoleão III, destituído em 1870 após a Guerra Franco-Prussiana, dando início à Terceira República, que durou até 1940, quando a França foi ocupada pela Alemanha nazista. Como se pode ver, paz não foi exatamente a rotina entre os franceses desde que a revolução foi deflagrada...

Considerando a presença evidente das digitais de Rousseau nas diversas fases da revolução, o que se pode dizer da Revolução Francesa é que, sem sombra de dúvidas, ela é um acontecimento magno da modernidade. Diversos aspectos dos debates e enfrentamentos políticos modernos aparecem no seio do processo revolucionário. Temos ali, nas diferentes facções e episódios da revolução, personagens que podem ser vistos como protótipos dos partidos, ideologias e correntes que protagonizariam os séculos XIX, XX e XXI. A expressão "bonapartismo", por exemplo, claramente inspirada em Napoleão Bonaparte, é empregada na literatura política moderna como designação genérica para o conteúdo ideológico justificador de regimes modernos de força, com perda de abrangência do Poder Legislativo, reforço do Executivo e culto à personalidade pelas massas.

Dissemos que a revolução é um acontecimento magno da modernidade. Nesse caso, porém, a modernidade não se atém ao liberalismo propriamente dito, mas se estende aos seus próprios vermes decompositores. O socialismo, por exemplo, também encontra seus antecessores na Revolução Francesa, como acabamos de constatar; os despotismos populistas, as revoluções sociais amplas que devoram seus próprios feitores, as elites iluminadas que se consideram aptas a liderar "revoluções permanentes" sem prazo de encerramento e com poderes ilimitados, os coletivismos incontrastáveis, tudo isso nasceu com a Revolução Francesa e, em boa medida, sob a égide filosófica de Jean-Jacques Rousseau. Os princípios mais admiráveis da *Declaração dos Direitos do Homem e do Cidadão*, que, apesar de ser notável um linguajar rousseauniano, preconizavam pautas genuinamente liberais como a limitação da abrangência das leis sobre a vida dos indivíduos, os julgamentos justos e a liberdade de expressão e contradição, foram sistematicamente violados por ninguém menos que os próprios revolucionários, sob o pretexto de que a causa do "povo" e da "Revolução" assim o exigiam – exigência determinada, é claro, por suas próprias mentes supremas. Tudo isso torna fácil diferenciar a Revolução Americana e a Revolução Francesa. Ainda que apontadas como grandes acontecimentos modernos, marcando as consequências políticas do Iluminismo, e como tais elencados neste nosso capítulo, são evidentemente acontecimentos muito diferentes, com fundamentos diferentes e implicações diferentes.

3.5. Edmund Burke: o Estado como um contrato entre as gerações

O protagonismo da Revolução Francesa nos embates políticos modernos se estendeu também aos seus críticos. O mais célebre e estrondoso de todos foi o irlandês Edmund Burke (1729-1797), que atuou como parlamentar do Reino Unido entre 1766 e 1794. A primeira observação importante a ser feita acerca de Burke é que ele era um *whig*. Como vimos, isso significa dizer que, no contexto britânico, defendia os efeitos institucionais da Revolução Gloriosa, a centralidade do Parlamento e a diminuição do poder do rei, bem como, do ponto de vista religioso, era um anglicano, apesar de ter tido parentes católicos, entre eles sua mãe. Na visão de intérpretes posteriores, como o historiador liberal britânico Lord Acton (1834-1902) e o economista Friedrich Hayek, Burke foi um dos maiores liberais de todos os tempos.

O *whiggismo* de Burke não era algo meramente superficial. Amigo de David Hume e interessado no pensamento do Iluminismo escocês, ele foi admirador das ideias liberais econômicas de Adam Smith.

O próprio Smith chegou a afirmar que ninguém tinha opiniões mais parecidas com as suas que Burke[92].

Antes de construir sua carreira política, Burke publicou alguns trabalhos sobre temas diversos: uma sátira, *A Vindication of Natural Society: A View of the Miseries and Evils Arising to Mankind* (1756), defendendo a religião tradicional contra os ataques do deísmo, e uma investigação estética sobre a beleza e o sublime, *A Philosophical Enquiry into the Origin of Our Ideas of the Sublime and Beautiful* (1756), que atraiu a atenção de pensadores continentais, entre eles Immanuel Kant. Também teve certa atuação como historiador.

Uma vez ingressando no Parlamento, Burke revelou possuir notáveis dons como orador. Demonstrando uma visão extremamente aguçada, o irlandês defendeu a atuação de diferentes partidos e correntes políticas dentro do Parlamento como uma ferramenta relevante para consolidar um regime de liberdade, manifestou-se pela bandeira tipicamente *whig* da restrição dos poderes monárquicos e a favor de medidas de abertura de mercado, fulminando o protecionismo e os monopólios. Também apoiou tentativas de moderar as leis relativas às liberdades dos católicos e combateu a pena de morte, condenando seu uso contra homens acusados de praticar "sodomia", isto é, contra homossexuais.

O ilustre irlandês também se destacou por sua defesa dos interesses dos habitantes das Treze Colônias durante a crise que levaria à Independência dos EUA. Burke não exatamente apoiou a Revolução Americana, mas tentou impedi-la a todo custo de forma pacífica, esforçando-se por persuadir o governo e a Coroa britânicos a atender a algumas reivindicações dos colonos e pôr fim ao conflito. Não foi, porém, apenas com a questão americana que se envolveu no exterior; Burke também se notabilizou por seus esforços parlamentares pelo *impeachment* do administrador colonial da Índia, Warren Hastings (1732-1818), ativismo durante o qual ele manifestou grande respeito

---

92 RAE, John. «XXVII». The Life of Adam Smith. [S.l.: s.n.]

pelas tradições populares indianas, defendendo um tratamento mais lúcido daquele povo e seus costumes por parte dos britânicos.

Era também um opositor da escravidão, mas, igualmente, aristocrático como a maioria dos antigos liberais, cético em relação à ideia de uma democracia de massas; na visão burkeana, o governo requeria certo nível de inteligência e conhecimento que raramente se faziam presentes em meio às pessoas comuns. Ao mesmo tempo, as pessoas comuns seriam movidas, na ocasião de votar, por paixões perigosas e facilmente manipuláveis por demagogos, que poderiam levar à destruição irracional e violenta de todas as instituições tradicionais e ao avanço confiscatório sobre as propriedades privadas em nome de pretensões irreais de igualitarismo; pelo mesmo princípio, ele temia que tal figurino democrático levasse ao que posteriormente seria chamado de "tirania das maiorias", oprimindo as minorias impopulares[93].

As linhas gerais do pensamento de Burke pareciam ser, portanto, plenamente enquadráveis no liberalismo *whig*. Para surpresa de muitos, ele condenou a Revolução Francesa – e com grande energia. Sua obra mais famosa, *Reflexões sobre a Revolução na França*, é um petardo contra o processo revolucionário francês, e foi publicada ainda em 1º de novembro de 1790, portanto, bem antes das etapas mais violentas da revolução, durante seus estágios iniciais, com o desenvolvimento da Assembleia Constituinte. A atitude de Burke de promover uma "cruzada" moral contra a Revolução Francesa desde tão cedo despertou as mais variadas reações. Posteriormente à sua morte, no próprio Reino Unido, sua obra foi lida e admirada tanto por líderes do Partido Liberal quanto do Partido Conservador, em especial William Gladstone (1809-1898) e Benjamin Disraeli (1804-1881), sobre os quais falaremos mais adiante. Também pensadores da Europa continental, entre forças mais liberais e contrarrevolucionários defensores de estruturas típicas do Antigo Regime, como Joseph DeMaistre (1753-1821), se apropriaram em maior ou menor grau de seus argumentos contra

---

93 HAMBURGER, Joseph. "Burke, Edmund" in Seymour Martin Lipset, ed., The Encyclopedia of Democracy (Congressional Quarterly, 1995) 1:147–49.

a Revolução Francesa. Dentro de seu próprio partido, formou-se uma divisão: os *Old Whigs*, como Burke, e os *New Whigs*, como Charles James Fox (1749-1806), que julgaram as prevenções burkeanas contra os "direitos do homem" e o processo revolucionário dos franceses um retrocesso a posturas *tories*.

Immanuel Kant, que havia admirado a obra burkeana sobre o sublime, em sua manifestação sobre a Revolução Francesa, emitiu posicionamentos claramente contrários à visão burkeana, ainda que sem nomear o estadista irlandês. Essa postura é curiosa provindo do filósofo prussiano, que era tipicamente contrário a qualquer subversão, qualquer conflagração da ordem constituída. Também Kant não foi poupado, a seu turno, de acusações de incoerência por sua posição; o argumento de Kant para sustentar o processo francês, enxergando nele inicialmente um movimento de progresso da humanidade, foi o de que o rei Luís XVI, ao convocar os Estados Gerais, devolveu a soberania ao povo, o que legitimaria as ações posteriormente tomadas. Sob essa perspectiva de inspiração kantiana, chegar-se-ia inclusive a alegar que a Revolução Gloriosa defendida por Burke teria sido mais revolucionária que a Revolução Francesa, por ter decorrido de uma abdicação forçada do monarca Jaime II[94].

Outro interlocutor importante das críticas burkeanas foi o deísta Thomas Paine (1737-1809), um dos pais fundadores dos Estados Unidos que foi eleito, mesmo sem falar francês, para a Convenção francesa em 1792, sendo visto como um aliado dos girondinos. Curiosamente, Paine, um defensor da *Declaração dos Direitos do Homem*, introduziu, em seu panfleto *Agrarian Justice* (1797), o conceito de renda mínima universal, ao propor um imposto sobre os proprietários de terra para financiar o sustento dos deficientes e idosos e um montante a ser pago para todos os cidadãos que chegassem à maioridade. Por falar em girondinos, uma simpatizante de suas ideias, Madame de Stäel (1766-1817), romancista francesa, influenciada por Rousseau e Montesquieu

---

94 TREDANARO, Emanuele. A Revolução em Kant: uma questão de erro (s). Kant e Prints. Campinas, Série 2, v.10, n. 1 , pp.94-112. Jan. Abril. 2015.

e muito próxima a Benjamin Constant, manifestou visões diferentes das de Burke sobre a revolução, sustentando-a como uma consequência natural do desenvolvimento da civilização europeia[95]. Ambos, como todos os girondinos, tiveram suas pretensões "engolidas" pelos desenvolvimentos posteriores da revolução. Outra crítica de Burke foi a escritora e defensora dos direitos femininos Mary Wollstonecraft (1759-1797), não obstante ela mesma tenha visto seus amigos sendo guilhotinados na França pelo Terror.

As apreciações acerca das *Reflexões* de Burke, como não poderia deixar de ser, foram e são ambíguas e polêmicas, o que só contribuiu para que elas se tornassem uma obra paradigmática na história das ideias políticas. Há quem rejeite totalmente as apreciações burkeanas; há quem as considere produto de um reacionarismo inadmissível; há quem as considere absolutamente concordantes com a tônica *whig* que Burke vinha sustentando até então; há quem as aponte como inadequadas no papel de documentos históricos do processo revolucionário, afirmando que o político irlandês não estava tão bem informado acerca dos acontecimentos franceses quanto supunha, mas mesmo assim consideram que a teoria política passível de emergir de suas *Reflexões*, ainda que absolutamente não se trate de obra sistemática, tem um grande valor. Como quer que seja, importa que nos ocupemos dos argumentos de Burke e da teoria de Estado que deles emergiu.

A crítica de Burke à extensão da democracia seria um dos ingredientes-chave para sua reflexão. Aqui, fazia-se referência especialmente a Rousseau e sua defesa da soberania completa do "povo" para desarticular todas as instituições políticas tal como elas eram organizadas. Burke estava mais identificado com o jusnaturalismo de Hugo Grócio e com o pensamento clássico de Aristóteles, sustentando que os seres humanos são seres políticos por natureza e isso os destina a conviver em comunidades políticas concretas.

---

95 STAEL and the French Revolution. Online Library of Liberty. S.d. Disponível em: https://oll.libertyfund.org/page/stael-and-the-french-revolution. Acesso em 30.01.2023. Disponível em: https://oll.libertyfund.org/page/stael-and-the-french-revolution.

Também, contudo, atitudes como o confisco das propriedades da Igreja Católica, tomadas ainda em 1789, suscitaram a preocupação de Burke com os rumos conduzidos pelos revolucionários franceses. Movido por esses receios foi que ele redigiu, em formato de epístola ao povo britânico, seu magno alerta contra a Revolução. De início, as *Reflexões* endereçam uma resposta ao discurso de Richard Price (1723-1791), um teórico do País de Gales que afirmou que a Revolução Gloriosa fora um prenúncio para a Revolução Francesa e que ambas seriam cumprimentos de uma profecia divina de iluminação. Na visão de Price, a Revolução Gloriosa teria sido consequência do princípio de que o povo britânico teria o direito absoluto de escolher seus governantes, demiti-los e formar um governo nos moldes de sua preferência, que seria o mesmo princípio a animar os revolucionários franceses. Burke não aceitou que esse princípio estivesse integrado à Constituição britânica – lembrando que o conceito britânico de Constituição difere do que se inaugurou nos Estados Unidos –, nem que os *whigs* que fizeram a Revolução Gloriosa o admitissem, conforme externou:

> "A Câmara dos Lordes, por exemplo, não é moralmente competente para dissolver a Câmara dos Comuns; não, nem mesmo para dissolver a si mesma, nem para abdicar, se quisesse, da sua própria parte na legislatura do reino. Embora um rei possa abdicar por sua pessoa, não pode abdicar pela monarquia. Por uma razão tão ou mais forte, a Câmara dos Comuns não pode renunciar à sua parcela de autoridade. O compromisso e pacto da sociedade, que geralmente recebe o nome de constituição, proíbe essa invasão e essa rendição. As partes constituintes de um Estado são obrigadas a manter seu compromisso público uma com a outra e todos os que dependem de seus compromissos para interesses sérios, tanto quanto o Estado todo é obrigado a manter sua palavra com comunidades isoladas"[96].

De fato, conforme vimos em nosso primeiro capítulo, os *whigs* tinham o hábito, nos arredores da Revolução Gloriosa, de justificar

---

[96] BURKE, Edmund. Reflexões sobre a Revolução na França. Topboosk, 2012, p. 169.

suas posições enfatizando o valor de instituições e tradições enraizadas na história britânica, como a Magna Carta e o Parlamento. Burke sentia que se opor aos argumentos de Price e dos simpatizantes de Rousseau seria nada mais que dar continuidade às bandeiras defendidas por esses seus antecessores, de forma alguma uma conversão ao *toryismo*. A defesa do poder parlamentar não implicava a defesa da execução do rei ou do desmantelamento de todo o ordenamento institucional que compunha o organismo político. Ademais, diria Burke, "nenhuma experiência nos ensinou que por algum outro caminho ou método que não o de uma coroa hereditária, nossas liberdades podem ser regularmente perpetuadas e mantidas sagradas como nosso direito hereditário"[97]. Mais uma vez, ao falar em "direito hereditário", Burke enfatizava a continuidade como um valor a ser cultivado. Era na continuidade e, mais do que isso, no que identificava como um *sucesso* continuado, demonstrado pelo tempo, que Burke justificava sua defesa da monarquia britânica.

Sem negar a existência de direitos naturais, Burke acreditava ser necessário ressaltar os "direitos históricos"; mesmo que os homens tivessem direitos abstratos em uma hipotética existência pré-sociedade civil, o que realmente importava, uma vez que uma comunidade política estivesse consolidada, seria aquilo que essa mesma comunidade tivesse enraizado e desenvolvido com eficiência. A concretude desses direitos positivados, historicamente enraizados, seria um argumento a favor do respeito que a sociedade lhes deveria devotar, posto que, em diálogo com a realidade natural e social, eles desenvolveram adaptações e proteções de que o apelo a princípios abstratos não gozaria, colocando em risco a sobrevivência da coesão social ao abrir espaço ao suscitamento de arbitrariedades ideológicas.

Talvez os excertos mais representativos do pensamento burkeano nas *Reflexões* sejam aqueles em que explicou o ponto-chave de sua visão acerca dos direitos naturais e princípios abstratos: "Governo não se faz em virtude de direitos naturais, que podem existir, e de fato

---

97 Idem, p. 174.

existem, em total independência dele; e existem em muito maior clareza, e em muito maior grau de perfeição abstrata; mas sua perfeição abstrata é seu defeito prático. Tendo direito a tudo, eles querem tudo. O governo é uma invenção da sabedoria humana para prover as necessidades humanas. Os homens têm direito a que essas necessidades sejam providas por essa sabedoria. Entre essas necessidades, deve ser contada a falta, fora da sociedade civil, de uma contenção suficiente para suas paixões. A sociedade requer não apenas que as paixões dos indivíduos sejam sujeitadas, mas também que na sua massa e corpo, bem como nos indivíduos, as inclinações do homem sejam obstadas frequentemente, sua vontade controlada e suas paixões postas sob sujeição. Isso só pode ser feito por uma força fora deles próprios; e não, no exercício de sua função, sujeita àquela vontade e àquelas paixões que é sua função refrear e dominar. Nesse sentido, as restrições aos homens, bem como a suas liberdades, devem figurar entre seus direitos. Mas, como as liberdades e as restrições variam com a época e as circunstâncias, e admitem infinitas modificações, elas não podem ser estabelecidas sobre nenhuma regra abstrata"[98].

Burke sustentou aí a sua teoria da necessidade do Estado e da sociedade civil, constituída em direitos, mas não apenas em um código de direitos. Todo o tecido que constitui uma sociedade e a relação desse tecido com as leis, conformando um arranjo complexo, gestado através de gerações, não deveria ser tratado, por revolucionários de ocasião, como um brinquedinho de criança, passível de ser caprichosamente manipulado e demolido – principalmente porque, em geral, como também diria Burke, ecoando seu receio dos perigos da demagogia, os que fazem mais barulho em favor do "povo" não são os mais interessados no seu bem.

"Esses direitos metafísicos" de que os demagogos e filósofos franceses tanto se ornavam, "penetrando na vida comum, como raios de luz penetram por um meio denso, sofrem, pelas leis da natureza, uma refração de sua linha reta. (...) A natureza do homem é intrincada;

[98] Idem, p. 222.

os objetivos da sociedade são da maior complexidade possível; e, portanto, nenhuma simples disposição ou direção de poder será adequada ou à natureza do homem, ou à qualidade de seus negócios"[99].

Dentro dessa concepção, a sociedade civil importa no reconhecimento de direitos dos seus membros ao bem que ela pode proporcionar, mas esses direitos, e o governo que se concretiza para garanti-los, não são apenas decorrentes do que teria sido o ser humano antes do hipotético contrato social, nem consequência de um mero julgamento ou cálculo dos indivíduos, continuando a reger-se apenas por suas próprias vontades. Quais seriam, essencialmente, as necessidades naturais a que os governos teriam que atender? Burke sustentou:

> "Se a sociedade civil é feita para proveito do homem, todas as vantagens para as quais ela é feita tornam-se seu direito. Ela é uma instituição de beneficência; e a própria lei só é beneficência quando age segundo uma regra. Os homens têm o direito de viver por essa regra; eles têm o direito à justiça; como entre seus companheiros, quer seus companheiros estejam em função política ou em ocupação banal. Eles têm direito aos frutos de sua operosidade; e aos meios de tornar frutífera essa operosidade. Eles têm direito às aquisições de seus pais; à nutrição e ao progresso de sua prole; à instrução na vida e à consolação na morte. Seja o que for que cada homem possa fazer separadamente, sem invadir os demais, ele tem o direito de fazê-lo para si mesmo; e tem o direito a uma justa parcela de tudo que a sociedade, com todas as suas combinações de habilidade e força, possa fazer em seu favor"[100].

Daí se depreende que as funções habituais do Estado, para Burke, não diferiam muito do entendimento do liberalismo clássico. Ao garantir a justiça e os frutos da operosidade humana, o Estado estaria garantindo a liberdade econômica e o direito de propriedade. Consagraria, além disso, a herança, a alimentação e a educação

[99] Idem, p. 224.
[100] Idem, p. 220.

(o que significa dizer: algumas condições mínimas de dignidade), o que também estaria de acordo com uma linha típica do liberalismo clássico e com as concepções de Adam Smith. Burke afirmava que a busca por esses bens estabelecia um eixo norteador pelo qual a vida política se deveria orientar; no entanto, ele aplicava seu conceito de direito natural a um casamento entre os valores fundamentais e a "cobertura", o colorido que as instituições, costumes e desenvolvimentos históricos lhes deram nas diferentes sociedades. Tentar extrair completamente esses valores do "agasalho" que essa "cobertura" representava significaria "soltar um monstro" e ameaçar a destruição de toda a comunidade política.

Por isso, ele defendia que, se o objetivo da comunidade política era o bem do povo – e, por povo, entenda-se aqui todo mundo –, isso não significaria que esse bem será mais bem atendido se o Estado se curvar inteiramente apenas à vontade prevalecente nesse mesmo povo. Nem sempre, diria Burke, as multidões sabem bem o que é de seu interesse, porque as questões sociais e de Estado são muito complexas e demandam conhecimentos que exigem longas experiências. Ele não reprovava a democracia em termos absolutos, como, aliás, não reprovava nenhuma forma de governo em termos abstratos. As formas de governo se estruturariam em função dos desenvolvimentos históricos de cada sociedade. Porém, a democracia pura inspiraria preocupações maiores porque poderia ser sustentada sob o argumento de que o povo seria o senhor total, sem qualquer limitação institucional às suas vontades. Para ele, "as pessoas que possuem alguma parcela de poder deveriam ser fortemente inculcadas com a ideia de que agem em encargo de confiança; e de que devem prestar contas de sua conduta nesse encargo ao único grande mestre, autor e fundador da sociedade"[101] – isto é, Deus. Burke defendia a manutenção da religião oficial de Estado, o que, embora possa ser objeto de nossa contestação, não deve ser visto como motivo suficiente para "cassar" suas credenciais de liberalismo, posto que o palco-mor do liberalismo,

---

[101] Idem, p. 267.

o seu Reino Unido, até hoje deposita na Igreja Anglicana essa posição, sem por isso infringir a liberdade religiosa de seus habitantes.

O irlandês enxergava em Deus, como Criador de tudo, também o Criador da sociedade civil, consequência da natureza com que dotou a espécie humana, e daí também derivaria a legitimidade do Estado e das instituições como ferramentas para que o ser humano se organizasse e desenvolvesse. Em sua perspectiva, a sociedade seria de fato um contrato; porém, a sociedade, embora decorrente de necessidades e princípios naturais, é materializada sob a forma de convenções culturalmente estabelecidas. Trata-se de um contrato diferente de um contrato comum, que merece ser cercado de outro gênero de cuidados e estima:

> "Contratos subordinados, para objetivos de mero interesse ocasional, podem ser dissolvidos à vontade; mas o Estado não deveria ser considerado nada mais do que um acordo de parceria em um comércio de pimenta e café, chita ou tabaco, ou algum outro negócio inferior assim, para ser tomado como uma pequena ocupação temporária e ser dissolvido conforme o capricho das partes. Deve ser encarado com outra reverência; porque não se trata de uma parceria em coisas subservientes apenas à grosseira existência animal de uma natureza temporária e perecível. É uma parceria em toda ciência; uma parceria em toda arte; uma parceria em toda virtude e em toda perfeição. Como os fins dessa parceria não podem ser alcançados em muitas gerações, torna-se uma parceria não só entre os que estão vivos, mas entre os que estão vivos, os que morreram e os que ainda vão nascer. Cada contrato de cada Estado particular é apenas uma cláusula no grande contrato primitivo de sociedade eterna, ligando a natureza inferior com a superior, conectando o mundo visível e o invisível, de acordo com um pacto fixo sancionado pelo juramento inviolável que sustenta toda natureza física e toda natureza moral, cada qual em seu lugar determinado. Essa lei não está sujeita à vontade dos que, por uma obrigação acima deles, e infinitamente superior, são forçados a submeter sua vontade a ela. As corporações municipais desse reino universal não estão moralmente em liberdade para, conforme sua vontade, e

sobre especulações de uma melhora contingente, separar por completo e romper os liames de sua comunidade subordinada e dissolvê-la num caos associal, incivil e desconectado de princípios elementares"[102].

Outros liberais poderiam questionar que, literalmente falando, os indivíduos não devem qualquer obrigação aos que se foram ou aos que ainda nascerão. Porém, o que Burke quis dizer, essencialmente, foi que nós não temos total controle sobre a natureza do mundo e da sociedade em que nascemos. Existem imposições históricas, construídas pelos compatriotas que nos antecederam, que, em diálogo constante com as condições naturais do país onde se desenvolveu a civilização em que nascemos, estão completamente dadas quando chegamos a este mundo enquanto indivíduos. A elas se somariam as determinações da natureza humana, que também não temos poder para modificar a nosso bel-prazer, e, em última instância, as determinações divinas. Da mesma maneira, o que fizermos hoje terá esse impacto para os que nos sucederão, e com isso faremos parte da vida deles. Essa concepção alimentava o desejo burkeano de preservar o conjunto orgânico da sociedade de qualquer pretensão de subvertê-la por completo com base em teorias esquemáticas de filósofos, como lhe pareciam querer os revolucionários franceses.

Isso não significava que Burke fosse totalmente contrário a revoltas: "É a primeira e suprema necessidade apenas, uma necessidade que não é escolhida, mas escolhe, uma necessidade essencial à deliberação, que não admite discussão nem exige evidência, que sozinha pode justificar um recurso à anarquia. Essa necessidade não é nenhuma exceção à regra; porque essa necessidade é ela própria uma parte também daquela disposição moral e física das coisas à qual o homem deve ser obediente, de bom grado ou à força. Mas, se aquilo que é apenas submissão à necessidade vier a se tornar objeto de escolha, a lei é violada, a natureza desobedecida e os rebeldes são proscritos, expulsos e exilados deste mundo de razão, ordem, paz, virtude e

[102] Idem, p. 272.

frutífera penitência para o mundo antagônico de loucura, discórdia, vício, confusão e sofrimento inútil"[103]. Com base nisso, assim resumiu o professor Francis Canavan (1917-2009):

> "A autoridade do Estado deriva dos fins racionais e morais que a natureza o destinou a servir. O consentimento desempenha um papel na formação do Estado e na concessão de autoridade ao governo, uma vez que as duas coisas envolvem ações humanas de escolha. Mas a obrigação de formar uma sociedade civil é anterior ao consenso, e, para os nascidos sob uma Constituição, o consentimento à Constituição é ordenado pela obrigação prévia de obedecer a um governo que serve adequadamente às metas naturais da sociedade. Direitos também desempenham um papel na teoria política de Burke. Mas o direito político básico é o direito a ser bem governado, não o direito de governar a si próprio. No pensamento de Burke, determinação e obrigações são mais fundamentais do que direitos e consenso"[104].

Sob essas diretrizes, Edmund Burke alertaria ainda: "Existe algo mais do que a mera alternativa de destruição absoluta, ou existência sem ser reformada. (...) Não consigo conceber como algum homem possa ter-se levado a esse auge de presunção, que é considerar seu país como nada além de *carte blanche*, na qual ele pode rabiscar qualquer coisa que bem queira. Um homem cheio de calorosa benevolência especulativa pode querer sua sociedade constituída de forma diferente daquela em que ele a encontra; mas um bom patriota, um autêntico político sempre considera como aproveitará ao máximo os elementos existentes em seu país"[105]. Aos revolucionários, Burke advertiu que eliminar todas as instituições, as autoridades, os sacerdotes, os órgãos

---

[103] Idem, p. 273.

[104] CANAVAN, Francis. Prefácio. In: BURKE, Edmund. Reflexões sobre a Revolução na França. Topboosk, 2012, p. 34.

[105] BURKE, Edmund. Reflexões sobre a Revolução na França. Topboosk, 2012, p. 353.

de um país e de uma cultura não curaria o mal: "O senhor poderia trocar os nomes. As coisas devem permanecer sob alguma forma. Deve sempre existir na comunidade um certo *quantum* de poder, em algumas mãos e sob alguma denominação. Homens sensatos aplicarão seus remédios a vícios, não a nomes, às causas do mal que são permanentes, não aos órgãos ocasionais pelos quais elas agem, e os modos transitórios em que se mostram"[106]. Acreditando nessa ilusão purificadora e enxergando-se como heróis, os homens muitas vezes acabariam abdicando da própria liberdade, pois, junto a todos os outros direitos, sua base, politicamente, é um governo limitado que presta contas aos contribuintes, não um governo ativista que visa a libertar cidadãos dos preconceitos e das disposições.

Interessa-nos mais, como de fato interessou mais ao seu impacto longevo sobre o pensamento político ocidental, esse delineamento geral das visões políticas de Burke que suas aplicações críticas específicas aos acontecimentos franceses de 1789 e 1790. O que sem dúvida cumpre destacar, antes de encerrar este capítulo, é o acerto de algumas de suas previsões para a continuação do processo revolucionário. Burke acertou ao profetizar que os revolucionários franceses se tornariam o centro de uma ambição internacional, acertou ao vaticinar que os apetites despertados assumiriam proporções intoleráveis e acertou o desfecho de tudo: a subida ao poder de um despotismo militar, que efetivamente se deu, na figura de Napoleão Bonaparte. Afinal, havia dito Burke: "Na fraqueza de um tipo de autoridade e na vacilação de todas, os oficiais de um exército continuarão por algum tempo revoltosos e cheios de facciosidade, até que algum general popular, que entenda a arte de conciliar a soldadesca e que possua o verdadeiro espírito de comando, atraia sobre si os olhos de todos eles. Exércitos lhe obedecerão por sua conta pessoal. Não há outro meio de assegurar obediência militar nesse estado de coisas. Mas, no momento em que isso acontecer, a pessoa que realmente comandar o exército é o senhor

---

[106] Idem, p. 332.

dos senhores; o senhor (isso é pouco) do seu rei, o senhor da sua assembleia, o senhor da sua república inteira"[107].

O conjunto dos fatos revela em Edmund Burke um *whig*, um liberal de seu tempo, que, no entanto, não aprovou a Revolução Francesa e desenvolveu um sofisticado esforço retórico para combater a influência dessa revolução entre seus conterrâneos. Ao fazer isso, provocou sensação entre os próprios liberais seus contemporâneos, dividindo-os apaixonadamente entre os que viam mérito em sua crítica à política abstrata dos revolucionários e iluministas franceses e os que enxergavam nele um espírito reativo e pernicioso, tentando podar as maravilhosas transformações da humanidade.

Isso provocou uma grande controvérsia filosófico-política e terminológica a partir dos desdobramentos posteriores, já que a polêmica burkeana de 1790 ensejou o que seria considerado o marco inaugural de uma nova tradição política, a do "conservadorismo moderno". Conforme o historiador Alex Catharino, a palavra "conservador" passou a ser usada como rótulo político inicialmente na própria França do século XIX, "quando alguns escritores políticos franceses cunharam o termo "*conservateur*" na busca de uma expressão para descrever o posicionamento moderado que buscava conservar tanto o melhor da velha ordem do Antigo Regime, sem assumir uma postura reacionária, quanto as salutares mudanças sociais advindas com a Revolução Francesa, sem manifestar atitudes progressistas ou revolucionárias. O vocábulo "conservador" foi utilizado por diferentes estadistas e intelectuais franceses que, em maior ou menor grau, foram persuadidos pelas ideias e pela atuação de Edmund Burke"[108]. Embora seja possível encontrar ao longo da história humana nomes de personalidades e estadistas preocupados com a preservação da comunidade política, da ordem social, da cultura e de certos valores

---

107 Idem, p. 438.

108 CATHARINO, Alex. O lugar da mentalidade conservadora kirkiana no conservadorismo moderno. In: KIRK, Russell. A Mentalidade Conservadora: de Edmund Burke a T. S. Eliot. É Realizações, 2021, p. 30.

e parâmetros que a embasariam – aliás, assim como, conforme já afirmamos, preocupações assimiladas pelo liberalismo serão encontradas no passado mais remoto, ainda que nunca exatamente no mesmo figurino da modernidade –, o conceito do "conservadorismo" como uma corrente política apareceu nesse contexto francês, em referência a figuras que, de uma maneira ou de outra, foram influenciadas pelas prevenções de Burke contra o radicalismo revolucionário.

Algumas dessas figuras eram francamente antiliberais, demarcando as bases do tradicionalismo político antiliberal; seria o caso do já mencionado DeMaistre e de um Louis De Bonald (1754-1840). Apesar de empregarem a retórica de Burke como um arsenal contra seus adversários, esses autores não refletiam seu *whiggismo*. Outras figuras, algumas das quais abordaremos no próximo capítulo, eram politicamente liberais, mas compartilhavam do apelo de Burke à prudência política e ao diálogo dos princípios com a concretude histórica e social. Entre os ingleses e norte-americanos, o rótulo "conservador" apareceria apenas na Inglaterra de 1830, em um artigo do estadista John Wilson Croker (1780-1857) no *The Quartely Review*, em que ele dizia que o "partido da ordem" no Reino Unido, em vez da designação de *tory*, utilizada quando essa facção política começou suas lutas para enfatizar os poderes do rei contra os *whigs*, deveria passar a ser chamado de *Conservative Party*, para demarcar sua então nova aliança com a facção moderada dos próprios *whigs*. Foi, entretanto, o primeiro-ministro George Canning (1770-1827), um ardoroso admirador de Burke, o primeiro a empregar efetivamente essa designação, que foi adotada oficialmente em 1834 pelo "novo" partido.

A expressão "conservador" ganhou popularidade nos anos 40 do século XIX nos EUA, mas sua popularização naquele país como um movimento político autodeclarado se deu principalmente no século XX, após a Segunda Guerra Mundial. Ao mesmo tempo, a expressão foi apropriada em outros países, inclusive na América Latina, em que o sistema representativo liberal era estabelecido ao longo do século XIX. Nesses países, sempre uma das facções políticas declarava, não obstante em geral aceitasse as instituições políticas liberais, ser um partido "conservador", determinado a "temperar" as transformações e reformas com um espírito de prudência e hostilidade a recursos abstratos que pudessem destroçar a institucionalidade existente. No Brasil, por exemplo, exatamente em 1840, durante o período da Regência entre o Primeiro e o Segundo Reinados, na vigência de uma monarquia, o grupo político conhecido como "liberal moderado", responsável por enraizar as instituições nacionais depois de uma fase de grandes conflagrações, se dividiu em duas facções no Parlamento: o Partido Liberal, ou "luzia", e o Partido Conservador, ou "saquarema". Assim como, portanto, Edmund Burke era um *whig* que discordou de outros *whigs*, os conservadores brasileiros eram, em geral, liberais que acharam que precisavam temperar o ímpeto reformista e se opuseram a outros liberais. A obra de Burke, aliás, foi bem difundida no país. Fenômeno similar ocorreria, por exemplo, na Espanha de 1876, quando foi criado o Partido Liberal Conservador, fundado por Antonio Cánovas de Castillo (1828-1897), que se dizia "liberal" precisamente por aceitar a ordem político-institucional do liberalismo e "conservador" pela tônica "prudente" e firmemente monarquista que pretendia conferir à sua atuação política e de gestão.

Não existe uma definição absoluta de "conservadorismo", havendo conceitos estabelecidos por diferentes pensadores que divergem entre si, como os de Karl Manheim (1893-1947), que definia "conservadorismo" como a visão política de uma classe social, a dos aristocratas feudais, e, portanto, como algo inteiramente antitético ao liberalismo; os de Russell Kirk (1918-1994), que conceituava o conservadorismo como uma tradição autônoma que defende as "coisas permanentes" e a ideia do contrato entre vivos e mortos sustentado por Burke; e os de Samuel Huntington (1927-2008), que considerava o conservadorismo uma ideologia situacional e reativa, empregada em certas ocasiões para justificar uma ordem social estabelecida.

Essa pluralidade de conceituações faz com que haja divergências inevitáveis quanto à melhor maneira de resolver o problema das designações políticas. Como vimos, o conceito de "conservadorismo" pode ser e efetivamente foi aplicado a pensadores e políticos que não se afeiçoavam ou afeiçoam ao figurino do liberalismo, podendo adotar posturas paternalistas ou mesmo ultramontanas. Além da França, isso também ocorreu, por exemplo, na Alemanha, entre o processo de unificação do país e a ascensão do nazismo, na qual a ideia de "conservadorismo" ficou associada a partidos que defendiam posturas pré-modernas ligadas aos interesses da antiga elite agrária dos principados germânicos, ou a partidos que defendiam uma modalidade nacionalista, paternalista e protecionista de modernização, no estilo do poderoso *chanceler* Otto von Bismarck (1815-1898), em oposição simultânea aos liberais e aos sociais-democratas. Outros, porém, exatamente como o próprio Burke, eram nada mais, nada menos, que integrantes de uma vertente específica do liberalismo, reconhecida por essa sua preocupação com a ordem, com a continuidade histórica, com a prudência e o ceticismo, demonstrando historicamente certa hesitação à democracia de massas, que, no século XX, evoluiu para uma hesitação perante o democratismo de inspiração rousseauniana e o coletivismo próprio das correntes de esquerda.

Alguns autores trataram essa última vertente sob a alcunha de "liberal conservadora", entendendo que liberalismo e conservadorismo podem estar juntos, como entenderam, no Brasil, José Guilherme Merquior e o professor Antonio Paim. Outros autores preferem enfatizar uma distinção intransponível entre o liberalismo e o conservadorismo, que, junto ao socialismo, formariam três tradições políticas estanques da modernidade. Acreditamos pessoalmente que a realidade histórico-conceitual é mais nuançada e preferimos a primeira abordagem, mas nosso foco aqui não é o debate sobre o conceito de conservadorismo. O mais importante é reconhecermos que, acima de qualquer dúvida razoável, o pensamento de Edmund Burke é um capítulo da história do liberalismo.

4.

HUMBOLDT, CONSTANT, GUIZOT, TOCQUEVILLE E GLADSTONE: O SÉCULO XIX E A DEMOCRACIA

4.1. As três liberdades e os liberais doutrinários

De acordo com José Guilherme Merquior, as concepções modernas de liberdade, que fundamentariam a evolução histórica da tradição liberal, podem ser divididas em três grandes escolas, cada uma identificada com um país específico: a liberdade inglesa, a liberdade francesa e a liberdade alemã. O alastramento da liberdade moderna pelo mundo seria um reflexo, em suas diferentes adaptações e conformações, das fontes hauridas nessas três escolas.

A liberdade inglesa, a que temos dado destaque, foi a que estabeleceu as raízes do liberalismo. Era aquilo que seria posteriormente chamado de "liberdade negativa", isto é, a proteção contra a coerção, cuja elaboração Merquior remontou, tal como nós aqui fizemos, a Hobbes, mas conformada em uma proposição política liberal por Locke e pelo *whiggismo*. A liberdade francesa seria a de Rousseau, que, como já vimos, enfocava a autodeterminação e a participação política, recuperando a "liberdade dos antigos" de que falava Constant, mas que, da maneira pela qual foi apresentada, oferecia o risco do despotismo democrático.

Por fim, deve-se mencionar a liberdade alemã, em que Merquior, mais do que a figura de Kant, enfatizou o diplomata prussiano Whilhelm von Humboldt (1767-1835), sobre quem cumpre tecer breves considerações. Humboldt foi autor de uma obra intitulada *Os Limites da Ação do Estado*, publicada postumamente, em que ele, segundo o pensador brasileiro, "exprimiu um tema liberal profundamente significativo: a preocupação humanista de formação da personalidade e aperfeiçoamento pessoal. Educar para a liberdade, e libertar para educar – esta era a ideia da *Bildung*"[109], a contribuição mais importante de Humboldt à Filosofia Moral. A *Bildung* significaria a realização pessoal, a consumação dos potenciais do indivíduo; "o conceito está estreitamente ligado à liberdade política porque também salienta a autonomia; contudo, não gira em torno da participação política, mas em torno do desdobramento do potencial humano"[110]. Essa ideia seria influente para o desenvolvimento posterior do que ficou conhecido como liberalismo social, de que trataremos mais adiante, ainda que o pensamento de Humboldt, na época em que redigiu este trabalho sobre a função do Estado, curiosamente estivesse muito mais próximo das visões mais restritivas da atuação estatal que apareceram na história do liberalismo.

Na referida obra, Humboldt preconizava que os homens de Estado promovessem reformas que fortalecessem as liberdades dos indivíduos e permitissem que eles se habituassem ao exercício dessas liberdades. Em sua visão, a destinação do ser humano é desenvolver ao máximo possível suas potencialidades e só o regime de liberdade o permitiria. O pensador prussiano iniciou sua reflexão a respeito ponderando que o Estado poderia ter duas grandes pretensões gerais: promover a felicidade de todos por meio de ações positivas ou simplesmente evitar que certa soma de mal se impusesse, restringindo-se à garantia da segurança. Ele concluiu que as solicitações para que o Estado se expandisse com o propósito de "promover a felicidade" poderiam acabar por atingir efeito contrário: "Os maus resultados de uma

---

[109] MERQUIOR, José Guilherme. O Liberalismo Antigo e Moderno. É Realizações, 2016. E-book: https://www.amazon.com.br/Liberalismo-Moderno-Biblioteca-Guilherme-Merquior-ebook/dp/B01NCJO14T

[110] Idem.

solicitude muito extensa por parte do Estado manifestam-se ainda mais notavelmente na supressão de toda energia ativa e na necessária deterioração do caráter moral"[111]. Mais ainda, Humboldt receava que "a solicitude de um Estado pelo bem-estar de seus cidadãos deve ser ainda mais prejudicial, na medida em que deva operar sobre uma massa promíscua de individualidades e, portanto, prejudique essas pessoas por meio de medidas que não podem atender a casos individuais"[112]. Contudo, o mesmo Humboldt disse que essa atuação estatal deve ser evitada, "exceto no caso de necessidade mais absoluta"[113], o que significa que ele também admitiria exceções. Ele não foi explícito sobre esses casos de necessidade absoluta, embora, em outro momento de seu texto, tenha dito que o Estado, além da segurança, deve zelar pelos insanos e pelas crianças.

Humboldt reconhecia ao Estado a responsabilidade de promover a segurança dos cidadãos uns em relação aos outros e de chancelar e garantir o cumprimento dos contratos, mas escreveu com firmeza que a educação pública nacional e a religião deveriam estar completamente fora de sua esfera. Com efeito, ele asseverava que "o Estado deve abster-se totalmente de toda tentativa de operar direta ou indiretamente sobre a moral e o caráter da nação, a menos que tal política possa se tornar inevitável como uma consequência natural de suas outras medidas absolutamente necessárias; e que tudo calculado para promover tal projeto, e particularmente toda supervisão especial de educação, religião, leis suntuárias, etc., está totalmente fora dos limites de sua atividade legítima"[114].

Na verdade, para ele, o Estado "não deve se preocupar de forma alguma com o bem-estar de seus cidadãos e, portanto, não mais com

[111] HUMBOLDT, Whilhelm von. The Sphere and Duties of Government (1792, 1854). Online Library of Liberty. Disponível em: https://oll.libertyfund.org/title/coulthard-the-sphere-and-duties-of-government-1792-1854#lf0053_label_088. Acesso em 30.01.2023.

[112] Idem.

[113] Idem.

[114] Idem.

sua vida ou saúde, exceto onde estas sejam ameaçadas pelas ações de outros"[115], resumiu, complementando: "para garantir a segurança dos seus cidadãos, o Estado deve proibir ou restringir (..) ações, referindo-se imediatamente apenas aos agentes, que impliquem a violação de direitos de outrem nas suas consequências, ou usurpem a sua liberdade ou propriedade sem ou contra a sua vontade; e, além disso, deve proibir ou restringir essas ações quando a probabilidade de tais consequências for justamente apreendida – uma probabilidade em que deve necessariamente considerar a extensão da lesão receada e, por outro lado, as consequências da restrição à liberdade implícita na lei contemplada. Além disso, toda limitação da liberdade pessoal deve ser condenada, como totalmente alheia à esfera de atividade do Estado"[116].

O filósofo prussiano admitia ainda a existência de espaços públicos, como praças, ruas e estradas, em que ele aceitava que as forças legais e policiais imprimissem maiores restrições às liberdades dos cidadãos do que em seus espaços privados e domiciliares.

Apesar de o livro ter sido publicado postumamente, Humboldt o escreveu ainda jovem, em 1792. Ao longo de sua biografia, resta evidente que seus posicionamentos mudaram. Em consequência de seu argumento de que seria prioritário despertar o ser humano para o atingimento de seu potencial, ele passou a acreditar que a intervenção do Estado em certos setores poderia ser bem-vinda; paradoxalmente ou não, ele se tornou um dos mentores intelectuais de uma profunda reforma nacional de educação que virou modelo na Europa. Ele desenvolveu um grande plano de integração entre as escolas elementares e secundárias e uma universidade baseada em valores humanistas, o que ele passou a achar essencial para revitalizar a imaginação nacional e promover o autodesenvolvimento e a grandeza de espírito – algo bem diverso de suas pregações iniciais, é forçoso convir. Foi sob suas orientações que se fundou, em 1809, a Universidade de Berlim, com recursos

---

115 Idem.

116 Idem.

inteiramente estatais, embora inspirada pela filosofia humboldtiana de liberdade de pesquisas, experimentações e discussões internas.

Feitas essas considerações acerca da filosofia política de Humboldt, retomemos a questão das três liberdades expostas por Merquior; do fato de elas serem identificadas particularmente com determinados países, não se segue, vale sempre frisar, que cada uma fosse a tônica de todos os autores daquele respectivo país. Com efeito, as diferenças entre autores como Rousseau e Montesquieu, ou as diferenças entre os próprios pais fundadores americanos, servem de prova da pluralidade das ideias existentes à época mesmo entre compatriotas. A partir disso, cabe observar agora que a liberdade inglesa penetrou a França e, no pós-Revolução Francesa, estimulou a formação de um pequeno, mas decisivo grupo de políticos e pensadores liberais: os liberais doutrinários, ou *Doctrinaires*. Eles estiveram entre os estadistas franceses apelidados de "conservadores" no debate público de seu país no século XIX.

Antes dos doutrinários, um dos que mais ativamente sustentaram as ideias do liberalismo inglês e que lhes serviu de precursor foi Benjamin Constant, o grande crítico de Rousseau a quem mencionamos no capítulo anterior. Constant criticou acerbamente o militarismo bonapartista e, posteriormente, o ciclo em que o poderio da dinastia Bourbon foi restaurado em sua substituição. Ele havia sido diretamente influenciado por David Hume e Adam Smith e se tornou, ele próprio, uma influência teórica muito importante para o liberalismo da América Latina. O regime político que defendia seria uma monarquia constitucional ao estilo britânico, com um Legislativo bicameral e um Senado vitalício, ampla liberdade de imprensa e a atribuição de um poder especial ao monarca. Na época em que concebeu essa ideia, conforme o professor Ubiratan Borges de Macedo (1937-2007), "a rigor não existia Parlamento, mas duas Câmaras separadas e frequentemente em conflito. Havia também atritos entre o rei e seus ministros, num tempo em que somente na Inglaterra se consagraria a figura do primeiro-ministro. De sorte que tem toda pertinência a ideia de criar uma outra magistratura, com atribuições de exercitar a coordenação dos vários poderes, pairando acima deles como árbitro"[117]. Este Poder Régio proposto por Constant, que velaria e dirimiria conflitos entre os outros poderes, seria privativo do monarca, que não disporia do Poder Executivo. As teses de Constant foram adotadas pela monarquia brasileira na Constituição de 1824, mas esta manteve o imperador como chefe do Poder Executivo simultaneamente, e esse poder referido por Constant ficou conhecido no país como Poder Moderador.

Depois de Benjamin Constant, pensadores como Royer-Collard (1763-1845) e Victor Cousin (1792-1867) consolidaram na França uma filosofia chamada espiritualismo eclético, que se caracterizava por se anunciar como herdeira de toda a civilização do Ocidente e sustentar que as teses vigentes em qualquer ciclo histórico mesclam qualidades e imperfeições, cabendo ao estudioso um espírito de mediação. Sob a influência dessa filosofia, os liberais doutrinários foram aqueles que entenderam que a Revolução Francesa era um fato estabelecido e não se poderia regressar ao Antigo Regime, mas seria preciso combater os males revolucionários, e esses males não eram apenas excessos, mas falhas de princípio que precisavam ser "doutrinariamente" – daí a designação que lhes foi conferida – combatidas, levando-se em consideração o princípio da liberdade inglesa ou liberdade moderna de Constant e adaptando-o à realidade francesa.

Entre os liberais doutrinários, poder-se-ia incluir, além de Collard e Cousin, Victor de Broglie (1785-1870), Charles de Rémusat (1797-1875), Hercule de Serre (1776-1824) e Camille de Jordan (1771-1824), mas provavelmente o mais representativo de todos foi François Guizot (1787-1874).

De família protestante, Guizot frequentou a faculdade de Direito durante o regime bonapartista e se tornou lente de História na Faculdade de Letras, em 1814, iniciando uma carreira muito bem-sucedida como historiador. Na Restauração Bourbon, exerceu certa influência no período de reinado de Luís XVIII (1755-1824), mas

---

[117] MACEDO, Ubiratan Borges de. O Liberalismo Doutrinário. In: PAIM, Antonio. Evolução Histórica do Liberalismo, 2019, p. 94.

passou para a oposição, especialmente no período de Carlos X (1757-1836). Esse período foi marcado pelo reforço do poder monárquico, gerando profunda insatisfação; a crise demonstrava que um simples regresso aos contornos institucionais anteriores, como se nada houvesse acontecido, não seria sustentável.

Ao mesmo tempo, a década de 1830 foi marcada pela erupção de revoltas de caráter nacionalista em diversos países da Europa; na França, porém, deu-se uma revolução de caráter apenas liberal, em julho daquele ano, depondo o monarca autoritário e levando ao trono Luís Felipe (1773-1850), o "Rei Burguês", iniciando a fase conhecida como "Monarquia de Julho". Os liberais doutrinários tiveram nesse período o auge de sua influência sobre a política francesa porque Guizot foi sucessivamente Ministro do Interior, Ministro da Instrução Pública e Ministro do Exterior, atuando na prática como um chefe de governo – até ser nomeado presidente do Conselho de Ministros em 1847.

Guizot também foi influenciado pelo liberalismo inglês e pela filosofia de Kant. Seu objetivo era estabelecer as balizas doutrinárias para erigir na França o sistema representativo, de forma sólida e protegida contra o caos revolucionário que se vinha tornando constante no país desde 1789. Ele se via assumindo o papel de um John Locke na "Revolução Gloriosa da França", que seria a de 1830, não a de 1789. Da mesma forma que boa parte dos liberais de sua época, como Edmund Burke, defendia o voto censitário, restrito a quem, em sua leitura, teria propriedades e capacidades para exercê-lo. Também adotou algumas medidas autoritárias, como a imposição de certas restrições à imprensa e às livres associações, em consequência do radicalismo e do furor revolucionário que julgava precisarem ser contidos.

Uma de suas principais contribuições foi a reforma do ensino. Conforme o professor Ricardo Vélez Rodríguez (n. 1943), "o nosso autor dotou a França de uma estrutura completa para a formação da consciência cívica das crianças, garantindo a preparação de mestres e a sua presença em todos os cantos do país. O lema da política de Guizot era: em cada comuna (ou município) uma escola, em cada departamento uma escola normal para a formação de mestres e em Paris a *École Normale Supérieure*, a fim de garantir a formação dos mestres dos mestres. Paralelamente, o nosso autor deu grande importância às associações científicas e literárias, que garantiriam o livre debate das ideias na sociedade, contribuindo, destarte, à formação da opinião pública. O que o nosso autor queria era que as classes médias acordassem para a sua responsabilidade histórica de configurar a estabilidade política. Para isso era necessário formar a opinião pública, incentivando o estudo acerca das instituições políticas que tinham dado certo na Europa, as britânicas no caso, e fomentando a discussão sobre a melhor forma de se realizar a representação de interesses"[118].

De acordo com Guizot, o poder público municipal deveria garantir o ensino primário a todos, com as políticas e conteúdos devendo ser resolvidos pela sociedade civil, sob coordenação do Ministério da Instrução, ao contrário do que diria o jovem Humboldt. Ele acreditava que o sistema poderia ser ainda mais descentralizado, sem necessidade dessa coordenação, quando a sociedade francesa estivesse menos ameaçada por grupos radicais dispostos a distorcer os fundamentos do Estado para impor suas pretensões revolucionárias. A educação teria o papel de definir as bases da cidadania, apresentando um conteúdo moral. As escolas não eram gratuitas, mas os mais pobres podiam ser auxiliados pelo Estado para frequentá-las.

Do ponto de vista do aprimoramento do sistema representativo, o professor Ricardo Vélez ressaltou que Guizot ampliou gradativamente, via censo, os estratos da sociedade aptos por lei à participação no processo eleitoral, embora se tenha mantido sempre um inimigo implacável do anseio de adversários republicanos por instaurar o sufrágio universal, que havia sido aprovado na Convenção no período da Revolução de 1789.

Antes dos marxistas, Guizot afirmou que a Europa estava submersa em uma luta de classes. Porém, eram, a seu ver, as classes

[118] RODRÍGUEZ, Ricardo Vélez. O liberalismo francês – A tradição doutrinária e sua influência no Brasil. Juiz de Fora, 2002, p. 102.

médias que teriam a responsabilidade de fortalecer as instituições da França, se bem-educadas para isso, conectando-se à sua tradição histórica e a seus melhores princípios, em um discurso tipicamente liberal conservador, com a acepção da expressão que abordamos no capítulo pregresso.

Graças aos esforços de Guizot e seus aliados, levantou-se a bandeira de um caráter laico para a universidade pública e as Forças Armadas ganharam profissionalismo. Porém, eles não atingiram o objetivo de perenizar o regime e as instituições; uma nova revolução, a de 1848, impulsionada por republicanos e socialistas utópicos, destronaria a Monarquia de Julho e estabeleceria uma nova República, desaguando depois em um novo tipo de bonapartismo com Napoleão III. A tradição liberal francesa representada por Benjamin Constant e os liberais doutrinários influenciou de forma decisiva as instituições do grande Império do Brasil e teve por sucessor imediato, na própria França, um dos nomes mais significativos da história do liberalismo. É sobre ele que nos devemos ocupar detidamente a seguir.

4.2. Alexis de Tocqueville, os tempos da igualdade e a questão da pobreza

A obra do historiador, filósofo e político francês Alexis de Tocqueville (1805-1859), evidenciado também pelo sociólogo liberal Raymond Aron como uma referência de notável significado para a Sociologia, em seguimento a Montesquieu, é de um brilho incontestável. Revela uma capacidade analítica singular, uma extraordinária habilidade de apreensão dos movimentos sociais em curso e o espírito da direção que seguiam, bem como uma impressionante aptidão quase profética de antecipar as consequências.

Uma das principais características da obra de Tocqueville é sua abordagem da democracia. Já apontamos que a noção de democracia é anterior ao liberalismo; remonta à Antiguidade Clássica. Na Grécia antiga, existiu, por exemplo, a famosa democracia ateniense.

Tratava-se de um regime de democracia direta, em que todos os cidadãos aptos a votar, sempre homens, se reuniam para deliberar sobre as questões em voga na cidade-estado, além de serem selecionados aleatoriamente para ocupar funções públicas. Alguns historiadores dizem que Clístenes, nascido em 508 a.C., foi o pai da democracia ateniense. Posteriormente, a República Romana adotou um sistema com assembleias legislativas, em que uma minoria da sociedade tinha a prerrogativa de eleger magistrados – o que, do ponto de vista formal, era mais similar aos regimes modernos que a democracia ateniense.

Fora isso, na maior parte da história humana, quando o governo não era monárquico, havia, no máximo, uma votação restrita a estratos aristocráticos da sociedade. O liberalismo não surgiu para resolver esse problema, conforme também já apontamos; ele surgiu voltado a defender a esfera privada. Por isso, a maioria dos primeiros liberais não acreditava exatamente em princípios democráticos, mas em um sistema representativo mais elitista, com voto censitário, ou seja, que abrigasse os eleitos pelos proprietários, aqueles que demonstrassem certo patrimônio como evidência dos interesses que tinham a proteger e de algum nível de "capacidade cognitiva" para o processo decisório. Ideias mais abertamente democráticas, como o voto universal – exclusivamente masculino, de início –, estavam associadas a grupos mais radicais, como os jacobinos da Revolução Francesa, que o promoveram em 1793, ainda que sem jamais efetivamente implantá-lo em seu regime revolucionário assassino. A maioria dos liberais estava sempre temendo que o Estado expandisse a todos a prerrogativa de participar direta e deliberadamente de seus negócios, manifestando os velhos receios clássicos em relação aos perigos da demagogia.

Embora até hoje diversas correntes liberais se preocupem com a relação conflituosa entre a vontade majoritária, fortalecida nas democracias, e os direitos e vontades dos indivíduos e, por consequência, das minorias, defendidos pelo liberalismo, o regime político da *democracia liberal*, que procura associar as duas preocupações, se tornou possível porque alguns liberais no século XIX começaram a se abrir para a inevitabilidade da expansão democrática nas décadas subsequentes. O trabalho tocquevilliano foi um marco, provavelmente o mais emblemático de todos, nessa transformação.

A obra mais famosa de Tocqueville é *Da Democracia na América*. Seus dois tomos – o primeiro deles lançado em 1835 – introduziram à teoria liberal uma aceitação franca da democracia como um fato inafastável para o novo período que se iniciava, ao mesmo tempo articulando de forma magistral e profética os seus defeitos e perigos inerentes, com precauções que seriam típicas do ceticismo de um pensamento conservador. As lições tocquevillianas se fundamentaram em sua experiência direta de observação da dinâmica dos Estados Unidos da América daquela época, refletindo sobre as condições específicas do regime democrático ali instalado e sobre o que se pode aprender com elas para apreciar, em outros lugares, o fenômeno da busca por emancipar as massas e incluir um vasto campo da sociedade em uma estatura similar de consideração e influência nos processos políticos e decisórios, derrubando as estruturas aristocráticas ou oligárquicas tradicionais. Os Estados Unidos também ainda não adotavam o sufrágio universal, mas entre os anos 20 e 40 haviam realizado uma extensão do voto mais ampla que a maioria dos países europeus.

Ao tempo de Tocqueville, a palavra "democracia" estava vagamente relacionada não apenas com o sistema de governo democrático, mas também com um amplo movimento de ascensão das massas e de uma busca por "igualdade" na estima e relevância de todos os indiví duos de uma sociedade, revolvendo privilégios hereditários, castas e estamentos. Foi com esse conceito genérico, em diferentes manifestações, que o francês trabalhou em seu tratado sociológico, procurando identificar as causas do sucesso dessa característica especificamente no regime americano em comparação com o restante.

A tese principal de Tocqueville era a de que esse "movimento democrático" era irresistível e fatalmente prevaleceria, por mais que o próprio autor tivesse simpatias e pendores aristocráticos. Por isso, o liberalismo deveria aceitar a posição modesta de "temperar" esse movimento, de ajustá-lo aos figurinos liberais, em vez de ambicionar impedi-lo; seria preciso adaptá-lo aos diversos lugares, modificá-lo de acordo com as circunstâncias e as comunidades políticas e qualificar as suas consequências, em um processo adaptativo, jamais destrutivo.

Nesse sentido, a chave da civilização americana, de forma resumida, estaria em que ela logrou êxito em mesclar o "espírito de religião" com o "espírito de liberdade", formando-se as comunas e associações locais precedentemente ao Estado. Isso fez dos norte-americanos uma civilização mais simples que as opulentas monarquias europeias, mas com um gérmen mais forte do espírito democrático, temperado pela raiz liberal e cristã puritana. A religião nos EUA via na liberdade civil um mandato divino, um exercício nobre das faculdades humanas, não reivindicando alojar-se demasiadamente no Estado para estender seu império sobre as almas dos fiéis, mas preferindo o ambiente livre para se disseminar. Em contrapartida, Tocqueville via na liberdade uma devedora das raízes culturais religiosas, consideradas a "salvaguarda dos costumes", sendo estes últimos "a garantia das leis e penhor de sua própria duração"[119]. A maior distinção dos norte-americanos residira no fato de que a grande "revolução democrática" ali floresceu em terreno maduro, "refletido pela liberdade", não apenas por um "instinto vago e indefinido de independência"[120] que levou a sublevações sangrentas e caos, por exemplo, em sua própria França durante o predomínio jacobino.

Embora favorável a uma centralização governamental, que estabelecesse uma mesma soberania para todo um território, Tocqueville era totalmente simpático à descentralização administrativa – ainda que, eventualmente, "quando o poder central é esclarecido e as localidades sem luzes, quando ele é ativo e elas inertes, quando ele tem o costume de agir e elas o costume de obedecer"[121], ele consentisse no contrário, e de certo modo essas leituras de Tocqueville encontraram

---

[119] TOCQUEVILLE, Alexis de. A Democracia na América. Vol. 1. Martins Fontes, São Paulo, 2005, p. 52.

[120] Idem, p. 83.

[121] Idem, p. 102.

eco na leitura de alguns conservadores brasileiros, como o Visconde de Uruguai (1807-1866).

O patriotismo dos americanos, para Tocqueville, era uma consequência do seu grande envolvimento e interesse pela vida e pelas questões locais, que eles conseguiam transportar para o plano nacional. Ele considerava o patriotismo algo importante a ser cultivado, numa época em que outras rédeas de lealdade e união, como a crença no direito divino dos reis, já não conseguiam parar em pé. Não fazia apelo à "religião civil" rousseauniana, mas reconhecia a existência de problema similar ao que Rousseau apontava e a necessidade de equacioná-lo de uma forma condizente com as estruturas modernas. Com efeito, segundo o embaixador José Osvaldo de Meira Penna (1917-2017), uma de suas maiores peculiaridades seria a de perceber que "a determinante essencial do caráter de uma sociedade é sua cultura política e seus costumes morais"[122]. Os liberais deveriam se preocupar, portanto, para além de instituições políticas, com o problema da moral social. Contudo, essa atuação deveria ser construída espontaneamente, através das famílias, da atuação cultural e das organizações religiosas – que não seriam forças dispersivas, muito ao contrário do que pensava Rousseau sobre o Cristianismo.

Os pais fundadores americanos compreenderam que era necessário haver poderes institucionais que, ainda que não pudessem existir em completa independência do povo, fossem capazes de contrabalançar os "caprichos" e "exigências perigosas"[123] que poderiam provir da maioria. Assim, por exemplo, deram ao presidente, com a Constituição de 1787, amplos poderes e o direito a vetar os avanços excessivos da legislatura, mas também limitaram sua vontade de abusar de suas prerrogativas ao mantê-lo incentivado a uma conduta responsável pela perspectiva da reeleição. O povo, ao mesmo tempo, preservava a

---

[122] PENNA, José Osvaldo de Meira. O Pensamento de Tocqueville. In: PAIM, Antonio. Evolução Histórica do Liberalismo, 2019, p. 119.

[123] TOCQUEVILLE, Alexis de. A Democracia na América. Vol. 1. Martins Fontes, São Paulo, 2005, p. 156.

prerrogativa de nomear os legisladores e o executor e até constituir o júri que punia as infrações à lei.

A ampla liberdade de imprensa vigente nos Estados Unidos e o intenso espírito de associação estavam, na visão tocquevilliana, entre as características que permitiam as peculiaridades do regime americano. Nada disso significava que os norte-americanos eram portadores da única formatação que um governo poderia dar à democracia, admitindo-se a multiplicidade de costumes e sociedades que deverão trabalhar com esse conceito à sua própria maneira. Para ele, a aristocracia era mais hábil na ciência legislativa do que a democracia, não estando sujeita a "impulsos passageiros" e sendo mais propícia ao desenvolvimento de projetos de longo prazo. Porém, se a democracia não era capaz do mesmo sucesso, ela conseguia, embora com menos qualidade geral, fazer um montante maior de realizações do que a aristocracia. "Não é o que executa a administração pública que é grande, mas sobretudo o que se executa sem ela e fora dela. A democracia não proporciona ao povo o governo mais hábil, mas faz o que o governo mais hábil muitas vezes é incapaz de criar; ela difunde em todo o corpo social uma atividade inquieta, uma força superabundante, uma energia, que nunca existem sem ela e que, por pouco que sejam favoráveis as circunstâncias, podem gerar maravilhas"[124], apontou Tocqueville.

Porém, ele também temia nesse tipo de regime uma intensificação do poder da maioria sobre o pensamento, implantando, sobre os escritores, os questionadores e os pensadores uma pressão sem a brutalidade concreta da ditadura, mas em alguns aspectos mais poderosa, agindo diretamente sobre a reputação e a alma. Isso ficou brilhantemente expresso em uma descrição aterradora daquilo que se entende por "tirania da maioria": "O amo não diz mais: 'Pensará como eu ou morrerá'. Diz: 'Você é livre de não pensar como eu; sua vida, seus bens, tudo lhe resta; mas a partir deste dia você é um estrangeiro entre nós. Irá conservar seus privilégios na cidade, mas eles se tornarão

[124] Idem, p. 285.

inúteis, porque, se você lutar para obter a escolha de seus concidadãos, eles não a darão, e mesmo se você pedir apenas a estima deles, ainda assim simularão recusá-la. Você permanecerá entre os homens, mas perderá seus direitos à humanidade. Quando se aproximar de seus semelhantes, eles fugirão de você como de um ser impuro e os que acreditarem em sua inocência, mesmo estes o abandonarão, porque os outros fugiriam dele por sua vez. Vá em paz, deixo-lhe a vida, mas deixo-a pior, para você, do que a morte'"[125]. Sem contrapesos e instituições mais sólidas, esse apelo majoritário poderia gestar formas de autoritarismo mais concretas e mais extremas que as do passado, o que de fato iria ocorrer no século XX, quando a ascensão da democracia de massa também marcou a ascensão do totalitarismo e do fascismo. Nos Estados Unidos, porém, Tocqueville apontou a descentralização administrativa e o espírito de valorização da arte legista ou do Direito como alguns dos fatores impeditivos da intensificação desse problema.

Do ponto de vista dos sentimentos, Tocqueville dizia que, mais do que a liberdade, as democracias despertam uma paixão pela igualdade. Ao contrário dos Estados Unidos, em outras comunidades políticas, quando o movimento democrático da época fazia soçobrar antigas hierarquias sociais em autênticas revoluções, "os homens se precipitam então sobre a igualdade como sobre uma conquista, e se prendem a ela como a um bem precioso que querem lhes roubar. A paixão pela igualdade penetra de toda a parte no coração humano, estende-se nele, enche-o por inteiro. Não digam aos homens que, entregando-se de tão cega maneira a uma paixão exclusiva, comprometem seus mais caros interesses; eles estão surdos. Não lhes mostrem a liberdade que escapa de suas mãos, quando olham para outra coisa: eles estão cegos ou, antes, não percebem em todo o universo mais que um só bem digno de cobiça"[126]. Em virtude das paixões desenfreadas e dos ódios que levavam às "revoluções democráticas" contra as aristocracias e monarquias absolutas em outras nações, as sociedades permaneciam

[125] Idem, p. 299.

[126] Idem, p. 116.

profundamente tensionadas e divididas pela hostilidade, efeito colateral desastroso que não se verificava nos Estados Unidos, que não surgiram de uma revolução democrática, mas de um desenvolvimento democrático de uma sociedade que já havia estruturado forte senso de liberdade tradicional desde as terras britânicas. Juntaram a isso a força da localidade, da associação e da imprensa, aproximando e interessando o indivíduo nas questões públicas.

Por oposição a esse cenário, havia a própria França de Tocqueville, que ele examinou em seu outro clássico, *O Antigo Regime e a Revolução*. A principal tese desta obra, que veio à luz em 1856, era a de que a centralização das instituições francesas já provinha do Antigo Regime; os revolucionários franceses a preservaram e exploraram em vez de desmontar, ao contrário do que acreditavam contemporâneos do autor – o que, do ponto de vista político, para Tocqueville, não era um mal, como vimos, embora pudesse sê-lo do ponto de vista administrativo. Em sua abordagem, ele apontou a Revolução Francesa como "uma revolução política que operou à maneira de uma revolução religiosa e tomou alguns de seus aspectos"[127]. Apontou o quanto os revolucionários seriam capazes de pregá-la para os estrangeiros com o mesmo ardor com que a pregavam em seu próprio território, sob a forma de um proselitismo típico dos missionários religiosos, querendo dirigir-se à humanidade inteira e não apenas aos franceses, posto que parecendo aspirar "mais ainda à regeneração do gênero humano que à reforma da França"[128].

Embora reconhecesse que a centralização era anterior à revolução, Tocqueville afirmou que a centralização absolutista era menos poderosa que a revolucionária. Contrariando a visão tradicional, sustentou que o reinado de Luís XVI foi o período mais próspero da monarquia francesa; ele explicou que "não é sempre indo de mal a pior que se cai numa revolução. Acontece, na maioria das vezes, que um povo

---

127 TOCQUEVILLE, Alexis de. O Antigo Regime e a Revolução. UNB, 1997, p. 59.

128 Idem, p. 60.

que aguentou, sem se queixar e como se não as sentisse, as leis mais opressivas, resolve repeli-las com violência logo que seu peso diminui. O regime que uma revolução derruba é sempre melhor que aquele que o antecedeu diretamente, e a experiência nos ensina que o momento mais perigoso para um mau governo é geralmente aquele em que começa a reformar-se"[129].

Como se pode perceber, apesar da centralidade que muitos de seus temas atingiram nas discussões políticas modernas, as obras de Tocqueville eram estudos sociais, análises, muito mais do que proposições. Não se poderia encontrar, salvo a adesão a algumas ideias bastante gerais e mais voltadas a princípios que a expressões concretas, em *Da Democracia na América* ou *O Antigo Regime e a Revolução* uma visão sistematizada do papel do Estado na leitura tocquevilliana. Além de estudioso, porém, Tocqueville também teve atuação política, tanto durante a Monarquia de Julho como na Segunda República Francesa, os regimes inaugurados, respectivamente, pelas revoluções de 1830 e 1848.

Como parlamentar, Tocqueville era a favor da abolição da escravatura e da liberdade de comércio, mas foi também favorável à colonização da Argélia – o território foi conquistado exatamente no começo da Monarquia de Julho. Suas posições políticas eram tipicamente as de um liberal clássico com receio do "despotismo majoritário" de que acabamos de tratar. Contudo, do ponto de vista social, há alguns elementos bastante interessantes de serem apontados. Primeiro, o de que, apesar de seu pensamento conter diversos aspectos do que se convencionou chamar de filosofia liberal conservadora, Tocqueville, no final da década de 1840, já temia, ao ler os socialistas utópicos franceses, o possível advento de uma revolução social. Precisamente para evitá-la, ele propugnou a adoção de reformas sociais mais ou menos expressivas. Uma sugestão, por exemplo, seria a isenção de impostos para estratos mais pobres da sociedade, bem como o uso de impostos sobre estratos mais ricos para auxiliar financeiramente

---

[129] Idem, p. 166.

os mais vulneráveis, sob a forma de fornecimento de comida, escolas públicas, geração de empregos, entre outras políticas de que o Estado se poderia encarregar.

Como membro da Assembleia Constituinte de 1848, Tocqueville defendeu o bicameralismo e o sufrágio universal, acreditando, por estranho que pareça, que este último seria uma política conservadora, já que o voto dos homens das áreas rurais contrabalançaria o radicalismo dos parisienses. Durante as revoltas operárias e socialistas de junho daquele ano, nosso autor apoiou a repressão e o estado de sítio para contê-las, sob iniciativa do general Louis Cavaignac (1802-1857). Tocqueville foi inclusive favorável à retomada de algumas leis limitadoras das liberdades de associação e expressão no ano seguinte, depois de terem sido abandonadas, entendendo que poderia ser necessário manter uma política mais restritiva para que a vida pública francesa se equilibrasse e protegesse dos radicais, antes de abraçar uma normalidade liberal. Por aí se vê que o liberalismo de Tocqueville não era nada passível de ser encaixado em manuais perfeitos e dogmáticos em que muitos liberais contemporâneos gostariam de incluí-lo.

Como não é possível encontrar na obra de Tocqueville, ao contrário da maioria dos autores examinados anteriormente, nenhum trecho que objetiva e sistematicamente identifique o que ele julgaria serem as atribuições e limites do Estado, o trabalho mais útil para apreciar ao menos sua percepção sobre a "questão social" – a bem dizer, antecipação, tal como outra, tão comentada e espantosa, a de que os Estados Unidos e a Rússia dividiriam o mundo como potências – não é uma de suas duas maiores obras, mas o opúsculo *Ensaio sobre a pobreza*.

Originalmente publicado em 1835 – portanto, antes das percepções expostas por Tocqueville no Parlamento na década de 1840 –, uma das principais inspirações para este trabalho do pensador francês era a situação inglesa. Conforme a historiadora Gertrude Himmelfarb (1922-2019), ele foi convidado para presenciar diversos julgamentos na Inglaterra referentes à Lei para os Pobres, criada para beneficiar esse segmento da sociedade. Conforme Himmelfarb, a legislação para auxílio dos pobres era um orgulho britânico, porque aquele foi "o primeiro país a estabelecer um sistema de caridade pública nacional, legal, compulsório, público e secular"[130]. As leis dessa natureza datavam do século XVI, quando a dissolução dos monastérios forçou o governo britânico a fazer provisões para os indigentes, anteriormente auxiliados pela Igreja. Com administração local, um sistema de auxílio aos mais pobres, com direito a doações, asilos para idosos e enfermos e acesso à educação, foi formalizado e codificado nos últimos anos do reinado de Isabel I (1533-1603). Depois das guerras napoleônicas e de uma crise na colheita, os impostos para auxílio aos pobres aumentaram e, no começo da década de 1830, essa antiga instituição estava demandando reformas substanciais. Uma Comissão Real foi nomeada para aprovar, em 1834, um projeto de reforma.

Alguns pensadores, como o economista liberal Jean-Baptiste Say, que já mencionamos anteriormente como admirador dos teólogos de Salamanca e de Adam Smith, também se debruçaram, por volta dessa mesma época, sobre a questão da pobreza, então discutida arduamente pelos ingleses. Say acreditava que a assistência pública era, em geral, algo que degradava os indivíduos, preferindo a caridade privada – para alguns, a única que efetivamente mereceria o nome de "caridade" –, mas, no fim das contas, ele acabava admitindo que a assistência estatal poderia, sim, ser ofertada em algumas circunstâncias, especialmente nos casos de abrigos para crianças abandonadas, "desde que os pais não os vissem como um 'recurso ordinário', uma espécie de albergue gratuito"[131], e ajuda para os desafortunados cujo sofrimento não fosse causado pela própria má conduta ou que tivessem enfermidades naturais, já que a "humanidade requer que a sociedade os assista e a política não impede tal assistência"[132].

---

130 HIMMELFARB, Gertrude. Introdução. In: TOCQUEVILLE, Alexis de. Ensaio sobre a Pobreza – Traduzido e comentado. Instituto Liberal, 2003, p. 57.

131 Idem, p. 64.

132 SAY, Jean-Baptiste. *Coun d'économír politiqur*, Paris, 1 828, V, pp.360-63.

A abordagem de Tocqueville no *Ensaio* era semelhante. Como na maior parte de suas obras, o trabalho começou com um levantamento das condições sociais em diferentes países – neste caso, as nações europeias, nas quais ele dizia que, naquelas que eram mais pobres, mais rudes, menos industrializadas e desenvolvidas, o número de indigentes parecia menor ou menos impressionante, avolumando-se as pessoas que se sustentavam com assistência estatal naquelas nações que se encontravam em situação oposta. Remontando a diferentes momentos históricos, Tocqueville concluiu que a pobreza é sempre uma avaliação relativa, posto que, em sua época, "em comparação com o mais galhardo barão medieval", não havia "uma cidade provinciana sequer cujos habitantes mais afortunados não tenham um conforto mais verdadeiro em seus lares e a quem não seja mais fácil satisfazer às milhares de necessidades criadas pela civilização"[133].

Com o desenvolvimento econômico e tecnológico, novas necessidades – e novos luxos – vão sendo criados: "Cada século, à medida que é engendrado nas mãos do Criador, expande a variedade de pensamentos do homem, além de diversificar-lhe os desejos e aumentar-lhe os poderes. Os pobres e os ricos, cada grupo em sua esfera, concebem novos divertimentos que eram desconhecidos a seus ancestrais. De forma a satisfazer estas novas necessidades, que o cultivo do solo não pode suprir, uma porção da população deixa, ano após ano, o trabalho agrícola pela indústria"[134]. Tocqueville observou que, na vida rural da Idade Média, havia menos conforto, mas a população normalmente estava alimentada porque vivia da terra.

Novos cenários, portanto, associam às necessidades naturais um conjunto variado de necessidades artificiais, fabricadas pelas próprias sociedades ao longo do tempo. Isso faz com que o conceito de "pobre" seja mutante e o que é considerado um pobre hoje possa ser alguém que dispõe de recursos e instrumentos que os ricos do passado sequer

---

[133] TOCQUEVILLE, Alexis de. Ensaio sobre a Pobreza – Traduzido e comentado. Instituto Liberal, 2003, p. 83.

[134] Idem, p. 84.

imaginavam possuir. Tocqueville acreditava que, quanto mais sofisticadas, ricas, desenvolvidas e opulentas as sociedades se tornavam, mais surgiriam pessoas que demandariam a "caridade pública" para reduzirem a distância entre elas e aquelas que desfrutassem das condições mais afortunadas.

O pensador francês reconheceu na Inglaterra, berço moderno do liberalismo, também o único país que sistematizou e aplicou a teoria da "caridade pública" em larga escala, sob influência do anglicanismo e da devastação das entidades eclesiásticas caritativas do reino. Nos dias então vividos, esse cenário precisava, concordava ele, de uma profunda revisão; isso porque, para ele, havia "dois incentivos para o trabalho: a necessidade de viver e o desejo de melhorar as condições de vida. A experiência provou que apenas o primeiro pode motivar a maioria dos homens para o trabalho. O segundo só é eficaz sobre uma pequena minoria. Ora, uma instituição de caridade, aberta indiscriminadamente a todos os necessitados, ou uma lei que dá a todos os pobres o direito à ajuda pública, qualquer que seja a causa de sua pobreza, enfraquece ou destrói aquele primeiro estímulo e deixa intacto apenas o segundo". Ao fim das contas, "a parte mais generosa, mais ativa e mais industrializada da nação dedica seus recursos para disponibilizar os meios de subsistência àqueles que nada fazem ou que fazem mal uso de seu trabalho"[135]. Com base nesses argumentos, Tocqueville contestou a idcia dc quc os pobrcs teriam "direito" a esse auxílio estatal, enxergando nas legislações dessa espécie riscos muito sérios à liberdade individual e à moralidade pública.

Ele exemplificou os riscos à liberdade dos próprios indigentes criados por essas legislações da seguinte forma: "Já que a caridade individual é quase desconhecida em um país onde a pública é organizada, qualquer um que, por infelicidade do destino ou por seus próprios vícios, venha a ser incapaz de ganhar a vida, está condenado a permanecer no mesmo local em que nasceu – do contrário, poderá padecer. Se tal pessoa dirigir-se a outros lugares, estará movendo-se em território

[135] Idem, p. 94.

inimigo. O interesse privado das paróquias, infinitamente mais ativo e poderoso do que a melhor e mais organizada polícia estatal, nota sua chegada, fareja cada um de seus passos e, caso ele queira estabelecer uma nova residência, informa as autoridades públicas, que o levam até a fronteira. Através das Leis dos Pobres, os ingleses imobilizaram um sexto de sua população, presa à terra como os camponeses medievais. A gleba forçava o homem a permanecer, contra sua vontade, no local de nascimento. A caridade legal faz com que dela não queiram se afastar. Esta é a única diferença entre os sistemas. Os ingleses foram mais longe: tiveram consequências ainda mais desastrosas a partir do princípio da beneficência pública. As paróquias inglesas estão tão dominadas pelo medo de que um indigente possa ser colocado sob sua responsabilidade e adquirir uma residência que, quando um estranho, cujas roupas não denotem riqueza de forma óbvia, estabelece-se temporariamente entre eles, e quando um infortúnio inesperado o afeta, as autoridades imediatamente lhe pedem uma caução contra uma possível indigência futura e, caso o estranho não possa prover esta garantia, ele deverá ir embora. Assim, a caridade legal eliminou a liberdade de movimento não apenas dos ingleses pobres, mas também de todos aqueles ameaçados pela pobreza"[136].

Não obstante essa investida categórica, Tocqueville se apressou em estabelecer atenuações e exceções ao seu argumento, mesmo ainda naquela década de 1830. Não admitiu a existência de um "direito" dos pobres a serem ajudados pelo Estado, mas reconheceu a utilidade e necessidade dessa assistência "aplicada a males inevitáveis, tais como a carência na infância, a decrepitude da velhice, a doença e a insanidade. Até mesmo reconheço sua utilidade temporária em épocas de calamidade pública, a qual por vezes Deus deixa cair sobre nós, proclamando às nações sua ira. Assim, a ajuda estatal aos pobres seria então tão espontânea quanto imprevista, tão temporária quanto os próprios males que busca remediar". Em acréscimo, disse compreender também "o tipo de caridade pública que dá educação gratuita aos

---

[136] Idem, p. 102.

filhos dos pobres e à inteligência os meios de suprir as necessidades físicas básicas através do trabalho"[137].

Em outras palavras, ao mesmo tempo em que Tocqueville dissertou sobre os perigos da assistência estatal, subitamente, no mesmo texto, defendeu nada menos que essa mesma assistência para crianças, idosos, enfermos e insanos, a intervenção do Estado em situações de crise ou calamidade e a educação pública. Porém, ressaltou a importância de uma política focada em educar os pobres, estimular a propriedade de terra dos camponeses para reduzir a migração para as cidades e estimular a poupança dos operários das indústrias. Idealmente, ele gostaria de ver os operários sendo estimulados a desenvolver um interesse pessoal em sua fábrica, mediante sua própria participação nos lucros das empresas, mas acreditava que essa medida não funcionava onde se tentava implementá-la porque esses trabalhadores não estavam instruídos ou maduros o suficiente para tal. Por isso, a solução naquele momento seria "reformar as caixas de poupança então existentes, de maneira que fossem instituições de crédito descentralizadas que possibilitassem a aplicação do dinheiro arrecadado pela poupança dos trabalhadores em obras que beneficiassem as várias regiões. De outro lado, o pensador francês propõe a criação de uma espécie de "banco dos pobres" que substituísse os montepios, considerados por ele como estabelecimentos graças aos quais o pobre é arruinado a fim de lhe garantir um refúgio na sua miséria"[138]. Nesse banco, os próprios pobres que tivessem dinheiro para emprestar o depositariam nas mãos de uma administração contratada, através de garantia por penhor, que o destinaria aos pobres com necessidade maior e mais urgente de empréstimo. Este seria um empréstimo com juros, compondo um banco dos pobres com capital fornecido pelos próprios pobres.

---

[137] Idem, p. 110.

[138] RODRÍGUEZ, Ricardo Vélez. Aspectos intelectual e político na ética pública em Alexis de Tocqueville. In: TOCQUEVILLE, Alexis de. Ensaio sobre a Pobreza – Traduzido e comentado. Instituto Liberal, 2003, p. 179.

4.3. William Gladstone, o liberalismo britânico, as reformas eleitorais e os *trade unions*

O grande capítulo seguinte da história liberal, mais um desdobramento importante do trajeto seguido pela relação entre o liberalismo e a democracia, se daria novamente na Inglaterra. A Grã-Bretanha ofereceu ao mundo o modelo do que viria a ser o novo regime liberal representativo. Citando o sociólogo alemão Max Weber (1864-1920), o professor Antonio Paim sintetizou que esse sistema "resulta da prática milenar do contratualismo constituída sob o feudalismo, graças à presença do contrato de vassalagem, que era o suporte legal daquela estrutura política"[139]. O professor ainda o colocou em oposição ao democratismo francês de Rousseau e ao Estado patrimonial, berço de uma tradição diferente da que proveio do feudalismo, no qual "a elite dominante é constituída pela burocracia estatal que, para manter o poder, fomenta as alianças com o populacho"[140]. Apontando a Prússia como arquétipo deste último modelo de Estado, Paim incluiu nessa categoria também o Estado francês. Por herança portuguesa, o Brasil também seria marcado pelo fenômeno do patrimonialismo, assim como a Rússia, que daí sucumbiria para o totalitarismo. O patrimonialismo e o democratismo, na França e na América Latina, por exemplo, por vezes se encontravam atuando juntos, o que sempre criou dificuldades culturais ao enraizamento do sistema representativo liberal. Por isso, o caso inglês teve mais sucesso em se firmar desde cedo como referência para todos os outros esforços do mesmo gênero.

Essa experiência britânica, ressaltaria Paim, foi coroada pelas reformas eleitorais efetuadas naquele país a partir de 1832, que expandiriam os segmentos sociais representados no Parlamento progressivamente, abrindo as portas à era porvindoura da democracia de massa que Tocqueville antecipava. Eis o que nos cumpre examinar agora.

---

139 PAIM, Antonio. Evolução Histórica do Liberalismo. LVM Editora, 2019, p. 127.

140 Idem, p. 128.

Subsequentemente à Revolução Gloriosa, decidiu-se que os impostos seriam votados anualmente, mediante convocação obrigatória do Parlamento pelo monarca, e o Judiciário garantiu sua autonomia com a aprovação da vitaliciedade do posto de juiz, com destituição admitida apenas em caso de conduta desabonadora identificada pelo Parlamento. Entre 1714 e 1760, desenvolveram-se o Conselho de Ministros e a necessidade de obter maioria parlamentar para constituir um governo, o que permitiu a estruturação mais sólida dos partidos políticos. Surgiram então a figura do primeiro-ministro e o governo do gabinete ministerial.

Conforme Thomas Erskine May (1815-1886), citado por Paim, os dois partidos representados na época "eram igualmente favoráveis à monarquia; mas os *whigs* queriam que sua autoridade fosse mantida nos limites da lei; os princípios dos *tories* favoreciam o absolutismo na Igreja e no Estado. (...) A Revolução de 1689 era o triunfo e o renascimento final dos princípios *whigs*, enquanto fundava uma monarquia limitada. Entretanto, os princípios dos dois partidos, modificados pelas condições dessa combinação constitucional, permaneciam distintos e opostos. Os *whigs* continuavam a apoiar toda restrição necessária à autoridade real e a favorecer a tolerância religiosa; os *tories* tendiam geralmente para a prerrogativa, para as doutrinas da alta Igreja e para a hostilidade aos dissidentes"[141].

No século XVIII, os *tories* tiveram que se acomodar ao poder crescente do Parlamento. William Pitt (1759-1806), que transitou entre os *whigs* e os *tories*, consolidou o regime representativo através da estruturação de uma coalizão que tornou seu governo estável. Desde então, firmou-se de vez o princípio da convivência de uma representação da sociedade no âmbito legislativo e um governo do primeiro-ministro, com a nação ou o Estado sendo representados perenemente pela monarquia, sem funções executivas.

---

[141] MAY, Thomas Erskine. Histoire constitutionelle de l'Angleterre depuis l'avénement de George III, 1760-1860. Trad. Cornélis Henri de Witt. Paris: Michel Levy Frères, 1866, pp. 6-7.

Conforme o professor Paim também pontuou, a Revolução Industrial, marcada pelo seu robusto desenvolvimento tecnológico, impulsionou o desenvolvimento das primeiras cidades modernas, diferentes dos empórios comerciais em que se constituíam as cidades medievais. Essas novas áreas urbanas apresentavam altos contingentes populacionais e crescente importância política. Tal fenômeno de urbanização estimulou os novos interesses sociais emergentes a desejarem o direito de se fazerem representados no Parlamento, já que o sistema vigente enfatizava a representação dos condados rurais, marginalizando as cidades. Ganhando a eleição de 1830 com a bandeira de expandir a representação urbana, os *whigs* aprovaram uma reforma eleitoral, mas a Câmara dos Lordes a rejeitou. Contudo, sob pressão, os Lordes acabaram cedendo e a reforma foi aprovada em 1832, sendo saudada, por exemplo, pelo historiador *whig* Thomas Babington Macaulay (1800-1859), um nome bastante influente entre os liberais do século XIX.

"A nova lei", explicou Paim, "suprimiu a representação de 56 circunscrições com menos de 2 mil habitantes e reduziu para um único deputado a dos condados que não passavam de 4 mil habitantes. Nada menos que 43 cidades adquirem representação no Parlamento. A legislação em causa mantinha a exigência de renda e, assim, de fato, ampliava a representação da elite proprietária, para incluir os industriais e outros elementos citadinos. Tratava-se, contudo, de uma alteração profunda, consoante se pode inferir do curso político empreendido pela Inglaterra no ciclo subsequente. O eleitorado expandiu-se de 220 mil para 670 mil"[142].

Nesse cenário diferente, um episódio essencial para o estabelecimento da divisão dos partidos na Inglaterra do século XIX foi a questão da Lei dos Cereais e do livre-cambismo, enfrentada pelos liberais da Escola de Manchester. O tema será exposto neste livro mais detalhadamente em capítulo posterior, dedicado exclusivamente

---

[142] PAIM, Antonio. Evolução Histórica do Liberalismo. LVM Editora, 2019, p. 136.

a ele. O que nos cabe dizer desde já é que os Partidos Conservador e Liberal, que conformariam o cenário político britânico, substituindo a divisão anterior entre *tories* e *whigs*, estavam se consolidando por volta desse período e o grande líder William Gladstone começou a refulgir nesse momento. O chamado "partido da ordem" mudou de nome de *torie* para Conservador sob a liderança de Robert Peel (1788-1850), que, em 1834, pronunciou um manifesto, o Manifesto de Tamworth, em que estabeleceu as bases do que seria a postura política do partido: ele aceitaria a reforma eleitoral de 1832, alegando que "quanto ao espírito da Lei de Reforma, e a vontade de adotá-lo e aplicá-lo como regra de governo: se, ao adotar o espírito da Lei de Reforma, isso significa que devemos viver em um vórtice perpétuo de agitação; que os homens públicos só podem se sustentar na estima pública adotando todas as impressões populares da época – prometendo a reparação imediata de qualquer coisa que qualquer um possa chamar de abuso, abandonando completamente essa grande ajuda do governo, mais poderosa que a lei ou a razão, o respeito pelos direitos antigos e a deferência à autoridade prescritiva; se este for o espírito do Projeto de Lei de Reforma, não me comprometerei a adotá-lo. Porém, se o espírito do Projeto de Reforma implica apenas uma cuidadosa revisão das instituições, civis e eclesiásticas, empreendida em clima amistoso, combinando, com a firme manutenção dos direitos estabelecidos, a correção de abusos comprovados e a reparação de agravos reais, nesse caso, posso, por mim e pelos colegas, comprometer-me a agir com tal espírito e com tais intenções"[143].

Boa parte dos integrantes de sua base, porém, apoiava as leis protecionistas na agricultura, que o próprio Peel ajudou a derrubar em seu governo. Com isso, Peel e seus aliados mais próximos, inclusive Gladstone, se afastaram do Partido Conservador, até que Gladstone pessoalmente se vinculou ao Partido Liberal e se tornou seu líder.

[143] PEEL, Robert. The Tamworth Manifesto (1834). Wikisource. Disponível em: https://en.wikisource.org/wiki/The_Tamworth_Manifesto. Acesso em 19.01.2022.

O nome "liberal" já tinha sido adotado por John Russell (1792-1878) em 1839, mas foi através da fusão desses dissidentes do Partido Conservador com os herdeiros do *whiggismo*, os manchesterianos e a ascensão dos estratos sociais urbanos que configuraram efetivamente o partido, com o governo do Visconde de Palmerston (1784-1865) em 1859 e, principalmente, do próprio Gladstone, a partir de 1868.

Na esteira de uma série de reformas que extinguiram dispositivos protecionistas na lei britânica, Gladstone liderou o país por boa parte do período de reinado da Rainha Vitória (1819-1901), a chamada Era Vitoriana, um período de prosperidade, desenvolvimento, urbanização e poderio britânico no mundo. Ele esteve na posição de primeiro-ministro nada menos que quatro vezes, função em que se tornou uma notória inspiração para liberais de diversos países, inclusive no Brasil, onde, por exemplo, foi elogiosamente citado pelo liberal Joaquim Nabuco (1849-1910). Por cerca de trinta anos, liberalismo e Gladstone se tornaram sinônimos para muitos; no entanto, o Partido Liberal de Gladstone também teve outros ilustres integrantes, como seu notável admirador, o historiador Lord Acton (1834-1902), conhecido por sua famosa citação de que "o poder corrompe, o poder absoluto corrompe absolutamente"[144], e mesmo o filósofo John Stuart Mill (1806-1873), que atuou como parlamentar imediatamente antes da chegada de Gladstone ao poder, entre 1865 e 1868. Mill é um exemplo do fato de que o partido congregava, além de antigos *whigs* e de ex-*tories* como o próprio Gladstone, seguidores e simpatizantes da filosofia utilitarista de Jeremy Bentham (1748-1832), estes últimos vistos como reformistas sociais radicais que advogavam como meta a busca deliberada da felicidade do maior número.

Nesse contexto, é importante destacar que, desde 1838, atuava na Inglaterra o movimento cartista, estruturado em torno de um documento chamado *People's Charter (Carta do Povo)*, uma mobilização

[144] Letter to Bishop Mandell Creighton, April 5, 1887 Transcript of, published in Historical Essays and Studies, edited by J. N. Figgis and R. V. Laurence (London: Macmillan, 1907).

operária, impulsionada por ativistas como William Lovett (1800-1877, oriundo do socialismo utópico de vertente owenista), o alfaiate utilitarista Francis Place (1771-1854) e, principalmente, o propagandista Feargus O'Connor (1796-1855), reivindicando o sufrágio universal e secreto, eleições anuais e remuneração de deputados. Os cartistas não conseguiram atingir seus intentos, mas criticaram a reforma de 1832, que julgavam um avanço insuficiente. Suas pregações feneceram a partir de 1848, mas Gladstone, como líder do Partido Liberal, continuou a conduzir o processo de democratização.

Sob sua liderança, o Partido Liberal começou a romper com um entendimento prevalecente no liberalismo desde Locke: a ideia de que apenas a efetiva posse de meios de produção tornaria um indivíduo consciente o bastante de seus interesses para atuar politicamente. A diversificação de profissões sinalizava para o esgotamento dessa tese, bem como o acesso de mais pessoas à escolarização. Finalmente, as associações de trabalhadores chamadas *trade-unions* evoluíram para "se transformar numa forma de obtenção, junto aos próprios trabalhadores, dos recursos requeridos pela defesa dos seus interesses"[145]. A era do sindicalismo estava começando e transformando essas organizações em forças políticas relevantes.

O Partido Liberal de Gladstone não conseguiu ficar indiferente a isso e trabalhou para aprofundar a reforma eleitoral. Em 1866, o líder britânico apresentou um novo projeto de reforma no setor, derrotado pelos conservadores, mas apoiado pela opinião pública. Já em 1867, conscientes disso, os próprios conservadores, liderados por Benjamin Disraeli, patrocinaram uma reforma que ampliava a representação urbana. É oportuno abrir parênteses para enfatizar que Disraeli foi um dos principais definidores dos rumos do Partido Conservador em sua época e foi primeiro-ministro por duas vezes. Uma característica marcante de sua atuação política era precisamente o pragmatismo. Ele costumava misturar a aceitação de um aprofundamento na

---

[145] PAIM, Antonio. Evolução Histórica do Liberalismo. LVM Editora, 2019, p. 141.

representação eleitoral – não sem a oposição de alguns políticos conservadores habituados a antigas prevenções aristocráticas dos *tories* – com a defesa da manutenção de políticas econômicas protecionistas. Disraeli foi o inspirador da expressão "*one-nation conservatism*" (conservadorismo de uma-só-nação), designação tradicionalmente empregada para a tendência mais paternalista do Partido Conservador, também conhecida como *democracia tory*. De acordo com essa concepção, a sociedade é orgânica e regida por obrigações naturais, estando entre essas obrigações a concessão de uma série de benefícios para os menos afortunados. Apesar de admirar Edmund Burke, Disraeli não chancelava plenamente sua defesa do livre comércio. Com isso, o conservadorismo de uma-só-nação favoreceu a adoção de uma série de reformas em direção a um Estado de bem-estar social. Depois de um recuo no final do século XIX (período em que houve uma aproximação dos conservadores a um grupo específico de liberais, os Unionistas, pela oposição comum à concessão de maior autonomia aos irlandeses), já na primeira metade do século XX, em especial sob os efeitos da crise econômica de 1929, essa tendência paternalista e mais estatizante do Partido Conservador se intensificou com a crença de que seria o único anteparo funcional perante as tentações do socialismo. Passou-se a admitir uma postura intervencionista mais radical que a idealizada por Disraeli, até que, em 1979, Margaret Thatcher (1925-2013), uma admiradora do economista austríaco Friedrich Hayek, assumiu o poder e reverteu drasticamente essa hegemonia.

Em 1872, Gladstone obteve do Parlamento a introdução do voto secreto e, em 1884, alterando a importância dos distritos, ampliou o corpo eleitoral para nada menos que 4 milhões de pessoas. Os ingleses maiores de 21 anos e as mulheres com mais de 30 anos ganhariam o direito ao voto apenas em 1918 e a igualdade entre homens e mulheres seria aprovada em 1928, mas esse passo gladstoniano foi absolutamente fundamental para o processo de democratização.

Do ponto de vista social, a era vitoriana, tanto sob Gladstone quanto sob Disraeli, foi marcada pela aprovação de leis de impacto no Parlamento. Conforme o professor Paim, "o Parlamento aprova disposições protegendo o trabalho das mulheres e dos menores. Criam-se as primeiras caixas de assistência, embriões da moderna previdência social, e o Poder Público encoraja a construção de habitações mais cômodas, dotadas dos novos recursos sanitários. Moderniza-se a legislação penal. Dá-se grande impulso à educação, acessível às diversas camadas da sociedade"[146].

Gladstone conferiu ao liberalismo britânico um tom mais popular, dirigindo-se aos operários e à crescente classe média urbana, inclusive com certo tom de ênfase moral e religiosa, o que Merquior chamaria de "evangelismo leigo, cheio de campanhas reformistas"[147], em seus discursos, mas sempre defendendo responsabilidade fiscal, baixos impostos e liberdade de comércio. Essas características comportamentais e principiológicas, de certo modo, estabeleceram um modelo para diversos partidos e políticos liberais mundo afora que apelariam às classes médias. Como se pode ver com clareza, ele abriu brecha para um papel importante do Estado no combate a carências sociais, e assim foi feito durante seus governos.

Na visão de Merquior, a influência da filosofia de Bentham foi decisiva para que o Partido Liberal admitisse progressivamente uma presença maior do Estado, porém sem passar de certos limites – afinal, os benthamitas queriam um governo mais eficiente, "porém criticavam a ampliação do governo"[148]. O fato é que o próprio Gladstone combinava os dogmas de seu liberalismo com o propósito de expandir socialmente os valores da liberdade, o que, no seu entendimento, dependeria de algumas ações governamentais. Na verdade, como esperamos que já tenha restado claro até aqui, isso não era de forma alguma uma ruptura radical com as ideias dos liberais clássicos que o antecederam.

---

146 Idem, p. 139.

147 MERQUIOR, José Guilherme. O Liberalismo Antigo e Moderno (e-book). É Realizações, 2016.

148 Idem.

Em 1833, Gladstone havia votado, como parlamentar, contra uma legislação laboral que regularia o horário de trabalho e o bem-estar dos menores de idade empregados em moinhos de algodão. Na época, ele defendia inclusive uma abolição gradual da escravatura em vez de uma abolição sumária, acreditando que os escravos precisavam ser prudentemente educados para a liberdade, mas endureceu seu discurso a esse respeito posteriormente, saudando o fim desse regime laboral. Ele foi ainda radicalmente contrário ao comércio do ópio, o que não deixava de ser uma restrição no mercado. Foi responsável pela Lei das Ferrovias de 1844, autorizando, por exemplo, o governo a tomar o controle de ferrovias em tempos de guerra.

O *Educational Act* de 1870 fortaleceu o ensino universal (mas operado pelas autoridades locais, de forma descentralizada), a saúde pública aumentou suas atribuições para lidar com as demandas dos novos cenários urbanos e foram feitas reformas na administração pública para que o acesso a postos do funcionalismo fosse alcançado de forma mais meritocrática, através de exames, afastando os favorecimentos perpetrados pela aristocracia a certos postulantes. Já o *Trade Union Act* de 1871 deu o passo significativo de legalizar as atividades dos *trade unions*, proibindo apenas o piquete, e suas reformas tributárias envolveram a remoção de impostos sobre itens como açúcar e chá, visando a facilitar o acesso a esses produtos pelos mais pobres. Todas essas medidas foram capitaneadas pelo governo gladstoniano.

Após William Gladstone, o Partido Liberal britânico aprofundou uma guinada rumo ao que ficaria conhecido como liberalismo social. Depois de 1906, o partido estabeleceu crescentes medidas de bem-estar social, com direito a seguro-desemprego, seguro estatal de saúde e pensões para idosos. O último primeiro-ministro integrante do partido, David Lloyd George (1863-1945), influenciado desde jovem, ao mesmo tempo, pelos liberais sociais e pelos socialistas Fabianos, fascinado por reformas sociais que aprofundassem o papel do Estado, "exagerou" na dose ao propor aumentos de impostos que protagonizaram o colapso da histórica legenda. O cenário levou à ascensão do Partido Trabalhista como principal opositor do Partido

Conservador e ao enfraquecimento categórico do Partido Liberal, que nunca mais voltou a ser como era antes – ainda que a conservadora Thatcher, por exemplo, tenha evocado Gladstone como uma influência marcante sobre sua visão política. A natureza do liberalismo social e o alcance do papel do Estado de acordo com essa corrente, por oposição ao socialismo Fabiano e à social-democracia, serão apreciados com detalhes mais adiante. Antes de voltar à Inglaterra, precisamos nos ocupar agora do liberalismo ibérico.

5.

O LIBERALISMO IBÉRICO E A CONSTITUIÇÃO DE CÁDIZ

5.1. Visão geral

Os principais centros de estruturação teórica da tradição liberal provavelmente foram mesmo a Inglaterra, a França e a Alemanha – ainda que a primeira tenha sido a que mais assimilou as próprias contribuições em sua organização social e de forma mais perene. Os desdobramentos do liberalismo no restante do mundo essencialmente corresponderam a recepções diversas dos conceitos elaborados nesses três países, adaptados às questões específicas de cada nacionalidade e comunidade política. Há algumas razões, porém, para que lancemos um olhar especial para a presença do liberalismo na Península Ibérica.

Antes do liberalismo e da Revolução Industrial, na era das Grandes Navegações, Portugal e Espanha eram as potências pioneiras a descortinar os mares e conquistar novas terras. Portugal é apontado por muitos historiadores como o primeiro Estado-nação com fronteiras mais solidamente determinadas, um rei associado à burguesia mercantil, um exército permanente, uma cobrança de impostos nacional e a criação de uma burocracia associada a um sistema administrativo centralizado. No século VIII, o território português estava ocupado pelos mouros, até que os cristãos o retomaram e estabeleceram, no século IX, o Condado Portucalense. Em 1139, foi fundado o Reino de

Portugal, que teve sua independência reconhecida em 1143. Em 1297, suas fronteiras foram definidas no tratado de Alcanizes. Portugal se tornaria o centro de um vasto império global, o mais duradouro dos impérios coloniais europeus. Forjado no conflito e no anseio por se desenvolver e conquistar novos horizontes, Portugal se tornou uma das nações mais importantes do mundo.

O desenvolvimento português, contudo, não foi marcado pelo liberalismo. Sebastião José de Carvalho e Melo (1699-1782), o Marquês de Pombal, um líder reformista que atuou durante o reinado de D. João V (1689-1750), deixou-se inspirar pelo sucesso britânico quanto à valorização da ciência para o progresso, investindo no fortalecimento da universidade de Coimbra, mas não recepcionou na mesma intensidade os ideais do sistema liberal-representativo desenvolvido pelos ingleses. Isso resultou em uma ênfase no modelo mercantilista e, posteriormente, tanto em Portugal quanto em sua maior colônia, o Brasil, o estabelecimento de alicerces para um capitalismo politicamente orientado e a prevalência do patrimonialismo, ainda que com um viés modernizante e cientificista. A adesão pombalina ao mercantilismo prejudicou o desenvolvimento de uma tradição que valorizasse o lucro e a geração de riquezas, permanecendo notória hostilidade ao empresariado privado. Entretanto, liberais luso-brasileiros como Hipólito José da Costa (1774-1834) tentaram encontrar raízes na história portuguesa para acomodar a tradição liberal. Para Hipólito, de certo modo, a monarquia original portuguesa tinha mais legitimidade até que a britânica, remontando a um fundador, Afonso Henriques (1106, 1109 ou 1111-1185), por este ter sido escolhido pelas Cortes de Lamego. Entretanto, a trajetória das duas monarquias fez com que a britânica superasse a portuguesa por sua admissão das instituições liberais.

A história da Espanha também envolveu o conflito com os mouros e a Reconquista cristã. Com a unificação entre as coroas dos reinos de Aragão e Castela, formaram-se as bases para o Estado moderno espanhol e a construção de seu também gigantesco império ultramarino. Já fizemos menção a um relacionamento precoce dos espanhóis com a história do liberalismo; referimo-nos, naturalmente, à Escola de

Salamanca. Ainda no século XVI, como vimos, muitas das ideias que seriam elaboradas pelos economistas clássicos e mesmo depois deles, como veremos ao abordar a Escola Austríaca, foram antecipadas pelos teólogos espanhóis.

A história do liberalismo, tanto em Portugal quanto na Espanha, porém, seria definida pela relação dos dois países com a potência bélica francesa, sob o jugo de Napoleão, entre os séculos XVIII e XIX. Em 1793, a Espanha entrou em conflito com a República Francesa dos jacobinos, firmando um acordo de paz em 1795. Por sua vez, Portugal era um aliado dos britânicos, vindo a recusar-se a aderir ao Bloqueio Continental, uma exigência napoleônica de que os países da Europa não comercializassem com a Inglaterra. Com isso, Napoleão declarou guerra a Portugal e enviou tropas para invadir o país. A Corte de D. João VI (1767-1826) se refugiou no Brasil, a gigantesca colônia portuguesa na América. Para invadir Portugal em 1807, a França teve que passar pela Espanha, ocupando as principais fortalezas deste reino. O monarca espanhol Carlos IV (1748-1819) e seu herdeiro Fernando VII (1784-1833) foram forçados a abdicar, deixando no trono José Bonaparte (1768-1844), irmão de Napoleão. A França provocou grande descontentamento simultaneamente tanto entre os portugueses quanto entre os espanhóis.

O liberalismo tomou parte significativa nos esforços espanhóis para expulsar a ocupação francesa. Em 1810, durante o conflito, revolucionários espanhóis se reuniram para, entre outras tarefas, preparar uma Constituição liberal para o país, a ser adotada com o expurgo napoleônico pelos próprios espanhóis. Foram as chamadas Cortes de Cádiz, que, em 1812, apresentaram seu texto fundamental, que formalizaria uma monarquia constitucional de inspiração britânica. Alguns entre os feitores da Constituição de Cádiz de 1812 se auto identificavam como "*liberales*" – e aí temos mais um pioneirismo muito importante da Espanha na história do liberalismo: pela primeira vez, antes do Partido Liberal britânico ou de qualquer outro que veio a surgir ao longo do século XIX, o liberalismo era empregado como um rótulo político que definia a identidade da agenda defendida por um movimento organizado. Foi na Espanha que pela primeira vez alguém "bradou": sou liberal, defendo o liberalismo. Isso torna muito importante conhecer o papel do Estado na visão da Constituição de Cádiz, o produto dos esforços que esses atores sociais empreenderam.

Antes, porém, impõe-se que concluamos nossa visão geral. O fato é que Cádiz não logrou grande êxito imediato; os franceses foram derrotados em 1814 e Fernando VII assumiu o trono, mas não aceitou a Constituição liberal e dissolveu as Cortes de Cádiz. Em 1820, ele seria forçado militarmente a retomar um figurino constitucional durante o Triênio Liberal (1820-1823), aplicando em seguida, na última década de seu reinado, uma forma de "despotismo esclarecido"[149], porque os liberais simplesmente não constituíam uma maioria suficiente para enraizar suas ideias. Tradicionalistas e liberais protagonizaram conflitos sangrentos ao longo do século XIX espanhol, conhecidos como Guerras Carlistas, em referência aos partidários, na primeira das três conflagrações – realizada entre 1833 e 1840 –, do absolutismo de Carlos V (1788-1855), que lutavam contra os liberais, que preferiam a coroa de Isabel II (1830-1904). Os liberais espanhóis também se dividiam, por sua vez, tal como em outras regiões do mundo, entre moderados e exaltados. A história espanhola continuaria a ser marcada pelo sangue no século XX, quando envolveria a ditadura militar de Miguel Primo de Rivera (1870-1930), seguida da proclamação de uma nova República Espanhola em 1931, a seu turno soçobrada com a Guerra Civil Espanhola, que culminou na ditadura de Francisco Franco (1892-1975). Após a morte de Franco, com a ascensão do rei Juan Carlos (n. 1938), a Espanha restaurou a monarquia constitucional e se democratizou.

Ainda no século XIX, enquanto lidava com as convulsões e contrastes políticos em seu próprio território, a Espanha igualmente tinha que lidar com a grande turbulência em suas colônias no continente

---

[149] THE FRENCH invasion and the War of Independence, 1808–14. Britannica. Disponível em: (retirar hiperlink). https://www.britannica.com/place/Spain/The-French-invasion-and-the-War-of-Independence-1808-14. Acesso em 23.01.2022.

americano. Depois da Revolução Americana de 1776 e da Revolução Francesa de 1789, líderes latino-americanos influenciados pelos diversos autores iluministas começaram a provocar revoltas demandando autogoverno e a libertação do exclusivismo comercial com a metrópole espanhola. Despontava a ideia revolucionária de que as colônias não precisavam apenas responder servilmente. Os Estados Unidos haviam mostrado que o corte dos laços políticos era possível.

As guerras de independência na região duraram de 1808 até 1829, resultando, como sabemos, na formação de diversos países independentes no território anteriormente governado pelos espanhóis, desde o México até a Argentina e o Chile. Algumas lideranças se destacaram por capitanear esses movimentos, podendo-se enfatizar o venezuelano Simón Bolívar (1783-1830) e o argentino José de San Martín (1778-1850). Um aspecto que precisa ser evidenciado para compreender a natureza dessas guerras de independência e dos regimes políticos que as sucederam é a influência marcante da filosofia de Rousseau nesses movimentos, trazendo seu tempero mais radical aos elementos colhidos da filosofia liberal inglesa.

Simón Bolívar, conforme o professor Ricardo Vélez Rodríguez[150], tinha como faceta predominante de sua personalidade a formação militar. Aquele que é até hoje homenageado por boa parte dos países da América Hispânica como o "Libertador" era, do ponto de vista filosófico, muito influenciado pelo pensamento republicano e rousseauniano e, do ponto de vista militar, pelo próprio Napoleão Bonaparte. Bolívar, entretanto, considerava que Napoleão, ao proclamar-se rei, havia traído os ideais republicanos que deveria defender. O líder latino-americano baseava-se no clássico *Do Contrato Social* para sustentar que, em situações de calamidade, em que a salvação da pátria seria reclamada, um chefe supremo pode ser nomeado para "silenciar as leis" e suspender a "vontade geral" para que o Estado não pereça; por isso, ele aceitou ser ditador em 1814 na Venezuela e

[150] Marx, Bolívar e Rousseau. Disponível em: https://www.ricardovelez.com.br/blog/marx-bolivar-e-rousseau. Acesso em 23.01.2022.

em 1824, no Peru. Mais do que isso, Bolívar desejava ser o Legislador de que falava Rousseau, preparando para os povos latino-americanos os sistemas legais e institucionais pelos quais se deveriam reger. Nessa função, Bolívar não seria completamente rousseauniano, englobando fundamentos do liberalismo de Locke e dos pais fundadores americanos: "O projeto de constituição apresentado por Bolívar no Congresso de Angostura (1819) deixava ver essas influências nas oito grandes propostas ali contidas: 1) forma republicana de Estado; 2) a soberania nacional materializada nos representantes da nação eleitos por sufrágio censitário; 3) adoção da divisão dos poderes públicos, que seriam quatro: Executivo, Legislativo, Judiciário e Moral; 4) adoção dos direitos individuais e das liberdades públicas, à semelhança das experiências norte-americana e francesa; 5) abolição da escravidão e dos títulos nobiliárquicos; 6) organização política e administrativa com base no princípio centralista; 7) adoção do modelo presidencialista norte-americano, com um Executivo monocrático controlado por um Legislativo bicameral; 8) criação de um poder Moral com funções para garantir uma fundamental educação cívica aos cidadãos"[151].

Já San Martín, também renomado por seus sucessos militares, tinha um projeto diferente do de Simón Bolívar. Ele acreditava que o ideal para os países emancipados seria se submeterem a regimes monárquicos, convidando príncipes europeus para governá-los, o que facilitaria a pacificação e o reconhecimento internacional de suas legitimidades. O sonho de Bolívar era de um panamericanismo republicano, com a constituição de um grande Estado federado. Nenhum dos dois teve poderes para estabelecer seus projetos e a América Hispânica viveu a emergência de diversas pequenas Repúblicas, geralmente com caudilhos e militares se sucedendo no poder de forma bastante tumultuada. A exceção foi o efêmero Império Mexicano, fundado em 1821, mas que sucumbiu em 1823. Em 1863, o México ainda teria um Segundo Império, governado pelo arquiduque austríaco Maximiliano I (1832-1867), em uma tentativa de Napoleão III de estabelecer um aliado

[151] Idem.

monárquico no continente americano, mas a execução do imperador em 1867 encerrou a monarquia.

De volta aos portugueses, em 1820, ao mesmo tempo que o rei espanhol Fernando VII era forçado a readmitir instituições liberais, uma revolução liberal acontecia em Lisboa. Os franceses já haviam sido expulsos e D. João VI vivia no Brasil, tendo elevado a colônia ao patamar de Reino Unido a Portugal. A Revolução Liberal do Porto reivindicava a regeneração do país por meio de uma monarquia constitucional e o retorno do rei D. João à capital portuguesa. As Cortes de Lisboa se reuniriam para elaborar uma nova Constituição, mas, interinamente, adotariam a Constituição Espanhola de Cádiz de 1812.

D. João retornou a Portugal, mas os portugueses não se satisfizeram com isso e reivindicaram também o retorno do príncipe D. Pedro, futuro D. Pedro I (1798-1834), com a consequente redução da autonomia econômico-administrativa do Reino do Brasil e a desintegração de seu senso de unidade política. Esses movimentos precipitaram o processo de independência do Brasil, que se tornou um império autônomo em 1822, consumando essa separação com conflitos travados até 1823, especialmente em suas regiões Norte e Nordeste. Ao contrário da forte presença filosófica rousseauniana na independência da América Espanhola, os líderes brasileiros do século XIX estavam mais influenciados, por exemplo, por Benjamin Constant e pelos liberais doutrinários franceses. Conseguiram garantir a unidade do território, com algumas perdas, tais como a Província Cisplatina, atual Uruguai.

Portugal viveu também uma trajetória subsequente de profunda turbulência. O absolutismo retomou o poder com D. Miguel I (1801-1866), contra quem D. Pedro I lutou, após abdicar do trono brasileiro, entre 1832 e sua morte, em 1834 – após conquistar a vitória e o trono para sua filha Maria II (1819-1853). Depois disso, ainda viriam a Revolução de Setembro de 1838, que reivindicou a feitura de uma nova Constituição elaborada pelos representantes portugueses, entre outros conflitos sucessivos. O Ato Adicional de 1852, permitindo a eleição parlamentar por sufrágio direto com extensão dos segmentos sociais aptos a votar, entre outras reformas, garantiu um período de maior calmaria, até que a monarquia caiu em descrédito e o rei D. Carlos I (1863-1908) e seu filho Luís Filipe (1887-1908) foram assassinados. D. Manuel II (1889-1932) reinou por dois anos, até que, em 1910, foi proclamada a República Portuguesa. O regime republicano foi marcado pelo caos e culminou em uma tomada do poder pelo Exército em 1926, entregando-o a António de Oliveira Salazar (1889-1970), professor da Universidade de Coimbra, que estabeleceu a ditadura do Estado Novo. O regime sobreviveu ao seu afastamento por doença em 1968, quando assumiu o também professor Marcello Caetano (1906-1980), até o despontar da Revolução dos Cravos de 1974, depois da qual estabeleceu-se o atual regime republicano português.

Portugal teve grandes liberais em sua História. Silvestre Pinheiro Ferreira (1769-1846), por exemplo, foi um importante teórico do sistema representativo, tendo servido na Corte de D. João VI e sido uma influência teórica muito relevante para os estadistas do Segundo Reinado brasileiro. Escreveu o *Manual do cidadão em um governo representativo*, publicado em 1834, bastante influenciado pelo pensamento de Benjamin Constant, sustentando a representação dos diversos interesses da sociedade dentro do Parlamento, abrangendo todos os cantões do território, como elemento indispensável que deveria conviver com a presença da Coroa como representação imperecível do Estado. Outro nome que merece menção particular é o de Alexandre Herculano (1810-1877), que lutou em Portugal ao lado de D. Pedro I e foi um historiador moldado no pensamento dos doutrinários franceses e de Tocqueville.

O liberalismo espanhol também continuou a produzir grandes nomes. Um dos maiores, senão o maior, foi José Ortega y Gasset, um dos mais expressivos pensadores de seu tempo. Suas reflexões nunca se limitaram à política, mas abrangiam os diversos aspectos da cultura – o que torna complexa a tarefa de discriminar, de forma sistemática, as exatas atribuições que reconheceria ao aparelho estatal. Essencialmente, em seu clássico *A Rebelião das Massas*, de 1926, ele sustentou que o século XX foi marcado pela "ascensão da massa", que antigamente não dispunha de papel essencial nos processos sociais, fenômeno que estava impondo uma série de grandes desafios às diversas civilizações. O conceito de "massa", para Ortega, envolvia o conjunto das pessoas não especialmente qualificadas, o coletivo do "homem médio", por oposição às "minorias", funcionando na obra orteguiana como uma determinação qualitativa e não apenas um sinônimo de "multidão". O robusto crescimento populacional teria sido um dos fatores para essa ascensão das massas, muitas vezes gerando o risco do que o autor chamava de "hiper democracia", com a massa impondo suas aspirações e gostos sobre a disciplina e a lei. Ortega elogiou o liberalismo como uma das mais belas criações da humanidade, mediante a qual a maioria concede à minoria o direito de existir e divergir, ressaltando que, em função disso, o governo deve aceitar a convivência com a oposição. Justamente por essa excepcionalidade, que não se faz presente em outros sistemas políticos, o liberalismo, mesmo após criado e estabelecido, enfrenta contestações e conturbações no período de emergência da rebelião das massas. Ortega foi um crítico do fascismo e do comunismo e estabeleceu uma relação entre a rebelião das massas e o fortalecimento do poder da máquina do Estado, enxergado por essas massas como uma força que facilmente poderia satisfazer às suas necessidades, fato que, por sua vez, coloca o ser humano em sujeição ao próprio Estado. Ele alimentava a crença aristocrática em que a "minoria" educada nos princípios mais elevados, hauridos da cultura e da virtude, deveria assumir a responsabilidade de orientar os rumos sociais para que a "rebelião das massas" não submergisse a Espanha no caos e no autoritarismo.

De todo modo, optamos por nos aprofundar no conteúdo da Constituição de Cádiz, absolutamente não sem razão. Já a apontamos como resultante do momento histórico em que, pela primeira vez, os liberais se apresentaram como tais; pela primeira vez, em alto e bom som, disseram-se liberais, promotores do liberalismo, como uma força política real e encarnada deliberadamente em suas iniciativas. Ao mesmo tempo, apontamos que os revolucionários portugueses adotaram interinamente aquela Constituição espanhola antes de formarem a sua própria. Cabe acrescentar que também no Brasil

D. João VI chegou a outorgar a vigência dessa Constituição por apenas 24 horas e foram convocadas eleições para enviar representantes às Cortes de Lisboa em 1821 de acordo com as normas da Constituição espanhola. Diante de seu significado para o liberalismo ibérico e latino-americano, bem como para a história geral do liberalismo, concentrar-nos-emos agora na concepção de Estado que emerge da Constituição de Cádiz.

5.2. O Estado de acordo com a Constituição de Cádiz

Sobre a elaboração da Constituição, Wagner Silveira Feloniuk, doutor em Direito pela UFRGS, ressalta[152] que havia três correntes integrando as Cortes de Cádiz: a dos "conservadores" ou "realistas", que defendiam a divisão da soberania entre o rei e as Cortes, mas admitiam uma inspiração liberal na monarquia britânica; os "liberais" propriamente ditos, que mesclavam ideais franceses com britânicos, de maneira similar aos girondinos da Revolução Francesa; e os "americanos", que defendiam maior autonomia às colônias da América Espanhola. A corrente dos "liberais" conseguiu, não obstante não fosse majoritária, mais êxito em influenciar o texto constitucional, devido, de acordo com Feloniuk, à sua capacidade de coesão.

A Constituição de Cádiz tornava a Espanha um dos primeiros países a apresentar constituições escritas, após os EUA, a França, a Polônia – que adotou um texto fundamental em 1791, mas que não se pautava pelo liberalismo e reafirmava uma orientação medieval – e a Venezuela – que, em 1811, sob os auspícios de Bolívar, havia adotado uma Constituição republicana, que foi rapidamente revogada no ano seguinte. Os desdobramentos do processo histórico, com a queda de Napoleão, tornaram a Constituição espanhola o emblema dos movimentos liberais subsequentes mundo afora.

---

152 FELONIUK, Wagner Silveira. A Constituição de Cádiz: Análise da Constituição Política da Monarquia Espanhola de 1812. DM Editora, 2014, p. 35.

Apesar das influências francesas, havia um espírito conservador mesmo entre os *liberales* espanhóis, que procuravam assentar as reformas em uma tradição identificável na história de sua própria nação. Conforme ainda Feloniuk:

> "Mesmo o movimento da corrente liberal dos deputados – que buscavam as mudanças mais profundas – pretendia extrair as normas da nova Constituição do conjunto de códigos medievais já existentes. As práticas consagradas ao longo dos séculos e respeitadas pela sociedade seriam mantidas, conquanto mudanças fundamentais fossem impostas sempre que necessário. A ideia central era de que a nação espanhola não estava realmente sendo constituída, não era essa a missão das Cortes. As leis fundamentais existiam, estavam em vigor, e a necessidade era de melhorá-las, evitando a possibilidade de excessos e abusos da monarquia. Ainda que não representassem um limite jurídico às Cortes, a existência dessas leis medievais era uma limitação moral. As Cortes se proclamaram as detentoras da representação da soberania nacional, mas essa posição não representaria uma ruptura com a tradição"[153].

A Constituição de Cádiz se constituiu de 384 artigos, a mais longa da história da Espanha. Se o liberalismo costuma ser associado a Constituições pequenas, como a norte-americana, Feloniuk explica que possivelmente isso se deu "em uma tentativa de não deixar ao legislador ordinário e ao monarca nenhuma possibilidade de arbítrio através da interpretação"[154]. O texto determinava, obviamente, que todos os atos e autoridades do Estado passariam a estar submetidos às suas normas fundamentais. A soberania na Constituição espanhola de 1812 "reside essencialmente na nação", cabendo "exclusivamente a ela estabelecer as suas leis fundamentais"[155].

A carta magna espanhola enunciava como direitos civis a proteção às "leis sábias e justas da liberdade civil, a propriedade e os

[153] Idem, p. 54.
[154] Idem, p. 55.
[155] Idem, p. 83.

demais direitos legítimos de todos os indivíduos". Enunciava ainda que "o objetivo do governo é a garantia dos direitos aos cidadãos"[156]. Quanto ao direito de propriedade, esclarecia que o rei não poderia desrespeitá-lo. A desapropriação era permitida apenas "em caso de utilidade pública, contanto que haja imediata indenização"[157]. Cádiz determinava também a igualdade no tratamento de todos os cidadãos perante o rei e toda a administração estatal, recusando à nobreza, ao clero e quaisquer agremiações comerciais ou corporações de ofício qualquer benefício que não fosse outorgado pelas Cortes. Estatuía "a continuidade da crítica política livre" e "a liberdade de escrever, imprimir e publicar todas as ideias políticas sem licença prévia"[158].

Em matéria de Direito Penal, recusava ao rei o direito de prender qualquer cidadão ou impor qualquer punição sem o devido processo legal. Proibia a tortura ou tormento de presos, exigindo celas seguras e a separação dos encarcerados conforme ordem judicial. Preservava-lhes o direito de visitas, os bens e o direito à fiança quando permitida pela lei.

A Constituição de Cádiz de 1812 não se limitava a essas determinações liberais típicas para proteger o indivíduo contra o arbítrio. Ela incluía, por exemplo, a determinação de um direito à educação. Segundo o texto, "todos os povos da monarquia deveriam ter escolas primárias, que devem ensinar a ler, escrever, contar, catequizar e expor leis civis". Igualmente, dispunha que deveriam ser criados "universidades e outros estabelecimentos de instrução convenientes"[159], pretendendo-se delinear um plano de ensino unificado. As administrações descentralizadas, chamadas "ajuntamentos", teriam a responsabilidade de cuidar dos estabelecimentos de educação, bem como "dos hospitais, hospícios e outros estabelecimentos beneficentes que eles pudessem construir com seus recursos"[160]. O documento

[156] Idem, p. 59.
[157] Idem, p. 59.
[158] Idem, p. 61.
[159] Idem, p. 73.
[160] Idem, p. 74.

determinava ainda "o dever de fomentar a agricultura, a indústria e o comércio, protegendo novos descobrimentos" e conferia às cortes "o dever de promover e fomentar toda espécie de indústria"[161], o que sugeria a aceitação de certa dose de intervencionismo na economia, para além do liberalismo de Adam Smith.

Ainda que sem os nomes que tradicionalmente lhes seriam atribuídos, a Constituição estabelecia a divisão entre os três poderes. O poder de legislar ficava nas mãos das Cortes e do rei ao mesmo tempo, mas a função do monarca nesse departamento era limitada, essencialmente restrita à iniciativa de leis que dissessem respeito a questões cotidianas do governo e à fiscalização dos atos do Executivo. O rei era o chefe do Poder Executivo, sendo seus subordinados os únicos responsabilizáveis; a irresponsabilidade do monarca era comum nas constituições monárquicas. O rei nomearia os juízes, o que reduzia a independência do Judiciário, mas o Legislativo lhes conferiria as dotações. Tanto reis quanto Cortes não poderiam, uma vez nomeados e dotados os juízes, interferir nas questões judiciárias. "Sem as Cortes", enfatiza Feloniuk, "o rei não poderia se ausentar do reino, delegar suas atribuições, alienar bens do Estado, realizar tratados comerciais e internacionais, conceder privilégios, casar-se ou realizar a sucessão da coroa. E essas são apenas algumas das inúmeras restrições estabelecidas. Concretamente, a leitura do texto constitucional torna clara a prevalência das Cortes sobre os poderes estatais"[162].

Nada disso significava a anulação do monarca, que preservava importantes funções: "as atribuições do rei (...) estabelecem sua chefia perante toda a Administração e o governo do reino, incluindo o poder regulamentar, o regime dos recursos públicos, o preenchimento dos cargos, a feitura da moeda, a proposta para criação de leis e a nomeação de altas autoridades. Também estão contidas as atribuições de um Chefe de Estado, cabendo ao rei comandar o Exército, dirigir relações diplomáticas e comerciais e estabelecer as ligações com a Igreja.

---

[161] Idem, p. 75.

[162] Idem, p. 94.

Por fim, a ele cabe nomear os principais cargos da Administração, os magistrados e os cargos do Exército. Os poderes do rei, consideradas as suas atribuições, demonstram que as Cortes não pretenderam retirar completamente o seu papel político, mas impor-lhe um poder fiscalizatório amplo e uma diminuição geral de suas prerrogativas"[163].

À disposição do rei, instaurar-se-iam os secretários de Estado e de Despacho, com funções executivas, e um Conselho de Estado, de natureza consultiva. Os secretários eram as figuras responsabilizáveis pelas ações executivas e suas funções poderiam ser alteradas pelas Cortes, mas a Constituição definia sete secretarias: a de Estado, de Governo da Península, de Governo do reino Ultramar (da América Hispânica), de Graça e Justiça, da Fazenda, da Guerra e da Marinha. Todos os secretários, apesar de designados a atuar no entorno do rei, estavam significativamente subordinados às Cortes, tendo até seus salários definidos por elas. Com isso, no fim das contas, se as ordens dos reis precisavam ser formalizadas pelos secretários para serem cumpridas, e estes precisavam responder ao Legislativo, o espaço permitido ao arbítrio era bastante reduzido. As Cortes terminavam por ser definidas como o órgão mais poderoso do Estado, eleitas pelos cidadãos espanhóis – que eram considerados cidadãos a partir dos vinte e cinco anos de idade ou estrangeiros que requeressem cidadania. Aqueles que descendessem de africanos só seriam cidadãos se recebessem uma premiação por serviços prestados à pátria. Em comparação com o resto do mundo, em que imperavam ainda as monarquias tradicionais ou absolutas, ou regimes liberais com voto censitário, a Constituição de 1812 era extremamente expansiva nos direitos eleitorais para a sua época. O Estado era unitário, sem divisões federativas, e o Catolicismo permanecia como religião oficial. Os liberais espanhóis não conseguiram consagrar no texto a liberdade religiosa, mas o clero tinha que se submeter às determinações constitucionais tanto quanto os demais cidadãos.

[163] Idem, p. 102.

6.

A ESCOLA DE MANCHESTER E O EVOLUCIONISMO DE SPENCER

6.1. A importância do manchesterianismo

Por muito tempo, o liberalismo econômico foi mais enfaticamente associado a um movimento específico que surgiu no Reino Unido – a maior potência global naquela época – e que se tornou o símbolo da agenda capitalista moderna: a chamada "escola de Manchester". Quando, entre o final do século XIX e o começo do século XX, movimentos como o liberalismo social (propondo a admissão de uma série de papéis ao Estado com finalidades de proteção social) e, mais adiante, o ordoliberalismo (propondo, cntrc outras pautas, a ação cstatal contra oligopólios), como analisaremos adiante, surgiram defendendo a necessidade de revisões no liberalismo para adaptá-lo a supostas exigências dos novos tempos, geralmente procuravam se diferenciar do que chamavam de "liberalismo manchesteriano".

O "liberalismo manchesteriano" seria o emblema da liberdade econômica mais extrema possível, inteiramente desregulada, com a aplicação mais concreta do "*laissez-faire*" de que falavam, no passado, os economistas fisiocratas. Muitos bons nomes do liberalismo do século XX fizeram questão de deixar claro que não o esposavam, posto que ele se havia transformado em sinônimo de insensibilidade social, reacionarismo e atraso.

Talvez em parte por essa razão, o movimento manchesteriano permanece relativamente menosprezado pelos nossos liberais contemporâneos, ainda que tenha sido muito influente, por exemplo, sobre o célebre liberal francês Frédéric Bastiat (1801-1850), autor do clássico *A Lei*. O que Bastiat fez com o brilhantismo de sua propaganda e sua crítica bem-humorada foi conscientemente tentar reproduzir as pregações manchesterianas na França, conjugadas às teorias econômicas de Jean Baptiste Say – todos herdeiros e revisores da economia clássica de Adam Smith.

Ainda que se possam tecer críticas à Escola de Manchester, ela representa um capítulo muito importante do liberalismo e seus líderes merecem ser mais bem conhecidos. Destacam-se os nomes de Richard Cobden (1804-1865) e seu aliado John Bright (1811-1889), ambos membros do antigo Partido Liberal do Reino Unido. Segundo o historiador Alan Taylor (1906-1990)[164], Bright foi um dos maiores oradores do Parlamento britânico e foi um dos líderes do processo de aproximação entre a classe média e os "*trade unions*", os sindicatos da época – o que, por si só, já mostra que há algo de simplista na avaliação que se costuma fazer sobre o "liberalismo manchesteriano".

6.2. Vida e obra de Richard Cobden

Concentrar-nos-emos, entretanto, em Richard Cobden, que se tornou o grande campeão do livre comércio em sua pátria. Filho de um fazendeiro cujo negócio naufragou, Cobden deixou a escola aos 15 anos para trabalhar no armazém do tio em Londres e abriu um negócio próprio junto a alguns sócios. Passou a viver em Manchester em 1832 e fez muito sucesso com a Tecelagem Cobden, conquistando uma considerável fortuna. No entanto, também tinha interesse por

---

[164] TAYLOR, A.J.P. John Bright and the Crimean War", in From Napoleon to the Second International: Essays on Nineteenth-Century Europe. Hamish Hamilton. 1993, p. 228.

questões intelectuais, lia muito e publicou artigos sob o pseudônimo Libra no jornal *Manchester Times*, sempre discutindo temas econômicos.

A biografia de Cobden revela um homem dedicado à defesa de uma causa, de um programa, e que valorizava menos quaisquer ambições de ascensão a cargos no Executivo do que tudo o que a sua atuação no Legislativo lhe permitia fazer da tribuna. Ele se via como um evangelista do combate ao protecionismo – tanto perante os seus compatriotas quanto perante outros povos. Após visitar os EUA em 1835 e deparar com a urbanização pujante e a força do espírito de associação local, ele decidiu se insurgir contra a aristocracia agrária de seu país.

Conforme Edmund Fawcett em seu livro *Liberalism: the life of an idea*[165], Cobden se voltou contra as guerras e a expansão de gastos militares em nome da paz, que facilitaria o intercâmbio entre as nações; a centralização administrativa, defendendo o *self-government*; e o protecionismo, cuja derrubada traria prosperidade ao povo. Esta última trincheira foi realmente o centro da batalha que mais o notabilizou, junto ao aliado Bright: a luta contra as Leis dos Cereais.

As Leis dos Cereais (*Corn Laws*), datadas de 1815, eram uma série de regulamentos impondo taxações aos grãos importados. Os grandes proprietários de terra da aristocracia britânica, com apoio majoritário dentro do Partido Conservador de Benjamin Disraeli e tolerância suficiente no Partido Liberal por muito tempo para evitar reformas liberalizantes, defendiam a manutenção dessas taxas. Vendo-as como o símbolo de um passado que deveria ser desafiado, os liberais manchesterianos se agitaram e, com a liderança popular de Cobden, organizaram a *Anti-Corn Law Association*, um movimento ativista para se opor àquela legislação.

Conforme o historiador Asa Briggs (1921-2016), Cobden prometeu que derrubar as Leis dos Cereais significaria, ao mesmo tempo,

---

165 FAWCETT, Edmund. Liberalism – The life of an idea. Second edition. Princeton University Press, 2018, pp. 74-77.

prosperidade para os homens de indústria, facilitando o escoamento de seus produtos para os mercados da Europa continental; queda do preço dos alimentos, combatendo o desemprego; estímulo ao desenvolvimento da agricultura britânica, ensejando a demanda por seus produtos em áreas urbanas e industrializadas; e a introdução de uma nova era através da abertura ao comércio internacional. O obstáculo para isso residia nos proprietários de terra, que, nas palavras de Cobden, compunham uma "oligarquia que cobra impostos do pão, sem princípios, insensível, voraz e saqueadora"[166].

Cobden também refutava a teoria dos protecionistas britânicos de que o barateamento dos produtos levaria os proprietários de terra a pagar salários mais baixos. Ao contrário, o valor no mercado era determinado por oferta e demanda, dizia Cobden, e seria isso – a oferta e demanda dos trabalhadores – que fixaria os valores dos salários. Sua argumentação era versátil e envolvia, conforme Edmund Fawcett acentua, uma dimensão moral: o bom cristão deveria ser a favor do livre mercado e do fim das tarifas em nome do bem de seus compatriotas e irmãos.

Com a vitória do conservador Robert Peel, indo contra seus próprios correligionários, a derrubada das Leis dos Cereais foi alcançada. O triunfo de Cobden e seus aliados levou ao translado de Peel, William Gladstone e outras lideranças do Partido Conservador para o Partido Liberal, o que iniciou um período de grande importância na política do Reino Unido, inaugurando a famosa rivalidade entre Gladstone e Disraeli. Foi Disraeli, aliás, quem, em 1848, empregou pela primeira vez a expressão "escola de Manchester"[167]. A pregação entusiasmada do "cobdenismo" serviu para contagiar muitos outros líderes políticos e economistas ao redor do planeta, razão por que o "manchesterianismo" – esta última uma expressão que, segundo o

---

[166] COBDEN apud BRIGGS, Asa. The Making of Modern England 1783–1867: The Age of Improvement (1959) p. 314.

[167] GREENLEAF, W. H., The British Political Tradition. Volume Two: The Ideological Heritage (London: Methuen, 1983), p. 41.

historiador Ralph Raico (1936-2016) e o "manchesteriano" alemão Julius Faucher (182-1878)[168], foi usada pela primeira vez pelo socialista Ferdinand Lassalle (1825-1864) – se transformou no emblema que viria a ser.

Essa pregação também fez com que Cobden protagonizasse, em 23 de janeiro de 1860, a assinatura do *Cobden-Chevalier Treaty*, um acordo de livre mercado entre franceses e ingleses, pondo fim a uma série de tarifas que ainda se mantinham nas relações comerciais entre os respectivos países. Pelo lado francês, figurou no tratado, como diz o nome, o economista Michel Chevalier (1806-1879), que havia sido preso durante a Monarquia de Julho por ser um socialista utópico de vertente saint-simonista.

Richard Cobden estava certo de que o livre mercado poderia unir a humanidade. Foi crítico de ações de força dos britânicos contra outros povos, ações que mereceriam, em sua leitura, o castigo por sua injustiça e violência. O idealismo com que enxergava sua causa fica patente nos seguintes trechos de sua lavra, disponibilizados pelo *Liberty Fund*:

> "Fui acusado de cuidar demais dos interesses materiais. Não obstante, (...) acredito que o ganho material será o menor ganho para a humanidade com o sucesso desse princípio. Eu enxergo mais longe; vejo no princípio do livre comércio aquilo que atuará no mundo moral como o princípio da gravitação no Universo – aproximando os homens, colocando de lado o antagonismo de raça, credo e linguagem, e nos unindo pelos laços de paz eterna. Eu olhei ainda mais longe. Especulei, e provavelmente sonhei, a respeito do futuro nebuloso – sim, daqui a mil anos –, especulei sobre qual pode ser o efeito do triunfo desse princípio. Acredito que o efeito será mudar a face do mundo, de modo a introduzir um sistema de governo totalmente distinto daquele que agora prevalece. Eu acredito que o desejo e o motivo para grandes e poderosos impérios,

[168] RAICO, Ralph. Authentic German Liberalism of the 19th Century Ecole Polytechnique, Centre de Recherce en Epistemologie Appliquee, Unité associée au CNRS, 2004.

de gigantescos exércitos e grandes marinhas, de materiais usados para a destruição de vidas e a desolação das recompensas do trabalho, morrerão. Eu acredito que tais coisas deixarão de ser necessárias, ou de ser usadas, quando a humanidade se tornar uma família, e livremente o homem trocar os frutos de seu trabalho com seu irmão."[169]

Havia certo grau de utopismo nas palavras e no temperamento de Cobden, mas a energia quase profética com que se pronunciava era parte intrínseca do significado do movimento que liderava. De todo modo, o pensamento que esposava foi alvo de muitas interpretações imperfeitas e equivocadas. Por exemplo: a ideia, disseminada após o advento do liberalismo social e da social-democracia moderna, de que o "liberalismo manchesteriano", o "liberalismo do século XIX", era praticamente anarquista, ou idêntico às teses que defendem os libertários do século XX, não é verdadeira a respeito de quase nenhum expoente histórico do processo de desenvolvimento do liberalismo; vide Adam Smith e todos os outros exemplos fulcrais que aqui temos utilizado para demonstrar esse ponto. O caso de Cobden não é diferente: o campeão de Manchester era, veja-se, um partidário do envolvimento do Estado na educação popular. "Interferência governamental é tão necessária para a educação quanto a não-interferência é essencial ao comércio"[170], dizia, conforme citado por Fawcett. Cobden também, embora geralmente descentralizador, declarou-se favorável à União de Abraham Lincoln (1809-1865) na Guerra Civil dos EUA, alegando que esta estaria lutando contra o escravismo dos confederados do Sul. Ao mesmo tempo, admitia que houvesse legislações com relação ao trabalho infantil.

---

[169] COBDEN, Richard. Richard Cobden's "I have a dream" speech about a world in which free trade is the governing principle (1846). Online Library of Liberty. Disponível em: https://oll.libertyfund.org/quote/richard-cobden-s-i-have-a-dream-speech-about-a-world-in-which-free-trade-is-the-governing-principle-1846. Acesso em 30.01.2023.

[170] COBDEN apud FAWCETT, Edmund. Liberalism – The life of an idea. Second edition. Princeton University Press, 2018, p. 77.

Acreditamos que houve uma espécie de propaganda revisionista que estabeleceu uma percepção relativamente equivocada a respeito dos liberais clássicos, o que englobou de forma ainda mais significativa a escola de Manchester. Mesmo assim, o liberal social John Hobson (1858-1940), por exemplo, era um admirador de Cobden, tendo publicado em 1919 a obra *Richard Cobden: The International Men*.

Cobden era muito menos dogmático do que se passou a acreditar e, sem sombra de dúvidas, um homem de percepção muito mais vasta e fascinante do que se caricaturou. Eis uma biografia e uma passagem da História que os liberais deveriam conhecer melhor e sobre que deveriam meditar mais detidamente. Afastando-se imagens preconcebidas, o espírito vigoroso com que se dedicava à sua causa e a habilidade com que mobilizava o poder do verbo a seu favor têm o que ensinar aos defensores atuais de suas mais meritórias bandeiras.

6.3. Os casos de John Bright e James Wilson

Embora tenhamos preferido enfatizar Cobden, cumpre trazer algumas palavras adicionais a respeito de John Bright. O protestante *quaker* que se tornou um habilidoso orador em defesa do liberalismo econômico manchesteriano atuou na Câmara dos Comuns entre 1843 e 1889, período em que se opôs ao envolvimento de seu país na Guerra da Crimeia (1853-1856); defendeu a liberdade religiosa, opondo-se ao controle clerical sobre a educação; combateu a pena de morte; posicionou-se a favor do Norte unionista contra o Sul escravista na Guerra Civil dos Estados Unidos (1861-1865), quando, curiosamente, muitos liberais acreditavam que o Sul estava com a razão ao batalhar por autonomia, minimizando o elemento escravocrata da contenda; defendeu uma postura mais branda dos britânicos na colonização da Índia e sustentou a redução dos gastos públicos.

Bright também agiria contrariamente ao que fariam, por exemplo, muitos entre os chamados liberais sociais, ao ser totalmente contrário à limitação de jornadas de trabalho por parte do Estado, sob o argumento tradicional da não-intervenção estatal nos contratos entre as pessoas (nesse caso, patrões e empregados), embora fosse a favor da proteção legal às crianças[171] no contexto do trabalho infantil. Também seria uma das vozes, ao lado de William Gladstone, na defesa da expansão do voto, mesmo que se tenha de certo modo dado por satisfeito com as reformas de 1867, que ainda limitavam a participação no sistema eleitoral de operários e trabalhadores rurais[172].

Opôs-se a Gladstone, por outro lado, especificamente, no tocante à questão irlandesa, manifestando-se contrário à concessão de maior autonomia política à Irlanda por temer que os interesses e a segurança da minoria protestante irlandesa fossem ameaçados ao reduzir-se a autoridade imperial britânica.

Também John Bright, entretanto, admitiu a atuação estatal para remediar situações consideradas extremas. Além de compartilhar as visões de Cobden sobre a educação, isso se comprova por sua postura diante da grande fome na Irlanda entre 1845 e 1852. O manchesteriano defendeu, em 1849, um projeto de lei do governo que, diante do terrível cenário, aumentava os impostos sobre as áreas mais ricas da Irlanda para financiar o auxílio às regiões mais afetadas pelo problema. Não apenas ele sustentou a concessão de 50.000 libras para algumas das regiões mais miseráveis daquele país, como defendeu a realização de uma reforma agrária, reconhecendo a extensão da posse de terras a estratos mais pobres da população irlandesa que, sob esse aspecto, permaneciam negligenciados[173].

---

[171] BRIGHT, John. Selected Speeches of the Rt. Hon. John Bright M.P. On Public Questions, introduction by Joseph Sturge (London: J.M. Dent and Co., 1907). Disponível em: https://oll.libertyfund.org/title/bright-selected-speeches-of-the-rt-hon-john-bright-m-p-on-public-questions. Acesso em 30.01.2023.

[172] READ, Donald. John Bright: british politician. Encyclopedia Britannica. Disponível em: https://www.britannica.com/biography/John-Bright. Acesso em 30.01.2023.

[173] WAS The Great Irish Famine an Act of Nature?, p. 320. Disponível em: http://www.nysed.gov/common/nysed/files/gifcfamnature.pdf. Acesso em 30.01.2023.

É válido também, à guisa de conclusão desta abordagem sobre a escola de Manchester, fazer referência a James Wilson (1805-1860), empresário escocês e fundador do célebre veículo *The Economist*, que exerceu importante missão, enquanto estudioso de Economia, no combate à crise financeira na Índia em 1857, estabelecendo o primeiro orçamento financeiro na então colônia inglesa na Ásia, seguindo o modelo ocidental de sua metrópole. Wilson foi um dos representantes mais célebres do meio empresarial a apoiar as teses manchesterianas ardorosamente. Assim como Bright e Cobden, opôs-se, inclusive, além da defesa tradicional do livre mercado e da diminuição dos impostos, às legislações de limitação de horas de trabalho. Sua adesão a essas teses era considerada até mais intensa que a dos próprios economistas clássicos; no entanto, mesmo ele nunca cortejou abertamente qualquer solução próxima ao anarquismo. É digno de nota, por exemplo, que chegou a apoiar, servindo ao Tesouro britânico à época, a vacinação compulsória de bebês[174], a despeito da vontade dos pais.

6.4. Herbert Spencer e o evolucionismo social

Ainda entre os ingleses, a ideia do liberalismo econômico do século XIX também ficou muito associada, além dos manchesterianos, à filosofia do evolucionismo social de Herbert Spencer (1820-1903). Talvez a projeção de uma espécie de "minarquismo" britânico no século XIX, mais efetivamente restringindo o Estado às únicas atribuições da segurança e da justiça, se encaixe de forma mais justa no pensamento de Spencer do que no pensamento da própria escola de Manchester.

---

174 C. R. Why James Wilson and The Economist supported compulsory vaccination. The Economist. 24 fev. 2015. Disponível em: https://www.economist.com/free-exchange/2015/02/24/why-james-wilson-and-the-economist-supported-compulsory-vaccination. Acesso em 30.01.2023.

José Guilherme Merquior, em seu *O Liberalismo Antigo e Moderno*, considerou haver uma tendência liberal no Reino Unido que, sem beber diretamente de uma fonte burkeana, construiu sua hesitação perante a política igualitária a partir de uma reinterpretação das bases utilitaristas do Partido Liberal inglês. Esse seria o caso de Walter Bagehot (1826-1877), um banqueiro, empresário, economista e jornalista, co-fundador da *National Review*, que acreditava que a ordem social estabelecida pelos primeiros liberais funcionava ao conviver com instituições que se mostraram *úteis* para assentá-la, a despeito de não fazerem muito sentido lógico, como a Coroa e a nobreza. Com base nisso, julgando "maquiavelicamente" que seria o arranjo mais socialmente útil, Bagehot defendeu inclusive a manipulação do sistema político por elites preparadas, afastando a participação popular por temer a ameaça que ela representaria à liberdade.

Entretanto, Merquior reconheceu em Herbert Spencer o maior nome de uma tendência elitista do liberalismo britânico naquele mesmo período um pouco anterior ao alvorecer do século XX. Conforme o nosso compatriota, o engenheiro e colaborador do jornal *The Economist,* "toda sua vida, apegou-se tenazmente a uma ideia minimalista do Estado"[175] e à maximização da liberdade econômica. Merquior ainda o definiu como "um individualista extremo e um verdadeiro herdeiro do desprezo benthamita pelo privilégio aristocrático e pela hierarquia espiritual"[176]. Na juventude, em seu livro *Social Statistics* (1851), Spencer acreditava em uma teoria alicerçada na noção de direitos básicos e alvejava duramente o utilitarismo de Bentham. Crítico de reformas operadas no Estado como as pretendidas pelos benthamitas, ele também simplesmente não acreditava na viabilidade de operar centralmente o cálculo da soma de felicidade que satisfaria à média das pessoas. Ainda na juventude, a partir desse posicionamento, ele reafirmou o direito de propriedade, o *laissez-faire*, o

[175] MERQUIOR, José Guilherme. O Liberalismo Antigo e Moderno (e-book). É Realizações, 2016.

[176] Idem.

sufrágio universal (posição que seria revertida) e o "direito de ignorar o Estado" – "no fundo, um direito individualista de retirar-se, tanto mais razoável porque, como disse ele, 'na medida em que progride a civilização, os governos decaem"[177]. Isso quer dizer que Spencer foi pioneiro na defesa da secessão individual, tão cara a muitos libertários contemporâneos. O indivíduo poderia se negar a sujeitar-se às decisões do Estado e simplesmente "virar as costas" para ele, recusando-se a pagar impostos e renunciando à sua proteção armada.

Nessa época, conforme sintetiza Jim Powell (n. 1944), Spencer defendia nada menos que "a abolição de todas as restrições comerciais, subsídios dos pagadores de impostos para igrejas, colônias no além-mar, licenças médicas, estabelecimento de moedas oficiais, bancos centrais, escolas estatais, assistência social governamental, monopólio estatal dos correios e 46 obrigações governamentais"[178]. A única função real do Estado seria proteger os cidadãos contra agressores, administrando a justiça. A partir de 1860, vendo que os liberais britânicos não se restringiam a essa função mínima, Spencer começou a bradar contra a legitimidade desse liberalismo, acusando-o de ser uma reformatação do pensamento *tory*. Denunciou que os liberais de sua época já não se lembravam de que as grandes reformas produzidas pelo liberalismo "diminuíram a 'cooperação compulsória' ao longo da vida social e aumentaram a 'cooperação voluntária'. Eles esqueceram que, em uma direção ou outra, essas reformas diminuíram o alcance da autoridade governamental e aumentaram a área dentro da qual cada cidadão pode agir sem controle. Eles perderam de vista a verdade de que, em tempos passados, o liberalismo habitualmente representava liberdade versus coerção do Estado"[179]. Foi com esse intuito que publicou seu famoso livro *The Man versus the State* (1884).

---

[177] Idem.

[178] POWELL, Jim. Biografia: Herbert Spencer. Disponível em: http://ordemlivre.org/posts/biografia-herbert-spencer--2. Acesso em 30.01.2023.

[179] SPENCER, Herbet. The Man versus the State. Liberty Class, Indianapolis, 1981, p. 10.

A burocracia do Estado e a legislação social aprovadas no período representavam, a seus olhos, uma ameaça ao processo espontâneo de seleção e adaptação das forças sociais e econômicas, semelhante ao processo de seleção natural que os biólogos enxergariam na evolução das espécies. Spencer aí afirmou seu evolucionismo, que alguns apelidariam de "darwinismo social" ou "evolucionismo social", embora aponte-se que Spencer colhia inspiração de Jean-Baptiste de Lamarck (1744-1829), que concebeu uma formulação evolucionista anterior e agora desacreditada, e não de Charles Darwin (1809-1882), o célebre naturalista que redigiu *A Origem das Espécies*. Foi Spencer, não Darwin, quem cunhou a expressão "sobrevivência do mais apto"[180]. A expressão não significava, ao contrário do que dizem as caricaturas, que Spencer desejava que os mais pobres, supostamente vistos como menos habilidosos para competir, fossem abandonados; a concepção spenceriana não deixava de ver na cooperação uma das ferramentas que desenvolvemos para sobreviver, assim como sempre fez a boa e velha tradição liberal[181]. Porém, ele preferia advogar as beneficências praticadas voluntariamente, rechaçando qualquer legislação de bem-estar social ou política assistencialista de qualquer espécie.

Com esse movimento, Spencer passou a não apoiar mais os governos majoritários e, nesse ponto, ao proclamar até que o liberalismo deveria impor limites ao Parlamento, deslocou-se de sua defesa original de direitos naturais para uma forma de pensamento utilitarista, embora oposto ao benthamita nos seus resultados. Depois de apoiar até o voto feminino, ele recuou inteiramente nessa bandeira. Desse modo, Spencer se tornou o campeão de uma escola evolucionista que rejeitou a ampliação democrática, ao mesmo tempo em que endossava a mais ampla liberdade econômica. Assim como os manchesterianos,

---

[180] Herbert Spencer. Stanford Encyclopedia of Philosophy. Disponível em: https://plato.stanford.edu/entries/spencer/#SpenLibeUtil. Acesso em 30.01.2023.

[181] SMITH, George. Will the real Herbert Spencer please stand up? Libertarianism.org. 1 dez. 1978. Disponível em: https://www.libertarianism.org/publications/essays/will-real-herbert-spencer-please-stand. Acesso em 30.01.2023.

Spencer detestava políticas imperialistas, militaristas e expansionistas. Menosprezando as motivações patrióticas, ele temia os riscos de interesses nacionais serem colocados acima de interesses individuais.

As posições spencerianas, contudo, não foram imutáveis. De um lado, curiosamente, em seus primeiros escritos, Spencer era contrário a qualquer propriedade privada da terra, acreditando que ela equivaleria a uma agressão às liberdades fundamentais. Essa crença, inspirada pelo economista Henry George (1839-1897), ficou conhecida como Georgismo; evidentemente, consolidando-se como o campeão do *laissez-faire* que se tornaria, Spencer a abandonou. Por outro lado, em 1894, em seu *An Autobiography*, ele mudou de ideia sobre o direito individual de renunciar ao governo – desta vez, de uma posição radical que abria portas explicitamente para a rejeição à autoridade do Estado, o que levou muitos pensadores anarquistas a se inspirarem em sua obra, para uma posição mais favorável ao reconhecimento de seu papel inafastável. De acordo com essa versão mais velha de Spencer, desde que os cidadãos "não podem evitar se beneficiar da ordem social que o governo mantém", eles não têm o direito de escolher sair dela. Não seria possível simplesmente "virar as costas" para o Estado apenas por considerar ilegítima uma de suas determinações[182]. Spencer também se tornou um defensor, em circunstâncias de guerra, do alistamento militar obrigatório[183].

As críticas de Spencer aos avanços estatistas cometidos pelo Partido Liberal não poupavam os governos de William Gladstone. A título de ilustração, expomos parte das medidas tomadas sob gestão gladstoniana que o pensador evolucionista alvejou em sua denúncia da deturpação do liberalismo britânico: "Passando agora para a legislação do primeiro Ministério do Sr. Gladstone, temos, em 1869,

---

[182] Herbert Spencer. Stanford Encyclopedia of Philosophy. Disponível em: https://plato.stanford.edu/entries/spencer/#SpenLibeUtil. Acesso em 30.01.2023.

[183] SMITH, George. Will the real Herbert Spencer please stand up? Libertarianism.org. 1 dez. 1978. Disponível em: https://www.libertarianism.org/publications/essays/will-real-herbert-spencer-please-stand. Acesso em 30.01.2023.

o estabelecimento de uma telegrafia estatal, com a interdição de operação da telegrafia através de qualquer outra agência; temos o poder de um Secretário de Estado para regular os transportes contratados em Londres; temos mais e mais regulamentos rigorosos para evitar a propagação de doenças do gado, outra Lei de Regulamentação de Cervejarias e uma Lei de Preservação de Aves Marinhas (garantindo maior mortalidade de peixes). Em 1870, temos uma lei que autoriza a Junta de Obras Públicas a fazer adiantamentos para melhorias aos proprietários e para compra pelos inquilinos; temos a lei que permite ao Departamento de Educação formar conselhos escolares que devem comprar locais para escolas, fornecer gratuitamente escolas sustentadas por taxas locais, permitindo que os conselhos escolares paguem as taxas de uma criança, para obrigar os pais a enviar seus filhos para lá, etc.; temos a Lei de Fábricas e Oficinas, fazendo, entre outras restrições, algumas sobre o emprego de mulheres e crianças em trabalhos de conservação de fruta e de cura de peixe. Em 1871, encontramo-nos com um emendado *Merchant Shipping Act*, levando a Junta Comercial a registrar os navios que saem do porto; há outra Lei de Fábricas e Oficinas, fazendo mais restrições; há uma Lei de Mascates, infligindo penalidades por falcoaria sem um certificado, e limitando o distrito dentro do qual o certificado é válido, além de dando à polícia o poder de revistar as mochilas dos mascates; e existem outras medidas para tornar a vacinação obrigatória. O ano de 1872 teve, entre outros atos, um que torna ilegal tomar mais de uma criança em amamentação, salvo em casa registrada pelas autoridades, que prescrevem o número de bebês a acolher; tinha uma Lei de Licenciamento, proibindo a venda de bebidas espirituosas para aqueles aparentemente com menos de dezesseis anos; e tinha outro *Merchant Shipping Act*, estabelecendo uma pesquisa anual dos navios de passageiros. Então, em 1873, foi aprovado o *Agriculture's Children Act*, que torna penalizável para um agricultor empregar uma criança que não tem nenhum certificado de ensino fundamental nem de certas frequências escolares prescritas; e lá foi passado também um *Merchant Shipping Act*, exigindo em cada embarcação uma escala mostrando o calado e dando à Junta

Comercial poder para fixar os números de barcos e equipamentos salva-vidas a serem transportados. (...) Tais são, então, os atos do partido que reivindica o nome de Liberal; e que se autodenomina liberal como sendo o defensor da extensão da liberdade!"[184].

Com isso, resta claro que Spencer não aceitava sequer legislações relativas ao trabalho infantil, ao contrário de Cobden, que terminou por aceitá-las. Na mesma linha, Spencer escreveria que "toda legislação que auxilie o povo na satisfação de suas necessidades naturais, que forneça um fundo para sua manutenção na doença e na velhice, eduque seus filhos, cuide de sua instrução religiosa, sua saúde corporal, ou de qualquer outra forma faça pelas pessoas o que se pode esperar que elas façam por si mesmas, surge de uma compreensão radicalmente errada do ser humano e sua existência. Negligencia totalmente a condição do homem como ser terreno e perde completamente de vista uma das grandes e universais leis da criação"[185]. Tais legislações, ele alegou, apenas rebaixavam o caráter das pessoas, substituindo-se à sua ação espontânea, e ameaçavam o estabelecimento de monopólios estatais.

Toda a História que aqui temos reproduzido sugere que ele não estava totalmente correto em sua presunção de que os primeiros integrantes da tradição liberal idealizavam um Estado tão mínimo quanto o que ele parecia preferir. Entretanto, em tom profético, Spencer declamou que, se a situação inglesa persistisse no mesmo ritmo, o Partido Conservador terminaria por defender as liberdades e o Partido Liberal terminaria por defender a servidão, traindo sua origem e seus fundamentos. Embora o Partido Conservador tenha passado ainda um longo tempo sob a égide do *one-nation conservatism* de Benjamin Disraeli e, portanto, essa parte da "profecia" não tenha tido muita procedência, ao menos até o advento do *thatcherismo*, era fato que o Partido Liberal sucumbiria e perderia seu protagonismo, e isso, de certo modo, ele teve êxito em antecipar, qualquer que seja o

---

[184] SPENCER, Herbet. The Man versus the State. Liberty Class, Indianapolis, 1981, pp. 19-24.

[185] Idem, p. 249.

nosso juízo sobre seus diagnósticos. Os acontecimentos que levaram ao colapso do partido se sucederam em sequência ao advento e auge de uma inflexão decisiva na trajetória da tradição liberal britânica: o liberalismo social.

7.

O LIBERALISMO SOCIAL

7.1. Revisão didática

A própria natureza do tema das correntes e ideologias políticas ajuda a criar dificuldades ao entendimento, posto que esses conceitos guardam efetivamente certa imprecisão. Essas linhas de pensamento derivam de desenvolvimentos históricos complexos e não de cartilhas teóricas prontas e acabadas, desenvolvidas por autores plenamente coesos entre si e que teriam estabelecido cânones retilíneos. Isso não existe; eis por que se pode falar, como temos proclamado, em liberalismos, socialismos e conservadorismos, antes que de um único liberalismo, um único socialismo ou um único conservadorismo. Porém, vez por outra, no calor do enfrentamento político, afirmações são enunciadas, sejam adequadas ou equivocadas, sem a desejável fundamentação, integrando um jogo de rotulações esvaziadas de seu real sentido.

Com o objetivo de ajudar a tornar menos nebuloso o entendimento das correntes políticas modernas que, grosso modo, defendem uma atuação maior do Estado e precisam ser mais bem compreendidas pelos liberais das diversas vertentes que pretendam discutir com suas teses, apresentamos neste capítulo uma breve revisão didática, que retomará em vista panorâmica os principais aspectos dos capítulos anteriores deste livro e acrescentará a necessária reflexão sobre o tão polemizado conceito de "liberalismo social", central ao problema que enfocamos – isto é, o papel do Estado de acordo com os diversos liberalismos. Talvez seja desnecessário enfatizar que não temos jamais a pretensão de esgotar o assunto ou pontificar sobre ele, o que seria uma contradição com o que acabamos de afirmar.

Nossa história começou com o alvorecer do liberalismo, a corrente política moderna por excelência. Apesar de o termo "liberal" como rótulo político surgir apenas em 1812 na Espanha, as obras de autores como John Locke e Montesquieu estabeleceram as bases teóricas de um processo que configurou, materialmente, a pauta liberal através do constitucionalismo. A eles se juntaram os trabalhos dos economistas clássicos, a exemplo de Adam Smith, confrontando o mercantilismo e saudando a economia de mercado. A tradição do liberalismo conformada por esses autores influenciou as principais transformações institucionais operadas desde o fim do século XVIII até meados do século XIX, desafiando o edifício do Antigo Regime e das monarquias tradicionais, ainda que algumas vertentes mais radicais entre os operadores dessas transformações, como a dos revolucionários franceses inspirados pelo "democratismo" de Jean Jacques-Rousseau, tenham gestado distorções, a exemplo dos riscos autoritários decorrentes da tese da soberania da "vontade geral".

No Reino Unido, desde a Revolução Puritana de 1640 e a Revolução Gloriosa de 1688, enfrentavam-se os agrupamentos políticos usualmente referidos como *Tory* (aristocrático, de ênfase mais tradicionalista) e *Whig* (que endossava mais ou menos plenamente as franquias do nascente liberalismo). Dentro dos *Whigs*, a crítica de Edmund Burke à Revolução Francesa estabeleceu um modelo britânico – de muitas maneiras, contudo, recepcionado em outros países – de uma atitude conservadora dentro do movimento liberal (gênese do liberalismo conservador, manifestado em casos como os do Partido Conservador brasileiro ou do *thatcherismo*) ou fora (caso de "reacionários" ou "conservadores continentais" que também chegaram a ler a crítica burkeana aos franceses, como Joseph DeMaistre), avessa ao radicalismo abstrato que ganhou corpo naquele acontecimento histórico e influenciou alguns liberais radicais.

Ainda no Reino Unido, em 1832, aconteceu outro evento fundamental para a nossa análise: as Reformas Eleitorais Inglesas. A experiência inglesa, conforme Antonio Paim em *Evolução Histórica do Liberalismo*, "de consolidação do Parlamento e de fixação das formas e limites da convivência democrática na sociedade", possibilitou "os contornos nítidos do que posteriormente se denominou de sistema representativo, democracia liberal ou Estado de Direito"[186]. As reformas eleitorais a que se faz referência aqui surgiram em decorrência do desenvolvimento da sociedade inglesa sob o influxo da Revolução Industrial, promovendo a urbanização, o surgimento dos operários modernos, o robusto aumento populacional e, consequentemente, a emergência de novos interesses. O Parlamento consolidado em uma experiência de representação mais restritiva, com o triunfo dos princípios *whigs*, sofreu a investida dessa nova configuração social, acrescentando distritos e cidades à representação parlamentar.

No novo cenário, *tories* e *whigs* cederam lugar à dicotomia entre Partido Conservador e Partido Liberal. De forma similar, no Brasil, os chamados "liberais moderados" do Período Regencial deram origem ao Partido Conservador ("saquarema") e ao Partido Liberal ("luzia"), que protagonizaram a política do Segundo Reinado de D. Pedro II (1825-1891). O chamado "manchesterianismo" nasceu com a liderança do industrial Richard Cobden, que, dentro do Partido Liberal britânico, defendia a eliminação das taxações aos produtos importados, sustentadas pelos agricultores locais e apoiadas por alguns conservadores, que tinham entre seus líderes Benjamin Disraeli. O primeiro-ministro conservador Robert Peel, no entanto, apoiou as reivindicações dos liberais manchesterianos, abolindo as taxas de importação. Peel e um grupo de aliados, entre eles William Gladstone, se transferiram para o Partido Liberal e assumiram sua liderança.

O pragmatismo dos conservadores de Benjamin Disraeli e o liberalismo de índole doutrinária de Gladstone marcaram a política

[186] PAIM, Antonio. Evolução Histórica do Liberalismo. LVM Editora, 2019, p. 128.

britânica do período vitoriano. De maneira geral, reformas liberalizantes continuaram a acontecer no país que era a maior potência do planeta à época, até que, sob a liderança de Gladstone, o Reino Unido aprofundou ainda mais a representação democrática. A proposta gladstoniana de uma reforma ainda mais radical fracassou em 1866, mas os conservadores de Disraeli acabaram patrocinando, no ano seguinte, uma reforma similar – tal como, no Brasil, os saquaremas costumavam aprovar projetos luzias. Em 1872, Gladstone introduziria o voto secreto. Seria apenas depois da Primeira Guerra Mundial, entretanto, que ocorreria a plena democratização, com direito de voto a todos os ingleses maiores de idade e a todas as mulheres, o que se completou apenas em 1928.

7.2. A "questão social", o trabalhismo, o socialismo e a social-democracia

Voltemos, porém, à reta final do século XIX, quando essas reformas estavam acontecendo. Nesse período, emergiu a famosa "questão social": cada vez mais organizados, os operários construíram associações, as *trade unions*, que passaram a exigir políticas do Parlamento que ajudassem a minimizar as condições desagradáveis em que viviam. Havia, é inegável, profundas carências; conforme argumentariam os austríacos Mises e Hayek, não se pode culpar o capitalismo por essa situação. O que havia era um conflito entre as realizações positivas que a economia de mercado já tinha logrado produzir, multiplicando as riquezas, e as que não havia conseguido. De qualquer forma, o desconforto existia e os trabalhadores demandavam soluções imediatas. Emergia, essencialmente sobre essas bases, o movimento trabalhista britânico.

O socialismo, considerado de forma generalista como a tradição política que busca supervalorizar a igualdade, pretendendo reduzir ou combater o que considerava grandes disparidades sociais e econômicas que o liberalismo por si mesmo não conseguiria resolver, já tinha aparecido antes através da tradição dos socialistas utópicos, como os franceses Charles Fourier (1768-1830) e Saint-Simon (1760-1825) e o americano Robert Owen (1771-1858), bem como, na mesma França, movimentos revolucionários que defendiam vias violentas para a implantação de reformas socialistas já existiam, como o de Louis Blanqui (1805-1881). Também se desenvolveram os grupos anarquistas de esquerda, como os seguidores de Mikhail Bakunin (1814-1876). A tradição socialista mais poderosa e influente, porém, se tornou a marxista, baseada nas teses do filósofo alemão Karl Marx (1818-1883) e de seu amigo Friedrich Engels (1820-1895) – de tal forma que muitos se esquecem de que existiam socialismos anteriores e concorrentes ao projeto marxista.

Os marxistas, grosso modo, defendiam a obtenção do comunismo através da plena substituição do sistema econômico capitalista, alcançada pela força, mediante a instauração pretensamente transitória de uma ditadura do proletariado, classe oprimida que venceria a luta de classes contra a burguesia dominante. A "democracia liberal", formalizada dentro do sistema representativo concebido e implementado pelo liberalismo, seria apenas um artifício burguês e, portanto, um caminho a ser subvertido e abandonado.

Cada sociedade respondeu de uma forma diferente aos desafios impostos pelo socialismo e pela questão operária e social. O movimento internacional de grupos, com forte presença de operários, que visavam a levar adiante a agenda marxista, no século XIX, organizou partidos e aglomerações que receberam a alcunha generalista de "sociais-democratas". Na Alemanha, porém, dentro do Partido Social-Democrata Alemão, Ferdinand Lassalle e, posteriormente, Eduard Bernstein (1850-1932), desenvolveram uma concepção revisionista do Marxismo. Bernstein foi um dos principais teóricos dessa concepção que entendia que o Marxismo ortodoxo apresentava falhas. Para ele, o advento da sociedade socialista não seria um imperativo decorrente da revolução armada. Com isso, alvejado por marxistas ortodoxos e revolucionários como Rosa Luxemburgo (1871-1919), Bernstein sustentou que os trabalhadores e socialistas deveriam se organizar dentro do sistema político representativo e perseguir através dele os seus objetivos. Gradualmente, a social-democracia se tornou uma corrente política de origem marxista que havia rejeitado o Marxismo original e passou a sustentar a luta para alcançar o socialismo através da organização partidária.

Até a metade do século XX, porém, essa "moderação" dos sociais-democratas era, de muitas maneiras, bastante relativa e estava sujeita a profundas limitações e robustos tensionamentos. Conforme Adam Przeworski (n. 1940) em seu livro *Capitalismo e Social-democracia*, por exemplo, "(...) os socialistas austríacos (...) prometeram em seu programa de Linz, em 1926, 'governar estritamente em conformidade com as regras do Estado democrático'; entretanto, sentiram-se compelidos a advertir que 'caso a burguesia, boicotando as forças revolucionárias, tente obstruir a mudança social que o movimento operário se comprometeu a levar a cabo ao assumir o poder, a social democracia será forçada a usar de meios ditatoriais para desbaratar tal resistência'"[187]. Ou seja: democracia, sim, mas nem tanto.

7.3. John Stuart Mill e seus discípulos

No Reino Unido, entretanto, não existindo um partido social-democrata, o movimento trabalhista, não necessariamente marxista, começou a construir composições políticas com lideranças do Partido Liberal. Foi dentro do Partido Liberal, e não fora dele, que as pressões sociais dessa natureza começaram a ser reverberadas. Eis o "pulo do gato": o filósofo britânico John Stuart Mill foi um nome central nessa História.

Neste ponto, cumpre-nos lançar mão da brilhante síntese empreendida pelo professor Luciano Caldas Camerino (n. 1961), graduado em Filosofia e Ciências Sociais e mestre em Filosofia pela Universidade

---

[187] PRZEWORSKI, Adam. Capitalismo e Social-Democracia. Companhia das Letras, 1989, p. 21.

Federal de Juiz de Fora, bem como doutor em Filosofia pela Universidade Gama Filho, em seu livro *O liberalismo social em John Stuart Mill e Norberto Bobbio*.

Apesar de reduzido em dimensões, o trabalho do professor Camerino é bastante denso, trazendo informações ricamente sistematizadas acerca da natureza e implicações dos dois autores destacados em seu título – e outros que se apresentam subsidiários às análises desenvolvidas.

Conforme o professor Camerino, o liberalismo social pode ser definido como "a vertente liberal que admite a influência reguladora do Estado sobre o mercado, em determinados casos, e a provisão de meios e recursos para as camadas mais desfavorecidas ou excluídas da sociedade"[188]. Um século separa os dois pensadores destacados na obra de Camerino, além de diferenças geográficas – um viveu na Inglaterra vitoriana, o outro na Itália do século XX. O primeiro é apontado pelo professor como um marco inaugural da proposta liberal social, enquanto Norberto Bobbio (1909-2004) seria um dos mais significativos continuadores dessa tradição, dada a recepção ampla que sua obra encontrou junto à intelectualidade internacionalmente.

O propósito do professor não é militar pelas ideias dos autores estudados, mas apresentá-los para que as diferentes concepções e tensões internas ao liberalismo sejam esclarecidas – bem como, ele diz, realçar, aí sim, o que considera uma virtude dos seus persona gens principais: destacarem-se "pela prática do diálogo e por não terem construído sistemas fechados de pensamento", abrindo-se "a influências variadas" e não cultivando "o dogmatismo que costuma caracterizar muitas filosofias e ideologias políticas"[189].

Inspirando-se no grande professor Ubiratan Borges de Macedo, bem como em outras referências que nos acostumamos a empregar, como o professor Antonio Paim e José Guilherme Merquior – este

[188] CAMERINO, Luciano Caldas. O liberalismo social em John Stuart Mill e Norberto Bobbio. Editora LiberArs, 2020, p. 13.

[189] Idem, p. 15.

último, o mais icônico representante autodeclarado do liberalismo social no Brasil –, Camerino conceitua o liberalismo como uma "práxis histórica"[190], uma doutrina construída ao longo da experiência histórica desenvolvida após a Reforma Protestante e que vai culminar na modernidade. Reconhece como características comuns aos liberais a defesa das liberdades negativas (ausência de restrições e impedimentos), aceitando, porém, alguns, certo nível variável de liberdades positivas (meios e recursos fornecidos aos indivíduos pelo Estado); a defesa do humanismo e do individualismo; a distinção entre público e privado; o constitucionalismo ou a confiança no mercado político e na democracia; e, por fim, o Estado laico e a tolerância.

Outra afirmação, recorrente ao longo do livro, é a da diferença entre o liberalismo vitoriano ao tempo de Stuart Mill, em geral crente "em uma possível harmonia e na convergência dos diferentes interesses segundo a crença no progresso", e o liberalismo contemporâneo, designado "liberalismo agonístico", posterior à obra de Max Weber, que veria na sociedade "um espaço de permanente disputa"[191], tendo, portanto, pretensões mais modestas e resignadas.

Antes de Stuart Mill, ele identifica na obra de Alexis de Tocqueville, que foi correspondente do célebre inglês, alguns primórdios do liberalismo social, mediante sua preocupação com a necessidade de oferecer aos pobres o maior bem-estar compatível com a existência do direito de propriedade e sua abertura à discussão no Parlamento das propostas dos socialistas – à época, não os marxistas, mas os socialistas utópicos, como Charles Fourier, Robert Owen e Saint-Simon –, ainda que para rejeitá-las com firmeza. Tocqueville chegou a sustentar, no entanto, a gratuidade da educação aos pobres e sua oferta a eles pelo Estado, ainda que sem que o governo a administrasse diretamente, o que também foi defendido por Mill; sustentou o incentivo a que os proletários se tornassem proprietários, bem como intervenções do Estado para estimular a permanência do trabalhador rural no

---

[190] Idem, p. 17.

[191] Idem, p. 23.

campo e evitar o êxodo rural, facilitando acesso à propriedade fundiária – sem, aponta Camerino, prever os efeitos da mecanização da agropecuária.

Citando Antonio Paim, Camerino explica que, "em virtude da revolução industrial, grandes populações se acumularam nas cidades inglesas, algumas das quais duplicaram ou triplicaram o número de seus habitantes em cinquenta anos, numa realidade em que não havia ainda saneamento básico e higiene pública, sendo frequente a ocorrência de epidemias violentas"[192]. Apesar de não necessariamente discordarem do que diriam autores como Ludwig von Mises posteriormente, no sentido de que o desenvolvimento do capitalismo moderno dinamizou a produção de riqueza, muitos liberais ingleses, a partir de Stuart Mill e de modo similar às preocupações de Tocqueville, entenderam que o Estado precisaria desempenhar algumas funções imediatas para remediar esse quadro. Foram eles os pioneiros do chamado liberalismo social, também identificados como adeptos do "novo liberalismo". Foi no próprio Partido Liberal que essas reformas encontraram abrigo, abrindo as portas à organização política dos trabalhadores.

Convém enfatizar, no entanto, que o professor Camerino não deixa de reconhecer em seu trabalho uma das teses principais que temos sustentado neste livro: a de que, mesmo antes do liberalismo social, o liberalismo clássico não defendia, de forma generalizada ou mesmo majoritária, as propostas libertárias ou minarquistas que vieram a ser endossadas no século XX por figuras como o próprio Mises ou a filósofa Ayn Rand. Ao contrário, "desde Adam Smith, já se admitia a necessidade de intervenção estatal para suprir as falhas de mercado e, posteriormente, para a oferta de bens públicos e solução do problema das externalidades. (...) Os pensadores liberais ingleses do século XIX igualmente perceberam que o poder governamental precisaria atuar na regulação de serviços básicos como água e saneamento, organização das ruas e das atividades municipais e ainda oferecer aos

[192] Idem, p. 43.

cidadãos em geral uma cidade com praças e jardins, que melhorariam a convivência e fortaleceriam a civilidade"[193].

Stuart Mill era um pensador, no contexto da Inglaterra vitoriana, influenciado pela ideia de um progresso inevitável que permitiria, em dado momento, a harmonização dos planos de vida dos indivíduos. O liberalismo vitoriano, diz-nos Camerino, adveio da ascensão das classes médias e trabalhadoras, com o declínio da ordem social aristocrática. Apesar de influenciado pela filosofia positivista francesa, Mill "rompeu com o cientificismo daqueles que (...) pretendiam explicar a história segundo modelos fechados e definir a natureza humana de forma definitiva"[194]. Mill acreditava que o ser humano tem a capacidade de se modificar.

Contrário ao dogmatismo, era também um pensador marcadamente secular e preocupado com a emancipação feminina. Defendia a democracia representativa com a participação das minorias, para evitar a tirania da maioria já temida por Tocqueville. Mill foi influenciado de forma significativa pelo pensamento utilitarista de Jeremy Bentham, que propugnava uma reorganização da sociedade segundo princípios racionais. Os benthamitas ensejavam uma série de bandeiras reformistas para sua época, como "uma reforma penal e dos presídios e o sufrágio universal para todos os adultos, inclusive as mulheres; defendiam o livre comércio e a legalização dos sindicatos; lutavam pela educação pública universal, pela liberdade de expressão e de pensamento; apoiavam o voto secreto e desejavam um funcionalismo público contratado e promovido por mérito. Pregavam a reforma do governo local; a existência da medicina preventiva pública e reforma sanitária; justiça gratuita para os pobres; coleta sistemática de estatísticas; prevenção do fumo; criação do ministério da Saúde, e outras providências"[195]. Mill, porém, não defendeu o sistema benthamita de forma ortodoxa, elaborando considerações críticas também a seu respeito,

---

[193] Idem, p. 200-201.

[194] Idem, p. 55.

[195] Idem, p. 54.

questionando-o a partir das influências que recebeu do Romantismo, especialmente do filósofo liberal alemão Whilhelm von Humboldt.

De Humboldt, Mill extraía a noção de *Bildung*, também destacada por Merquior como uma dedução importante da teoria de liberdade alemã adotada pelos liberais sociais como ele próprio, entendida como "autoformação, florescimento pessoal, desenvolvimento autônomo das próprias possibilidades"[196]. Esse florescimento, obtido idealmente de forma consciente e racional em relação com o meio ambiente, só seria possível se os indivíduos estivessem livres da tirania. "As regras do utilitarismo visam à felicidade de todos e não apenas a de quem a segue", explica Camerino. "Mill valoriza a dimensão social da vida humana, ao defender que devemos sempre pensar na felicidade da maioria; a afirmação da individualidade se dá num contexto social, e uma sociedade onde a maior parte das pessoas não dispõe de condições mínimas de sobrevivência não oferece condições ao desenvolvimento da individualidade"[197]. O vitoriano seria ainda um tipo específico e menos relativista de utilitarista, o "utilitarista das regras", sustentando que é preciso avaliar se determinados comportamentos podem ou não aumentar a felicidade geral, mas estabelecendo com isso orientações de conduta moral gerais, não aplicadas a casos pontuais – por exemplo, quebrar uma promessa seria sempre algo indesejável do ponto de vista ético, nunca útil, por mais que um utilitarista convencional pensasse ao contrário.

Stuart Mill defendia a economia de mercado, mas acreditava que seu sucesso dependia dos valores morais dos seus integrantes e que o egoísmo deveria ser uma postura a ser desencorajada e combatida – entrando em choque direto, naturalmente, com a filosofia de Ayn Rand. Sua obra mais notória do ponto de vista do liberalismo é o clássico de 1859 *Sobre a Liberdade*, em que defendeu "um domínio individual que não pode ser constrangido nem pelo Estado e nem pela sociedade"[198].

---

[196] Idem, p. 60.
[197] Idem, p. 61.
[198] Idem, p. 65.

Ali, Mill estabeleceu o famoso "princípio do dano", segundo o qual a liberdade individual nunca deve ser ameaçada a menos que as ações do indivíduo interfiram na liberdade e autonomia alheias – princípio do qual estaria excetuada apenas a liberdade de expressão, que seria, na visão dele, simplesmente absoluta. Ele também criticou duramente o paternalismo, deslegitimando intervenções estatais sob o pretexto de que seria preciso corrigir os indivíduos ou melhorá-los através do poder, o que é típico na tradição social-democrata propriamente dita.

Mill defendeu ainda o sufrágio universal (exceto o voto dos analfabetos, dos falidos, dos devedores e dos indivíduos sustentados pelos fundos públicos, posto que a educação os deveria emancipar dessas situações antes de votarem), o fortalecimento do Poder Legislativo como fiscalizador e controlador dos impostos, o Estado de Direito e a educação pública (assim como Adam Smith, embora não necessariamente através de escolas geridas pelo Estado, porque Mill temia a submissão do ensino aos interesses dos governantes e burocratas). Curiosamente, ele foi contrário ao voto secreto, por supostamente afetar a transparência nas discussões entre os eleitores. Foi avesso também ao gasto privado com campanhas eleitorais, pois os gastos eleitorais deveriam, em seu juízo, ser financiados por fundos públicos. Defendeu o unicameralismo, a restrição do papel do Parlamento a aprovar ou rejeitar leis propostas por uma Comissão de Codificação – "integrada por pessoas capacitadas a avaliar as consequências de cada projeto, bem como de ajustar cada nova decisão ao conjunto das leis existentes"[199] – e "a adoção de um sistema de voto qualificado ou plural, em que alguns teriam um peso maior atribuído ao seu voto, em função de seu nível de educação ou de qualificação profissional, mas não em função de sua propriedade"[200]. Ele valorizava a participação política, mas alguns relatos autobiográficos sugerem que Mill não via a democracia representativa como um princípio absoluto, julgando que ela não seria aclimatável a certos povos atrasados e habituados ao despotismo.

---

199 Idem, p. 81.

200 Idem, p. 76.

Em sua obra *Princípios de Economia Política*, Mill afirmou que "a distribuição dos bens é relativamente independente dos meios técnicos e sociais de sua produção"[201], o que foi criticado por economistas liberais como Friedrich Hayek, citado por Camerino: "na opinião de Hayek, é possível distribuir livremente o resultado do trabalho, mas apenas uma vez, porque, uma vez alterada a regra da distribuição, nada garante que a produção continue sendo eficiente, já que os mecanismos de mercado não foram obedecidos ou teriam sido alterados"[202]. Camerino também menciona a afirmação de Hayek de que Mill seria um dos responsáveis pela criação da expressão "justiça social", tão combatida pelo pensador austríaco, para quem a justiça obviamente só se aplica a condutas individuais, não sendo os resultados das ações humanas qualificáveis apenas como justos ou injustos, por sofrerem a influência de diversos fatores – como o acaso. O relacionamento com essa expressão é um dos fatores que cingem as vertentes liberais em relação aos principais integrantes do liberalismo social.

Mill ainda acreditava na teoria do valor-trabalho e nas ideias de Thomas Malthus sobre os riscos de um crescimento populacional descontrolado. Considerou a intervenção estatal válida "quando não é feita de modo autoritário e tenha um sentido de orientação e não de imposição"[203]. O Estado poderia manter hospitais públicos, por exemplo, mas não poderia impedir o surgimento de concorrentes; poderia ter um banco nacional, desde que não monopolista. Teria o dever de facultar o acesso dos pobres ao ensino, o que beneficiaria toda a sociedade; Mill, inclusive, chegava a defender intervenção do Estado em favor dos animais contra excessos de crueldade de que seriam vítimas. Mill também era a favor da existência de leis trabalhistas, como a redução da jornada de trabalho, "por decisão e reivindicação coletiva dos trabalhadores"[204], do socorro do Estado

---

[201] Idem, p. 85.
[202] Idem, p. 85.
[203] Idem, p. 89.
[204] Idem, p. 90.

a deficientes físicos, incapacitados e miseráveis – tal como Hayek também defendia – e do financiamento estatal de pesquisas científicas. Além disso, era crítico ao direito ilimitado à herança, entendendo que ela deve ser destinada apenas à subsistência dos filhos.

O aspecto mais polêmico, porém, está no diálogo milliano com os socialistas utópicos. Conforme bem explica Camerino, Mill nunca abdicou dos compromissos teóricos que assumiu com suas afirmações feitas no livro *Sobre a Liberdade*, mas ele defendeu que experiências sustentadas pelos socialistas utópicos como Fourier, Owen e o anarquista Proudhon (1809-1865), como o cooperativismo – em que, sem trabalhadores assalariados, os indivíduos se associariam para desenvolver seus negócios, repartindo os lucros –, seriam tentativas bem-vindas de elevação do patamar dos trabalhadores. Na verdade, Mill admitia a possibilidade de que o sistema econômico capitalista fosse transformado ao longo do tempo, se as alternativas socialistas, cooperativistas ou mutualistas se provassem superiores. No entanto, ele sustentava que essas alternativas fossem experimentadas dentro do sistema de mercado, competindo com as demais, inclusive admitindo a hipótese de grandes capitalistas contratarem serviços de cooperativas paralelamente.

Influenciado pelo empirismo inglês, ele, em vez de rechaçar as teses socialistas completamente, até demonstrava certa simpatia por algumas delas (as pacíficas) e queria, em suma, "ver para crer". É sempre oportuno enfatizar que esses pensadores socialistas utópicos não pregavam revoluções violentas, mas a formação de comunidades ou organizações econômicas alternativas que, justamente, em sua concepção, se provariam superiores e pacificamente substituiriam o estado de coisas. Não se trata de dizer que Mill tivesse pactuado com revoluções comunistas ou com a convencional luta de classes marxista.

Ainda do ponto de vista econômico, Mill se debruçou algumas vezes sobre o tema da desigualdade econômica, manifestando maior desconforto que muitos outros liberais. Segundo ele, "podemos pensar que essa melhor distribuição (da riqueza) seja adequadamente atingida pelo efeito conjunto da prudência e da frugalidade dos indivíduos, e por um sistema de legislação que favoreça a igualdade das fortunas, na medida em que isso for conciliável com o justo direito do homem e da mulher aos frutos, grandes ou pequenos, do seu próprio trabalho. Podemos pensar, por exemplo, em limitar a soma que qualquer pessoa pode adquirir por doação ou herança ao montante suficiente para proporcionar uma autonomia razoável. Sob essa dupla influência, a sociedade apresentaria as seguintes características dominantes: um conjunto de trabalhadores bem remunerados e afluentes e a inexistência de fortunas enormes, a não ser as que fossem ganhas e acumuladas durante uma única existência; em contrapartida, um conjunto, muito maior do que atualmente, de pessoas não apenas livres das ocupações mais duras, mas também dispondo de lazer suficiente, tanto físico quanto mental, para se libertarem de detalhes mecânicos e poderem cultivar livremente os encantos da vida"[205].

As experiências socialistas utópicas ainda tinham o frescor da novidade e o socialismo marxista sequer se tinha assentado quando Mill produziu suas reflexões. Seu interesse intelectual na possibilidade de oferecerem contribuições úteis precisa ser compreendido nesse contexto; nada disso o retira da condição de personagem da história do liberalismo, de vez que permanecem de relevância central suas reflexões sobre liberdade, justiça, democracia, sistema representativo, Estado de Direito e outros princípios nucleares da tradição liberal.

Quase ao mesmo tempo em que Mill atuava, José Guilherme Merquior considerou que dois outros autores poderiam ser destacados como integrantes de um movimento em direção ao liberalismo social. Na Itália, havia a liderança de Giuseppe Mazzini (1805-1872), que agitou o movimento nacionalista pela unificação italiana sob a égide de um Estado unitário republicano. Porém, como o próprio Merquior reconheceu, Mazzini "considerava-se um opositor da escola liberal"[206],

---

205 MILL, John Stuart. Princípios de Economia Política. Nova Cultural, 1996, p. 328.

206 MERQUIOR, José Guilherme. O Liberalismo Antigo e Moderno (e-book). É Realizações, 2016.

tendo visão econômica influenciada pelo socialismo de Robert Owen e visão política influenciada pelo pensamento "social-cristão" de um Lamennais (1782-1854). O republicanismo de Mazzini e Giuseppe Garibaldi (1807-1882), que alcançou proeminência durante as revoltas de 1848, terminou por não prevalecer, sendo a unificação italiana politicamente controlada por figuras como Camillo Benso, o Conde de Cavour (1810-1861), apontado pelo liberal social brasileiro como um liberal conservador. Merquior também citou o russo Alexander Herzen (1812-1870), que, no entanto, igualmente mantinha relações com o socialismo utópico e o pensamento proudhoniano.

Como quer que seja, conforme já asseveramos, as teses millianas influenciaram alguns teóricos e estadistas posteriores dentro do Partido Liberal britânico, com destaque para Leonard Hobhouse (1864-1929), Thomas Green (1836-1882), John Hobson (1858-1940) e Frances Montagne (1858-1935). De forma geral, Camerino nos ajuda a compreender o diferencial desses autores ao elucidar que neles "a ideia de justiça social aparece como sinônimo de justiça distributiva, e não é mais vista como um padrão moral a ser obedecido pelos indivíduos, mas como um critério que permite julgar o estado social e de bem-estar de uma sociedade. Para eles, a justiça social é definida como igualdade que deve ser produzida através de medidas indiretas que respeitam as liberdades individuais, como a tributação sobre a herança e o imposto de renda; tais medidas devem ser debatidas e aprovadas por congressos livremente eleitos"[207]. Concluíram que o conceito clássico da liberdade como "liberdade negativa" não seria mais suficiente e seria preciso reconhecer em alguma medida a "liberdade positiva", justificando a ação do Estado "no sentido de remover os obstáculos que impedem, a um maior número, de gozar de mais liberdades. Para ser fiel ao espírito do liberalismo", no entendimento deles, "é preciso ampliar a liberdade com a ação direta das instâncias estatais"[208].

---

[207] CAMERINO, Luciano Caldas. O liberalismo social em John Stuart Mill e Norberto Bobbio. Editora LiberArs, 2020, p. 32.

[208] Idem, p. 48.

Merquior conferiu grande destaque a esses pensadores em seu clássico *O Liberalismo Antigo e Moderno*, considerando-se devedor de suas reflexões. Acerca de Montagne, por exemplo, ele pontuou ter sido um autor que declarou abertamente sua revolta contra o conceito de "liberdade negativa" como limitador do liberalismo. Na visão de Montagne, expressa em seu *The Limits of Individual Liberty* (1885), em uma sociedade, os mais fracos, derrotados na livre competição, não seriam necessariamente os piores e permaneceriam como "um peso morto no corpo social", o que justifica que o Estado os auxilie, já que "sua degradação termina por prejudicar o conjunto"[209].

Thomas Green, por sua vez, em trabalhos como as *Lectures on the Principles of Political Obligation*, publicadas postumamente em 1886, enfatizou o princípio da tarefa do Estado como removedor dos obstáculos ao autodesenvolvimento, acreditando que, "em sua forma clássica, o liberalismo estava se tornando 'obstrutivo', na medida em que sua receita política minimalista se tornava crescentemente obsoleta devido à penetração cada vez maior do direito na sociedade"[210]. O liberalismo, para Green, precisava ser salvo mediante concessões através das quais o Estado auxiliasse mais diretamente os mais vulneráveis da sociedade. Era, repare-se, admirador do manchesteriano John Bright, desejando converter os trabalhadores em pequenos proprietários.

Na esteira das diretrizes introduzidas objetivamente por Green, o jornalista John Hobson foi, porém, mais radical que seu antecessor, na leitura do próprio Merquior. Para ele, o capitalismo correria um perigo inerente à sua dinâmica quando o investimento se tornasse excessivo em relação ao consumo. Em seu juízo, os manchesterianos estavam corretos em criticarem o militarismo e uma política externa agressiva, mas erravam ao não perceber que a má distribuição de renda seria a causa dos apetites vorazes pela expansão imperialista. Em consequência dessa noção, "impunha-se taxação redistributiva

---

[209] MERQUIOR, José Guilherme. O Liberalismo Antigo e Moderno (e-book). É Realizações, 2016.

[210] Idem.

e, como resultado, haverá consumo e justiça em casa, assim como no exterior"[211]. Suas bandeiras, pleiteadas em seu ensaio de 1909 *The Crisis of Liberalism*, podem ser resumidas a "alguma propriedade pública do solo, que permitisse habitação decente, transporte público, nenhum monopólio, uma rede nacional de escolas públicas (no sentido continental) e um sistema legal mais justo. A redistribuição fiscal da receita faria a tarefa, de uma maneira que não se assemelhava remotamente a revolução; enquanto o capitalismo, uma vez regenerado e regulado, não deveria certamente ser substituído por um sistema econômico inteiramente diverso"[212].

Por fim, amigo de Hobson e, tal como ele, adepto da inflexão provocada por Green, Leonard Hobhouse fez de seu livro *Liberalism* (1911) um manifesto do liberalismo social. Em seu caso, a proposta seria a organização de "agências de bem-estar social financiadas por uma taxação socialmente orientada"[213]. Ele acreditava que era possível pacificar a sociedade, com a incorporação de lideranças mais bem educadas dos sindicatos ao processo democrático e a distribuição de riqueza possibilitada pelo desenvolvimento econômico da era vitoriana.

Em seu livro mais conhecido (e examiná-lo é provavelmente a melhor maneira de compreender o que significou o despontar do liberalismo social), Hobhouse afirmou o valor histórico de toda a tradição liberal para a emancipação do ser humano. Elencou como elementos essenciais do liberalismo a liberdade civil; a liberdade fiscal; a liberdade pessoal; a liberdade social; a liberdade econômica; a liberdade doméstica; as liberdades local, racial e nacional; a liberdade internacional; a liberdade política e a soberania popular. Reverenciou a igualdade de todos os indivíduos perante a lei. Sobre os impostos, denotando que o liberalismo social, em seu entendimento, não significaria de modo algum a perda de contato com o ideário da responsabilidade fiscal, afirmou que "não basta que os impostos sejam

---

[211] Idem.

[212] Idem.

[213] Idem.

fixados por uma lei de aplicação universal e imparcial, pois os impostos variam de ano para ano de acordo com as necessidades públicas, e, enquanto outras leis podem permanecer estáveis e inalteradas por tempo indeterminado, a tributação deve, por natureza, ser ajustável. É uma questão, devidamente considerada, para o Executivo e não para o Legislativo. Assim, a liberdade do súdito em matéria fiscal significa a contenção do Executivo, não apenas por leis estabelecidas e escritas, mas por uma fiscalização mais direta e constante. Significa, em uma palavra, governo responsável, e é por isso que ouvimos com mais frequência o grito "Não há tributação sem representação" do que o grito "Não há legislação sem representação". Assim, a partir do século XVII, a liberdade fiscal passou a envolver o que se chama de liberdade política"[214].

Tinha uma percepção bastante consistente com a tradição clássica sobre a liberdade de expressão, sustentando que os indivíduos poderiam até acreditar em ideias radicais, desde que não lhes fosse permitido pô-las em prática mediante a agressão aos demais. No campo das considerações sociais, pontuou Hobhouse: "a luta pela liberdade é também, quando levada adiante, uma luta pela igualdade. A liberdade de escolher e seguir uma ocupação, para se tornar plenamente efetiva, significa igualdade com os outros nas oportunidades de seguir tal ocupação. Esta é, de fato, uma entre as várias considerações que levam o liberalismo a apoiar um sistema nacional de educação gratuita, e o levarão ainda mais longe na mesma linha. (...) Mais uma vez, embora possamos insistir nos direitos do indivíduo, o valor social da corporação ou quase-sociedade, como o sindicato, não pode ser ignorado. A experiência mostra a necessidade de alguma medida de regulação coletiva em questões industriais, e no ajuste de tal regulação à liberdade individual surgem sérias dificuldades de princípio"[215].

---

214 HOBHOUSE, Leonardo. Liberalism. 1911. Disponível em: https://www.gutenberg.org/files/28278/28278-h/28278-h.htm#CHAPTER_II. Acesso em 30.01.2023.

215 Idem.

Admitindo a hesitação com que novas legislações sobre o trabalho foram recebidas por liberais genuínos, como os manchesterianos, Hobhouse afirmou compreender a preocupação deles com que a liberdade contratual fosse ferida, mas saudou como uma evolução natural a aceitação, por parte do liberalismo inglês, de medidas como "a extensão do controle público na esfera industrial, e da responsabilidade coletiva em matéria de educação e mesmo alimentação das crianças, habitação da população industrial, assistência aos enfermos e idosos, provisão dos meios de emprego regular"[216]. Ele justificava a virtude dessas políticas da seguinte forma: "Intimamente ligada à liberdade de contrato está a liberdade de associação. Se os homens podem fazer qualquer acordo uns com os outros em seu interesse mútuo, desde que não prejudiquem um terceiro, eles podem aparentemente concordar em agir juntos permanentemente para quaisquer fins de interesse comum nas mesmas condições. Ou seja, eles podem formar associações. Porém, no fundo, os poderes de uma associação são algo muito diferente dos poderes dos indivíduos que a compõem; e é somente pelo pedantismo legal que se pode tentar regular o comportamento de uma associação com base em princípios derivados e adequados às relações dos indivíduos. Uma associação pode se tornar tão poderosa a ponto de formar um Estado dentro do Estado e de lutar contra o governo em termos não desiguais. A história de algumas sociedades revolucionárias, de algumas organizações eclesiásticas, mesmo de alguns trustes americanos, pode ser citada para mostrar que o perigo não é imaginário. Fora isso, uma associação pode agir de forma opressiva em relação a outros e até mesmo a seus próprios membros, e a função do liberalismo pode ser antes proteger o indivíduo contra o poder da associação do que proteger o direito de associação contra a restrição da lei. De fato, nesse sentido, o princípio da liberdade corta os dois lados, e essa dupla aplicação se reflete na História. A emancipação dos sindicatos, no entanto, que se estendeu pelo período de 1824 a 1906, e talvez ainda não esteja concluída, foi

[216] Idem.

principalmente um movimento libertador, porque a combinação era necessária para colocar o trabalhador em algo próximo da igualdade com o empregador, e porque as combinações tácitas de empregadores nunca poderiam, de fato, ser impedidas por lei. Foi, novamente, um movimento para a liberdade através da igualdade. Por outro lado, as capacidades opressoras de um sindicato nunca puderam ser deixadas de lado, enquanto as combinações do capital, que podem ser infinitamente mais poderosas, foram precisamente enxergadas com desconfiança. Nisto não há inconsistência de princípio, mas uma justa apreciação de uma real diferença de circunstância. De modo geral, pode-se dizer que a função do liberalismo não é tanto manter um direito geral de livre associação, mas definir o direito em cada caso em termos que proporcionem o máximo de liberdade e igualdade reais"[217]. Também sem deixar de admitir que há dificuldades à liberdade que o envolvimento do Estado com as crianças e a educação pode ocasionar, Hobhouse defendeu que o governo deveria se interessar pelos problemas da infância, impondo obrigações aos pais para com os filhos e elaborando um sistema público de acesso a ensino e higiene.

Discutindo diretamente com o cobdenismo, Hobhouse argumentou que "o sistema fabril logo trouxe as coisas à tona em um ponto pelo emprego sistemático de mulheres e crianças pequenas em condições que ultrajaram a consciência pública quando se tornaram conhecidas. No caso de crianças, foi admitido desde cedo, foi instado pelo próprio Cobden, que o princípio do livre contrato não poderia ser aplicado. Admitindo, para fins de argumentação, que o adulto poderia fazer uma barganha melhor por si mesmo do que qualquer um poderia fazer por ele ou ela, ninguém poderia argumentar que a criança pobre apreendida por guardiões da Lei dos Pobres a um fabricante tinha alguma palavra ou voz, poderia ter qualquer julgamento quanto ao trabalho que foi designada para fazer. Tinha de ser protegida, e a experiência mostrava que tinha de ser protegida por lei. O contrato livre não resolveu a questão da criança indefesa. Deixou-a

[217] Idem.

ser 'explorada' pelo empregador em seu próprio interesse, e qualquer consideração que pudesse ser demonstrada por sua saúde e bem-estar era uma questão de benevolência individual, não um direito garantido pela operação necessária do sistema de liberdade"[218].

Ele estendeu essa reflexão aos adultos pobres, nas condições precárias daquele período pós-Revolução Industrial, sem opções de trabalho e precisando alimentar a família, como sendo também pessoas que não se encontravam em condições de lidar de "igual para igual" com os empregadores, donos das fábricas, em uma relação contratual típica, o que tornaria justificável a aplicação de medidas legais que caracterizassem uma intervenção do Estado nessas relações. Na verdade, Hobhouse acreditava que, nesses casos, o tratamento conferido aos trabalhadores poderia ser considerado uma agressão, o que ainda inscreveria tais legislações sociais como parte das funções clássicas do Estado, submetidas a uma reinterpretação: "Não podemos dizer que qualquer dano intencional a outrem pode ser legitimamente punido por uma autoridade pública, e não podemos dizer que impor doze horas de trabalho diário a uma criança era infligir um dano maior do que o roubo de uma bolsa pelo qual, um século atrás, um homem poderia ser enforcado? Em que princípio, então, é traçada a linha, de modo a especificar certos danos que o Estado pode proibir e demarcar outros que ele deve deixar intocados? Bem, pode-se dizer, *volenti non fit injuria.* Nenhum mal é feito a um homem por uma barganha da qual ele é parte voluntária. Pode ser, embora haja casos duvidosos. Porém, no campo em questão, a alegação é que uma das partes não está disposta. A barganha é uma barganha forçada. O homem mais fraco consente como quem escorrega num precipício, consente em dar toda a sua fortuna a alguém que não lhe jogará uma corda sob outros termos. Isso não é consentimento verdadeiro. O verdadeiro consentimento é o consentimento livre, e a plena liberdade de consentimento implica igualdade por parte de ambas as partes na barganha. Assim como o governo primeiro garantiu os

---

[218] Idem.

elementos da liberdade para todos quando impediu que o homem fisicamente mais forte matasse, espancasse e saqueasse seus vizinhos, também garante uma medida maior de liberdade para todos por todas as restrições que impõe com o objetivo de impedir um homem de fazer uso de qualquer de suas vantagens em detrimento de outros"[219].

Leonard Hobhouse também tinha a visão de que havia atividades econômicas que consistiam em monopólios naturais e, nesses casos, ao contrário de economistas liberais posteriores, que defenderiam uma regulação pública desses serviços mantendo-os com a iniciativa privada, ele confessava fazer coro com os socialistas ao preferir o gerenciamento inteiramente estatal. Referenciando de forma explícita as inspirações de Stuart Mill e Green, ele sustentou que a relação entre o indivíduo e a sociedade era orgânica, no sentido de que, embora a sociedade fosse constituída de indivíduos, o indivíduo hipoteticamente separado da sociedade seria mental e moralmente uma existência inteiramente distinta. A preocupação daí decorrente com os efeitos de nossas ações e decisões sobre os que nos cercam e compõem essa mesma sociedade justificava, para ele, a adoção do conceito de "bem comum" pelos liberais; com isso, ele contestou veementemente os indivíduos que apenas proclamavam o desejo de "secessão" da sociedade ou de desobediência a uma determinada lei como bem quisessem, esquecendo-se de que a máquina social emperraria se cada pessoa fizesse o mesmo. Advogou pela possibilidade de gerenciamento estatal de hospitais e escolas – mas sem o monopólio dos serviços –, bem como a manutenção de parques públicos, e até admitiu o transporte estatal, desde que, por exemplo, a existência de um bonde municipal não proibisse a operação de ônibus motorizados pelas mesmas ruas. De acordo com Merquior, porém, de forma mais enfática, "depois de 1918, começou a temer os poderes crescentes do Estado e se aproximou tanto do liberismo como do liberalismo político tradicional"[220].

219 Idem.

220 MERQUIOR, José Guilherme. O Liberalismo Antigo e Moderno (e-book). É Realizações, 2016.

"Liberismo", cumpre esclarecer, era uma expressão de origem italiana utilizada por Merquior para significar a valorização intensificada da liberdade econômica. Ela apareceu dentro da discussão, na década de 1920, entre Benedetto Croce (1866-1952), historiador e filósofo que foi ministro da Educação naquele país, e o economista e presidente da Itália, Luigi Einaudi (1874-1961). Croce foi um pensador que rejeitou o jusnaturalismo, preferindo enxergar na liberdade um direito historicamente construído que necessitaria de constante proteção para subsistir. Manifestou hesitações em relação à democracia, exibindo pendores aristocráticos e anticlericais, e chegou a transigir com o fascismo por pouco tempo para logo rechaçá-lo fortemente. Esse pensador cunhou a distinção entre liberalismo e liberismo, salientando que, "enquanto o liberalismo é um princípio ético, o liberismo não passa de um preceito econômico que, tomado equivocadamente por uma ideia liberal, degrada o liberalismo a um baixo hedonismo utilitário"[221]. Ele desenvolveu com o tempo uma visão mais positiva dos militantes socialistas e sindicalistas, acreditando, como Stuart Mill havia chegado a especular, que talvez o capitalismo pudesse ser suplantado por outras fórmulas econômicas. Einaudi, membro da Sociedade Mont Pélerin, um dos arquitetos originais da União Europeia e um liberal identificado com a tradição clássica do liberalismo, enfrentou os argumentos de Croce, não admitindo a possibilidade de dissociar, na prática, a liberdade econômica das demais liberdades. O próprio Merquior, apesar de reconhecer a necessidade de mitigar o que chamava de liberismo, não deixou de reconhecer que a liberdade econômica era necessária, afirmando que a bandeira de Croce, apresentada em termos absolutos, se encontrava já defasada no mundo contemporâneo, marcado por liberalizações nesse campo. Liberais sociais como Hobhouse tampouco, como cremos ter restado claro, abdicavam da ideia de liberdade econômica; de fato, na história da tradição liberal inteira, a tese croceana não se sustenta.

Há ainda quem situe, e assim o faz igualmente Merquior, um autor alemão extremamente importante na área do Direito como um

---

[221] Idem.

representante do liberalismo social, embora ele mesmo não tenha assumido de forma muito específica um partido filosófico-político ou ideológico: o jurista Hans Kelsen (1881-1973), nome de destaque durante a República de Weimar, breve período republicano que vigorou entre a Primeira Guerra Mundial e a ascensão do nazismo. Autor de *Teoria Pura do Direito*, Kelsen reestruturou a tradição do positivismo jurídico, que afastava "o direito natural, reconhecendo a contingência do laço que liga o Direito à moralidade"[222]. Kelsen acrescentou a essa tradição a noção de que o Direito teria uma natureza normativa: uma determinação, para se revestir de legalidade, precisaria da chancela de "uma norma jurídica fundada, por sua vez, em toda uma cadeia de outras normas"[223]. O Estado kelseniano seria nada mais que uma estrutura jurídica; com essa teoria, ele combateu as teses antiliberais de Carl Schmitt (1888-1987), enfatizando que a estrutura estatal permaneceria sempre sendo um aspecto no interior da sociedade e não algo com que toda a sociedade se devesse confundir. Asseverou, no entanto, que o Estado "reflete a natureza de uma ordem jurídica que, como o direito positivo, regula sua própria criação"[224]. O autor alemão defendeu a democracia liberal como um arranjo institucional condizente com o pluralismo de valores reinante em nossa cultura, mas não com base em direitos naturais ou princípios atemporais, razão por que recebeu críticas de liberais que se aventuraram a discorrer sobre a temática jurídica, a exemplo de Hayek.

O liberalismo social teve também nos Estados Unidos um espaço importante de desenvolvimento naquelas suas primeiras décadas. Merquior apontou o presidente eleito pelo Partido Democrata, Woodrow Wilson (1856-1924), como um dos precursores do alojamento desse discurso na grande potência americana. O motivo seria seu programa eleitoral, *A nova liberdade*, que não fustigava o capitalismo, mas prometia leis de contenção dos trustes, o que

---

[222] Idem.

[223] Idem.

[224] Idem.

já representaria uma restrição importante na ideia de *laissez-faire*. Mais ou menos ao mesmo tempo, Merquior realçou o papel acadêmico de John Dewey (1859-1952), um pedagogo que valorizava a educação como ferramenta para fortalecer a democracia liberal e considerava a moral e a política objetos tanto sociais quanto experimentais. Em polêmica com o bolchevique Leon Trótski (1879-1940), Dewey concordou com o autor socialista em que a ética não é absolutista, seja esse absolutismo religioso ou laico. O fim objetivado, para ele, proporcionaria os únicos critérios para a definição da moral, assim como Trótski considerava que a moral de um caminho adotado seria apreciada a partir de sua concordância ou não com os propósitos da revolução comunista. Porém,

> "se os meios são justificados na medida em que conduzem a fins apropriados, é por isso mesmo mais necessário examinar cada meio com muito cuidado para determinar inteiramente quais seriam as suas consequências",

o que Trótski não fazia ao exaltar de forma precipitada o terror revolucionário como meio para a emancipação humana; com isso, Dewey permanecia no terreno de uma espécie de liberalismo social associado à tradição filosófica do Pragmatismo americano, valorizando o autodesenvolvimento e a participação democrática, isto é, os valores identificados com as liberdades, respectivamente, alemã e francesa.

Cabe dizer que esse conceito de "liberdade positiva" por oposição à "liberdade negativa", central para a apreciação sintética que estamos desenvolvendo, foi popularizado nas discussões teóricas pelo filósofo e historiador Isaiah Berlin (1909-1997), nascido na Letônia e que construiu sua carreira na Inglaterra. Ele considerava a liberdade negativa essencial e manifestava seu diagnóstico de que excessos oriundos da noção de liberdade positiva haviam desembocado nas tiranias modernas. No entanto, Berlin não foi intransigente a esse respeito, já que, embora tenha sido um crítico contumaz do Marxismo e do totalitarismo, foi, por exemplo, um apoiador da política intervencionista do *New Deal* do presidente americano Franklin Delano Roosevelt (1882-1945) e de um moderado Estado de bem-estar social[225].

7.4. O socialismo Fabiano

Ao mesmo tempo em que o liberalismo social experimentava os desdobramentos que acabamos de mencionar, foi fundada no Reino Unido a Sociedade Fabiana, em 1884. No coração desta organização estavam Sidney Webb (1859-1947) e Beatrice Webb (1858-1943). No começo, a Sociedade Fabiana era um agrupamento de intelectuais e escritores que defendiam a realização de reformas sociais, mas não havia aderido a nenhuma corrente de pensamento específica. Assumiu-se, porém, algum tempo depois, como uma organização socialista de estratégia reformista, gradual, desenvolvendo teorias e proposições para mudanças que tornassem a sociedade mais justa. Essas mudanças envolviam, de forma geral, a crença em uma presença significativamente maior do Estado, a aposta na propriedade estatal de empreendimentos e a aversão ao capitalismo como a fonte da maior parte dos males sociais. Os socialistas Fabianos acreditavam na renovação socializante através da educação e da divulgação teórica. Por isso, o casal Webb fundou também em 1895 a London School of Economics and Political Science. O Fabianismo, portanto, era uma transplantação do desejo social-democrata da Europa continental por perseguir objetivos socialistas por meios democráticos; porém, não era um partido que organizava os operários e sim uma organização de intelectuais.

7.5. Diferenças e oposições entre essas correntes

O que se tem até aqui é que o liberalismo social, a social-democracia e o socialismo Fabiano (que não é, na verdade, oposto

---

[225] http://www.oxonianreview.org/wp/isaiah-berlin-a-defence/. Acesso em 27.01.2022.

ou essencialmente distinto da social-democracia, mas uma variante "letrada" nascida de uma iniciativa de intelectuais britânicos) foram todos respostas políticas a um cenário de emergência do operariado, de urbanização e de aumento dos interesses manifestados dentro do sistema político representativo estabelecido pelos liberais no período anterior. Sentindo que havia necessidades sociais que precisavam ser enfrentadas, eles entenderam que o Estado deveria, quer para manter a ordem social, removendo instabilidades geradas pela pobreza extrema, quer para alcançar a perfeição da sociedade comunista algum dia, ter um papel maior que o advogado pelos liberais clássicos ou liberais conservadores.

Não são, porém, por mais que haja uma grande causa única e que as fronteiras sejam difusas, as mesmas tradições políticas. A grande distinção se faz observando-se o movimento e a genealogia dessas correntes – como, repito, não pode deixar de ser com as correntes políticas, que são fenômenos históricos. O liberalismo social é uma corrente que parte do liberalismo, nasce dentro da ambiência liberal, e absorve aspectos das demandas trabalhistas e da chamada "questão social". A social-democracia é uma corrente que, ao contrário, parte do socialismo marxista e absorve aspectos da democracia liberal, ajustando-se de forma gradualmente mais confortável ao seu jogo.

Leonard Hobhouse, por exemplo, embora tenha feito considerações positivas a respeito de sua presença no debate público, rejeitava em essência a Sociedade Fabiana, que era uma manifestação da social-democracia. Hobhouse defendia que os pobres precisavam de certo nível de auxílio estatal para poderem se desenvolver como indivíduos. As políticas apoiadas por ele e seus pares, no entanto, como apreciamos, em geral se restringiam a ações indiretas do Estado pretendendo exatamente o "florescimento" individual. Legislações como seguros-desemprego, pensões para idosos pobres e auxílios no âmbito da saúde e da educação estavam entre as medidas que esses atores sociais sustentavam e fizeram aprovar. A despeito disso, o mesmo Hobhouse continuava elogiando o manchesteriano Richard Cobden, dizendo que ele e outros liberais clássicos foram essenciais para desmontar diversas formas indignas de coerção. Para ele, os sociais-democratas da Sociedade Fabiana estabeleciam o retorno ou o incremento de algumas dessas formas de coerção, aumentando o poder da burocracia estatal e obstaculizando o progresso. Os liberais sociais, conquanto apoiando o nascimento de um conjunto de medidas que conformariam um modelo mínimo de estado de bem-estar social inaugural (*welfare state*), defendiam a economia de mercado, o capitalismo, a responsabilidade fiscal e os valores centrais do liberalismo, bem como não demonstravam grande entusiasmo com o Estado-empresário.

Com o tempo, século XX adentro, a social-democracia da Europa continental se dividiu em dois grupos: os que ainda acreditavam em que uma forma ideal de socialismo seria atingida por vias democráticas e os que decidiram acreditar em que seria possível obter uma sociedade mais "justa" (o que quer que isso signifique) através de uma "domesticação" do capitalismo, sem abandoná-lo completamente. A vertente mais moderada, que defendia políticas economicamente estatistas e maior regulamentação da economia, mas não o horizonte marxista tradicional da eliminação do capitalismo, se tornou gradativamente predominante. As designações variam até hoje; alguns se dizem apenas "sociais-democratas", outros "socialistas democráticos". Vertentes mais radicais em suas propostas de estatização costumam preferir a última designação, mas, sejam mais ou menos radicais, os principais grupos partidários de esquerda na Europa são formas, mais ou menos radicais, mais ou menos moderadas, de social-democracia.

No Reino Unido, o trabalhismo encontrou abrigo em um novo partido, o Partido Trabalhista, fundado em 1900. O Partido Trabalhista britânico é, portanto, a contraparte britânica da social-democracia continental. A Sociedade Fabiana se tornou um dos grupos associados ao Partido Trabalhista e, existente até hoje como *think tank*, elabora proposições de políticas públicas para a legenda. O Partido Liberal, que originalmente havia abrigado candidaturas trabalhistas, começou a minguar, "achatado" entre o Partido Conservador britânico e o Partido Trabalhista, e se tornou uma terceira força, até desaparecer, com sua fusão décadas depois com outra sigla para formar o atual

Partido Liberal Democrata, também de peso reduzido comparado aos dois protagonistas da política britânica. Fica a reflexão: não teriam as concessões dos liberais sociais do partido às políticas mais intervencionistas "passado do ponto" na prática e, em alguma medida, aberto caminho para a sua descaracterização e a diminuição de sua relevância?

7.6. O Keynesianismo

Antes disso, no entanto, houve uma figura que viria complicar a nossa equação até aqui desenvolvida: o economista John Maynard Keynes (1883-1946), autor de *A Teoria Geral do Emprego, do Juro e da Moeda*. Devemos lembrar, para começo de conversa, que, com a emergência das democracias de massa, com as contestações ao liberalismo por esse ângulo social e a configuração do liberalismo social e da social-democracia, também emergiam ataques mais violentos ao regime liberal-democrático. Os "comunistas", como ficaram conhecidos os marxistas que seguiram a via revolucionária e estabeleceram a ascensão do Partido Bolchevique na Rússia de 1917, abrindo portas à União Soviética, bem como os fascistas, nacional-socialistas alemães, integralistas, tradicionalistas e outras correntes autoritárias e antiliberais, ganhavam corpo e deixavam os liberais acuados.

O papel de Keynes nesse universo todo é objeto de profunda controvérsia. De um lado, ele surgiu precisamente no contexto da tradição liberal social, de forma alguma da tradição social-democrata. Foi junto ao Partido Liberal que ele iniciou e construiu sua trajetória, mantendo relativa hostilidade ao Partido Trabalhista em si. José Guilherme Merquior elencou Keynes entre os liberais sociais em *O Liberalismo Antigo e Moderno*; liberais brasileiros como o professor Antonio Paim chegaram a acreditar que ele teve um papel importante para "salvar o capitalismo" e preservar o liberalismo mediante concessões necessárias no contexto em que atuou. Mesmo brasileiros influenciados por Mises ou Hayek, como Eugênio Gudin (1886-1986), também tinham aderências keynesianas, e liberais como o americano Milton Friedman, que desenvolveu forte crítica ao Keynesianismo, absorveram aspectos de suas alegadas inovações macroeconômicas. A Macroeconomia, ademais, faz parte hoje da ortodoxia econômica.

Por outro lado, Keynes manteve por certo período relações notórias com a Sociedade Fabiana, sendo amigo do casal Webb. Conforme Ralph Rico, do Mises Institute, ele resenhou de forma elogiosa a obra *Soviet communism* (1935), de autoria dos Webb, dizendo que, desde que com reservas cautelosamente conservadoras, algumas experiências do socialismo soviético poderiam, talvez, se provar interessantes aos britânicos. Apesar de ser uma situação mais censurável, já que o socialismo marxista-leninista soviético era (cruelmente) distinto do socialismo utópico, "advogados de defesa" de Keynes poderiam argumentar que não é algo tão diferente da postura de John Stuart Mill perante as experimentações desta última tradição.

Seguramente, Keynes desprezava *O Capital* de Karl Marx, como testemunha esta citação: "Como poderia eu aceitar a doutrina que é baseada numa bíblia, acima e fora de qualquer crítica, um livro-texto obsoleto que eu sei ser não só cientificamente errado como sem nenhum interesse ou aplicação para o mundo moderno? Como posso eu adotar um credo que prefere a lama à limpeza, exalta o grosseiro proletariado acima do burguês e da inteligência, que, sejam quais forem seus defeitos, são o que a vida tem de mais qualificado e certamente contêm as sementes de todo o progresso humano? Mesmo que precisássemos de uma religião, como poderíamos encontrá-la no turvo refugo das livrarias comunistas? É duro para um filho educado e decente da Europa Ocidental encontrar seus ideais por lá (na URSS) a não ser que passe por um estranho e horrível processo de conversão que altere todos os seus valores"[226]. Seu temperamento era hostil à luta de classes e apegado à burguesia escolarizada.

---

[226] KEYNES, J. M. The Collected Writings of John Maynard Keynes, Editado por D.E.Moggridge. Vol. IX, Essays in Pesuasion. London: Macmillan, p. 258.

Ao mesmo tempo, Keynes não deixou de elogiar também o clássico *O Caminho da Servidão* de Hayek, apresentado comumente como seu nêmesis. Chegou a afirmar que o Estado só deveria fazer o que a sociedade não pode e que não discordava, em essência, da tese central hayekiana. Sobre sua própria teoria, ele pensava: "As implicações da teoria exposta nas páginas precedentes são, a outros respeitos, razoavelmente conservadoras. Embora essa teoria indique ser de importância vital o estabelecimento de certos controles sobre atividades que hoje são confiadas, em sua maioria, à iniciativa privada, há muitas outras áreas que permanecem sem interferência. O Estado deverá exercer uma orientação sobre a propensão a consumir, em parte através de seu sistema de tributação, em parte por meio da fixação da taxa de juros e, em parte, talvez, recorrendo a outras medidas. Por outro lado, parece improvável que a influência da política bancária sobre a taxa de juros seja suficiente por si mesma para determinar um volume de investimento ótimo. Eu entendo, portanto, que uma socialização algo ampla dos investimentos será o único meio de assegurar uma situação aproximada de pleno emprego, embora isso não implique a necessidade de excluir ajustes e fórmulas de toda espécie que permitam ao Estado cooperar com a iniciativa privada. Mas, fora disso, não se vê nenhuma razão evidente que justifique um socialismo de Estado abrangendo a maior parte da vida econômica da nação. Não é a propriedade dos meios de produção que convém ao Estado assumir. Se o Estado for capaz de determinar o montante agregado dos recursos destinados a aumentar esses meios e a taxa básica de remuneração aos seus detentores, terá realizado o que lhe compete. Ademais, as medidas necessárias de socialização podem ser introduzidas gradualmente, sem afetar as tradições generalizadas da sociedade"[227].

---

[227] KEYNES apud RODRÍGUEZ, Ricardo Vélez. Keynes, economia e humanismo. Disponível em: https://www.ricardovelez.com.br/blog/keynes-economia-e-humanismo. Acesso em 27.01.2022.

O Keynesianismo, grosso modo, acreditava que, em situações de crise, o governo deveria ampliar gastos, por não ser possível aguardar uma imediata elevação de investimentos e consumo privados. Conforme Paim em *Evolução Histórica do Liberalismo*, Keynes atribuía ao Estado liberal a "manutenção de determinada taxa de ocupação de mão de obra, reformulando nesse particular a doutrina clássica acerca do desemprego. Para que tal se dê, incumbe-lhe estimular os investimentos. Neste sentido, deve cuidar sucessivamente da redução da taxa de juros, a fim de que as economias (poupanças) assumam de preferência a forma de inversões"[228]. O Estado poderia, com esse fim, também influir sobre o sistema através da tributação e outras medidas. Deveria, porém, manter "as vantagens do individualismo (eficiência, proveniente da descentralização das decisões, e liberdade pessoal)"[229] e admitir a utilidade e moralidade do lucro.

Diante de tudo isso, permanece a discussão, travada de forma apaixonada por muitos, quanto a se Keynes foi um representante mais pronunciado do liberalismo social inaugurado por Mill, Hobhouse e quejandos ou se teria cruzado uma linha para fora dessa categoria. Não pretendemos pontificar na questão, de difícil solução em autor que tanto divide e tantas facetas demonstra, e que talvez não tenha uma única resposta certa – afinal, boa parte dos autores que estamos analisando não passava o tempo a tentar se encaixar em um rótulo, uma escola ou um partido. O fato é que, quisesse o autor ou não, as teses keynesianas foram apropriadas maciçamente pelos partidos sociais-democratas propriamente ditos, que se tornaram, como se costuma afirmar nos meios acadêmicos de economistas, "mais keynesianos do que Keynes", radicalizando suas teses e acoplando-as a modelos cada vez mais sofisticados de *welfare state*. O resultado, como no caso sueco, foi o colapso, especialmente a partir da década de 1970.

---

[228] PAIM, Antonio. Evolução Histórica do Liberalismo. LVM Editora, 2019, p. 177.

[229] Idem, p. 179.

7.7. A reação ao Keynesianismo e a Terceira Via

Uma reação à "Revolução Keynesiana" e à ascensão simultânea do liberalismo social e da social-democracia se desenhou dentro de círculos intelectuais, principalmente de economistas que simpatizavam com o liberalismo clássico. Dentro de associações como a Mont Pèlerin Society, eles se organizaram, discutiram e passaram a difundir suas teses. Gestaram-se correntes como o ordoliberalismo e a economia social de mercado na Alemanha, o ramo misesiano da Escola Austríaca – englobando a defesa, por parte do próprio Mises, de um Estado restrito a segurança e justiça, ou a visão de um Hayek, que admitia arranjos mínimos de segurança social –, a Escola de Chicago de Milton Friedman e, paralelamente, correntes mais radicais como a filosofia objetivista de Ayn Rand e o anarcocapitalismo de Murray Rothbard. Esses grupos, chamados por alguns de "neoliberais" ou "libertários", forneceram elementos teóricos, nos anos de 1980, para uma reação pró-mercado que subsidiou governos como os de Konrad Adenauer (1876-1967), Augusto Pinochet (1915-2006), Ronald Reagan e Margaret Thatcher, bem como o Consenso de Washington, de 1989, em que economistas de diferentes organizações financeiras elencaram sugestões de medidas fiscalmente responsáveis e liberalizantes.

Essas ideias foram mais bem recepcionadas em partidos liberais clássicos e conservadores, e sobre elas falaremos de forma mais aprofundada nos capítulos seguintes. Contudo, os partidos sociais-democratas, diante do colapso da União Soviética e a decadência econômica, com a falência dos modelos que adotavam, também tiveram que absorver aspectos dessa crítica economicamente liberal. Com isso, dentro da social-democracia, surgiu uma corrente ainda menos estatizante e mais preocupada com o problema fiscal. Sem necessariamente se confundir com o liberalismo social, por manter a ênfase em um discurso paternalista e demonstrar aceitação algo superior do aumento da carga tributária ou dos gastos públicos, essa corrente se aproximou dele, ao admitir privatizações e a autonomia de Bancos

Centrais. No Reino Unido, sob a elaboração teórica de Anthony Giddens (n. 1938) e a aplicação prática de Tony Blair (n. 1958), que se viu incapaz de reverter muitas conquistas do *thatcherismo*, ela recebeu a designação de Terceira Via. A Sociedade Fabiana, aparentemente, acompanhou esse movimento e ajudou a municiar o governo de Blair, ainda que não tenha nem de longe o protagonismo do passado.

7.8. Breves considerações acerca de discussões conceituais no cenário brasileiro

Feito esse resumo, permitimo-nos uma interrupção para tecer breves comentários com relação ao cenário brasileiro. Há registro da presença de alguns socialistas utópicos no Brasil ainda no século XIX, no Império; menciona-se a participação de alguns na Revolução Praieira de 1848, por exemplo. Os anarquistas de esquerda ganharam corpo no movimento operário do começo do século XX, até que o comunismo passou a predominar, com a fundação do Partido Comunista em 1922. Simultaneamente, com a emergência da "questão social", liberais como Rui Barbosa (1849-1923), por exemplo, conforme se depreende de seus discursos de campanha em 1919, se aproximaram das teses do liberalismo social da "escola" de Hobhouse, em emergência na época. O trabalhismo brasileiro, em vez de se assemelhar ao britânico ou à social-democracia europeia, porém, seguiu curso particular; desenvolveu-se sob a tutela dos sindicatos ligados ao Ministério do Trabalho estadonovista e, portanto, ainda que ancorado nas teses de Alberto Pasqualini (1901-1960), recebeu influência do Positivismo e do Castilhismo gaúcho, associando-se, até configurar-se no Partido Trabalhista Brasileiro, à figura do ditador Getúlio Vargas (1882-1954). Tem, portanto, identificação não propriamente com o Marxismo originário da social-democracia europeia, mas com o nacional-populismo dos caudilhos latino-americanos. Surgiu, porém, uma esquerda minoritária não-getulista, a "Esquerda Democrática", que deu origem ao Partido Socialista Brasileiro histórico e defendia uma plataforma típica da social-democracia, mesmo sendo um partido de artistas e intelectuais e não propriamente de operários. Já o liberalismo social marcaria certa presença na União Democrática Nacional, o grande partido antigetulista, bem como o ordoliberalismo e a economia social de mercado, cuja tradição alemã do pós-guerra seria influente, por exemplo, sobre o pensamento de Carlos Lacerda (1914-1977).

Ousamos agora avaliar certas considerações superficiais que são ouvidas nos embates políticos do Brasil do século XXI. Quando se diz, por exemplo, que "os tucanos são socialistas Fabianos", deve-se, primeiro, ter cautela quanto a uma generalização do partido. O Partido da Social-Democracia Brasileira, cujos adeptos são chamados de "tucanos", congregava, em sua fundação, diferentes correntes. É um partido que emerge de uma dissidência do antigo MDB, grande sigla de oposição à ditadura militar. Conforme o ex-presidente Fernando Henrique Cardoso (n. 1931), vinculado ao PSDB, reconheceu, seu partido não teve a mesma origem dos partidos sociais-democratas europeus. Não surgiu como um partido de operários, calcado na questão do trabalho braçal. Já nasceu apelando às chamadas "classes médias". Não tem nenhuma grande vinculação direta com a Sociedade Fabiana britânica; pode-se dizer, caso se queira, sem recorrer a exageros conspiratórios, que muitos tucanos são "socialistas Fabianos", entretanto, se com isso se estiver querendo dizer que são "sociais-democratas", porque de fato expressam identificação com a visão de mundo desta corrente, que foi extremamente influente sobre a Nova República e a Constituição de 1988.

O próprio Fernando Henrique Cardoso, pessoalmente integrante dos círculos de Tony Blair, representou, como presidente, a Terceira Via. Por isso, não estamos de acordo com os que o designam "liberal de esquerda" ou "liberal social". A maneira mais judiciosa de se referir a ele, que seria preferida por ele próprio, é a de "social-democrata de Terceira Via", posto que ele vem de uma perspectiva social-democrata que se abriu a certas reformas privatizantes, não de uma perspectiva liberal como um Hobhouse ou um Rui Barbosa. Em março de 1990, publicou trabalho já influenciado por essa abordagem, sob o título

A social-democracia: o que é, o que propõe para o Brasil, em que ele mesmo definiu a social-democracia como "uma corrente política que quer corrigir as injustiças sociais e melhorar as condições de vida do povo através de reformas livremente consentidas pela sociedade, dentro de um regime democrático", lutando "pela manutenção e ampliação das liberdades democráticas; pela valorização do trabalho e a elevação do nível de vida dos trabalhadores; pela subordinação do poder econômico ao controle democrático da sociedade". Argumentou que "os liberais conservadores, que costumam falar como se fossem os pais da democracia, parecem muitas vezes ter mais horror do povo do que dos ditadores, principalmente quando imaginam que a participação do povo na política pode questionar o direito de propriedade. Por isso, acabaram muitas vezes apoiando regimes ditatoriais e tolerando violações dos direitos humanos (como no Brasil depois de 1964)"[230]. Sobre economia, afirmou que "governos sociais-democratas podem promover, como já promoveram, a estatização de empresas. Mas também podem privatizar ou desativar empresas estatais ineficientes – como começa a ser feito, aliás, pelo próprio socialismo da '*perestroika*', que descobriu que a estatização total da economia gera ineficiência e estagnação. A social-democracia não aceita, por outro lado, a tese do 'quanto menos governo melhor'. Primeiro, porque nem sempre as leis do mercado e da livre concorrência são capazes de harmonizar automaticamente os interesses particulares e o interesse geral da sociedade, como afirmam os liberais. E hoje, em muitos ramos da economia, não existe concorrência e sim monopólio, o que dá a algumas empresas gigantes – privadas ou estatais – oportunidade de aumentar seus lucros, não pela eficiência, mas à custa do prejuízo de outras empresas e do resto da sociedade. Por tudo isso, nos países capitalistas desenvolvidos, o Estado nunca deixou de intervir na economia, direta ou indiretamente, para evitar crises, impulsionar o

---

230 CARDOSO, Fernando Henrique. Social-democracia: o que é, o que propõe para o Brasil, 1990. Disponível em: https://fundacaofhc.org.br/files/social_democracia.pdf. Acesso em 27.01.2022.

desenvolvimento, conter abusos do poder econômico contra os assalariados, pequenos produtores, consumidores, o meio ambiente"[231].

O que aconteceu na prática de seu governo foi que construiu uma coalizão com o PFL, tendo por vice-presidente Marco Maciel (1940-2021), que era um teórico do liberalismo social. Assim como o antigo Partido Liberal britânico se alinhava aos trabalhistas ainda sem partido próprio, os governos do PSDB dos anos 1990 no Brasil foram, grosso modo, uma coalizão chefiada por um social-democrata de Terceira Via e um liberal social. Isso levou a uma série de reformas privatistas e fiscais de grande importância, mas com aumento da carga tributária e a manutenção ou incremento de diversos aspectos de que os liberais em geral discordariam.

7.9. O pensamento de Norberto Bobbio e o estranho "socialismo liberal"

Retomando o livro do professor Luciano Camerino acerca do liberalismo social, que nos auxiliará novamente nesta etapa de nosso histórico, cumpre salientar que o segundo pensador central analisado na obra se desenvolveu no pitoresco contexto do liberalismo italiano, que emergiu dos proprietários de terra e não da burguesia industrial como na Inglaterra (o contexto italiano, aliás, nesse aspecto, é mais semelhante ao do liberalismo brasileiro do século XIX). O movimento liberal italiano, centrado na figura de Piero Gobetti (1901-1926), acreditem se quiserem, nasceu acreditando que "tanto o liberalismo clássico quanto o socialismo deveriam manter um frutífero diálogo" e serem "considerados e harmonizados"[232], o que se fortaleceu quando, já diante da ascensão do fascismo, liberais, católicos, socialistas e comunistas se uniram na resistência.

---

[231] Idem.

[232] CAMERINO, Luciano Caldas. O liberalismo social em John Stuart Mill e Norberto Bobbio. Editora LiberArs, 2020, p. 119.

Para Camerino, o fracionamento da Itália em rivalidades regionais seculares e o peso da tradição católica, "que impediu o desenvolvimento do indivíduo autônomo e de uma consciência e sociedade laicas"[233] – à diferença da sociedade inglesa, onde deu-se uma competição religiosa que impulsionou as reflexões liberais sobre a tolerância no campo da fé desde o pensamento de John Locke –, comprometeram o desenvolvimento vicejante do liberalismo italiano. Com isso, construindo seu Estado nacional ainda sob a dominação de formas de poder tradicionais e conjugando a industrialização com a emergência operária, a Itália levou seu liberalismo a se afastar rapidamente da defesa mais sólida e autônoma do liberalismo econômico – ou, conforme o italiano Benedetto Croce (1866-1952), "liberismo", expressão que, como salientamos, era empregada por Merquior no Brasil.

Gobetti, curiosamente, chegou a ser amigo e colaborador do famigerado marxista italiano Antônio Gramsci (1891-1937), sustentando que era necessário difundir no liberalismo os valores igualitários da tradição socialista. Assim, em especial na década de 1930, vinculando-se ao *Partido d'Azione*, os liberais italianos consideraram que a pulsão socialista por mais igualdade precisava, de alguma forma, ser absorvida pelo liberalismo, a despeito de admitirem que o socialismo real era despótico. Mais do que "liberalismo social", os italianos criaram a tradição, para nós algo bizarra, de identificarem seu movimento como "liberal socialismo" ou "socialismo liberal". Esse espírito sincrético inspirou o próprio Partido Comunista Italiano, cujo líder Palmiro Togliatti (1893-1964) aceitava e propunha inclusive o pluralismo político, julgando-o pertinente a uma democracia progressiva.

Para os ditos "liberais socialistas", o liberalismo era visto como um método, um conjunto de regras, um processo pelo qual a humanidade avançaria por tentativa e erro. Já o socialismo seria uma proposta destinada a traduzir os sonhos e aspirações dessa mesma humanidade, a democratização plena das relações sociais, o que só poderia ser

---

[233] Idem, p. 120.

buscado em liberdade, com o fortalecimento dos operários na vida pública.

Norberto Bobbio se inscreveu nessa tradição, afirmando que o liberalismo social deveria se basear "no reconhecimento dos direitos sociais, exigidos pela tradição do movimento socialista, como condição prévia ao exercício dos direitos de liberdade, exigidos pela tradição liberal. Socialismo e liberalismo não são incompatíveis, segundo ele, mas as formas e modos de sua possível síntese são discutíveis"[234]. Influenciado pelo que Camerino apresentou como sendo um liberalismo agonístico, reconhecendo a tensão entre interesses e visões distintas no jogo político, e pelo conceito de sociedade aberta de Karl Popper (1902-1994), Bobbio se ocupou mais de questões político-institucionais que de questões econômicas.

Avesso a extremos, ele admitia que liberdade e igualdade eram valores em tensão, que nunca se poderiam realizar em termos absolutos sem se excluírem mutuamente. Defendia a democracia, a liberdade e os direitos humanos como valores liberais inegociáveis, mas dialogava constantemente com os comunistas. Classificava no campo da esquerda, em direção à tradição socialista, o pensar político que valorizasse a igualdade e, à direita, o que valorizasse um pensamento inigualitário; ele próprio se considerava à esquerda, alegando seu desconforto com os abismos sociais e econômicos. Destacava "que Mill tem consciência de que, além dos valores liberais, uma sociedade precisa ser organizada segundo princípios equitativos que seriam princípios de justiça distributiva. Assim, em Stuart Mill, na opinião de Bobbio, temos a passagem do estado liberal para o estado social, ou liberal social, onde o direito, além de ter função repressiva e protetora, tem também uma dimensão de promoção, ou positiva. Em resumo, uma sociedade que pretende permanecer reunida necessita de critérios de redistribuição de riqueza"[235].

---

[234] Idem, p. 131.

[235] Idem, p. 152.

Bobbio, "estudando os direitos humanos, defende a sua universalização e a sua particularização, quando se tornam específicos e passam a defender os direitos dos idosos, das crianças, das mulheres, das comunidades LGBT e, finalmente, do meio ambiente e dos animais, e ainda o direito a uma morte digna. (...) Embora sem defender a estatização dos meios de produção, em entrevista a Bresser Pereira, considerou que o liberalismo social é equivalente à social-democracia e, nele, o Estado deve atuar para corrigir os defeitos do mercado"[236].

7.10. Max Weber, John Rawls e a reação de Robert Nozick

Parece válido aproveitar a oportunidade para abordar brevemente dois outros autores importantes. O primeiro deles foi o sociólogo Max Weber, que, de acordo com o professor Camerino, estabeleceu as bases do "liberalismo agonístico", uma forma de ler o liberalismo que diferiu do jusnaturalismo e do utilitarismo. O motivo para isso teria sido o fato de que Weber colheu influências do próprio Karl Marx e da filosofia de Friedrich Nietzsche (1844-1900). Deste último, Weber colheu parte da crítica aos valores ocidentais, especificamente no campo da crítica à ideia de progresso. O intelectual alemão entendeu que o processo de racionalização e burocratização que se operava no desenvolvimento do Ocidente representava uma ameaça aos valores do liberalismo, com sua característica de padronização, pois o liberalismo dependeria de uma "estrutura econômica e política pluralista, o que exigiria a competição entre indivíduos e grupos, da mesma forma que os estados e nações, as classes e os partidos estão em permanente disputa"[237]. Camerino sustenta que Weber aceitou o materialismo histórico marxista em seu método, mas não o aceitou como visão de mundo.

[236] Idem, p. 203.
[237] Idem, p. 113.

Do pensamento nietschzeano, Weber extraiu também a descrença em que o desenvolvimento econômico propiciado pelo liberalismo clássico teria consequências magníficas no campo do fomento da paz. De certo modo em oposição ao otimismo de um manchesteriano como Cobden, ele preferia enxergar que a luta de classes, a competição entre os países e mesmo as guerras não desapareceriam, por mais ricas que as nações se tornassem, podendo até se intensificar com o incremento da fartura material. A burocracia tenderia a "concentrar os meios de administração, da mesma forma que a burguesia dispõe dos meios de produção e as forças armadas detêm o monopólio das armas"[238]. Essa burocratização, sob a forma de funcionários permanentes em administrações profissionais, também se apossou dos partidos políticos modernos, determinando entrechoques, inclusive, entre esse funcionalismo e os líderes políticos carismáticos. "O carisma de um candidato pode, nesse contexto, ter menos peso do que discursos demagógicos ou recursos disponibilizados para campanhas; candidatos medíocres, porém astuciosos, dotados de apelo de massa, também costumam ter mais chances de triunfar"[239], sintetiza Camerino a partir dos diagnósticos weberianos.

Por isso, do ponto de vista prático, atuando no fim do século XIX, Weber propôs aos alemães uma aliança entre o proletariado e a burguesia em torno de um projeto, ao mesmo tempo, liberal e imperialista de expansão econômica. O raciocínio do pensador alemão foi análogo ao dos liberais sociais britânicos: o de que a burguesia deveria se aliar aos operários contra a aristocracia, no caso germânico, para promover um sistema baseado em uma economia industrial e fazer frente a um "nacionalismo baseado na '*matchpolitik*' (política do poder), que manteria os trabalhadores e a burguesia em uma situação de subordinação"[240].

[238] Idem, p. 114.
[239] Idem, p. 114.
[240] Idem, p. 114.

O pensamento weberiano surge no contexto de emergência, conforme Merquior, em paralelo à *Bildung* humboldtiana e kantiana, da noção alemã de *Rechtsstaat*, equivalente a "Estado de Direito", contemplando os direitos individuais e o constitucionalismo. A expressão foi desenvolvida pelo jurista Robert von Mohl (1799-1875), que atuou como ministro da Justiça durante o breve governo estabelecido pela Revolução de 1848. Esse projeto liberal estava, na Alemanha, em oposição ao *Polizeistaat*, ou "Estado de Polícia", que seria o Estado absolutista esclarecido, com uma visão paternalista. Entre os dois projetos, estava a visão de Friedrich Julius Stahl (1802-1861), que "favorecia o governo constitucional, mas asseverou que, por meio da lei, competia ao Estado o direito de determinar e garantir o escopo e os limites da ação governamental, assim como os da esfera da liberdade de seus cidadãos – nessa ordem"[241]. Mais conservador, Stahl queria afastar o democratismo francês de Rousseau e Robespierre do liberalismo alemão.

Dentro desse universo de debate jurídico sobre o liberalismo e as políticas centralizadoras e paternalistas de Bismarck, Weber começou a atuar sob o ponto de vista de um liberalismo nacionalista, que defendia a percepção de uma Alemanha como grande potência e de um regime parlamentar como a melhor maneira de selecionar lideranças mais competentes para erguer o país para a grandeza. Nisso, Merquior enxergava o Nietzsche em Weber: a valorização da potência, das lideranças. Através dessa ferramenta liberal de seleção, líderes com talento e carisma poderiam ser projetados para se sobressaírem aos riscos da burocracia moderna paralisante e perigosamente autoritária. Sua concepção é tratada por "agonística" ou "realista" porque, em vez de justificar as instituições liberais com base em um grande sistema ético, em direitos naturais ou no pensamento benthamita, Weber entendia simplesmente que era um arranjo do poder político que permitiria a convivência entre valores profundamente divergentes em

[241] MERQUIOR, José Guilherme. O Liberalismo Antigo e Moderno (e-book). É Realizações, 2016.

constante conflito, partindo da constatação de que não seria possível a adoção de um só. Assim resumiu Merquior a visão política de Weber:

> "Weber ansiava por cesarismo eletivo, liderança plebiscitária; e no debate constitucional no começo da República de Weimar ele prescreveu uma presidência forte que brotasse do sufrágio universal. O liberalismo de Weber não continha qualquer teoria de direitos naturais e nenhum amor pela democracia. Weber rejeitou o socialismo porque, independentemente da revolução (a qual, no caso dos sociais-democratas alemães, ele percebeu que era mais retórica que uma ameaça real), o socialismo engendraria um planejamento social amplo e, portanto, mais burocracia, por mais que fossem democráticas as suas intenções. A própria democracia, em sua opinião, não acarretaria qualquer verdadeira distribuição de poder, apenas um declínio de chefes locais e uma ascensão do líder plebiscitário, devido à emergência de grandes máquinas partidárias para enfrentar o sufrágio em massa"[242].

Uma observação mais arguta sobre o papel das oligarquias políticas em grandes democracias modernas, segundo Merquior, levou Weber a rever sua confiança nos Parlamentos como seletores de líderes, mas ele seguiu acreditando que o órgão legislativo teria o papel de protetor dos direitos civis. Merquior continuou a classificá-lo como uma espécie de liberal conservador, talvez por sua visão posteriormente desencantada com as possibilidades da atividade parlamentar, mas Camerino considera que, ao atuar como crítico de Bismarck, ele se encaminhou para "uma espécie de liberalismo social e democrático"[243]. Weber ainda defendeu a importância dos sindicatos autônomos como ferramentas que, se fortalecidas, blindariam os trabalhadores contra tentações socialistas e permitiriam que participassem da construção da grandeza nacional com que tanto se preocupava.

---

[242] Idem.

[243] CAMERINO, Luciano Caldas. O liberalismo social em John Stuart Mill e Norberto Bobbio. Editora LiberArs, 2020, p. 115.

O segundo autor que gostaríamos de apreciar ainda neste capítulo, relacionado diretamente à temática em análise, foi John Rawls, filósofo americano e autor do livro *Teoria da Justiça* (1971), um dos mais influentes das últimas décadas. Na opinião do professor Ubiratan Borges de Macedo, a filosofia rawlsiana, que vem sendo suscitada por muitos militantes como a melhor configuração do liberalismo – para alguns pretensiosos, a única que deveria ser aceita –, ultrapassou a preocupação liberal social típica com a igualdade de oportunidades para avançar em certo nível de igualitarismo de resultados.

O tema rawlsiano era a "justiça social, isto é, a 'justiça da estrutura básica da sociedade', ou a maneira como se distribuem direitos e deveres fundamentais e a partilha do produto social, isto corporificado na constituição e arranjos econômicos sociais"[244]. Rawls partiu da concepção contratualista hipotética, imaginando a reunião de uma sociedade para estabelecer princípios "socialmente justos" que passariam a regê-la. No momento de firmar esse pacto social inaugural, os indivíduos se colocariam em posição de "desconhecer" as funções e estratos que ocupariam nessa sociedade, em situação de equidade e dispostos a uma reflexão racional sobre o seu bem e seu propósito no convívio social. Mesmo admitindo que, como seres humanos, temos interesses e sentimentos egoístas, Rawls acreditava que a sociedade faria a opção pelo arranjo que ofereceria as melhores garantias para todos e reduziria as diferenças sociais e econômicas supostamente perturbadoras, precisamente por cada indivíduo não saber de forma exata qual seria sua sorte depois que o arranjo estivesse em operação. Para ele, esse objetivo seria atingido da melhor forma a partir da admissão de dois princípios:

> "Primeiro – Cada pessoa deve ter um igual direito à mais extensa liberdade básica compatível com liberdade similar para outros.

---

[244] MACEDO, Ubiratan Borges. Liberalismo e Justiça Social. Ibrasa, 1995, p. 89.

> Segundo – Desigualdades sociais e econômicas devem ser combinadas de modo a que ambas (a) correspondam à expectativa de ser para vantagem de cada um, e (b) ligadas a posições e empregos abertos a todos"[245].

Esses princípios se subordinariam ao seguinte postulado acerca da justiça: "Todos os valores sociais – liberdade e responsabilidade, renda e riqueza, as bases do respeito próprio – devem ser distribuídos igualmente, a menos que uma distribuição desigual de algum ou de todos estes valores viesse a trazer vantagens para cada um"[246].

Rawls elaborou mais detalhadamente seus princípios da seguinte forma:

> "Primeiro princípio: cada pessoa tem de ter um igual direito ao mais extensivo sistema total de básicas liberdades iguais, compatíveis com um similar sistema de liberdade para todos.
>
> Segundo princípio: as desigualdades sociais e econômicas têm de ser ajustadas de maneira que sejam tanto: a) para o maior benefício dos menos privilegiados, consistente com o princípio justo de poupança, como b) ligadas a cargos e posições abertos a todos, sob condições de equitativa igualdade de oportunidades.
>
> Primeira regra de prioridade: A Prioridade da Liberdade. Os princípios de justiça têm de ser ordenados em sequência léxica e, portanto, a liberdade só pode ser restringida por conta da liberdade. Há dois casos:
>
> a) uma liberdade menos extensa deve fortalecer o total sistema de liberdade, compartilhado por todos;
> b) uma liberdade menos que igual deve ser aceitável àqueles com a liberdade menor.

---

[245] RAWLS apud MACEDO, Ubiratan Borges. Liberalismo e Justiça Social. Ibrasa, 1995, p. 90.

[246] Idem, p. 90.

Segunda regra de prioridade: a Prioridade da Justiça sobre a Eficiência e o Bem-Estar. O segundo princípio de justiça é lexicamente anterior ao princípio da eficiência e ao da maximização da soma de vantagens; e a oportunidade equitativa é anterior ao princípio da diferença.

Há dois casos:

a) uma desigualdade de oportunidade deve realçar as oportunidades daqueles com menor oportunidade;
b) uma excessiva taxa de poupança deve, em equilíbrio, mitigar o fardo daqueles que estão suportando esse encargo.

Concepção geral: todos os bens sociais primários – liberdade e oportunidade, renda e riqueza e as bases do autorrespeito – têm de ser distribuídos igualmente, a menos que uma desigual distribuição de qualquer um desses bens for em favor do menos privilegiado"[247].

Na prática, a teoria extremamente abstrata de Rawls favoreceria a proximidade dos indivíduos em relação à igualdade original do pacto social, o que conduziria a um igualitarismo mais próximo do socialismo que do liberalismo clássico, na visão do professor Ubiratan Borges de Macedo. Rawls admitia o mercado, mas este deveria estar subordinado a seu complexo esquema de princípios sociais ideais. Ele tinha em baixíssima conta a meritocracia e a concorrência e dizia que "igualdade de oportunidades significa uma oportunidade igual para deixar os menos afortunados para trás, na busca pessoal da influência e posição social"[248]. Os critérios rawlsianos levariam a, por exemplo, aplicar mais recursos para educar as pessoas menos inteligentes e menos recursos para educar as mais inteligentes, compensando as desigualdades – mas arriscando-se a abdicar da eficiência geral da sociedade. Também levariam, conforme concluiu o professor Ubiratan, a considerar as capacidades e talentos dos indivíduos

[247] Idem, p. 90.
[248] Idem, p. 91.

sobretudo como recursos à disposição do todo social, principalmente dos menos afortunados, e recursos a serem reorganizados e dispostos de acordo com os princípios que ele, John Rawls, julgou mais adequados em seu sistema. Assim, ele disse simplesmente que "aqueles que foram beneficiados pela natureza, quem quer que sejam, podem obter proveito da sua boa sorte, apenas na medida em que melhorassem a situação dos menos favorecidos. (...) Ninguém merece uma capacidade natural maior, nem tampouco um ponto de partida mais favorável na sociedade"[249].

Não importava para Rawls que a natureza houvesse dotado um indivíduo de aptidões e recursos, à revelia de seus esforços ou vontades; o julgamento do filósofo americano tacharia tais dotes de imerecidos e exigiria que eles fossem colocados à disposição dos princípios de justiça para serem organizados e distribuídos a serviço dos mais pobres ou "azarados" – por exemplo, através de rigorosos impostos sobre a transmissão de heranças. Para ele, o ideal de sociedade ainda seria uma democracia liberal, mas uma em que cada pessoa tivesse direito a um patamar pleno de liberdades básicas iguais e em que as desigualdades somente fossem aceitas se fossem consideradas úteis aos membros da sociedade em posição mais desfavorável. Este segundo critério era chamado por ele de "princípio da diferença".

Ao contrário dos liberais sociais de influência utilitarista, que aceitaram políticas de Estado para distribuição de riqueza por considerá-las essencialmente úteis, Rawls preferiu seguir um caminho distinto do de Mill e seus discípulos e construir um sistema com regras fixas de justiça que contemplariam essa distribuição, com base em um cenário idealizado e completamente hipotético, jamais concretizado na História. Conforme Camerino, "Rawls considera que o mercado, na sua teoria, é valorizado mais como uma condição necessária à liberdade individual e à igualdade do que como instrumento de eficácia e prosperidade econômica; a prosperidade está a serviço de um objetivo mais alto, tendo um valor instrumental em relação ao fim desejado, que

[249] Idem, p. 92.

é a autonomia individual. Assim, o princípio ético liberal prepondera sobre a organização econômica da sociedade, sendo possível imaginar outras formas aceitáveis de organização da produção, até mesmo socialistas, desde que assegurem com maior sucesso as premissas do contrato original"[250]. O próprio John Rawls admitiu que a escolha entre a economia de mercado ou o socialismo, do ponto de vista econômico, para definir qual dos dois satisfaria melhor às regras da justiça, "é algo que não pode, acredito, ser determinado de antemão. Presumivelmente não há resposta geral a essa questão, uma vez que isso depende em larga medida das tradições, instituições e forças sociais de cada país e de suas circunstâncias históricas específicas. A teoria da justiça não inclui essas questões"[251].

Em direção semelhante, e saudando o trabalho rawlsiano, iria a obra do filósofo do Direito Ronald Dworkin, que construiu um sistema "em que os indivíduos possuem seus direitos diante dos outros e da sociedade como um todo na condição de 'trunfos' ou reivindicações perante a sociedade que não podem ser suplantadas por outras reivindicações de natureza diversa". Entre esses direitos estaria uma equidade mínima de renda, obtida por algum tipo de transferência monetária, "de modo a que os resultados desiguais do livre mercado não penalizem excessivamente os que, por nenhuma escolha livre, tenham condições e capacidades inferiores às necessárias para obter sucesso na economia livre"[252].

As argumentações rawlsianas parecem ir significativamente além do que diziam os liberais sociais anteriores. Elas o fazem a tal ponto que, francamente, é duvidoso se seria adequado mantê-lo circunscrito nessa categoria, ensejando o questionamento quanto a se um John Rawls já não cruzou uma fronteira para ingressar à social-democracia

---

[250] CAMERINO, Luciano Caldas. O liberalismo social em John Stuart Mill e Norberto Bobbio. Editora LiberArs, 2020, p. 216.

[251] RAWLS apud CAMERINO, Luciano Caldas. O liberalismo social em John Stuart Mill e Norberto Bobbio. Editora LiberArs, 2020, p. 217.

[252] SANTOS, Gustavo Adolfo. As Vertentes Contemporâneas do Liberalismo Político. In: PAIM, Antonio. Evolução Histórica do Liberalismo, 2019, p. 248.

propriamente dita. Pode-se argumentar, como faz Camerino, que John Stuart Mill também dialogou com os socialistas utópicos e abriu margem para a hipótese de suas teorias estarem corretas, mas o pensador vitoriano atuava no século XIX e não nas últimas décadas do século XX, o que honestamente nos parece representar alguma diferença. O também filósofo norte-americano Robert Nozick (1938-2002), em sua obra *Anarquia, Estado e Utopia* (1974), reagiu ao clássico de Rawls e inscreveu seu nome na história do liberalismo e do libertarianismo. Ele se mostrou inconformado com a teoria rawlsiana sobre os dotes naturais, afirmando que cada indivíduo deve reter aquilo de que dispõe e aquilo que acumular, a menos que o tenha feito de forma violenta ou fraudulenta – e apenas isso configuraria tal aquisição como injusta. Esse autor ridicularizou essa teoria rawlsiana com exemplos extremos, como a hipótese de obrigar pessoas com dois olhos a ceder um olho para aqueles que são cegos, dentro de uma determinada população, sob o pretexto de que isso seria mais "justo".

Conforme o próprio Nozick, reagindo enfaticamente contra todos os liberais sociais e sociais-democratas, a premissa a ser defendida é a de que "um Estado mínimo, limitado às funções restritas de proteção contra a força, o roubo, a fraude, de fiscalização do cumprimento de contratos e assim por diante justifica-se; que o Estado mais amplo violará os direitos das pessoas de não serem forçadas a fazer certas coisas, e que não se justifica; e que o Estado mínimo é tanto inspirador quanto certo"[253]. A proposição de Nozick era o chamado "minarquismo", restringindo o Estado inteiramente à segurança e à justiça, opondo-se tanto a diversas outras vertentes do liberalismo quanto ao anarquismo. Foi na tentativa de refutar o libertarianismo anarquista que Nozick desenvolveu seu próprio sistema de libertarianismo minarquista, mobilizando-o em seguida contra o pensamento de John Rawls. Ele optou por retomar o contratualismo lockeano para construir sua abordagem e justificar a existência do Estado, opondo-o

[253] NOZICK, Robert. Anarquismo, Estado e Utopia. Jorge Zahar Editora, 1974, p. 9.

ao contrato social peculiar do sistema rawlsiano, bem como abdicando da abordagem "agonística" de Weber. O próprio Nozick confessou na introdução de seu livro mais popular que uma conversa com Murray Rothbard despertou seu interesse para as teses anarquistas de mercado. Ainda exporemos sinteticamente essas teses mais adiante, mas convém aqui antecipar alguns de seus argumentos para esclarecer as contra argumentações de Nozick. Por exemplo, os anarquistas de mercado defendem que a segurança e a justiça deveriam ser operadas por agências privadas.

Contra as teorias anarquistas, Nozick argumentou que a concorrência entre diferentes agências privadas dedicadas à segurança e justiça em um mesmo local geraria uma série de dificuldades caso essas agências, contratadas para um mesmo caso por pessoas distintas, tomassem decisões diferentes. Aconteceria uma de três consequências: uma agência poderia vencer sempre, e nesse caso a outra perderia seus clientes; cada agência passaria a ter vitórias concentradas em uma área geográfica, o que faria com que os seus clientes também aí se concentrassem; as agências se cansariam de entrechoques e concordariam em ceder autoridade decisória a um terceiro corpo jurídico. "Em todos esses casos", argumentou Nozick, "quase todas as pessoas residentes em uma área geográfica encontram-se sob algum sistema comum que julga entre suas reivindicações concorrentes e lhes faz cumprir os direitos. Da anarquia gerada por grupamentos espontâneos, associações de proteção mútua, divisão de trabalho, pressões de mercado, economias de escala e auto interesse racional, surge algo que se assemelha muito a um Estado mínimo ou a um grupo de Estados mínimos geograficamente distintos. Por que esse sistema de mercado difere de todos os demais mercados? Por que um virtual monopólio surgiria nesse mercado sem a intervenção do governo, que, em outras situações, o cria e mantém? O valor do produto adquirido – a proteção contra os demais – é relativo; depende de quão fortes são os demais. Ainda assim, ao contrário dos outros bens que são avaliados comparativamente, serviços concorrentes de proteção máxima não podem coexistir. A natureza do serviço coloca não só diferentes agências em concorrência pela preferência dos clientes, mas também as lança em violentos conflitos entre si. Além disso, uma vez que o valor de menos que o produto máximo declina desproporcionalmente com o número dos que o compram, os clientes não se satisfarão tranquilamente com o bem inferior e companhias concorrentes serão colhidas em uma espiral declinante"[254].

Nozick ainda defenderia que aqueles que não pudessem pagar a proteção ofertada pelo Estado poderiam ser protegidos, o que se justificaria pelo princípio de compensação, "que requer que os que agem em causa própria para aumentar sua própria segurança compensem aqueles a quem proíbem de praticar atos arriscados que possam realmente ter-se revelado inócuos, pelas desvantagens impostas aos mesmos"[255].

Curiosamente, Robert Nozick preferiu não retomar a temática da filosofia política, ressaltando que seu pensamento enveredava prioritariamente por outros âmbitos que não aquele de seu livro mais famoso. A ideia de ser visto como um filósofo político aparentemente o incomodava. Apenas uma vez ele voltou a se expressar a respeito desse campo[256], e o fez para reverter seu libertarianismo minarquista posteriormente. Em *The Examined Life*, de 1989, o próprio autor se encarregou de criticar suas ideias, afirmando que considerava equivocadas suas concepções tão popularizadas na obra *Anarquia, Estado e Utopia*: "A posição libertária que eu propus anteriormente parece-me agora seriamente inadequada, em parte porque não alinhava integralmente as considerações humanas e as atividades cooperativas comuns que ela deixara de considerar mais proximamente em sua estrutura. Ela negligenciou a importância simbólica de uma preocupação política oficial com certas matérias ou problemas

[254] Idem, p. 31.

[255] Idem, p. 131.

[256] MICHEL, Voltaire de Freitas. Os Fundamentos do Liberalismo de Robert Nozick. UFRGS, 2003. Disponível em: https://lume.ufrgs.br/handle/10183/104819. Acesso em 30.01.2023.

como um meio de assinalar sua importância e urgência, e assim de expressar, intensificar, canalizar, encorajar e validar nossas ações privadas e preocupações em direção a essas matérias ou preocupações. Objetivos comuns que o governo ignora completamente – é diferente com objetivos privados ou familiares – tendem a parecer imerecedores de nossa atenção comum e, assim, tenderão a ser ignorados. Há algumas coisas que escolhemos fazer juntos através do governo numa solene afirmação de nossa solidariedade humana, reafirmada pelo fato de que nós as fazemos juntos nessa forma oficial e frequentemente também pelo próprio conteúdo da ação"[257].

A despeito da presença de pensadores como Nozick, em se tratando de Estados Unidos, cumpre enfatizar que a influência do liberalismo social e do Keynesianismo foi de tal forma relevante que, em especial dentro do Partido Democrata, a expressão "*liberal*", ao longo do começo do século XX, passou a ser associada naquele país às posturas políticas daqueles que defendiam políticas progressivamente mais intervencionistas, tornando-se basicamente um sinônimo de "esquerdista". Isso atingiu tal dimensão que o uso da expressão "liberalismo" nos Estados Unidos no sentido clássico praticamente caiu em desuso. Posicionamentos liberais clássicos são encontrados naquele país entre os chamados "*conservatives*" ou conservadores, que por vezes apresentam uma versão americana dos entendimentos tradicionalmente associados às vertentes conservadoras do liberalismo, ou dos "*libertarians*" ou libertários, a exemplo de Nozick. Esse fato linguístico *sui generis* atesta a força que a tradição liberal social teve sobre aquele povo, embora certos governantes e parlamentares eleitos pelo Partido Democrata tenham adquirido contornos muito mais radicais – por vezes até abertamente socialistas – do que os pioneiros do liberalismo social jamais teriam admitido.

---

[257] NOZICK, Robert. The Examined Life. New York: Touchstone, 1989.

7.11. Considerações conclusivas sobre o liberalismo social

É fato que, ao contrário do que preconiza um mito largamente difundido, o capitalismo *laissez-faire* nunca foi uma unanimidade, sequer uma postura majoritária na história do liberalismo. Figuras como Mises, Ayn Rand e seus discípulos sem dúvida o defenderam, ainda que a segunda, ao contrário do primeiro, sustentasse que ele só se configuraria, de fato, quando não houvesse mais impostos e sim um Estado mantido de forma voluntária. Hayek, no entanto, foi claro em sua condenação do *laissez-faire*, visto como um obstáculo ao desenvolvimento do liberalismo em seu clássico *O Caminho da Servidão*. Ele e muitos de seus discípulos, como o brasileiro Donald Stewart Jr., também defenderam medidas como a ajuda estatal aos mais pobres, oferecendo uma renda mínima de proteção, mediante um sistema como o de *vouchers*, apreciado pelo economista da escola de Chicago, Milton Friedman, "pelo simples fato", diria Stewart, "de pertencerem à mesma comunidade"[258], pois isso seria do interesse de todos os cidadãos, já que é destrutivo e danoso à liberdade e à vida de todos coexistir com a miséria, além de prejudicial a todo o sistema de mercado, que perde em consumidores e mão de obra. Nos capítulos subsequentes, detalharemos as teses desses personagens fundamentais.

Nenhum desses autores, no entanto, está inscrito na tradição liberal social, sendo antes considerados seus adversários, tratados como "neoliberais" ou liberais conservadores. Pode-se argumentar que a pressão do liberalismo social "forçou" a aceitação de uma atuação maior do Estado por parte deles, mas, como o próprio professor Camerino admite, sua postura não é realmente uma ruptura com o liberalismo clássico, já que o próprio Adam Smith admitia, por exemplo, a educação pública e certas intervenções estatais.

---

[258] STEWART JR., Donald. O Que é o Liberalismo. LVM Editora, 2019, p. 123.

Sendo assim, permitindo-nos um ligeiro apontamento pessoal, não nos parece necessário ou desejável o relacionamento que os primeiros liberais sociais empreenderam com a tradição socialista e que Norberto Bobbio e seus pares continuaram a empreender. A tolerância e o respeito não devem ser confundidos com o sincretismo. Tudo, é claro, deve ser julgado de acordo com a circunstância histórica; ao tempo de Stuart Mill, as experiências socialistas utópicas ainda tinham o frescor da novidade e o socialismo marxista sequer se tinha assentado e "dado o ar de sua graça" no chamado socialismo real. Seu interesse intelectual na possibilidade de oferecer contribuições úteis é perfeitamente compreensível, em nossa opinião. Conforme também já devidamente enfatizamos, de modo algum isso deveria retirá-lo da condição de personagem da história do liberalismo.

No entanto, os falanstérios de Fourier, as comunidades imaginadas de Owen, o regime industrial de Saint-Simon ou a ditadura do proletariado que se "suicida" *a posteriori* de Marx são todos sistemas, uns pacíficos, outros violentos, que se provaram ou completamente fracassados ou insuficientes para se impor a sociedades complexas. Pessoalmente, não reconhecemos valor em uma pitoresca síntese "liberal socialista" no século XXI.

Mais do que Mill, Bobbio e seus companheiros fizeram algo que soa ainda pior: trazer para o "time" figuras como Antônio Gramsci e assumir explicitamente a identificação com o ideário social-democrata, como o famoso pensador italiano acabou fazendo, conforme Camerino explicita ao final de sua obra – e como parece claramente insistir em fazer, de outro modo, a filosofia de John Rawls. Se o liberalismo se fundir à social-democracia, ele já não terá qualquer proposta diferenciada a apresentar. Em ponto extremo, no contexto brasileiro, estaríamos nos rendendo ao consenso social-democrata na Nova República se enfatizássemos essa linha de pensamento. Os que proclamam essa equiparação parecem sofrer de um problema que acomete muitos intelectuais contemporâneos: o fetiche por soar interessados nas boas causas, por demonstrarem compadecimento da dor alheia, o desejo de ser "socialista" apenas porque o termo tem boa reputação e supostamente monopoliza as aspirações virtuosas.

As ideias keynesianas, uma consequência mais robusta e tardia da tradição liberal social, acabaram sendo, de fato, apropriadas e sofisticadas pelas correntes sociais-democratas e por outros grupos estatizantes. As apreciações finais de Camerino a respeito de Bobbio exibem outro problema de seu pensamento, em nossa visão: a brecha aberta para que o liberalismo absorva, sob o pretexto da defesa nobre das minorias, a agenda das políticas identitárias, que pouco ou nada têm a ver com o liberalismo e, nos tempos atuais, representam, antes, uma grave ameaça de corrosão. Parece, pelo exposto, que o liberalismo social é mais permeável a esses gêneros indesejáveis de desnaturação que outras vertentes do liberalismo.

A despeito de nossas discordâncias, o liberalismo social é um capítulo da história do liberalismo e uma de suas vertentes, com a qual precisamos dialogar.

8.

A ESCOLA AUSTRÍACA

8.1. A Escola Austríaca e a Revolução Marginalista

A Escola Austríaca de Economia é hoje uma corrente em ascensão no Brasil e exibe um panteão de contribuições para o pensamento liberal desde o seu surgimento. Representa uma das principais vertentes a reagirem ao Keynesianismo e à onda intervencionista no século XX. O leitor liberal provavelmente a conhecerá, ao menos superficialmente, mas isso não diminui a necessidade de trazer agora nossos apontamentos a seu respeito.

Em primeiro lugar, importa reconhecer que a Escola Austríaca é um aspecto de um quadro maior: a chamada Revolução Marginalista, que promoveu a ruptura com o paradigma da Economia clássica de Adam Smith e seus sucessores imediatos, como os também britânicos David Ricardo (1772-1823) e Thomas Malthus (1766-1834), sobre o "valor". Essa ruptura levou os economistas a produzirem uma abordagem mais apurada, designada pelo nome de "Escola neoclássica", que, na verdade, é uma denominação genérica para um amontoado de autores e escolas diferentes, de diferentes países, que desenvolveram um novo paradigma, rompendo com a teoria do valor-trabalho. Os neoclássicos compreenderam que não era a quantidade de trabalho que determinava o valor dos produtos, mas a utilidade marginal – isto é, o que determina o valor de uma mercadoria não é o trabalho dispendido para confeccioná-la, mas o acréscimo na satisfação do indivíduo ao adquirir certa quantidade adicional dessa mesma mercadoria.

Por volta de um mesmo período, diversos economistas em diferentes lugares do mundo desenvolveram conclusões nessa direção – que, vale repetir, conforme respeitados analistas, foi, na verdade, uma recuperação e reapresentação do entendimento dos antigos estudiosos escolásticos tardios da Escola de Salamanca. Destacaram-se nomes como o britânico William Stanley Jevons (1835-1882), que, já dizemos de antemão, ao contrário do que alguns poderiam imaginar, foi defensor de legislações trabalhistas, por exemplo; o suíço Léon Walras (1834-1910), líder do que ficou conhecido como Escola de Lausanne ou Escola Matemática e mestre de Vilfredo Pareto (1848-1923); o inglês Alfred Marshall (1842-1910), professor de Keynes; o sueco Knut Wicksell (1851-1926), um defensor do controle da natalidade com base na teoria de Thomas Malthus de que o excesso de natalidade prejudicaria o fornecimento de meios de subsistência, bem como o principal inspirador da Escola de Estocolmo, que chegou posteriormente a conclusões similares às do Keynesianismo; e o norte-americano Irving Fisher (1867-1947).

A economia *mainstream* passaria a ser uma combinação de aspectos do marginalismo com aspectos do pensamento keynesiano. Posteriormente, sofrendo a influência de Irving Fisher, surgiria a Escola de Chicago, um dos desdobramentos contemporâneos do paradigma neoclássico, que será abordada em nosso próximo capítulo. É uma das principais escolas econômicas voltadas à defesa da liberdade de mercado. Dentro do marginalismo, porém, uma vertente nascida na Áustria com o trabalho do economista Carl Menger adquiriu características peculiares em relação a toda a nova corrente neoclássica, transformando-se no que conhecemos hoje como Escola Austríaca.

Depois de Menger, a escola teve posteriormente uma "segunda geração", em que são apontados nomes como Friedrich von Wieser (1851-1926) e Eugen von Böhm-Bawerk (1851-1914). Durante as primeiras décadas do século XX, iniciou-se uma "terceira geração", da qual Ludwig von Mises, aluno dos seminários de Böhm-Bawerk, é expoente destacado. Em torno dos seminários de Mises foi que, por sua vez, se formou a "quarta geração", em que figurariam Friedrich Hayek e o discípulo mais radical, Murray Rothbard. Outros economistas de destaque na Escola Austríaca seriam Henry Hazlitt (1894-1993) e Israel Kirzner (n. 1930). Nem todos, obviamente, eram austríacos de nascimento; a alcunha se deve apenas ao local de origem das teorias e atitudes desta corrente. Aliás, por óbvio, nem todos os economistas da Áustria se vinculam a esta escola. O famoso economista Joseph Schumpeter (1883-1950), por exemplo, célebre por considerar as inovações tecnológicas e a consequente "destruição criativa" como motores do desenvolvimento, não integrava a Escola Austríaca; acreditava, inclusive, que o triunfo da social-democracia seria inevitável.

Reconhecendo as dificuldades para desempenhar essa tarefa, dadas as sérias discordâncias internas existentes na matéria, o também adepto da Escola Austríaca Fritz Machlup (1902-1983) procurou descrever os princípios mais importantes que distinguiriam a corrente entre as diversas escolas econômicas. Eles seriam: o individualismo metodológico, princípio que define as ações individuais – ou, como diria Mises, as ações humanas, objeto de estudo de uma ciência, chamada Praxeologia – como base para a explicação dos fenômenos econômicos; o subjetivismo metodológico, que ressalta a importância dos julgamentos e escolhas pessoais; os gostos e preferências, ou as valorações subjetivas de bens e serviços, enxergados como determinantes da demanda pelos produtos; os custos de oportunidade, isto é, a avaliação do sacrifício de oportunidades alternativas para calcular o interesse de produzir por parte dos agentes econômicos; o próprio marginalismo; e, finalmente, a estrutura de produção baseada em tempo e consumo, obrigando a que as decisões de poupar derivem de "preferências temporais", levadas em consideração quando os agentes optam por consumir um produto ou investir em um determinado processo de produção no presente imediato ou no futuro mais ou menos distante.

Machlup, entretanto, acrescentaria dois outros princípios como particulares dos alunos de Mises. Um deles seria a soberania do consumidor, decisivamente influente sobre a demanda efetiva dos bens e serviços, como algo que seria um objetivo importante, "(...) atingível apenas pela ausência total de interferência do governo nos mercados e sem restrições à liberdade de vendedores e compradores para seguir o seu próprio julgamento sobre as quantidades, qualidades e preços de produtos e serviços (...)". O outro seria o individualismo político, assim definido: "(...) só quando os indivíduos tiverem uma plena liberdade econômica será possível assegurar a liberdade política e moral. Restrições à liberdade econômica levam, cedo ou tarde, a uma extensão das atividades coercitivas do Estado para o plano político, minando e, por fim, destruindo as liberdades individuais que as sociedades capitalistas foram capazes de alcançar no século XIX"[259].

A vertente também se distinguiu por sua hostilidade aos esquemas matemáticos com que a maioria das próprias escolas neoclássicas passou a trabalhar. Muitos de seus membros rejeitaram até, por exemplo, a defesa de Bancos Centrais promovida pelos economistas de Chicago.

Em nossa abordagem da Escola Austríaca, ocupar-nos-emos de forma mais detida dos dois mais famosos economistas da corrente, Hayek e Mises. A expressão "libertarianismo", embora tenha outras acepções, é empregada neste livro, como em geral se tem feito no Brasil desde a popularização das teses austríacas, para se referir a visões privatistas que se restringem à defesa do minarquismo – aqui compreendido como a limitação do Estado à segurança e à justiça, nada mais, nada menos – ou ao anarquismo de mercado. Geralmente, essas visões estão ligadas ao endosso parcial ou total das ideias de Murray Rothbard, que igualmente advém da Escola Austríaca. Apresentaremos o anarcocapitalismo, contudo, com sua proposta de que o papel do Estado é simplesmente nenhum, em capítulo separado.

Cabe, porém, tecer, como prometido, breves considerações sobre o próprio Menger, autor da obra *Princípios de Economia Política* e tido por marco inaugural desta escola. Apesar da revisão que ajudou

---

[259] MISES, Ludwig von. O Contexto Histórico da Escola Austríaca de Economia. LVM Editora, 2018, p. 23.

a promover quanto à teoria do valor, o economista austríaco foi sempre um agradecido tributário do pensamento de Adam Smith. Não existem muitos trabalhos de sua lavra abordando de forma mais sistemática e objetiva o papel do Estado; no entanto, as transcrições de algumas de suas palestras[260] demonstraram que ele tinha uma visão muito parecida com a do antigo iluminista escocês. Aqueles que, portanto, enaltecem sua recuperação do pensamento escolástico como uma forma de demolir o significado das contribuições smithianas encontrariam pouca ou nenhuma acolhida por parte do próprio Menger. Nosso autor acreditava, resumidamente, que intervenções do Estado na economia poderiam ser necessárias, especialmente, em estágios primitivos de desenvolvimento industrial ou econômico; que o governo poderia ter um papel na infraestrutura, na construção de canais e estradas; que também teria uma função adequada na abertura de escolas; indo além das ideias de Adam Smith, que o Estado poderia atuar na proteção de florestas, antecipando uma série de discussões sobre legislação ambiental; e que poderia exercer uma intervenção, ainda que preferencialmente bastante modesta, no trabalho fabril, por exemplo, com uma pequena limitação de carga horária, principalmente com o objetivo de evitar que os trabalhadores fossem seduzidos pelo comunismo.

A respeito de Adam Smith, em tom elogioso, Menger escreveu:

> "Não é verdade, na realidade é uma falsificação da história, dizer que Adam Smith foi um dogmático defensor do princípio "*laissez faire, laissez passer*" e que ele acreditava que o jogo completamente livre dos interesses individuais levaria à cura econômica da sociedade. Em várias partes de sua obra, ele admite que os esforços e interesses de indivíduos e classes sociais inteiras estão em oposição direta aos interesses públicos.

---

[260] IKEDA, Yukihiro. Carl Menger's Liberalism Revisited. Disponível em: https://www.hetsa.org.au/hetsa2009/conference_papers/7.%20Yukihiro%20Ikeda%20Carl%20Menger%27s%20Liberalism%20Revisited.pdf. Acesso em 31.01.2023.

Ele não só aceitou a intervenção do Estado em muitos casos, mas também acreditava que era uma ordem de humanidade considerando o bem-estar público"[261].

O que se poderia aconselhar aos que, portanto, lançam mão de Menger para "destruir" Adam Smith é que não tentem ser mais realistas que o rei.

8.2. Ludwig von Mises sobre intervencionismo, socialismo e anarquismo

Nascido na Áustria, Mises migrou para os Estados Unidos em fuga do regime nazista. Entre todos os liberais da História, Mises foi um dos que defenderam a menor gama de atuações e intervenções do Estado. Teve diversos alunos importantes além de Hayek, nem todos totalmente fiéis aos postulados da Escola Austríaca. Constantemente criticado por seu temperamento difícil, era um intransigente defensor da economia de mercado e dizia sempre estar atrelado à tradição do liberalismo clássico dos séculos XVIII e XIX. Autor de diversos livros, podemos ressaltar, para nossos propósitos, duas obras de sua lavra: *As Seis Lições* e o grande tratado *Ação Humana*.

As Seis Lições é a mais difundida e a mais simples iniciação ao conhecimento econômico que, de modo geral, fundamenta as teses liberais para essa dimensão da vida humana. É uma coletânea que transcreve seis conferências ministradas por Mises na Argentina, conforme relatou sua esposa Margit von Mises (1890-1993), em julho de 1959, quando o populista Juan Domingo Perón (1895-1974) se via forçado a deixar o país depois de um governo desastroso para as bases da economia argentina.

A primeira das seis lições é a lição sobre o "Capitalismo". Nessa aula, Mises ressaltou a grande virtude do capitalismo moderno como

[261] Idem.

sendo a possibilidade de ascensão social, alterando drasticamente a imperturbabilidade e a relativa inércia dos estamentos sociais nas sociedades antigas. Em seu histórico da origem do capitalismo, ele delineou seu começo nas sociedades rurais, quando o excesso populacional precisou se organizar para ganhar a vida em pequenos negócios. Desde então, surgiu o princípio básico do capitalismo liberal, que seria a soberania do consumidor e a necessidade de os empresários, grandes ou pequenos, lhe ofertarem serviços. Graças ao direito de oferecer serviços a preços mais baratos no mercado e de acumular capital para reinvestir, o capitalismo favoreceu o desenvolvimento tecnológico e melhorou o padrão médio de vida ao redor do globo.

A segunda aula de Mises foi sobre o "Socialismo". Já tendo questionado as ideias de Karl Marx sobre o capitalismo, Mises apresentou ainda outras virtudes de uma sociedade de livre mercado, como a de que os indivíduos podem escolher como se integrar à sociedade – justamente a definição misesiana de "liberdade econômica". Não existindo algo como uma "liberdade perfeita", essa "liberdade econômica" é a melhor já obtida, porque permite aos indivíduos conservar ampla esfera de independência em relação às imposições estatais. Já o socialismo, desprezando a impossibilidade de um só homem ou mesmo um comitê central deter todo o conhecimento acumulado ao longo do tempo para tal propósito, se dispõe a delimitar por planificação centralizada toda a atividade econômica e submete os indivíduos a um regime análogo ao da escravidão. Também no socialismo existe o problema intransponível do cálculo econômico, já que, fora da disputa normal no mercado por mão de obra, instrumentos e bens, não é possível calcular devidamente valores e preços. O socialismo soviético, ainda em plena vigência àquele tempo, somente era viável porque convivia com sociedades de mercado. Mesmo assim, ele apenas comprovava que o padrão de vida no socialismo era inquestionavelmente inferior ao padrão de vida, por exemplo, no capitalismo vivenciado nos Estados Unidos.

O terceiro tema de Mises era o "Intervencionismo", modelo econômico em que, sem ser socialista na acepção plena do termo, o governo exerce impacto elevado sobre a atividade econômica, agindo artificialmente sobre os preços, os padrões salariais, as taxas de juros, os lucros e outros aspectos básicos. Quando isso ocorre, os governos, embora não sonhem com o mundo socialista ideal, querem determinar como os empresários e consumidores devem tomar suas decisões, forçando a emergência de distorções cada vez mais complicadas nas relações no mercado.

Sobre esse aspecto, cumpre abrir parênteses e tecer aqui algumas considerações. Para certos libertários – frise-se novamente, sem generalizações, sequer considerando que sejam a maioria –, ficando apenas nos exemplos teóricos e intelectuais, convém o pensamento extremo de acreditar que Friedrich Hayek, Milton Friedman e tantos outros popularizadores do liberalismo econômico seriam quase a reencarnação de Karl Marx por acreditarem em algumas posturas mais ativas do Estado e terem negado que o liberalismo seja sinônimo de "*laissez-faire* absoluto"; assim como a defesa da existência de um Banco Central, por exemplo, transformaria Milton Friedman e a Escola de Chicago em bolcheviques. Foi contra essas posturas radicais e intransigentes – não, evidentemente, negando aos críticos a possibilidade de contestar todas essas teses – que este nosso trabalho foi produzido.

Certa feita, um respeitado interlocutor, de quem pedimos licença para discordar veementemente, afirmou, a respeito da questão de que alguns libertários e anarcocapitalistas julgam a defesa de intervenções estatais como algo a ser universalmente entendido como uma política "socialista" (ou centralizadora), que não haveria possibilidade de interpretação oposta. Seria uma questão de grau: quem defendesse mais intervenções estatais seria mais socialista, e quem defendesse menos seria menos socialista; porém, se defendesse algumas intervenções, seria socialista em algum grau. Não aceitar isso seria, em seus termos, dissonância cognitiva; não seria considerado um "pecado" por libertários, apressou-se a amenizar este interlocutor, mas seria considerado um erro fatal, que tenderia a levar a consequências danosas.

Nossa hipótese, que nos parece oportuno lançar aqui, é de que a nossa divergência é, fundamentalmente, de opções semânticas, oriundas da polissemia – sempre ela, quase sempre inevitável –, ainda que por detrás dessas opções existam também diferenças de ênfase ideológica.

O comentário de nosso interlocutor adotava um atrelamento de significado entre "socialismo" e "intervenção" como sinônimos, empregando aquela primeira palavra em um sentido relativo e gradativo. Ele quis dizer que – e aqui corremos o risco de repetir o que já está claro –, independentemente das cores ideológicas e da substância estética e retórica com que se adornem, quaisquer medidas que aumentem a esfera de atuação do Estado agregam um "grau maior de socialismo" e, mesmo em "grau menor", qualquer medida de interferência do Estado, em si mesma, é essencialmente "socialismo".

Essa definição econômica é uma escolha de quem a utiliza perfeitamente viável. É seguida também por Murray Rothbard e é, em ponto extremo, a definição de Herman Hoppe. Essa definição rigorosamente econômica permite considerar, por exemplo, a existência de um "socialismo conservador", tanto quanto de um "socialismo de esquerda", porque certos movimentos conservadores ou democratas cristãos acatarão doses mais elevadas de intervencionismo estatal.

Porém, mesmo em autores que utilizam uma acepção de socialismo baseada fundamentalmente em uma interpretação econômica do seu significado, parece haver divergências semânticas no que diz respeito à associação imediata de sentido entre "intervenção/intervencionismo" e "socialismo". Com efeito, alguns dos principais autores austríacos conhecidos no Brasil estabeleceram claras distinções entre esses conceitos.

Adiantemos brevemente nossa abordagem de Hayek, notório por denunciar que o aumento do Estado conduz gradualmente para *O Caminho da Servidão*, quando, na obra de mesmo nome, disse que a "dicotomia entre a intervenção ou a não intervenção do Estado é inteiramente falsa, e o termo *laissez-faire* é uma definição bastante ambígua e ilusória dos princípios em que se baseia uma política liberal. Está claro que todo o Estado tem de agir, e toda ação do Estado implica intervir nisto ou naquilo. Mas não é isso que vem ao caso.

O importante é saber se o indivíduo pode prever a ação do Estado e utilizar esse conhecimento como um dado na elaboração de seus planos particulares – o que significa que o Estado não pode controlar a forma como seu mecanismo é empregado e que o indivíduo sabe exatamente até que ponto será protegido contra a interferência alheia"[262].

Já Mises, ao contrário de Hayek, defendeu o uso da expressão "*laissez-faire*", mas, desta vez de acordo com Hayek, assinalou que o incremento de medidas intervencionistas para equacionar o que as autoridades do Estado julgassem "socialmente indesejável" tenderia a conduzir ao socialismo. Contudo, foi ainda mais explícito em estabelecer definições distintas para "socialismo" e "intervencionismo": "É necessário (...) evitar que se confunda socialismo com intervencionismo. O intervencionismo ou a economia de mercado obstruída difere do modelo alemão de socialismo pelo simples fato de ainda ser uma economia de mercado. As autoridades interferem no funcionamento da economia de mercado, mas não desejam eliminá-lo completamente. (...) Não pretendem as autoridades integrá-las (suas medidas) num sistema que determinaria todos os preços, salários e taxas de juros, colocando em suas mãos o controle absoluto da produção e do consumo"[263].

Mises também sustentou que medidas tomadas com o fim de preservar e assegurar a propriedade privada não seriam propriamente intervenções. Um anarcocapitalista fatalmente discordaria de Mises, que com isso rechaçou completamente o anarquismo; contudo, se Mises não reconhecia então sequer que essas medidas são "intervenções", quanto mais dizer que são "socialismo" – ao menos não ao redigir seus textos analíticos. Uma coisa é proferir insultos em momentos de destempero – como o famoso "*You are all a bunch of*

---

[262] HAYEK, Friedrich. O Caminho da Servidão. Instituto Ludwig von Mises Brasil, 2010, p. 95.

[263] MISES, Ludwig von. O Contexto Histórico da Escola Austríaca de Economia. LVM Editora, 2018, p. 817.

socialists" que Mises teria exclamado para alguns colegas liberais em uma discussão acalorada; outra é o que consta de suas obras.

Na obra dele, "socialismo" foi sempre definido, recordando-se que a definição é também aí rigorosamente econômica, como o sistema de economia amplamente planificada, não havendo qualquer consideração "de grau" possível. No conceito misesiano, o intervencionismo, este sim, em seus diversos graus, pode levar ao socialismo, mas não é socialismo em si mesmo. O defensor do intervencionismo, portanto, em um grau limitado, não seria, para Mises, um "socialista em algum grau", como gostaria de afirmar nosso referido interlocutor, simplesmente porque o conceito não faria sentido. Sequer a existência de empresas estatais, por exemplo, para Mises, configurava necessariamente um sistema socialista.

Por interessantes que sejam essas diferenças semânticas – dentro das quais não nos parece que se trate tanto de uma discussão de "certo" ou "errado" –, pessoalmente, respeitando as disposições em contrário, iríamos além: não gostamos dessa definição exclusivamente econômica. Parece-nos importante avaliar, sim, em primeiro lugar, a gênese histórica dos conceitos, e, concomitantemente, as implicações estéticas e filosóficas de que se revestem.

A palavra "socialismo" surge no século XIX. Ela se consagrou no uso através dos chamados socialistas utópicos – o próprio Robert Owen com seu fracassado investimento na criação de "meios cooperativos" e sua estranha crítica ao lucro, Charles Fourier e sua teoria dos "falanstérios" e Saint Simon e sua busca por uma "ditadura científico-econômica" dos industrialistas que faria com que todas as "classes sociais" se dissolvessem em uma grande "classe trabalhadora". Em seguida, foi apropriada por Marx e Engels, que se proclamaram fundadores do "socialismo científico", escudando a implantação do sistema em supostas leis cientificamente previsíveis, em uma composição com o sistema hegeliano, como uma superação dos autores anteriores. Surgiu, portanto, atrelada a um complexo de autores que lidaram com a específica realidade do século XIX e, bebendo da fonte da ideologia dos revolucionários franceses – tendo em Rousseau e François Babeuf

(1760-1797) importantes precursores –, desenvolveram propostas de esquematização e planificação socioeconômica com a meta filosófica e simbólica do igualitarismo social e de perseguir pela ação política uma sociedade superior, em maior ou menor grau, dessa ou daquela maneira.

Dizer que o Estado é sinônimo de socialismo equivale a dizer que o "socialismo", tal como concebido originalmente, em termos do que a própria palavra significa, surgiu para combater a si mesmo, pois o mercantilismo, o absolutismo, os impérios da Antiguidade, já eram "socialismos" antes de o socialismo nascer. Dizer, ainda, que um Hayek, um Milton Friedman ou um democrata cristão que defendem essa ou aquela presença do Estado além da idealizada por libertários ou anarquistas é "socialista" por conta disso, sem que a dita meta filosófica e simbólica igualitarista totalizante esteja por detrás de suas iniciativas, parece-nos ter o franco defeito de esvaziar inteiramente a palavra de seu peso histórico original.

Voltando à nossa síntese de *As Seis Lições*, em seguida, Mises abordou a "Inflação", pontuando que a emissão descontrolada de papel-moeda é a causa da elevação significativa de preços, afetando em graus diferentes e em momentos diferentes grupos específicos da população e setores diversificados da atividade econômica. O austríaco fez a observação interessante de que os governos preferem emitir mais papel-moeda e aumentar a inflação a procurar arrecadar fundos com novos impostos, porque estes últimos são invariavelmente impopulares; no entanto, equivocam-se grandemente ao acreditar que é possível conviver de forma perene com a inflação. "O povo, quando deixa de acreditar que o governo será capaz de deter a inflação, ou mesmo que ele tenha qualquer intenção de detê-la, começa a se dar conta de que os preços amanhã serão mais altos que hoje. As pessoas põem-se então a comprar a quaisquer preços, provocando uma alta em níveis tais que o sistema monetário entra em colapso"[264], advertiu

[264] MISES, Ludwig von. As Seis Lições, São Paulo: LVM Editora, 2018, p. 157.

Mises. Ele também defendeu os méritos do antigo padrão-ouro, em que a quantidade de dinheiro disponível, atrelada às reservas de ouro, independia das decisões do governo e dos partidos, e criticou a crença em que a inflação ajuda os trabalhadores. A hipótese de um retorno ao padrão-ouro foi severamente contestada por Milton Friedman.

A penúltima lição tem por título "O Investimento Estrangeiro", em que Mises demonstrou, com exemplos, que os recursos estrangeiros permitem realizar em países que se modernizaram tardiamente o que demoraria muito mais tempo para se realizar sem eles. Países em desenvolvimento, que necessitam de mais capitais, deveriam fortalecer a segurança jurídica para o investidor estrangeiro, fornecendo-lhe a tranquilidade de que seu negócio não será expropriado.

Mises conclui a lista de conferências com a lição intitulada "Política e Ideias". Aqui, ele traçou um elogio aos estadistas dos séculos XVIII e XIX que conceberam o sistema liberal parlamentar e constitucional, presumindo o enriquecimento da sociedade através dos debates partidários e o foco geral no bem-estar de todos. No entanto, com o fortalecimento do intervencionismo, as bases de ideias que forjaram aquelas concepções virtuosas e liberais provocaram uma substituição dos partidos por grupos de pressão meramente desejosos de obter vantagens e privilégios perante todos os demais grupos sociais e indivíduos, buscando, por exemplo, a determinação de impostos aos concorrentes estrangeiros ou estatuir leis que simplesmente impedissem a concorrência.

Mises pareceu se queixar algo ingenuamente de os grupos políticos ou até mesmo parlamentares individuais, geralmente sequiosos de vantagens para os distritos ou setores que os elegeram, não desejarem representar "toda a nação", o que seria mesmo algo um tanto vago, do ponto de vista prático, conforme demonstrariam os economistas da Teoria da Escolha Pública, entre outros autores liberais. Fez um alerta valioso, porém, quando, em vez de pontificar a ditadura como remédio para os problemas que daí decorrem, proferiu seu famoso conselho: "Devemos substituir as ideias errôneas por outras melhores, devemos refutar as doutrinas que promovem a violência sindical.

É nosso dever lutar contra o confisco da propriedade, o controle de preços, a inflação e contra tantos outros males que nos assolam. Ideias, somente ideias, podem iluminar a escuridão. As boas ideias devem ser levadas às pessoas de tal modo que elas se convençam de que essas ideias são as corretas e saibam quais são as errôneas"[265].

Em seu tratado *Ação Humana*, por sua vez, Mises se dedicou a contextualizar e situar na história das ideias a sua proposta da Praxeologia, associando-a às variáveis de tempo e de incerteza em que todas as ações humanas se inscreverão. Noções próprias da economia, como o lucro e os juros, foram justificadas mais à frente como consequências lógicas da presença dessas variáveis. No segundo capítulo, "Ação na sociedade", Mises situou o indivíduo na sociedade e a ação humana num contexto em que se relacionasse diretamente com outras ações humanas. Para a existência dessa cooperação, atribuiu protagonismo à divisão do trabalho e de papeis entre os diferentes indivíduos. Nisso reside um detalhe que merece particular atenção: Mises defendia a cooperação social como um dos fundamentos do liberalismo. Na verdade, ele a via como essencial ao próprio mercado, novamente em oposição a caricaturas bastante corriqueiras entre os detratores do pensamento liberal, e à base da sociedade, conforme explicou também em *O Contexto Histórico da Escola Austríaca:*

> "A grandeza do século XIX consistia no fato de que, em certa medida, as ideias da economia clássica se tornaram a filosofia dominante do Estado e da sociedade. Transformaram a tradicional sociedade estamental em nações de cidadãos livres, o absolutismo real em governo representativo e, sobretudo, a pobreza das massas durante o Antigo Regime no bem-estar de muitos sob o *laissez-faire* capitalista. Hoje, a reação do estatismo e do socialismo está minando as bases da civilização ocidental e do bem-estar. Talvez estejam certos os que afirmem que já é tarde demais para impedir o triunfo final da barbárie e da destruição. No entanto, uma coisa é certa. A sociedade, ou seja, a cooperação pacífica

---

[265] Idem, p. 212.

dos homens sob o princípio da divisão do trabalho, só pode existir e funcionar caso sejam adotadas políticas que a análise econômica declara como aptas para atingir os fins almejados"[266].

Na terceira parte de *Ação Humana*, Mises ofereceu a contribuição que talvez tenha sido a mais reconhecida de sua lavra: sua análise do problema do cálculo econômico. Sua concepção era a mesma que seria ecoada pelos seus pupilos e que representou um torpedo certeiro contra o pensamento coletivista; para atingir os propósitos da ação humana, o "agente homem utiliza o conhecimento proporcionado pelas ciências naturais para elaborar a tecnologia, ou seja, a determinação da ação possível no campo dos eventos externos"[267]. No entanto, no cálculo dos preços assumidos pelos produtos em um sistema de interação social, isso só seria possível "se todos os meios de produção – tanto materiais como humanos – pudessem ser perfeitamente substituídos uns pelos outros segundo proporções determinadas, ou se fossem todos absolutamente específicos"[268]. Não é possível a uma direção central, comandando um sistema de planificação econômica, determinar esses preços de forma sustentável, considerando a lei da escassez. Os mecanismos necessários para que, apreciando os dados disponíveis e estimando os passos futuros, os agentes econômicos realizem esse cálculo estão inseparáveis do "funcionamento de um mercado no qual bens e serviços de qualquer natureza sejam trocados mediante o uso de um meio de troca universalmente aceito"[269]. É impossível a um ser humano ou a um governo deter todo o conjunto de informações necessário para decretar as regras dessa dinâmica, sendo que "as relações de troca estão permanentemente sujeitas a mudanças porque as condições que as determinam estão permanente-

[266] MISES, Ludwig von. O Contexto Histórico da Escola Austríaca, 2018, p. 138.

[267] MISES, Ludwig von. Ação Humana. Instituto Ludwig von Mises Brasil, 2010, p. 258.

[268] Idem, p. 258.

[269] Idem, p. 262.

mente mudando"[270]. Esse cálculo, sendo assim, só pode funcionar de maneira descentralizada, com base em padrões observados, em um regime de "divisão do trabalho e de propriedade privada dos meios de produção, no qual bens e serviços de todas as ordens são comprados e vendidos através do uso generalizado de um meio de troca chamado moeda"[271]; dentro desse regime, o cálculo serve de "instrumento da ação dos indivíduos" e "modo de computar que tem por objetivo avaliar a riqueza e a renda privada e os lucros e perdas dos indivíduos que agem por conta própria numa sociedade de livre empresa"[272].

Mises fez uso deliberado de modelos meramente teóricos de sociedades em que as principais dificuldades dessas variações estivessem suspensas para elaborar suas teorias, mas tudo se prendia à constatação de que os regimes que conhecemos como estatistas somente se viabilizam pela convivência com outros regimes, em outros países, em que a economia de mercado está em vigência mais ou menos plena, a fim de que comparações e delimitações de dados sejam possíveis. O cálculo econômico não é viável no socialismo – e isso o condena a o fracasso.

Na quarta parte, a cataláxia – ou economia de mercado – foi destrinchada em seus pormenores. Mises associava a sua concepção praxeológica aos principais temas que ocupam as mentes dos economistas técnicos, como o processo de formação dos preços, as trocas e as taxas de juros, inseridas na lógica da variável "tempo". Ele discutiu o problema do trabalho e do salário, criticou as imprudentes presunções sociais acerca do desemprego – em geral, potencializado por medidas intervencionistas do Estado e dos grupos de pressão associados a ele –, e procurou ratificar que a economia capitalista e os empresários são vistos com extremo preconceito porque a percepção de que tudo se dividiria em grupos dominantes e dominados produz a ignorância acerca da "soberania do consumidor". Imaginando-se a suspensão

[270] Idem, p. 269.

[271] Idem, p. 281.

[272] Idem, p. 282.

dos atrevimentos indevidos do Estado, os ganhos dos capitalistas se dão em virtude de atenderem às demandas dos consumidores; não haveria, na dinâmica do mercado em si, opressão alguma, porque a riqueza circula a partir da contemplação de interesses mútuos.

Mises elaborou seu diagnóstico acerca da história e da natureza desse preconceito, a princípio dentro do socialismo, na quinta parte – "A cooperação social sem o mercado" –, e em seguida, na sexta, "A intervenção no mercado", em que apreciou diferentes teorias que se desenvolveram no sentido de justificar ações ostensivas do Estado sobre a dinâmica econômica, em tese sem anular totalmente a economia de mercado (a tributação ostensiva, a determinação forçada de preços, a manipulação da moeda, a emissão de crédito, a economia de guerra e o sindicalismo ou corporativismo).

Mises encerrou seu tratado com a sétima parte, "A importância da ciência econômica". Aqui ele considerou que, em geral, a economia não segue satisfatoriamente os contornos das ciências naturais e experimentais, constituindo-se, encaixada no pacote maior da Praxeologia, em uma disciplina baseada no raciocínio. Não enxergar isso levou, na era do intervencionismo, a uma concepção profissional da área que trouxe ares doutorais às mãos de historicistas dogmáticos e populistas, e fê-los sustentar que seriam detentores de conhecimentos superiores em previsão econômica. Apesar disso, ele concluiu com vigor, "o conhecimento acumulado pela ciência econômica é um elemento essencial da civilização humana; é a base sobre a qual se assentam o industrialismo moderno, bem como todas as conquistas morais, intelectuais, tecnológicas e terapêuticas dos últimos séculos. Cabe aos homens decidirem se preferem usar adequadamente esse rico acervo de conhecimento que lhes foi legado ou se preferem deixá-lo de lado. Mas, se não conseguirem usá-lo da melhor maneira possível ou se menosprezarem os seus ensinamentos e as suas advertências, não estarão invalidando a ciência econômica; estarão aniquilando a raça humana"[273].

---

273 Idem, p. 999.

Em relação ao papel do Estado, dentro do movimento libertário, que consolidou posições definitivas em matéria de retração do Estado ao longo do século XX, muitos dos anarcocapitalistas derivaram de aspectos do pensamento misesiano uma concepção anarquista de ideal de mundo, o que é natural, já que Rothbard foi seu aluno. Não que eles avancem em dizer isso, mas parece-nos oportuno frisar que Mises, embora de temperamento mais "radical" do que a maioria dos liberais clássicos, subscrevia a teoria do Estado Liberal de Direito, sustentando que "quem acredita que uma comunidade socialista poderia prescindir da compulsão e da coerção contra o trabalhador indolente, porque todos espontaneamente cumpririam suas tarefas, está sendo vítima das mesmas ilusões inerentes à doutrina do anarquismo"[274].

O pensamento de Mises, marcado por uma mescla de apelo à razão com uma "profissão de fé" de viés utilitário e avesso a concepções religiosas e jusnaturalistas, proclamava nitidamente um papel para o Estado. Mais ainda: Mises era defensor da democracia representativa. Selecionamos alguns trechos em que esses posicionamentos restam explícitos, todos provenientes de *Ação Humana*:

> "(...) o Estado, o aparato social de compulsão e coerção, é uma instituição criada para lidar com a imperfeição humana, e (...) sua função essencial consiste em aplicar punições em minorias, a fim de proteger as maiorias das consequências danosas de suas ações."[275]
>
> "O anarquismo sustenta que a educação poderia fazer com que todos compreendessem qual seria o comportamento mais condizente com os seus interesses; devidamente instruídos, todos se conformariam com as regras de conduta indispensáveis à preservação da sociedade. Os anarquistas afirmam que uma ordem social na qual ninguém tivesse privilégios à custa de seus concidadãos poderia existir sem necessidade de qualquer compulsão ou coerção para impedir ações prejudiciais

[274] Idem, p. 723.

[275] Idem, p. 100.

à sociedade. Tal sociedade ideal poderia prescindir do Estado e do governo, isto é, poderia prescindir do poder de polícia que é o aparato social de coerção e compulsão. Os anarquistas deixam de perceber o fato inegável de que algumas pessoas são ou muito limitadas intelectualmente ou muito fracas para se ajustar espontaneamente às condições da vida social. Mesmo se admitirmos que todos os adultos sadios sejam dotados da faculdade de compreender as vantagens da cooperação social e de agir consequentemente, ainda assim restaria o problema das crianças, dos velhos e dos loucos. Podemos concordar com a afirmação de que pessoas que agem de maneira antissocial devem ser consideradas como doentes mentais e receber cuidados médicos. Mas, enquanto não forem curados e enquanto existirem crianças e velhos, algo precisa ser feito para que não se coloque em risco a sociedade. Uma sociedade anarquista estaria à mercê de qualquer indivíduo. A sociedade não pode existir sem que a maioria das pessoas esteja disposta a impedir, pela ameaça ou pela ação violenta, que minorias venham a destruir a ordem social. Este poder é atribuído ao Estado ou ao governo. O Estado ou o governo é o aparato social de compulsão e coerção. Tem o monopólio da ação violenta. Nenhum indivíduo tem o direito de usar violência ou ameaça de violência se o governo não o investir neste direito. O Estado é essencialmente uma instituição para a preservação de relações pacíficas entre os homens. Não obstante, para preservar a paz, deve estar preparado para reprimir as tentativas de violação da paz."[276]

"O liberalismo entende que os governantes, que são sempre uma minoria, não podem permanecer indefinidamente no poder sem o apoio consentido da maioria dos governados. Qualquer que seja o sistema de governo, a base sobre a qual é construído e o que o sustenta é sempre o entendimento dos governados de que obedecer e ser leal a este governo serve melhor aos seus próprios interesses do que a insurreição e o estabelecimento de um novo regime. (...) Para preservar a paz social, o liberalismo é favorável ao governo democrático. A democracia, portanto, não é uma instituição revolucionária. Ao contrário, é precisamente o

[276] Idem, p. 189.

> modo de evitar revoluções e guerras civis, porque possibilita o ajustamento pacífico do governo à vontade da maioria."[277]
>
> "Governo é, em última instância, o emprego de homens armados, de policiais, guardas, soldados e carrascos. A característica essencial do governo é a de poder fazer cumprir os seus decretos batendo, matando e prendendo. Quem pede maior intervenção estatal está, em última análise, pedindo mais compulsão e menos liberdade. Chamar atenção para esse fato não implica condenar a existência do governo, pois, na realidade, a cooperação social pacífica seria impossível na ausência de um instrumento que impeça, pela força se preciso, a ação de indivíduos ou grupos de indivíduos antissociais. Não nos enganemos proclamando, como fazem muitos, que o governo é um mal, embora um mal necessário e indispensável. Aquilo que é necessário para atingir um fim é um meio; é o custo a ser incorrido para atingir o fim desejado. Considerar tal custo como um mal, no sentido moral da expressão, é um julgamento arbitrário."[278]

Perceba-se que o próprio Mises, um dos liberais mais intransigentes na condenação de intervenções estatais, acostumado a brigar com os demais economistas liberais de seu próprio tempo, não admitia que se falasse no governo como um "mal necessário". Para ele, veja-se só, se era necessário, não poderia ser um mal – e ele julgava necessário.

Esse governo deveria se restringir ao que ele chamava de "proteção das pessoas contra a fraude e a violência dos indivíduos antissociais"[279]. Para isso, o Estado deveria consistir em "tribunais, polícias, prisões e forças armadas", bem como um Legislativo e um Executivo – já que Mises, como vimos, admitia a democracia representativa como o sistema de governo mais adequado. Em sua visão, como tudo isso exige recursos, "cobrar impostos para pagar estas despesas é inteira-

[277] Idem, p. 189-190.

[278] Idem, p. 818.

[279] Idem, p. 341.

mente compatível com a liberdade que um indivíduo desfruta numa economia de livre mercado"[280].

Em relação à pobreza e ao trabalho, isto é, aos temas compreendidos no âmbito da chamada "questão social", Mises era extremamente crítico tanto ao assistencialismo quanto à legislação trabalhista. Sua opinião era de que as legislações que estabeleciam limites ao trabalho eram inúteis e a única forma realmente eficaz de melhorar os padrões de vida seria o acúmulo de mais riquezas com a continuidade das atividades econômicas. Ele escreveu que não existe uma forma de delimitar cientificamente o que seria o "mínimo" necessário para que o ser humano tivesse uma vida digna, já que isso muda através das épocas e dos desenvolvimentos materiais da humanidade, e que todas as melhorias atribuídas por seus adversários a legislações de proteção social, algumas das quais ele via como perigosos estímulos ao paternalismo, eram apenas produtos do comportamento natural do capitalismo. Assim, segundo Mises, estabelecer leis vedando o trabalho infantil, por exemplo, em sociedades extremamente pobres, não necessariamente trará mais felicidade às famílias dessas sociedades, que não teriam condições materiais de dispensar esse tipo de trabalho. O melhor enfrentamento a esse problema seria, portanto, uma combinação de liberalismo econômico e caridade.

Contudo, Mises defendia a necessidade, ao menos circunstancial, do alistamento militar obrigatório, o que alguns de seus admiradores libertários considerariam um posicionamento antiliberal. Argumentou: "Se quiser preservar sua liberdade, (uma nação) deve estar preparada para defender sua independência. Se o governo de um país livre obriga seus cidadãos a cooperarem para repelir o agressor, e obriga todos os homens capazes a fazerem o serviço militar, não está impondo aos indivíduos uma obrigação maior do que a prescrita pela lei praxeológica. Num mundo de constante agressão e dominação, o pacifismo integral e incondicional equivale a uma submissão incondicional ao mais impiedoso dos opressores. Quem quiser permanecer livre deve

[280] Idem, p. 342.

combater até a morte aqueles que pretendem privá-lo de sua liberdade. (...) Aquele que, nos dias de hoje, se opõe ao armamento e ao serviço militar está sendo cúmplice, talvez até mesmo sem percebê-lo, dos que visam à escravização geral"[281].

8.3. O pensamento de Friedrich Hayek

Laureado com o Prêmio Nobel de Economia em 1974, Friedrich Hayek é provavelmente o mais "barulhento" de todos os economistas da Escola Austríaca. Poucos fizeram tanto quanto ele com o objetivo de propagandear visões pró-livre mercado perante as audiências mais hostis a essa agenda. Embora tenham sido amigos e inclusive Hayek tenha sido admirador da postura de John Maynard Keynes de criticar o tratamento duro conferido aos países derrotados na Primeira Guerra Mundial, o economista austríaco se tornou o símbolo da oposição às políticas intervencionistas inspiradas nas teorias do ilustre economista britânico. Quase não há quem produza material historiográfico sobre o liberalismo do século XX sem citar Hayek, e há razões muito boas para isso.

Mais do que isoladamente um economista, Hayek foi um pensador extremamente versátil, que abarcou gama sofisticada de ramos do conhecimento, percorrendo da Filosofia social à Psicologia. Uma das preocupações mais prementes de Hayek era devolver à liberdade econômica um prestígio que ele sentia estar sendo erodido, em favor de um conceito duvidoso de "justiça social" – expressão que repugnava – e diminuído em comparação com a importância conferida ao incremento da participação política. Por isso mesmo, Hayek foi um pensador preocupado com as possíveis tensões entre o liberalismo, devotado por natureza a perseguir a consumação equilibrada de todas essas liberdades em uma comunidade política, e a democracia, devotada prioritariamente a ampliar a participação, o que poderia, na

---

[281] Idem, p. 341.

interpretação hayekiana, ameaçar essas mesmas liberdades, especialmente no caso dos grupos minoritários.

Dentro, no entanto, das elaborações e ramificações da Escola Austríaca, pode-se dizer, afunilando um pouco mais o pensamento hayekiano, que ele preferiu fazer, trabalhando com a mesma matéria-prima misesiana, um movimento em direção diferente da percorrida, por exemplo, por Rothbard. Se este outro pensador aplicou o instrumental da Escola Austríaca e do pensamento misesiano em uma direção assumidamente anarquista, advogando a abolição completa do Estado como um fim atingível e desejável, coerente com o próprio direito natural; se, portanto, não estava preocupado em fundamentar a edificação de instituições que associassem a liberdade e a ordem em uma comunidade política, mas sim em enfatizar o combate contra toda ilegítima violação dos direitos individuais de propriedade – inclusive do próprio corpo – e de troca, que só seriam absolutamente garantidos com a extinção dos impostos e da máquina estatal e sua substituição por agências privadas de segurança e de justiça; Hayek, ao contrário, em toda a sua obra está preocupado com instituições e sua organização. A despeito de sua defesa da pregação corajosa e ativista dos intelectuais liberais para desafiar o agigantamento do Estado, ele jamais pôde aceitar o radicalismo e o anarquismo com a mesma naturalidade com que Rothbard os admitia. A destinação que conferiu ao material austríaco e misesiano foi completamente outra. Os autores com quem Hayek desejava conversar eram aqueles que ele chamava de "liberais da velha escolha", incluindo-se entre eles, a seu ver, o nome do célebre estadista irlandês Edmund Burke.

Na época em que a obra de Hayek ganhou expressão, especialmente a partir de 1944, quando foi publicado originalmente o emblemático *O Caminho da Servidão*, o cenário internacional vivia a popularização das ideias econômicas intervencionistas, com a ascensão das teses keynesianas, que preconizavam a atuação do Estado para a correção de crises cíclicas do sistema capitalista, e uma contestação veemente das instituições liberais e dos regimes liberais-democráticos, com a disseminação de regimes totalitários como os do fascismo italiano, do nacional-socialismo alemão e do stalinismo soviético. Hayek representava uma reação enérgica a esse quadro: sua atuação pública se destinava a demonstrar que as menores perturbações impostas à liberdade de trocas do mercado e os menores avanços em direção ao planejamento estatal da economia eram passos largos em direção ao despotismo.

Na visão hayekiana, as liberdades alicerçadas no liberalismo do século XIX, que estavam sendo abandonadas pelos totalitários de todas as espécies, eram um desenvolvimento dos alicerces mais remotos de um individualismo essencial que marca a civilização do Ocidente, desenvolvida a partir dos fundamentos lançados pelo Cristianismo e pelos gregos e romanos. Essa civilização teria nesse individualismo, que começou a se delinear com mais perfeição a partir do Renascimento, sua herança mais importante, sendo a destruição dessa herança equivalente à destruição da própria civilização.

Sem se identificar com a defesa do egoísmo como um orientador ético, Hayek fez questão de frisar que o liberal de sua estirpe defenderia o individualismo com base em outra justificativa: a constatação de que "os limites dos nossos poderes de imaginação nos impedem de incluir em nossa escala de valores mais que uma parcela das necessidades da sociedade inteira"[282], devendo-se por isso permitir maiores prerrogativas aos indivíduos. Infelizmente, em sua opinião, o enorme sucesso do liberalismo em solucionar diversos problemas sociais e multiplicar as riquezas havia despertado a afobação de setores da sociedade que, inconformados com as dificuldades que ele ainda não tinha sido capaz de eliminar por completo, passaram a reivindicar sua total supressão como remédio para elas, esquecendo-se de todos os benefícios por ele proporcionados. A missão dos liberais como ele seria a de reverter esse quadro e restaurar os bons princípios da antiga tradição liberal. Ele descreveu seu declínio da seguinte forma:

---

[282] HAYEK, Friedrich von. O Caminho da Servidão. Instituto Ludwig von Mises Brasil, 2010, p. 77.

> "A impaciência crescente em face do lento progresso da política liberal, a justa irritação com aqueles que empregavam a fraseologia liberal em defesa de privilégios antissociais, e a ilimitada ambição aparentemente justificada pela melhoria material já conquistada fizeram com que, ao aproximar-se o final do século, a crença nos princípios básicos do liberalismo fosse aos poucos abandonada. Tudo o que fora conquistado passou a ser considerado um bem estável, indestrutível e definitivo. Os olhos do povo fixaram-se em novas reivindicações, cuja rápida satisfação parecia obstada pelo apego aos velhos princípios. Passou-se a acreditar cada vez mais que não se poderia esperar maior progresso dentro das velhas diretrizes e da estrutura geral que permitira os avanços anteriores, mas apenas mediante uma completa reestruturação da sociedade. Já não se tratava de ampliar ou melhorar o mecanismo existente, mas de descartá-lo e substitui-lo por outro. E à medida que as esperanças da nova geração se voltavam para algo inteiramente novo, a compreensão e o interesse pelo funcionamento da sociedade existente sofreram brusco declínio. Com esse declínio, declinou também a nossa consciência de tudo o que dependia do sistema liberal"[283].

Tanto para Hayek quanto para seu professor Mises, o diagnóstico sobre a importância da antiga tradição liberal e de seu resgate para desafiar a evolução do estatismo e do socialismo no século XX era central. Para ambos, essa restauração seria possível com: a valorização de instituições como o Estado de Direito, com regras previsíveis e em vigência da mesma forma para todos os cidadãos, membros do corpo político; o consequente combate aos privilégios conferidos pelo Estado; a autonomia dos empreendedores, para seguir multiplicando a riqueza; e o respeito à propriedade privada. Amigo do filósofo Karl Popper, também um liberal, Hayek recebeu nítida influência de suas formulações teóricas acerca da importância da "sociedade aberta", aquela em que existiria a possibilidade de alternar as lideranças e autoridades políticas sem conflitos violentos e os indivíduos disporiam de

[283] Idem, p. 44.

suas liberdades, bem como teriam condições de perseguir fins e interesses individuais e não apenas aqueles que viessem a ser estabelecidos por alguma autoridade central. Se Popper afirmava que os pensadores que acreditavam na possibilidade de conhecer uma diretriz absoluta que regeria a marcha da História favoreciam consequências sociais autoritárias, Hayek, na mesma linha, pontuaria que os principais pensadores da História humana – e nessa perspectiva, ele próprio poderia ser incluído – se dividiam em duas categorias: a daqueles que sustentavam ideias "construtivistas" e a dos que as negavam.

Em entrevista concedida nos anos 1980 ao empresário brasileiro Henry Maksoud (1929-2014), Hayek classificou uma lista considerável de pensadores de todo o mundo em três categorias: os "construtivistas", os "libertários" e os *muddleheads* – expressão que designaria aqueles que, de maneira julgada inconsistente, permanecessem em posição intermediária e manifestassem ideias conflitantes. Os pensadores construtivistas, para Hayek, seriam aqueles que desvalorizariam sua tese da prevalência da "ordem espontânea", isto é, dos desenvolvimentos e movimentos espontâneos na sociedade como forças essenciais de fabricação das instituições e realizações mais valorosas. Esses autores teriam a tendência de favorecer o que Hayek e Popper chamavam de "sociedades fechadas" e acreditariam demasiadamente no poder transformador e criador do racionalismo; a razão humana, arquitetando sistemas e teorias inteiramente abstratas, poderia, para eles, atingir resultados positivos. O cerne da teoria hayekiana estava, portanto, no mesmo pensamento dos iluministas escoceses de que os maiores benefícios são colhidos pela civilização como consequências não-intencionais de ações tomadas pelos diversos indivíduos, livremente, sem coerção de um grande plano coordenador. Os pensadores que Hayek chamou na entrevista de "libertários" seriam, precisamente, os que se identificariam mais com essa linha de entendimento – não devendo ser confundidos estritamente com os rothbardianos.

Ainda sobre rótulos, Hayek redigiu um famoso artigo intitulado *Por que não sou um conservador*, sendo que, ao mesmo tempo, disse que "os liberais da sua espécie têm muito que aprender com alguns pensadores conservadores"[284] e que se identificava como um "*whig* cético"[285]. A leitura do texto demonstra que Hayek nomeava como "conservadores" pensadores continentais que se opunham à Revolução Francesa por deferência assumida ao Antigo Regime. O "conservadorismo" que Hayek tinha em mente ao rechaçar o termo seria identificado, em seu julgamento, por influência do sociólogo Karl Manheim (1893-1947), por ter dificuldades intransponíveis para aceitar mudanças sociais e depositar confiança mais ou menos cega na autoridade estabelecida, revelando-se incapaz de mobilizar a sociedade, portanto, para a ampliação de liberdades individuais ou o enfrentamento de privilégios. No entanto, Edmund Burke, era, para Hayek, um liberal. Mais do que isso: Hayek concordou no mesmo artigo em que Burke foi um dos maiores liberais que existiram. O mesmo autor que preferia rejeitar o rótulo de "conservador" é quem diz que "o verdadeiro conservadorismo é uma atitude legítima, provavelmente necessária, e com certeza bastante difundida, de oposição a mudanças drásticas"[286]. Também era o mesmo que confessava que praticamente nenhum dos partidos nomeadamente liberais de seu tempo, nos EUA ou na Europa, defendia as mesmas ideias que ele sustentava, o que tornava também a designação "liberal" desconfortável, por ser vítima de uma polissemia destrutiva, embora ele a preferisse. A solução de Hayek para afastar os empecilhos da polissemia e deixar clara a sua posição foi ilustrar o liberalismo que defendia com sua inspiração histórica: justamente os velhos *whigs* e, portanto, justamente Burke. Nesse sentido, os *whigs* e Burke deveriam ser a referência dos intelectuais que Hayek chamava de "libertários", porque foram os grandes inspiradores de uma política constitucional, liberal, afeita a uma sociedade aberta, mas,

---

[284] PRUNES, Cândido Mendes (org.). Hayek no Brasil. Instituto Liberal, 2006, p. 183.

[285] Idem, p. 15.

[286] HAYEK, Friedrich. Por que não sou um conservador. Disponível em: http://ordemlivre.org/posts/por-que-nao-sou-conservador. Acesso em 22.12.2018.

simultaneamente, opositores do racionalismo destrutivo da Revolução e do Iluminismo franceses.

Aplicando-se a teoria geral hayekiana, de cores burkeanas nítidas, ao mercado, a conclusão natural é a de que, ao arrogar-se o poder de manipular a economia, o Estado ignora sistematicamente a pluralidade das forças e fatores envolvidos em sua dinâmica, acreditando-se o agente mais indicado para orientá-las e suprir suas supostas deficiências. Sua maior preocupação era com o crescimento de ideias de matriz socialista na Inglaterra de seu tempo; ainda que ele enxergasse poucos, no Ocidente, que "querem reconstruir a sociedade a partir de seus alicerces com base em algum plano ideal, são, entretanto, numerosos os que ainda acreditam em medidas que, embora não visem a uma reforma completa da economia, podem, no entanto, produzir involuntariamente esse mesmo resultado, por efeito de conjunto"[287]. Medidas intervencionistas ameaçariam modificar, ainda que lentamente, o espírito e o caráter de um povo, por mais fortes que fossem suas tradições de liberdade.

O princípio fundamental da tese hayekiana era o de que a liberdade econômica seria imprescindível para a liberdade política. É preciso compreender que somente sob um sistema capitalista, isto é, "um sistema de concorrência baseado no direito de dispor livremente da propriedade privada"[288], é possível sustentar a democracia – embora Hayek não tomasse a democracia como um fetiche, devendo ela ser vista, nas sociedades modernas, não como um fim, mas como um meio utilitário para "salvaguardar a paz interna e a liberdade individual"[289]. Para empreender sua análise, o exemplo em que centrou suas atenções foi a Alemanha nazista. Descrevendo a República de Weimar e o predomínio da social democracia alemã durante sua vigência, Hayek mostrou que o nacional-socialismo hitlerista foi resultado da

[287] HAYEK, Friedrich August von. O Caminho da Servidão. Instituto Ludwig von Mises Brasil, 2010, p. 15.

[288] Idem, p. 85.

[289] Idem, p. 86.

submissão da cultura política alemã ao estatismo; o enfrentamento entre o que se chama discutivelmente de "direita nacional-socialista" e a "esquerda" era, para ele, "o tipo de conflito que sempre se verifica entre facções socialistas rivais"[290]. Hayek via aí uma manifestação do abandono da "evolução da civilização ocidental"[291], evolução que desaguara nos princípios da ordem liberal, em prol de uma tirania que se justificava na retórica das boas intenções.

Em vez do postulado central de que "devemos utilizar ao máximo as forças espontâneas da sociedade e recorrer o menos possível à coerção"[292], o que Hayek pontuava sempre como um norte metodológico e moral, mas nunca como um dogma, muitas correntes de pensamento preferiram crer que esses princípios liberais que possibilitaram o progresso são, em realidade, obstáculos à rapidez desse progresso. Acreditaram que ter o poder nas mãos para ditar o caminho seria mais efetivo e produtivo. Pavimentaram, com isso, o caminho da servidão, aquele em que os indivíduos se submetem ao agigantamento do Estado e suas áreas de influência.

Com pontaria certeira, Hayek delineou a história de autoritarismo do pensamento socialista desde Saint-Simon e o parentesco ideológico entre sua filosofia central e o pensamento fascista clássico; para ambos, socialistas e fascistas, o "liberal da velha escola", o guardião das conquistas ocidentais em sua síntese mais dinâmica e consolidada, era o inimigo em comum. Em seguida, pôs-se a criticar a planificação econômica, definida como "um controle centralizado de toda a atividade econômica de acordo com um plano único, que estabeleça a maneira pela qual os recursos da sociedade sejam 'conscientemente dirigidos' a fim de servir, de uma forma definida, a finalidades determinadas"[293], o que levaria à tentação de controlar preços e quantidades de mercadorias. Hayek sustentou, inspirando-se no seu professor Mises, que

[290] Idem, p. 35.

[291] Idem, p. 39.

[292] Idem, p. 42.

[293] Idem, p. 57.

essas tentativas impedem "que a concorrência promova uma efetiva coordenação dos esforços individuais, porque as alterações de preço deixarão assim de registrar todas as alterações importantes das condições de mercado e não mais fornecerão ao indivíduo a informação confiável pela qual possa orientar suas ações"[294]. A determinação dos preços, isto é, dessas informações transmitidas aos agentes econômicos, depende necessariamente de sua negociação livre nas relações do mercado, não dispondo um núcleo central das condições imperiosas para concatenar e organizar todos os elementos da sociedade que influenciam nesse resultado.

Insistir nesse propósito seria abrir caminho para uma invasão desse planejamento em todas as esferas da vida individual, desembocando não raro no totalitarismo. É preciso reconhecer que a razão central não pode "decidir todas as questões sobre a importância relativa dos desejos de diferentes pessoas ou grupos"[295] e que a "fórmula da igualdade" arbitrariamente produzida não oferece soluções reais aos problemas humanos, antes os incrementa. Também não seria possível abdicar da liberdade em prol de uma segurança absoluta, artificialmente fabricada pelo Estado. Nesse ponto, ele fez referência ao *founding father* americano Benjamin Franklin: "aqueles que se dispõem a renunciar à liberdade essencial em troca de uma pequena segurança temporária não merecem liberdade nem segurança"[296]. Nem mesmo para combater monopólios se justificaria essa restrição à liberdade, sendo, ademais, os mais comuns e prejudiciais monopólios aqueles que são obtidos não por méritos, mas pela cumplicidade ilegítima com o Estado que deveria eliminá-los.

Hayek identificou nos coletivismos e na organização de todas as forças da sociedade em torno de um fim estabelecido pelos tiranos no poder o ataque mais profundo à verdade e às regras morais. Também discorreu sobre a criação de organismos internacionais, acreditando

---

[294] Idem, p. 58.

[295] Idem, p. 125.

[296] FRANKLIN apud HAYEK Friedrich August von. O Caminho da Servidão. Instituto Ludwig von Mises Brasil, 2010, p. 137.

ser muito necessário mantê-los em níveis de abrangência restritos, a fim de não passarem por cima das soberanias nacionais e se converterem em uma forma de planificação supranacional.

Levando em consideração todas essas asseverações hayekianas, pode-se encontrar nele também um intrépido defensor da retração do Estado; ao contrário da maioria dos economistas neoclássicos, Hayek seguiu Mises na condenação dos Bancos Centrais, defendendo a desestatização do dinheiro e a livre disputa de moedas privadas. No entanto, poucos tiveram, como ele, a percepção da importância de unir forças, em nome de causas prioritárias, com aqueles com quem temos divergências menores. Ele foi um dos principais incentivadores, em 1947, da fundação da Sociedade Mont Pèlerin, batizada com o nome do local onde se deu seu primeiro encontro. Essa organização, em atividade até hoje, foi projetada para reunir pensadores liberais, geralmente antikeynesianos ou contrários a uma visão tipicamente keynesiana, de diferentes vertentes, para a promoção do liberalismo e seus princípios. Na Mont Pèlerin, não sem tensões, reuniam-se Mises, Hayek, a Escola Austríaca, os liberais alemães da Escola de Friburgo, entre outros nomes e correntes.

Não obstante a identidade de princípios gerais com seu mestre Mises, havia muitas diferenças entre os dois. Hayek, por exemplo, absolutamente não aceitava o postulado do *laissez-faire*. Para ele, o Estado tinha bem mais atribuições que para Mises. Na opinião de Hayek, expressa ainda em *O Caminho da Servidão*, "os princípios básicos do liberalismo não contêm nenhum elemento que o faça um credo estacionário, nenhuma regra fixa e imutável. O princípio fundamental segundo o qual devemos utilizar ao máximo as forças espontâneas da sociedade e recorrer o menos possível à coerção pode ter uma infinita variedade de aplicações. Há, em particular, enorme diferença entre criar deliberadamente um sistema no qual a concorrência produza os maiores benefícios possíveis, e aceitar passivamente as instituições tais como elas são. Talvez nada tenha sido mais prejudicial à causa liberal do que a obstinada insistência de alguns liberais em certas regras gerais primitivas, sobretudo o princípio do *laissez-faire*. Contudo, de certa maneira, essa insistência era necessária e inevitável. Diante dos inumeráveis interesses a demonstrar que certas medidas trariam benefícios óbvios e imediatos a alguns, ao passo que o mal por elas causado era muito mais indireto e difícil de perceber, apenas regras fixas e imutáveis teriam sido eficazes. E como se firmara uma forte convicção de que era imprescindível haver liberdade na área industrial, a tentação de apresentá-la como uma regra sem exceções foi grande demais para ser evitada"[297].

Na leitura de Hayek, o que ele chamava de *laissez-faire*, aplicado certamente ao contexto da Escola de Manchester, foi uma introdução ao conhecimento econômico, que os fatos provariam necessitar de adendos. Mais adiante no mesmo livro, ele recomendou que não se confundisse a necessária oposição liberal ao planejamento geral, defendido pelos socialistas, com "uma dogmática atitude de *laissez-faire*. A doutrina liberal é a favor do emprego mais efetivo das forças da concorrência como um meio de coordenar os esforços humanos, e não de deixar as coisas como estão. Baseia-se na convicção de que, onde exista a concorrência efetiva, ela sempre se revelará a melhor maneira de orientar os esforços individuais. Essa doutrina não nega, mas até enfatiza que, para a concorrência funcionar de forma benéfica, será necessária a criação de uma estrutura legal cuidadosamente elaborada, e que nem as normas legais existentes, nem as do passado, estão isentas de graves falhas"[298]. Àquela altura, Hayek, portanto, reconhecia um papel ao Estado na formalização das regras legais que concretizariam a concorrência – o arranjo social mais vantajoso. Rechaçava incondicionalmente políticas de controle de preços, por exemplo; mas "medidas que apenas restringem os métodos de produção permitidos, desde que tais restrições afetem de igual modo todos os produtores virtuais e não sejam utilizadas como meio indireto de controle de preços e quantidades", medidas entre as quais ele

---

[297] HAYEK, Friedrich August von. O Caminho da Servidão. Instituto Ludwig von Mises Brasil, 2010, p. 42.

[298] Idem, p. 58.

mencionava "proibir o uso de substâncias tóxicas ou exigir precauções especiais para a sua utilização, limitar as horas de trabalho ou requerer certas disposições sanitárias", bem como "um amplo sistema de serviços sociais, desde que a organização de tais serviços não torne ineficaz a concorrência em vastos setores da vida econômica"[299], eram políticas que ele não julgava diretamente hostis à concorrência.

Não cessava por aí; Hayek reconhecia que, em certos casos, "é impraticável condicionar o usufruto de certos serviços ao pagamento de um preço" e "o sistema de preços também não funcionará de modo conveniente quando o dano causado a outrem por certos usos da propriedade não puder ser cobrado ao proprietário", a exemplo da "colocação de sinais de tráfego nas ruas e, na maioria das circunstâncias, a construção das próprias vias públicas"[300]. Ele acrescentou: "Tampouco certos efeitos nocivos do desmatamento, de determinados métodos agrícolas, ou da fumaça e do ruído das fábricas, dizem respeito apenas ao proprietário em questão ou àqueles que aceitam se expor a esses efeitos em troca de uma compensação estipulada"[301]; o pensamento de Hayek, nesses aspectos, se aproximava do pensamento de Adam Smith e dos economistas da Escola de Chicago. Enfaticamente, ele escreveu que "em nenhum sistema racionalmente defensável seria possível o Estado ficar sem qualquer função. (...) Mesmo os pré-requisitos mais essenciais ao seu funcionamento adequado, como a prevenção da fraude e do estelionato (inclusive a exploração da ignorância), constituem um vasto campo de atividade legislativa, que até hoje não foi dominado por completo. Contudo, a criação de uma estrutura adequada ao funcionamento benéfico da concorrência estava longe de ser completada quando, em toda a parte, os Estados começaram a substitui-la por um princípio diferente e inconciliável. Já não se tratava de fazer funcionar a concorrência e de complementar-lhe a ação, mas de suplantá-la inteiramente"[302].

---

[299] Idem, p. 59.

[300] Idem, p. 60.

[301] Idem, p. 60.

[302] Idem, o. 61.

Também em seu clássico de 1944, Hayek admitiu uma política de assistência aos mais vulneráveis. Ele fez questão de distinguir a "segurança" que se pode buscar em uma comunidade política em duas categorias: uma, a já mencionada segurança *absoluta*, que significaria a certeza da permanência nas posições em que nos encontramos na realidade socioeconômica, imunes às mudanças inerentes às forças do mercado, e uma segurança *mínima*, sem privilégios, "a salvaguarda contra graves privações físicas, a certeza de que um mínimo, em termos de sustento, será garantido a todos"[303]. Para ele, em uma sociedade com um patamar razoável de desenvolvimento econômico, seria possível e desejável garantir a segunda liberdade, enquanto a primeira seria inaceitável em qualquer circunstância. "Não há dúvidas de que, no tocante a alimentação, roupas e habitação, é possível garantir a todos um mínimo suficiente para conservar a saúde e a capacidade de trabalho"[304], afirmou. O "patriarca do neoliberalismo", como muitos o alcunham, sustentou também a ação do Estado para ajudar na provisão de recursos diante de doenças e acidentes e justificou "o aumento de segurança proporcionado pelo Estado na forma de assistência às vítimas de catástrofes naturais, como terremotos, inundações etc."[305], entendendo que os indivíduos não dispõem de instrumentos eficazes para se defender contra esses problemas.

Já em um de seus últimos trabalhos, *Law, Legislation and Liberty*, Hayek aceitou que, em situações verdadeiramente emergenciais – ainda que seja nebuloso precisar quando essas situações de fato se verificariam –, seria possível expandir bastante a autoridade do Estado. Transcrevemos suas palavras:

> "O princípio básico de uma sociedade livre, de que os poderes coercitivos do governo estão restritos à aplicação de regras universais de justa conduta, e não podem ser usados para a realização de propósitos

---

303 Idem, p. 127.
304 Idem, p. 128.
305 Idem, p. 128.

particulares, embora essencial para o funcionamento normal de uma sociedade desse tipo, pode ser temporariamente suspenso quando a preservação a longo prazo dessa ordem estiver ameaçada. Embora normalmente os indivíduos precisem se preocupar apenas com seus próprios objetivos concretos, e ao persegui-los sirvam melhor ao bem-estar comum, podem surgir temporariamente circunstâncias em que a preservação da ordem geral se torna o objetivo comum predominante e, em consequência, a ordem espontânea, em escala local ou nacional, deve por algum tempo ser convertida em uma organização. Quando um inimigo externo ameaça, quando a rebelião ou a violência sem lei estourou, ou quando uma catástrofe natural requer ação rápida por qualquer meio que possa ser assegurado, poderes de organização compulsória, que normalmente ninguém possui, devem ser concedidos a alguém. Como um animal que foge do perigo mortal, a sociedade pode, nessas situações, suspender temporariamente até as funções vitais das quais, a longo prazo, sua existência depende, para escapar da destruição. As condições sob as quais esses poderes de emergência podem ser concedidos sem criar o perigo de serem mantidos quando a necessidade absoluta tiver passado estão entre os pontos mais difíceis e importantes que uma constituição deve decidir. 'Emergências' sempre foram o pretexto sobre o qual as salvaguardas da liberdade individual foram corroídas – e uma vez suspensas, não é difícil para quem assumiu tais poderes de emergência assegurar que a emergência persista. De fato, se todas as necessidades sentidas por grupos importantes que podem ser satisfeitas apenas pelo exercício de poderes ditatoriais constituem uma emergência, toda situação é uma situação de emergência. Alega-se com certa plausibilidade que quem tem o poder de proclamar uma emergência e, nesse campo, suspender qualquer parte da constituição, é o verdadeiro soberano. Isso parece ser verdade o suficiente se qualquer pessoa ou corpo de pessoas fosse capaz de arrogar para si tais poderes de emergência ao declarar um estado de emergência"[306].

[306] HAYEK, Friedrich. Law, Legislation and Liberty, Vol. 3, ch. 17.

É nítido que Hayek admitia ao Estado uma gama bem mais diversificada de funções do que se poderia imaginar à primeira vista, partindo-se de uma apreciação simplista do significado de sua obra. O mais importante, para ele, seria que a atuação do Estado estivesse regrada por determinações previsíveis, a que os indivíduos pudessem ter acesso com antecedência e rotina: "Desde que tenha prévio conhecimento de que, se agir de determinada maneira, sofrerei coerção, e desde que possa evitar tal conduta, nunca serei coagido. Pelo menos na medida em que as normas coercitivas não visem à minha pessoa, mas sejam formuladas de modo a ser igualmente aplicáveis a todos os cidadãos em situações semelhantes, elas não se distinguem de qualquer obstáculo natural que possa afetar meus planos. Ao estabelecer o que acontecerá, se o indivíduo agir desta ou daquela maneira, para ele as leis do Estado não são diferentes das leis naturais. Desta maneira, ele pode usar seu conhecimento das leis do Estado para alcançar seus objetivos, assim como faz em relação às leis naturais"[307]. O conceito de "lei" hayekiano também precisa ser compreendido de forma muito cuidadosa; ele defendia o império da lei, mas entendia como "lei" apenas aquilo que pudesse ser aplicado a todos indistintamente. Qualquer legislação que consagrasse privilégios a alguns seria vista por Hayek como uma arbitrariedade e, consequentemente, uma mera "legislação", não autenticamente uma "lei" com *ele* maiúsculo.

Cumpre acrescentar apenas que, na vivência prática dos parlamentos nas democracias ocidentais, Hayek via com preocupação o inchaço de "legislações" arbitrárias e a fragilização da "lei" que idealizava. Foi principalmente por isso que ele idealizou um sistema alternativo à democracia liberal representativa como a conhecemos, a que deu o nome de *demarquia*. O regime demárquico separaria o Congresso atualmente existente, onde há uma representação dos eleitores através dos parlamentares com a função de debater e criticar

[307] HAYEK. Friedrich. Os Fundamentos da Liberdade. E-book disponível em: https://elivros.love/livro/baixar-livro-os-fundamentos-da-liberdade-friedrich-hayek-em-epub-pdf-mobi-ou-ler-online

o governo e disputar o poder, do Poder Legislativo propriamente dito. Os deputados e senadores como conhecidos atualmente passariam a não mais dispor do poder de propor e estabelecer leis, o que caberia exclusivamente a uma Assembleia Legislativa autônoma com o propósito de elaborar as regras a partir de proposições de seus próprios membros, dos representantes do Executivo, do Judiciário ou dos partidos políticos. Os membros dessa Assembleia seriam eleitos anualmente para um mandato não-renovável de quinze anos e deveriam estar desvinculados de qualquer partido político, antes e depois do período em que ocupariam o cargo, para sempre. O fato de representantes dos partidos serem eleitos com a função de elaborar as leis, que deveriam ser regras fundamentais de número restrito, faz, na visão desalentada de Hayek, com que essas leis sejam sempre pressionadas pelos interesses eleitorais. Idealmente, para ele, qualquer esfera em que houvesse uma disputa por poder entre os partidos deveria pertencer ao Poder Executivo e estar direcionada exclusivamente para o exercício do governo ou a crítica às suas ações, nunca para a proposição e enunciado de leis. O Poder Legislativo deveria ser não-partidário, assim como o Judiciário.

A tese demárquica atraiu muitas críticas no próprio campo liberal. Para o professor Antonio Paim, por exemplo, "na esfera política, o consenso é francamente antidemocrático. A esfera política consiste numa disputa de interesses que, para alcançar uma expressão possível de ser negociada, devem afunilar-se, sendo esta precisamente a missão do partido político. As eleições devem permitir a formação de maiorias capazes de implementar o programa vitorioso. De sorte que o mínimo que se pode dizer da "demarquia" é que nada tem a ver com a ideia liberal e muito menos com o governo representativo"[308].

[308] PAIM, Antonio. História do liberalismo brasileiro. LVM Editora, 2018, p. 349.

9.

ESCOLA DE CHICAGO E O PENSAMENTO DE MILTON FRIEDMAN

9.1. Os "chicaguistas" e o papel do Estado segundo *Capitalismo e Liberdade*

A Escola de Chicago, que recebe seu nome por ser uma designação geral de economistas formados na Universidade de Chicago, é conhecida por rejeitar uma visão mais ortodoxa da doutrina keynesiana, recuperando valores do liberalismo clássico sob a perspectiva da economia neoclássica. Para a Escola de Chicago, todo país deve ter seu Banco Central, uma única instituição responsável por gerir a política econômica, especialmente sob o ponto de vista monetário, isto é, da oferta e emissão de moeda, avaliando constantemente as taxas de juros e os riscos inflacionários. O primeiro Banco Central, mais próximo aos moldes modernos, foi o Banco da Inglaterra, fundado em 1694. Ao longo dos séculos XIX e XX, os bancos centrais foram se espalhando pelo mundo, marcando presença nas principais nações do planeta. Justamente por acreditarem no papel de uma instituição estatal para manipular a moeda, mas sustentarem que fenômenos como a inflação são essencialmente monetários, os defensores dessa tese são comumente chamados também de "monetaristas". Ao contrário dos teóricos que sustentam maiores emissões de moeda para contrabalançar crises econômicas, os monetaristas consideram que o principal objetivo da política monetária deve ser o equilíbrio de preços e que deve haver compromisso com o alcance de metas rígidas, não a emissão discricionária. Muitos economistas da Escola Austríaca criticam a Escola de Chicago, entre outras razões, porque não acreditam na utilidade dos Bancos Centrais; antes os julgam perniciosos.

Assim o professor Ubiratan Jorge Iorio (n. 1946) define as proposições básicas desta escola: "1ª) a instabilidade da oferta de moeda causada pelas políticas ora expansionistas e ora contracionistas dos bancos centrais; 2ª) a estabilidade da demanda de moeda, entendida como a capacidade que os bancos centrais teriam para prever sua trajetória futura"[309]. Em consequência disso, esses economistas liberais defendem que a instabilidade da oferta de moeda é a raiz das flutuações econômicas cíclicas, devendo os bancos centrais atuar para apenas garantir "uma taxa fixa de crescimento da oferta de moeda, de x% ao ano (conhecida como a *x-rule*)"[310].

Entre os principais nomes da Escola de Chicago, estão Frank Knight (1885-1972), Henry Simons (1899-1946), Jacob Viner (1892-1970), Aaron Director (1901-2004), Theodore Schultz (1902-1998), George Stigler (1911-1991), Ronald Coase (1910-2013), Gary Becker (1930-2014), Robert E. Lucas (n. 1937), Eugene Farma (n. 1939), Roberto Fogel (1926-2013), James Heckman (n. 1944), Lars Peter Hansen (n. 1952) e Richard Posner (n. 1939). O nome mais famoso e icônico, porém, é, sem sombra de dúvidas, o de Milton Friedman.

Milton Friedman é uma das principais referências do liberalismo do século XX, especialmente no campo econômico, em reação à prevalência de políticas econômicas intervencionistas. É constantemente associado ao fantasma socialista delirante do "neoliberalismo cruel, insensível, que só sabe defender empresas e mata os pobres de fome".

---

[309] PAIM, Antonio. Evolução Histórica do Liberalismo, LVM Editora, 2019, p. 221.

[310] Idem, p. 222.

A leitura de sua obra *Capitalismo e Liberdade*, uma das exposições mais abrangentes de seu pensamento, é um brilhante antídoto contra espantalhos e deformações bastante comuns. Primeiro, refuta a leitura simplista da esquerda a que se acaba de fazer referência; segundo, a visão de alguns autodeclarados liberais sociais acerca dos "chicaguistas" como Friedman, que, de certo modo, não difere muito do simplismo da visão esquerdista tradicional; terceiro, e não menos importante, a visão arrogante de alguns objetivistas e libertários, sem a menor legitimidade histórico-conceitual, de que suas teses representam a única encarnação real do liberalismo – quando não são nem as mais antigas, nem as predominantes.

Friedman é conhecido por inspirar reformas econômicas no Chile e o ciclo de ascensão de políticas privatizantes entre os anos 1980 e 1990, de que fez parte o "reaganismo", bem como participou da formação teórica de diversos economistas brasileiros. Ele se juntou a lideranças como Friedrich Hayek, representante da Escola Austríaca, na promoção comum de teses relativas à liberdade econômica. Enxergou em Hayek, apesar das divergências existentes entre eles e dos entendimentos distintos entre a Escola de Chicago e a Escola Austríaca, um grande campeão da agenda liberal.

Associado pelos detratores à ditadura chilena de Augusto Pinochet, em que trabalharam alguns de seus pupilos, os chamados "Chicago Boys", na década de 1970, Friedman dizia que o Chile tinha um regime militar disposto a trocar a organização da economia de um sistema centralizado por um sistema descentralizado, o que, a seu ver, foi um autêntico milagre político. Conquanto nunca tenha sido efetivamente conselheiro do governo chileno, Friedman se dizia feliz por tomar parte nos créditos pelo trabalho conduzido naquele país por seus estudantes.

Entre as qualidades da economia de mercado, ele ressaltou a seguinte em seu artigo *Why Government Is the Problem*, de 1993: "A grande virtude do livre mercado é que ele não liga para a etnia das pessoas, ele não liga para de qual religião elas fazem parte, ele só liga para se elas podem criar algo que você quer comprar. Esse é o sistema mais eficiente que já descobrimos, que permite que pessoas que se odeiem negociem para ajudar umas às outras"[311].

No livro *Capitalismo e Liberdade*, Milton Friedman, por óbvio, se propôs a apresentar as vantagens do respeito às boas práticas do capitalismo como promotor da liberdade e da prosperidade, superando todas as alternativas apresentadas pelo socialismo. Contudo, ao contrário de muitos outros autores liberais e libertários do século XX, ele tinha uma postura bastante pragmática. Não se limitava a sustentar princípios teóricos, mas os contrastava com realidades sociais e históricas – a seu ver, em constante mutação. Sua abordagem cuidadosa e contextual dos diversos problemas que analisou derivava de sua convicção de que, apesar de o liberalismo sustentar princípios, estes precisam dialogar com realidades complexas e em transformação, que podem obrigar a aplicações diferentes desses mesmos princípios.

A importância essencial do governo, para ele, é garantir o exercício da liberdade, mas ele, ao mesmo tempo, oferece o risco de limitá-la pela concentração de poder. Por isso, Friedman defendia o princípio liberal da subsidiariedade e a distribuição regrada do poder interno ao governo por meio da descentralização, princípios que considerava ameaçados pela defesa de um poder cada vez maior para organizações supranacionais. No entanto, a visão de Estado de Friedman, diferente da visão de autores mais propriamente minarquistas (empregando aqui o termo exclusivamente à defesa da função estatal restrita à provisão de segurança e justiça), que estabelecem limites absolutos e rígidos para as funções do Estado, acompanhava sua percepção de que a realidade é mais complexa e pode promover mutações nas áreas em que o poder político deva agir. O papel do Estado não poderia, assim, ser totalmente estabelecido de uma vez por todas, em termos de

---

[311] FRIEDMAN, Milton. Why Government is the Problem. Essays in Public Policy, no. 39.

Stanford, California: Hoover Institution Press, 1993. Disponível em: https://www.hoover.org/sites/default/files/uploads/documents/friedman-government-problem-1993.pdf. Acesso em 31.01.2023.

funções específicas, havendo alguma margem para variação. Eis como ele o resumiu:

> "O objetivo do governo deve ser limitado. Sua principal função deve ser a de proteger nossa liberdade contra os inimigos externos e contra nossos próprios compatriotas; preservar a lei e a ordem; reforçar os contratos privados; promover mercados competitivos. Além desta função principal, o governo pode, algumas vezes, nos levar a fazer em conjunto o que seria mais difícil ou dispendioso fazer separadamente. Entretanto, qualquer ação do governo nesse sentido representa um perigo. Nós não devemos nem podemos evitar usar o governo nesse sentido, mas é preciso que exista uma boa e clara quantidade de vantagens antes que o façamos. É contando principalmente com a cooperação voluntária e a empresa privada, tanto nas atividades econômicas quanto em outras, que podemos constituir o setor privado em limite para o poder do governo e uma proteção efetiva à nossa liberdade de palavra, de religião e de pensamento"[312].

O objetivo de Milton Friedman é remontar aos contornos gerais do liberalismo clássico que surgiu entre o final do século XVIII e o século XIX, enfatizando a liberdade e o individualismo. Ao contrário de Hayek, ele era simpático à expressão "*laissez-faire*", embora a empregasse apenas como sinônimo de liberalismo econômico e não como uma visão mais "purista" de ausência do Estado. Para ele, o liberalismo "apoiou o *laissez-faire* internamente como uma forma de reduzir o papel do Estado nos assuntos econômicos, ampliando assim o papel do indivíduo; e apoiou o mercado livre no exterior como um modo de unir as nações do mundo pacífica e democraticamente.

---

[312] FRIEDMAN, Milton. Capitalismo e Liberdade. Org. Igor César Franco, Le Livros. Disponível em: http://www2.fct.unesp.br/docentes/geo/bernardo/BIBLIOGRAFIA%20DISCIPLINAS%20POS-GRADUACAO/MILTON%20FRIEDMAN/Capitalismo%20e%20Liberdade%20-%20Milton%20Friedman.pdf

No terreno político, apoiou o desenvolvimento do governo representativo e das instituições parlamentares, a redução do poder arbitrário do Estado e a proteção das liberdades civis dos indivíduos"[313].

O liberal de Chicago adotou como uma das teses principais de seu livro a de que a liberdade econômica é condição indispensável para a liberdade política; porém, ao contrário do que alguns críticos precipitados alegam, em momento algum ele disse que é condição suficiente. Em sentido oposto, admitia que é possível conciliar autoritarismo político e liberdade econômica. Porém, a liberdade política não pode existir sem certo nível de liberdade econômica, dissolvendo os direitos dos indivíduos de fazerem uso de alguma soma de propriedades privadas.

Seu trabalho também fez uma ligeira crítica (sem deixar de reconhecer seus enormes méritos) ao grande livro de Hayek, *O Caminho da Servidão*, que funcionou como uma espécie de chamado à luta para os defensores da liberdade em meados do século XX, porque, lidando com a ameaça totalitária, Hayek teria sugerido o entendimento de que qualquer política intervencionista levaria na direção desse desfecho. Na leitura de Friedman, algumas políticas intervencionistas, sobretudo em países de cultura mais democrática, simplesmente fracassam e são revertidas.

Outro aspecto muito peculiar da abordagem de Friedman é sua ênfase à família. Apesar de ser um individualista, novamente ao contrário do que certos críticos alegam, Friedman dialogou de forma indireta com os chamados liberais "aristocráticos", como Montesquieu e Tocqueville, no reconhecimento do papel de instâncias coletivas, os corpos intermédios da sociedade, na intermediação entre o indivíduo e o Estado – ao menos no caso da família, que ele considerava uma unidade social básica. Apesar de o liberalismo ser individualista, ele sabe, ao menos na visão de Friedman, que o indivíduo não vive sozinho por natureza e que "enfrenta" o mundo em associações geralmente inevitáveis. Na mesma linha, Milton Friedman restringiu a extensão

[313] Idem.

plena da liberdade aos cidadãos responsáveis; crianças e insanos não têm liberdade, devendo o Estado exercer algum nível de ingerência sobre eles – bem como as famílias, que, justamente por isso, existem como entidades próprias.

O economista também ressaltava que os regimes capitalistas, quando convivem com a democracia, admitem a proposição de alternativas socialistas, mas, em um país essencialmente socialista, nenhuma divergência capitalista pode ser tolerada. Curiosamente, ele fez uma crítica ao Macarthismo[314] nos Estados Unidos, apontando como excessiva a perseguição às pessoas, em suas atividades profissionais, por terem adotado, no terreno da opinião, a ilusão comunista.

O livro elogiava o mercado por não exigir uniformidade e conformidade, bastando ao indivíduo que busque onde e com quem saciar seus desejos e interesses; contudo, como existem questões que não podem ser divididas dessa forma, o Estado se faz necessário. Também cabe ao Estado, na visão de Friedman, como, de resto, da Escola de Chicago em geral, conforme já expusemos, o fornecimento da estrutura monetária do país.

Igualmente, ele admitia que o Estado se envolvesse em atividades típicas do mercado em casos em que são muito caras ou praticamente impossíveis, ressaltando-se situações de monopólios naturais e efeitos laterais da atividade autônoma – a exemplo da poluição de um rio, que afetaria todos os vizinhos. Também admitiu, para ilustrar sua visão contextual e pragmática, que o Estado administrasse parques públicos em pequenas cidades, que se misturam ao ambiente urbano, pela dificuldade de aplicar-lhes uma lógica de mercado, mas não admitia como adequado que administrasse grandes parques nacionais, para os quais se poderia facilmente fazer cobrança de ingressos.

Milton Friedman defendeu o câmbio flutuante, a impossibilidade de regresso ao padrão-ouro e a introdução do sistema de *vouchers* na educação – isto é, a concessão de recursos diretamente aos mais

---

[314] Referência à pregação anticomunista do senador Joseph McCarty (1908-1957).

pobres para que escolhessem as escolas em que matriculariam seus filhos, em vez da gestão direta desse serviço por parte do Estado. Contudo, mesmo aí ele expôs seu pragmatismo. Em primeiro lugar, não condenou completamente a escola estatal, priorizando a existência da competição entre diferentes opções que os pais e responsáveis pudessem escolher para as crianças. Reconheceu ainda que, no passado americano, em pequenas comunidades e áreas rurais, o número de crianças poderia ser ínfimo para justificar mais de uma escola de porte razoável, o que inviabilizaria a competição, gerando um "monopólio técnico" – o que deixa sempre três alternativas ruins, devendo-se escolher um entre três males: "monopólio privado irrestrito, monopólio privado controlado pelo Estado e operação pública"[315].

Friedman afirmou que esse argumento estava esvaziado pelo desenvolvimento dos transportes e a urbanização, mas que, na época de que se tratava, provavelmente ele era válido e sua proposta poderia não ser aplicável. "Outro fator que pode ter sido importante há um século era a combinação de desconfiança geral quanto ao fornecimento de verbas a indivíduos com a ausência de uma eficiente organização administrativa para a distribuição das verbas e a fiscalização de seu uso adequado. Uma organização desse tipo é fenômeno dos tempos modernos, e desenvolveu-se a partir da ampla imposição de impostos e de programas de assistência social. Na sua ausência, a administração das escolas pode ter sido considerada como o único meio possível de financiar educação"[316], ele especulou. Como se vê, Friedman fazia bem mais que apresentar cartilhas ou teorias abstratas.

O economista afirmou que a sociedade democrática e estável é impossível sem um grau mínimo de alfabetização e conhecimento dos cidadãos, facultando a assimilação de um conjunto mínimo de

---

[315] FRIEDMAN, Milton. Capitalismo e Liberdade. Org. Igor César Franco, Le Livros. Disponível em: http://www2.fct.unesp.br/docentes/geo/bernardo/BIBLIOGRAFIA%20DISCIPLINAS%20POS-GRADUACAO/MILTON%20FRIEDMAN/Capitalismo%20e%20Liberdade%20-%20Milton%20Friedman.pdf

[316] Idem.

valores. Sustentou que o Estado não deve ser o agente de combate à discriminação através de legislações específicas, posto que leis não extirpam valores como num passe de mágica e o argumento arbitrário que as sustenta pode ser usado também em sentido contrário, isto é, favorável à segregação.

Era simpático à existência de alguma legislação antitruste como forma de promover a competição, criticava a ideia vaga de "responsabilidade social" do capital e considerava perniciosa a maioria das legislações de licenciamento profissional. Enxergava, sobretudo, o capitalismo como um aniquilador de abismos sociais, aumentando a mobilidade dentro de uma comunidade política.

No campo do combate à pobreza, Friedman, tal como Hayek e muitos outros liberais anteriores e posteriores, sustentou a atuação do Estado. Ele argumentou, por exemplo: "Pode-se levantar a observação de que a caridade privada é insuficiente porque seus benefícios se estendem a pessoas não envolvidas – mais uma vez, um efeito lateral. Fico angustiado com o espetáculo da pobreza, e sou beneficiado com o alívio de tal situação. Mas sou igualmente beneficiado, quer seja eu, quer seja outra pessoa que contribua para tal alívio. Portanto, os benefícios da caridade de outras pessoas estendem-se a mim. Colocando a questão de outra forma, nós todos estamos dispostos a contribuir para minorar a pobreza, desde que todos os outros também contribuam. Podemos não estar dispostos a contribuir com a mesma importância, se não tivermos certeza disso. Em pequenas comunidades, a pressão pública pode ser suficiente para estabelecer tal garantia, mesmo no caso da caridade privada. Nas grandes comunidades impessoais, que estão cada vez mais dominando nossa sociedade, é muito mais difícil fazer isso. Suponha que alguém aceite, como eu aceito, esta linha de raciocínio como capaz de justificar a ação governamental para aliviar a miséria e colocar, como é a intenção, um andar a mais no padrão de vida de cada pessoa da comunidade. Ainda permanecem as questões: quanto e como"[317]. A preferência de Friedman era pela adoção do

[317] Idem.

imposto de renda negativo, através do qual pessoas em situação financeira realmente precária poderiam receber pagamentos suplementares em vez de pagar impostos.

É digna de nota a definição de "interesse" exposta pelo autor: "Os interesses de que falo não são simplesmente estreitos e acanhados interesses próprios. Ao contrário, eles incluem todo o conjunto de valores caros aos homens e pelos quais estão dispostos a gastar suas fortunas e sacrificar suas vidas. Os alemães que perderam suas vidas lutando contra Adolf Hitler estavam lutando pelos seus interesses. E estão também lutando por seus interesses os homens e mulheres que se dedicam a atividades religiosas, educacionais e filantrópicas. Naturalmente tais interesses são os principais para poucos homens. É uma das virtudes da sociedade livre permitir a tais interesses que se desenvolvam, em vez de subordiná-los aos estreitos interesses materialistas da maioria da humanidade. É por isso que as sociedades capitalistas são menos materialistas do que as coletivistas. Por que, então, somos sós, que somos contra o estabelecimento de novos programas governamentais e tentamos reduzir a já demasiada ingerência do governo, que temos de nos justificar?"[318].

Capitalismo e Liberdade é, sem sombra de dúvidas, uma obra muito digna de ser indicada tanto a liberais quanto não liberais. O livro será extremamente útil para todos aqueles que estiverem dispostos a abandonar as ilusões e as reduções falsas com que somos incessantemente torpedeados – e de todos os lados.

9.2. A questão do "projeto de país"

Corriqueiramente, estatistas e desenvolvimentistas preconizam, sob o disfarce muito bem engendrado de um linguajar contundente, eivado de números e termos técnicos referentes à administração pública, um amontoado de regulações excessivas, impostos sobre

[318] Idem.

importações, subsídios a setores econômicos considerados "estratégicos" ou monopólios espúrios, apresentando todas essas medidas como elementos integrantes, precisamente, dessa entidade estranha que chamam de "projeto de país". Os liberais brasileiros, por sua vez, são criticados por não conseguirem idealizar semelhante projeto.

Essa abordagem desenvolvimentista estabelece um conceito de "país" ou "pátria" que, em vez de equivaler ao conjunto dos indivíduos que perfazem a comunidade política, consolidada a partir de uma história comum de desenvolvimento e parecenças culturais, seria algo a mais, superior e desvinculado das individualidades. Tais individualidades teriam que servir ao "projeto" deliberado pelos políticos e tecnocratas desenvolvimentistas para "desenvolver" essa entidade superior, de acordo com um desenho minucioso, supostamente capaz de antecipar movimentos e consequências com a precisão de um arquiteto ao desenhar um edifício.

Milton Friedman, em *Capitalismo e Liberdade*, argumentou que nem o governo é "o protetor, e o cidadão, o tutelado – uma visão que contraria a crença do homem livre em sua própria responsabilidade com relação a seu próprio destino", nem é "o senhor ou a deidade, e o cidadão, o servo ou o adorador"[319]. Ao contrário, "para o homem livre, a pátria é o conjunto de indivíduos que a compõem, e não algo acima e além deles. O indivíduo tem orgulho de sua herança comum e mantém lealdade a uma tradição comum, mas considera o governo como um meio, um instrumento – nem um distribuidor de favores e doações nem um senhor ou um deus para ser cegamente servido e idolatrado. Não reconhece qualquer objetivo nacional senão o conjunto de objetivos a que os cidadãos servem separadamente"[320].

O economista da Escola de Chicago não negou em seu livro, em momento algum, o sentimento patriótico ou a existência de tradições, valores e heranças comuns a que um determinado povo se vincula. Contudo, tais aspectos não devem ser traduzidos em imposições

---

[319] Idem.

[320] Idem.

centrais, aplicadas pela via da coerção. Nesse sentido, sem sombra de dúvidas, os liberais não apenas não têm um "projeto de país", posto que não servem a um construto artificial que se alimenta de restringir as liberdades e a criatividade dos cidadãos, como se opõem a qualquer um que pretenda falar em nome de algo semelhante.

Contudo, não há bases suficientes para decretar que a expressão "projeto de país" forçosamente se restrinja a esse significado desenvolvimentista. Se os liberais nitidamente são contrários ao planejamento centralizado e burocratizante, que capitaneia a atividade econômica e social para os fins de um esquema engessado concebido por um gabinete de arrogantes, isso não significa que não tenham seu próprio "plano, delineamento de empreendimentos" (conforme o dicionário, definições associadas ao termo "projeto"), sua própria concepção dos caminhos a serem seguidos, em diferentes setores, para atingirmos a prosperidade.

Todas as correntes políticas versam sobre a organização social e, portanto, apresentam algum "projeto", no sentido essencial do termo, para a forma por que se deveria dar essa organização. O projeto pode visar à eliminação do Estado, como no dizer dos anarcocapitalistas, mas não deixa, por isso, de ser um projeto, uma concepção geral do caminho mínimo a seguir, das questões fundamentais a enfrentar. Para o anarcocapitalista, o projeto final de país é a extinção do Estado e sua completa substituição pelo mercado. Para o objetivista, sua concepção ideal de sociedade é aquela em que o Estado seja financiado voluntariamente e se restrinja à segurança e à justiça. São, sim, projetos sociais, que, aliás, jamais foram realizados, por isso permanecem como tais: projetos.

Os pais fundadores dos Estados Unidos tinham, a rigor, um "projeto de país": uma nação baseada na ordem e na liberdade, tal como especificam sua *Declaração de Independência* e sua *Constituição*. Os fundadores do Brasil, também conceberam um projeto de país. Em nossa conclusão para o livro *Os Fundadores – O projeto dos responsáveis pelo nascimento do Brasil*, comentamos: "Ocorre que um país não se resume a um projeto. Na definição de seu destino, são muitas as forças que atuam à revelia do que tenham deliberado seus projetistas.

Mesmo o conceito de 'projeto' não está isento dos acidentes e das intempéries, a provocar desvios e refinar – ou desafinar – os contornos previamente estabelecidos. Quando uma ideia escapa da mente de quem a concebeu, apenas os caminhos misteriosos do tempo podem responder o que será feito dela. Nada que se funda está totalmente constituído; muito do que é essencial dependerá dos continuadores. Se poucos projetos poderiam ser mais amplos e importantes que uma nação, com ainda mais razão este princípio aí se aplicaria. (...) Não houve um só momento em que todas essas pessoas tenham sentado ao redor de uma mesa e desenhado, em gabinete, o Brasil, perfeito e acabado; caso contrário, teríamos que culpá-los por todas as mazelas com que ainda lidamos. Desnecessário dizer que jamais poderiam sonhar com o que o Brasil efetivamente viria a ser nestes dias em que ora escrevemos"[321].

Mesmo assim, é inegável que conceberam a iniciativa, vinculada às condições e imperativos da realidade, de erguer um Estado constitucional monárquico, abrangendo toda a América Portuguesa. Alguns, como José Bonifácio (1763-1838), pretendiam avançar em processos que consumassem a emancipação dos escravos e a assimilação de segmentos indígenas, constituindo-se assim uma nação livre e miscigenada. Com uma visão abrangente dos problemas nacionais, o velho Andrada sugeriu uma série de legislações e etapas para preparar essa emancipação. Obviamente, isso pode ser considerado um "projeto de país".

Da mesma maneira, os liberais brasileiros das gerações mais contemporâneas vêm defendendo uma série de agendas que delineiam uma concepção geral de rumos sociais. Uma série de medidas liberalizantes e privatistas, sintetizadas comumente sob o jargão de "agenda reformista", volta e meia aparecem em nossas discussões, alcançando mesmo o linguajar da grande imprensa. A agenda reformista faz parte de um projeto de país. Os liberais – ao menos os mais consistentes

---

[321] BERLANZA, Lucas. Os Fundadores – O projeto dos responsáveis pelo nascimento do Brasil. Edições 70, 2021, pp. 199-200.

– têm um grande objetivo para o Brasil (isto é, para os brasileiros) e sabem o que querem alcançar.

A diferença para os "projetos de país" desenvolvimentistas é que o projeto de país dos liberais é um projeto de diminuição do Estado. É um projeto de diminuição de pretensões da esfera política e de máximo respeito possível aos projetos individuais e autônomos que circulam na sociedade, que podem e devem ser mais minuciosos e elaborados porque dizem respeito aos anseios e realidades imediatamente ao alcance de cada um. O Estado não pode se substituir a esses projetos individuais, alegando que, enquanto entidade autônoma, detém um conhecimento superior ou uma vocação especial para promover o "bem comum".

O projeto dos liberais é de um país cujo Estado não seja tutor nem mestre dos cidadãos, mas sim restrito, como diria Friedman, aos fins a que pode servir como mero instrumento.

9.3. Externalidades e limites do mercado

Para uma compreensão mais abrangente do pensamento de muitos economistas liberais da Escola de Chicago, que se estende a diferentes economistas neoclássicos, acerca das funções que admitem ao Estado, cumpre examinar sinteticamente seus conceitos de "externalidades" e limitações do mercado. Para tanto, utilizaremos as descrições do mestre Og Leme em suas crônicas e editoriais para o Instituto Liberal. Ele era um representante brasileiro da Escola de Chicago e resumiu com clareza essa temática.

Conforme o professor Og, "para os liberais, apenas os problemas de decisão mais problemática e socialmente mais custosa pelo mercado é que deveriam ser atribuídos ou delegados ao setor público: 1. os problemas caracterizáveis como de 'bens públicos', como são os de segurança interna e defesa externa, por exemplo; 2. os que apresentam externalidades negativas ou positivas, como ocorre nos casos de poluição e da educação básica; 3. E os casos de monopólios 'naturais', cada vez em menor número devido às inovações tecnológicas que ocorrem em celeridade crescente. Nos casos dos 'bens comuns' e 'externalidades', torna-se difícil a operação eficaz do mercado porque não se pode estabelecer de maneira satisfatória a relação de custos e benefícios para cada indivíduo e a comunidade, nem o preço dos serviços para os consumidores, de modo que, deixada com o mercado a solução desses problemas especiais, a sociedade poderia acabar tendo, por exemplo, menos educação e pesquisa do que gostaria de ter, ou mais poluição do que poderia suportar"[322].

Como todos os economistas de Chicago, Og Leme se dedicou a demonstrar que os estatistas querem retificar o capitalismo a partir do Estado em praticamente todos os aspectos, como se o Estado fosse um ente iluminado e isento de falhas. Mais do que isso: advogou a ideia de que a maioria dos problemas pelos quais as esquerdas se habituaram a criticar o mercado são causados, na verdade, pela ação indevida do Estado. No entanto, ele admitiu que, em certas situações, essencialmente as acima elencadas, havia maior probabilidade de sucesso com a intervenção do Estado, diante do que considerava serem reais limitações que o mercado, por melhor que fosse, não poderia normalmente ultrapassar. Og Leme oscilou em seus artigos entre reconhecer a existência de "falhas do mercado" e dizer que não havia por que falar em "falhas", já que essas situações, em sua opinião, simplesmente estariam além da própria natureza do mercado; o importante é que ele reconhecia a necessidade de intervenção estatal nessas questões, assim como a maioria de seus colegas. Nisso não faziam mais do que exercer certa continuidade, repita-se, em relação ao próprio Adam Smith, que, conforme constatamos anteriormente, externou posicionamentos similares. Continuemos a expor o raciocínio do professor Og Leme:

> "As condições funcionais da economia de mercado não dão a ela a possibilidade de atender adequadamente os casos de bens públicos e

---

[322] LEME, OG. Og Leme, um liberal – Crônicas. Org. Arthur Chagas Diniz, Instituto Liberal, 2011, p. 32.

externalidades. (...) Para funcionar a contento, o mercado requer que algumas condições especiais sejam cumpridas: liberdade dos agentes econômicos, regime competitivo, respeito à propriedade privada, liberdade de entrada, normas comportamentais e um mecanismo de preços eficaz no sentido de refletir o grau relativo de escassez de bens e serviços. O mercado requer que os agentes econômicos possam capturar os *benefícios* de suas ações, mas também arcar com os custos que delas decorrem. Há alguns outros pressupostos, mas para nossos propósitos basta que eu mencione mais um: a economia de mercado supõe que a cada consumidor o mecanismo de preços possa atribuir o preço que lhe corresponde, de acordo com a quantidade por ele desejada de cada bem e serviço. Nem sempre esses pressupostos se cumprem, e quando isso ocorre surgem disparidades entre custos e benefícios individuais, de um lado, e custos e benefícios sociais, de outro lado. É exatamente quando essas assimetrias surgem que se justifica a ação estatal. Mas a rigor não são falhas de mercado e sim limitações constitutivas de uma instituição para atender situações para as quais não foi criada"[323].

Og Leme considerava haver uma situação de bens públicos quando há: "indivisibilidade da oferta; pelo fato de não se esgotar a oferta do bem ou serviço quando ele é "consumido" por alguém; pela extrema dificuldade, portanto, de se imputar um preço a cada um dos consumidores, de acordo com o que ele pretende consumir, situação que se agrava quando o consumidor potencial não se dispõe a pagar por algo que ele pretende consumir, mas que ninguém poderá impedi-lo de fazê-lo"[324]. Ele exemplificou com a necessidade de um país definir a quantidade de recursos a serem gastos com a segurança ou a saúde pública: "Nos dois casos, ou se tem ou não se tem segurança e saúde pública. De havê-las, algum cidadão poderia não se dispor a comprá-las, se a solução fosse a de mercado. Mas de havê-las e a decisão ser de mercado, como impedir esse cidadão de usufruir dos benefícios dos gastos feitos em saúde pública e segurança, gastos que não contarão

[323] Idem, p. 86.

[324] Idem, p. 87.

com a sua contribuição? Como cobrar de cada um o que ele deseja? Como evitar o problema do 'carona'?"[325].

Já as externalidades foram definidas por ele como casos em que "a ação do agente individual pode atingir outras pessoas, tanto negativa quanto positivamente. Na primeira hipótese – das consequências negativas sobre terceiros –, como indenizar os prejudicados? Na segunda hipótese – das consequências positivas –, como remunerar o agente gerador dos benefícios sobre terceiros?"[326]. Além da poluição, o professor Og apontou a extinção das espécies como uma externalidade negativa; além da educação básica, apontou as pesquisas científicas como casos de externalidade positiva. No entanto, no que diz respeito à educação e à saúde, por exemplo, reconhecer a atuação estatal nesses campos não significaria defender a administração direta de escolas e hospitais pelo Estado, podendo-se utilizar soluções alternativas mais privatistas, como o sistema de concessão de *vouchers* para que os mais pobres escolhessem escolas e hospitais de preferência.

Um terceiro caso, o já mencionado dos "monopólios naturais", se verificaria quando questões naturais ou técnicas inviabilizam a concorrência em determinado setor. Nesses casos, Og Leme repetiria Milton Friedman ao dizer que há necessidade de optar por um dos males possíveis, com o Estado operando diretamente o serviço ou impondo regulamentações a uma operação privada – sendo o segundo, em sua opinião, provavelmente o mal menos danoso. Entretanto, o desenvolvimento tecnológico tenderia a mudar isso, como ocorreu no caso da telefonia, amplificando as possibilidades de concorrência.

9.4. Outras escolas econômicas liberais

Além propriamente da Escola de Chicago, existem outras escolas econômicas de tendências liberais que tendem a partilhar de sua hostilidade ao intervencionismo e ao que consideram excessos

[325] Idem, p. 87.

[326] Idem, p. 87.

keynesianos, apresentando também posicionamentos de ordem geral bastante semelhantes. Além disso, a maioria delas se alimenta da árvore de Chicago e conta com representantes que também poderiam ser enquadrados nesta escola. Cumpre apenas mencionar aqui as principais.

A Escola de Expectativas Racionais surgiu após a publicação de um artigo assinado por Robert Lucas e Leonard Rapping (1934-1991), sustentando três teses centrais: "1ª) a de que todos os agentes econômicos são otimizadores (estão sempre na melhor situação possível); 2ª) a de que não sofrem de qualquer tipo de ilusão monetária, isto é, tomam sempre as suas decisões com base em variáveis reais (e não em variáveis nominais); 3ª) a de que suas expectativas são racionais, conceito formulado pela primeira vez por John Muth (1930-2005)"[327]. A consequência disso é que os agentes econômicos antecipam a inflação futura provocada pelas políticas keynesianas, o que faz com que essas políticas sejam ineficazes.

A Escola de Virgínia, ou Escola das Escolhas Públicas, é baseada principalmente nas obras de James Buchanan Jr. (1919-2013) e Gordon Tullock (1922-2014), em especial no clássico *O Cálculo do Consenso*, lançado em 1962. Buchanan, aliás, apesar de notabilizado pela demarcação desta nova linha de pensamento, não rompeu com Chicago, também tendo estudado nesta universidade. As teorias de Buchanan e Tullock se direcionam para a compreensão do móvel das escolhas dos atores políticos e sociais, sustentando que os cidadãos que ocupam funções de Estado não são seres sacrossantos e que todos levam em consideração seus interesses particulares. Em suma, "essa escola mostra que o indivíduo é peça fundamental e que a escolha coletiva é resultado das preferências dos agentes envolvidos nesta escolha e das regras e procedimentos que permitem passar das preferências diversas de cada indivíduo para uma única escolha coletiva"[328].

---

[327] PAIM, Antonio. Evolução Histórica do Liberalismo, LVM Editora, 2019, p. 226.

[328] Idem, p. 230.

A Nova Economia Institucional ou neoinstitucionalismo, tendo por expoentes Douglass North (1920-2015) e Robert Fogel, também ligado a Chicago, sustenta que as instituições precisam ser avaliadas para apreciar a qualidade de uma economia, levando-se em consideração o caráter favorável ou desfavorável das regras do jogo estabelecidas. Ao contrário do institucionalismo original, que era uma escola econômica mais intervencionista, os neoinstitucionalistas estão mais alinhados com a visão liberal típica de Chicago. De acordo com o professor Ubiratan Jorge Iorio[329], mereceriam ainda destaque dentro desta corrente os nomes de Elinor Ostrom (1933-2012), Oliver E. Williamson (1932-2020), Armen Alchian (1914-2013), Harold Demsetz (1930-2019), Daron Acemoglu (n. 1967) e James Robinson (n. 1960).

---

[329] Idem, p. 233.

10.

ORDOLIBERALISMO E ECONOMIA SOCIAL DE MERCADO

10.1. O pós-guerra alemão e Ludwig Erhard

Uma observação panorâmica da história da tradição liberal indica que o liberalismo como o conhecemos foi gestado em alguns centros bastante particulares, notoriamente o Reino Unido, a França, os Estados Unidos e a Alemanha. Esses quatro países contribuíram, especialmente entre os séculos XVII e XIX, com suas principais fontes teóricas. As vertentes liberais neles desenvolvidas se manifestaram, de diferentes formas, em outros países europeus, em algumas outras ex-colônias britânicas e nos demais países do continente americano, neste último caso influenciando a erupção de processos de independência desses países em relação às respectivas metrópoles. Embora as nações latino-americanas forneçam até hoje entraves culturais ao mais pleno enraizamento do liberalismo, as narrativas em que basearam suas emancipações estavam moldadas nos discursos liberais oriundos dos grandes centros mencionados – ainda que, por vezes, em especial na América Hispânica, com forte tempero rousseauniano. O resto do mundo, entre Rússia, Oriente Médio, os países do Extremo Oriente e a África, receberia apenas tardiamente a influência do liberalismo, gestado no Ocidente, e na maior parte das vezes não o recepcionaria institucionalmente em todos os seus aspectos fundamentais, limitando-se a inovações liberalizantes no aspecto econômico ou à formação de movimentos ou teóricos liberais isolados.

Entre os países centrais elencados para a nossa formação teórica, é provável que a Alemanha tenha sido o que absorveu mais precariamente a sua própria tradição liberal. Apesar do período de ascendência humboldtiana e da interrupção efetivada pela República de Weimar donde emergiu a obra de Hans Kelsen, a tônica alemã foi a do militarismo prussiano de Bismarck e, subsequentemente, o poderio do nacional-socialismo do ditador Adolf Hitler (1889-1945). Sob essa égide estatizante e crescentemente autoritária, a Alemanha mobilizou o mundo contra si e foi protagonista – e derrotada – nas duas grandes Guerras Mundiais. Por isso mesmo, é espantoso que tenha cumprido o papel que cumpriu logo depois dentro da tradição liberal, e que nos cabe examinar agora.

Nas décadas de 1970 e 1980, como vimos, a reação teórica ao Keynesianismo, capitaneada por correntes como a Escola Austríaca e a Escola de Chicago, ganhou força e se concretizou principalmente sob os governos de Pinochet no Chile, Ronald Reagan nos Estados Unidos e Margaret Thatcher no Reino Unido. Porém, antes dos anos 1970, embora essas escolas econômicas liberais já estivessem atuando, o modelo mais concreto de sucesso com políticas mais liberalizantes em matéria econômica era a Alemanha do pós-guerra. Depois de ter sido devastada com a derrota de Hitler, a Alemanha conseguiu se reerguer fantasticamente apostando em uma diminuição expressiva do papel do Estado na economia. Uma tradição econômica liberal tipicamente alemã, que não correspondia exatamente aos austríacos – embora mantivesse laços com eles – ou aos "chicaguistas", foi a principal responsável por esse feito e se tornou bastante influente naquele período.

O historiador alemão Rainer Zitelmann (n. 1957) relatou em sua obra *O capitalismo não é o problema, é a solução* que muitos alemães por todo o país chegaram a passar fome. A Alemanha estava dividida entre Alemanha Ocidental e Alemanha Oriental. Esta última estava subordinada ao esquema soviético; no entanto, havia, de início, um problema para as teses capitalistas também na Alemanha Ocidental naquele momento. Conforme contextualizou Zitelmann, um governo do Partido Trabalhista havia acabado de ser eleito pelo Reino Unido sob a gestão do líder sindical de esquerda Clement Attlee (1883-1967) e o Partido Comunista teve expressiva votação na França em 1946. A política da Alemanha Ocidental era dominada por dois grandes partidos, como, aliás, até hoje a política da Alemanha unificada o é: os Sociais-Democratas (SPD) e a União Democrática Cristã (CDU), fundada logo após a Segunda Guerra. Segundo Zitelmann, "o SPD estava ainda mais comprometido com o dogma socialista do que está hoje. O partido demorou até 1959 para adotar os princípios do mercado livre em seu "*Manifesto de Godesberg*"[330].

Já a CDU oficialmente adotava a democracia cristã como corrente de pensamento. A democracia cristã nasceu no seio da Igreja Católica, como resultado de um processo iniciado quando, após um longo tempo de estranhamento entre Catolicismo e liberalismo e de prestígio do ultramontanismo nos meios romanistas, alguns sacerdotes e teóricos católicos, a partir da década de 1870, passaram a acreditar que a Igreja deveria assimilar as ideias modernas e seus membros deveriam participar ativamente da vida política, baseados nos valores cristãos fundamentais. No entanto, esses primeiros partidos católicos – e, posteriormente, também alguns protestantes – não estavam plenamente comprometidos com um mundo mais secularizado e manifestavam ainda certa hostilidade ao liberalismo. Em 1891, o Papa Leão XIII (1810-1903) publicou a encíclica *Rerum Novarum*, um documento que suscitava reflexões políticas e sociais dentro da Igreja. A *Rerum Novarum* pontuava que a Doutrina Social da Igreja deveria ser contrária tanto ao pensamento liberal *laissez-faire* quanto ao socialismo, sustentando que uma abordagem calcada na moral cristã exigiria uma atenção social particular à questão dos trabalhadores. Uma série de partidos inspirados nos ideais da *Rerum Novarum* surgiu, propondo políticas descentralizadoras do ponto de

---

[330] ZITELMANN, Rainer. O capitalismo não é o problema, é a solução. Edições 70, 2022, p. 129.

vista administrativo, mas também atreladas aos movimentos sindicais; esse "Cristianismo político" passou a se enxergar como o melhor anteparo à expansão do socialismo materialista. Em 1919, o padre Dom Luigi Sturzo (1871-1959) fundou o Partido Popular Italiano, um dos primeiros a tratar essa adesão à Doutrina Social de forma consistente. Porém, a pluralidade interna à democracia cristã já se notava desde essa época, pois o partido se dividiu em alas opostas: de um lado, as que, em virtude do apreço pelo sindicalismo e pela legislação social, estavam mais dispostas a formar coalizões com socialistas e sociais-democratas, e, de outro lado, as que, em virtude do apreço pelo sistema representativo e a descentralização, estavam dispostas a se aliar aos liberais – o notório democrata cristão Alcide de Gasperi (1881-1954), um dos pais fundadores da União Europeia, estava neste último grupo. Depois, também se dividiria quanto ao apoio ou a oposição ao regime fascista.

Apenas em 1931, com a promulgação da encíclica *Quadragesimo Anno* pelo Papa Pio XI (1857-1939), os contornos gerais da democracia cristã ficariam mais claros, embora ainda, na prática, os partidos que se orientaram por essa proposta tenham continuado a divergir em vários aspectos, uns se aproximando mais da social-democracia, outros mais do liberalismo ou do conservadorismo. Foi a partir daí que esses partidos, mesmo quando católicos de origem, começaram a se abrir para adeptos de diferentes correntes de fé e assumir protagonismo na política de diversos países.

De forma geral, os partidos democratas cristãos passaram a defender, além da descentralização administrativa, calcada no princípio da subsidiariedade e no receio do Estado centralizador como um potencial inimigo da liberdade religiosa, uma combinação de capitalismo com políticas do "Estado social", com maior ou menor adesão a bandeiras como o fim da pena de morte e do suicídio assistido, bem como a oposição à legalização das drogas, ao aborto e à união homossexual. Acolheram a democracia representativa plenamente, bem como a separação da Igreja e do Estado, mas mantiveram uma defesa estética e cultural da herança cristã por trás dos valores e direitos humanos que embasariam a própria secularização, sustentando que levá-los a efeito é fundamental, ainda que os indivíduos não professem todos a mesma religião. Os democratas cristãos também, em geral, eram simpáticos a aumentar a participação dos trabalhadores nos lucros das empresas ou subsidiar profissionais para a obtenção de itens básicos ao exercício de seus ofícios. Aproximavam-se, na prática, muitas vezes, de visões liberais sociais, mas com o adorno do embasamento e das posturas morais de índole cristã.

Quando a CDU foi fundada na Alemanha, entretanto, a postura mais anticapitalista tinha mais força. Conforme o *Manifesto Ahlen* de 1947, adotado pela seção regional do partido na Renânia do Norte-Vestfália, "o sistema econômico capitalista não conseguiu atender aos interesses nacionais e sociais do povo alemão. Após o terrível colapso político, econômico e social como resultado de uma política de poder criminoso, uma reestruturação abrangente torna-se necessária. O conteúdo e objetivo desta nova ordem social e econômica não pode mais ser a busca capitalista de lucro e poder, mas apenas o bem-estar de nosso povo"[331]. O texto ainda exigia a nacionalização parcial das principais indústrias do país e a ampla participação dos trabalhadores na gestão.

Porém, a liderança de Konrad Adenauer mudou a História da CDU. Eleito ao cargo de *chanceler* federal em setembro de 1949, ele "empurrou" a democracia cristã alemã em uma direção muito mais liberal, orientada pela economia de mercado. Um dos principais responsáveis por esse movimento impactante, que contrariava a lógica da desconfiança em relação ao capitalismo que grassava no mundo, foi Ludwig Whilhelm Erhard (1897-1977), oriundo de uma família de empresários e fundador do Instituto de Pesquisa de Indústria, voltado a desenvolver um modelo econômico que revertesse as políticas estatizantes do nazismo. Sem ser membro de nenhum partido, Erhard se tornou ministro de Assuntos Econômicos da Baviera e diretor do Departamento Especial de Dinheiro e Crédito criado pelos Estados

[331] Idem, p. 130.

Unidos para se preparar para a reforma monetária. Já em outubro de 1946, ele publicou o artigo *Mercado Livre ou Economia controlada pelo Estado*, defendendo a liberalização dos preços na Alemanha. Não à toa, ele aderiria à Sociedade Mont Pèlerin de Hayek em 1950. Sua visão era favorável apenas a um Estado de bem-estar social mínimo, com algumas legislações sociais e, principalmente, uma determinação legal de combate a cartéis e trustes.

Ele adotou do economista Alfred Müller Armack (1901-1978), também membro da Mont Pèlerin, a expressão "economia social de mercado" para definir o seu programa de política econômica. Conforme Zitelmann, "longe de designar um "meio-termo" entre a concorrência de mercado livre e a política social, Erhard viu a economia social de mercado como uma chance de superar as abordagens tradicionais da política social por meio de uma ordem econômica que promovia a criação de riqueza. Ele acreditava firmemente que mais liberdade econômica era o caminho para um maior bem-estar social"[332]. A economia social de mercado, portanto, foi criada como uma referência a uma linha de pensamento que envolvia a combinação de políticas de livre mercado com um arranjo mínimo de seguros sociais e uma certa legislação que promovesse a concorrência, interditando algumas combinações entre empresas que fossem consideradas perniciosas aos consumidores.

As teorias de Erhard e Armack, somadas às ideias de outros economistas alemães relevantes, como Wilhelm Röpke (1899-1966), Alexander Rüstow (1885-1963), Walter Eucken (1891-1950) e Franz Böhm (1895-1955), construíram as bases para a economia social de mercado que reergueu a Alemanha e voltou a colocá-la no caminho de ser uma potência. Isso fez com que o partido democrata cristão, influenciando outros pelo mundo, encampasse esse modelo como fundamento por certo tempo e imprimisse sua marca na história do liberalismo.

---

332 Idem, p. 131.

10.2. As bases teóricas e a "Escola de Freiburg"

Na verdade, essas escolas alemãs de pensamento liberal surgiram na esteira das próprias transformações operadas pelo liberalismo social. A ideia originalmente era mesmo estabelecer uma solução intermediária entre o *laissez-faire* e o socialismo. Em 1932, Alexander Rüstow discursava: "O que proponho requer um Estado forte que esteja acima de grupos individuais e interessados – um requisito, aliás, que também precisa ser cumprido se simplesmente queremos garantir um mercado livre e uma concorrência leal com as mesmas regras aplicadas a todos"[333].

A expressão "ordoliberalismo" para se referir a essa escola alemã também nasceu mais ou menos nessa mesma época, na década de 30 do século XX. As divergências entre os economistas que pertenceram a esse grande movimento de reflexão econômica liberal na Alemanha fazem com que a aplicação do termo "ordoliberal" seja ambígua. Algumas vezes, é empregado como referência geral a todos eles; noutras vezes, especificamente ao braço concentrado nas ideias de Walter Eucken e seus correligionários da Universidade de Freiburg, como Franz Böhm – por isso, o ordoliberalismo também é conhecido como "Escola de Freiburg". Quando o termo é empregado nesse sentido específico, costuma-se enquadrar os próprios Erhard e Armack simplesmente como proponentes da economia social de mercado e Rüstow e Röepke como integrantes de uma corrente separada chamada "liberalismo sociológico".

O principal objetivo da Escola de Freiburg era investigar uma presumida interdependência entre as instituições jurídicas e as estruturas da atividade econômica. Seus fundadores editaram, em parceria entre os departamentos de Direito e Economia de sua universidade, uma série de publicações intitulada *The Order of the Economy*, donde

333 FELD, Lars P. KÖHLER, Ekkehard A. NIENTIEDT, Daniel. Ordoliberalism and the Social Market Economy. Walter Eucken Institut, 2019, p. 1.

provêm a adoção da expressão latina "*ordo*" que aparece na expressão "ordoliberalismo"[334]. Em seu manifesto de 1936, eles declararam que todas as questões econômicas e políticas deveriam ser abordadas a partir da noção de "constituição econômica", que é "o quadro de regras (legais) que regem a vida econômica de uma comunidade"[335]. Os ordoliberais não estavam dispostos a apreender a atividade econômica, portanto, analisando apenas os agentes econômicos, mas todo o conjunto de regras sob o qual operavam, isto é, as "regras do jogo econômico". Isso, por consequência, significava que reconheciam no Estado o poder de melhorar essas regras. Dizia Eucken: "O problema não se resolverá simplesmente deixando os sistemas econômicos crescerem espontaneamente. A história do século passado mostrou isso com bastante clareza. O sistema econômico tem que ser conscientemente moldado. Os problemas detalhados de política econômica, política comercial, crédito, monopólio, política tributária, direito societário ou falimentar, fazem parte do grande problema de como toda a economia, nacional e internacional, e suas regras, devem ser moldadas"[336].

Os ordoliberais acreditavam na relevância de assumir que a economia de mercado, conquanto fosse um valor essencial à tradição liberal, não surgia no vácuo, como um fenômeno autônomo, mas era um produto político e cultural baseado em um sistema institucional que precisava ser cultivado e bem assentado para que ela funcionasse de forma próspera. Apesar de reconhecerem que as diferentes sociedades e instituições surgiram como resultado de longos processos de elaboração e não como produto de grandes deliberações, Eucken acreditava que os legisladores tinham a prerrogativa de influenciar os

---

[334] VANBERG, Viktor J. The Freiburg School: Walter Eucken and Ordoliberalism. Walter Eucken Institut, 1998, p. 7.

[335] FELD, Lars P. KÖHLER, Ekkehard A. NIENTIEDT, Daniel. Ordoliberalism and the Social Market Economy. Walter Eucken Institut, 2019, p. 3.

[336] VANBERG, Viktor J. The Freiburg School: Walter Eucken and Ordoliberalism. Walter Eucken Institut, 1998, p. 8.

benefícios auferidos através da economia de mercado indiretamente, por intermédio do aprimoramento do paradigma jurídico, sem que isso jamais significasse o planejamento econômico centralizado. Nesse ponto específico, apesar dos grandes desentendimentos que existiram entre os dois, Eucken formulava uma crítica similar à de Mises.

O quadro de regras socioeconômico, na visão de Eucken, precisaria ser simultaneamente funcional e humanizado. Teria de atender ao critério da eficiência, assegurando o bom funcionamento dos mercados, e ao critério da liberdade individual para perseguir objetivos particulares. O ordoliberalismo de Eucken também recomendava como postulados de um sistema econômico eficiente e humanizado, que deixam clara sua posição em relação ao tamanho e atribuições do Estado: "estabilidade monetária, abertura de mercado, propriedade privada, liberdade de contrato, responsabilidade pessoal e consistência da política econômica. Embora Eucken considere esses princípios necessários para a implementação de uma economia de mercado que funcione adequadamente, ele admite que eles podem não ser suficientes. Portanto, os princípios constitutivos devem ser complementados por princípios reguladores. Este segundo conjunto de princípios inclui legislação antimonopólio, redistribuição, a internalização de efeitos externos e, em alguns casos bem definidos, salários mínimos"[337].

Erhard e Armack foram indiretamente influenciados pelos ordoliberais da Escola de Freiburg. Assim como estes últimos, Erhard concluiu que "uma economia livre não é necessariamente competitiva. Em contraste com os proponentes do liberalismo *laissez-faire*, os ordoliberais" – e, por consequência, os defensores da economia social de mercado – "tinham convicção de que os sistemas econômicos devem ser conscientemente moldados para exibir as propriedades atribuídas a eles por economistas políticos clássicos como Adam Smith. Eucken e Erhard estavam particularmente cientes de que as empresas têm

[337] FELD, Lars P. KÖHLER, Ekkehard A. NIENTIEDT, Daniel. Ordoliberalism and the Social Market Economy. Walter Eucken Institut, 2019, p. 4.

incentivos para se envolver em práticas anticompetitivas. Eles argumentaram que tais práticas deveriam ser combatidas pelo Estado, a fim de proteger os interesses dos consumidores"[338]. O principal diferencial desses liberais alemães, portanto, que embasava suas orientações práticas, era o de que acreditavam que a competição entre as empresas era um dos principais benefícios da economia de mercado, mas que, às vezes, a liberdade econômica estrita, ao contrário do que acreditavam outros liberais, prejudicava essa competição, o que justificaria uma determinação estatal, dentro do sistema legal, para favorecê-la. A defesa de legislações antitruste também seria formulada, por exemplo, pelos economistas da Teoria da Escolha Pública, como James Buchanan, que criticou o que julgava ser uma inaptidão dos libertários em identificar a diferença entre a liberdade dos indivíduos de realizar trocas voluntárias e uma discutível liberdade dos indivíduos de entrar em acordos voluntários para restringir a concorrência do mercado[339]. Se nomes como Mises e Rothbard defendiam o princípio da soberania do consumidor, os ordoliberais julgavam suas concepções incoerentes, por entenderem que a tolerância com cartéis e trustes era um desserviço precisamente aos consumidores. De modo nenhum, entretanto, diga-se de passagem, eles ignoravam que os monopólios eram, em grande número de vezes, construídos pelas regulações do próprio Estado. Entendiam que estavam buscando a solução para os problemas que enfrentavam dentro de um dos maiores causadores desses mesmos problemas, mas estavam convictos de que essa era a única maneira realista de agir e que não seria correto escusar-se de envidar esforços para esse objetivo.

Armack, que era da Universidade de Cologne, acrescentou às teorias ordoliberais algumas medidas adicionais de distribuição de renda, enfatizando políticas de seguro de pensão, assistência médica universal, seguro-desemprego, habitação e educação, financiadas por

[338] Idem, p. 6.

[339] VANBERG, Viktor J. The Freiburg School:
Walter Eucken and Ordoliberalism. Walter Eucken Institut, 1998, p. 12.

combinações de contribuições de empregados e empregadores e subsídios governamentais. Eucken, ao contrário de Armack, sustentava que o auxílio mínimo aos indivíduos que não conseguem se sustentar decentemente no mercado seria legítimo, mas deveria ser restrito a mecanismos que não interferissem na ordem ética dos mercados, por exemplo, ao lançar mão de subsídios ou privilégios garantidos a certas indústrias[340]. A aposta do ordoliberalismo original nos mercados era mais enfática.

Já o "liberalismo sociológico" de Röepke e Rüstow se distinguiu por se desenvolver em uma direção temática singular, mais preocupado com as pré-condições sociológicas do mercado, em aspectos que transcendiam a própria economia. Acreditavam na importância de um componente espiritual, um universo de valores, para integrar os indivíduos à ordem de mercado. Para Röepke, "o livre mercado precisa de uma base de instituições morais e sociais que sustentem a ação humana na economia livre"[341]. Em suas obras *The Social Crisis of Our Time* (*A Crise Social de Nosso Tempo*) e *A Humane Economy* (*Uma Economia Humana*), ele defendeu que seria preciso mais do que militar pela liberdade na dimensão econômica, pois, sem a "devoção às comunidades éticas naturais" e a "autodisciplina"[342] a civilização fatalmente tenderia ao autoritarismo. O pensamento de Röepke, nesse sentido, convergia para as leituras mais conservadoras do liberalismo, advogando o imperativo de um esforço cultural por alimentar a sociedade com propósitos virtuosos, o que normalmente envolveria, em alguma medida, o cultivo do legado moral do Cristianismo.

---

[340] Idem, p. 2.

[341] SANTOS, Gustavo Adolfo. As Vertentes Contemporâneas do Liberalismo Político. In: PAIM, Antonio. Evolução Histórica do Liberalismo. LVM Editora, 2019, p. 255.

[342] Idem, p. 255.

11.

O OBJETIVISMO DE AYN RAND

Entre as escolas liberais do século XX, uma das que atraíram os seguidores mais ardorosos foi a escola do Objetivismo, um sistema filosófico concebido pela russo-americana Ayn Rand. Esta também pode ser considerada uma das correntes que mais reduzem as atribuições do Estado. Apesar de seus livros de maior impacto serem suas narrativas ficcionais, através de cujos personagens ela ilustrava os princípios do Objetivismo, como *A Revolta de Atlas* (1957) e *A Nascente* (1943), *A Virtude do Egoísmo* (1964) é uma apresentação mais didática de sua doutrina, posto que se trata de uma coletânea de textos dissertativos publicados nos anos 1960, tanto de autoria de Ayn Rand quanto de seu ex-discípulo e ex-par romântico Nathaniel Branden (1930-2014), com quem se desentendeu posteriormente.

A edição brasileira do livro conta com uma apresentação do professor Dennys Xavier, um dos mais dedicados divulgadores do pensamento desta autora no Brasil. Conforme definiu Dennys, "Rand responde a um desejo represado de doses hiperbólicas de realidade, de mundo tangível, objetivo, sem gracejos linguísticos, sem artifícios hermenêuticos pensados para projetá-lo para além de si mesmo, ou seja, numa celebração irracional de expectativas sem lastro nos fenômenos tal como se nos apresentam"[343]. Nascida em

---

[343] RAND, Ayn. A Virtude do Egoísmo. LVM Editora, 2020, p. 11.

São Petersburgo em 1905, a pensadora viveu os horrores do totalitarismo soviético, desenvolvendo profunda aversão ao comunismo, e migrou para os EUA. Lá, Ayn Rand se tornou um enorme sucesso por seus romances, que geraram adaptações dramatúrgicas e cinematográficas, popularizando uma concepção filosófica calcada na hostilidade a qualquer gênero de coletivismo e, em consequência, na adoção do mais completo individualismo.

Em vez de apreciar artigo por artigo, dedicar-nos-emos a sintetizar alguns dos princípios expostos no conjunto da obra, perfazendo os diferentes aspectos da filosofia objetivista – por óbvio, sem a menor pretensão de esgotá-la, apenas de introduzir o assunto aos interessados.

Em primeiro lugar, o Objetivismo não é apenas uma corrente liberal, mas se pretende um autêntico paradigma ou filosofia de vida, estabelecendo um norte moral que abrange os diversos aspectos da existência – não apenas a discussão da organização política com vistas a resguardar o indivíduo contra o arbítrio, o que seria a temática mais particular do liberalismo. As orientações sistematizadas por Ayn Rand se pretendiam afeitas a qualquer indivíduo, em qualquer lugar e tempo, partindo de uma constatação básica: a de que somos seres racionais.

O ser humano, dispondo da razão, distingue-se por encontrar nessa faculdade o seu meio básico de sobrevivência. Não lhe seria possível sobreviver e realizar a maior parte das operações que realiza em sua vida sem exercitar a razão, ao contrário de outros seres vivos, como os animais e as plantas. Não existem, para o Objetivismo, ideias inatas; logo, tudo de que o ser humano dispõe para atuar e decidir o que fazer depende daquilo que aprende. Para que não escolha os caminhos que levam à sua destruição, importa que se oriente por uma ciência ética, corporificada sob a forma de um código fundamentado em leis racionais.

"A ética é uma necessidade metafísica e objetiva da sobrevivência do homem – não pela graça do sobrenatural, de seus vizinhos ou de seus caprichos, mas pela graça da realidade e da natureza da vida"[344], disse

[344] Idem, p. 33.

Ayn Rand. Sua ética deve basear-se no exercício do pensamento e do trabalho produtivo. Deve ainda assentar-se, como alicerce primordial, na vida humana como padrão de valor e na própria vida como o propósito maior de cada indivíduo. "O homem deve escolher suas ações, valores e objetivos pelo padrão daquilo que é apropriado para o homem a fim de alcançar, manter, satisfazer e usufruir esse valor último, esse fim em si mesmo, que é sua própria vida"[345], sintetizou a filósofa.

Da valorização da própria vida, decorre uma série de virtudes elogiadas pelo Objetivismo. A primeira delas, a racionalidade, seria a fonte de todas as demais, sendo, em consequência, o afastamento da consciência e da razão o maior vício que se pode praticar. Por racionalidade, os objetivistas entendem "o reconhecimento e aceitação da razão como sua única fonte de conhecimento, seu único juízo de valores e seu único guia de ação"[346]. À racionalidade, se somariam a independência ("aceitação da responsabilidade de formar seus próprios julgamentos e de viver pelo trabalho de sua própria mente"[347]); a integridade ("nunca sacrificar suas convicções às opiniões ou desejos de outros"[348]); a honestidade ("nunca deve tentar falsear a realidade de qualquer forma"[349]); a justiça ("nunca deve procurar ou conceder o que não obteve ou mereceu, seja em matéria ou em espírito"[350]); a produtividade ("reconhecimento do fato de que o trabalho produtivo é o processo pelo qual a mente humana sustenta a sua vida, o processo que liberta o homem da necessidade de ajustar-se ao seu ambiente"[351]) e o orgulho ("um indivíduo deve conquistar o direito de considerar a si próprio como seu valor mais elevado por meio da realização de sua própria perfeição moral, que é conquistada ao, jamais, aceitar códigos

345 Idem, p. 35.
346 Idem, p. 36.
347 Idem, p. 36.
348 Idem, p. 36.
349 Idem, p. 36.
350 Idem, p. 36.
351 Idem, p. 36.

de virtudes irracionais impossíveis de praticar e nunca deixando de praticar as virtudes reconhecidamente racionais"[352]).

A partir dessas assim proclamadas virtudes, Ayn Rand deduziu que o ser humano nunca deveria enxergar a si mesmo como um meio para os fins ou para o bem-estar dos outros. Deveria enxergar sua vida como um fim em si mesma, o maior de todos os valores, sem se sacrificar pelos outros e sem sacrificar os outros para o seu benefício – dado que, por óbvio, eles também têm o direito ou prerrogativa de enxergar a existência da mesma forma. Deveria perseguir a felicidade, vista como "o estado de consciência que surge da realização dos próprios valores"[353]. Porém, isso não significava o apoio a qualquer capricho ou anseio hedonista; ao contrário, o Objetivismo o encoraja a ancorar essa busca da felicidade em meios e propósitos racionais, definidos por seu específico código de ética que se pretende deduzido das exigências para a sobrevivência humana na Terra.

"A ética objetivista defende e apoia orgulhosamente o egoísmo racional, que significa: os valores exigidos pela sobrevivência do homem enquanto homem, ou seja, os valores exigidos pela vida humana – e não os valores produzidos pelos desejos, emoções, 'aspirações', sentimentos, caprichos ou necessidades de brutamontes irracionais"[354], sustentou a filósofa. O bem humano deve ser alcançado sem o sacrifício próprio e sem sacrificar outras pessoas.

O único princípio que deve reger as relações entre os seres humanos é o princípio da troca, mediante a qual não há imposição ou coerção nas relações. Mesmo nas relações afetivas, como a amizade e o amor, que os objetivistas de modo algum condenam, eles enxergam uma relação, sobretudo, de troca, nunca de sacrifício. Quando, por exemplo, um amante arrisca a própria vida por sua amada, o Objetivismo não vê nisso um sacrifício propriamente dito, porque visa à própria felicidade do amante, cuja vida decai em sentido e

[352] Idem, p. 37.

[353] Idem, p. 39.

[354] Idem, p. 41.

prazer sem a presença da amada; é produto racional da importância que vota a ela. Por razão similar, os objetivistas não considerariam racional sacrificar a própria vida por um desconhecido, a quem essa importância não é direcionada. O altruísmo, defendido como um valor por inúmeras doutrinas, filosofias e religiões – ainda que o termo em si seja uma concepção do positivista Augusto Comte (1798-1857) –, é visto pelos objetivistas como uma "teoria ética que considera o homem como um animal de sacrifício, que sustenta que o homem não tem direito a existir para seu próprio interesse, que servir aos outros é a única justificativa de sua existência, e que o autossacrifício é seu dever, virtude e valor moral mais elevado"[355]. O verdadeiro valor, portanto, estaria no egoísmo racional, no auto interesse ancorado nas bases da racionalidade.

Ayn Rand afirmou que ninguém pode empregar a força física contra os outros – seja um indivíduo, um grupo, uma sociedade ou um governo. Iniciar o uso da compulsão física contra qualquer outra pessoa equivaleria a assumir o papel de criminoso, a menos que isso fosse feito em retaliação contra aqueles que usaram a violência primeiro. No entanto, ela foi categórica ao acrescentar que o governo ou Estado deve existir – ela era francamente contrária ao anarquismo propriamente dito, visto como "uma ingênua abstração flutuante", deixando a sociedade "à mercê do primeiro criminoso que surgisse, arrastando-a para um caos de conflito de gangues"[356] –, mas apenas para proteger os direitos individuais à vida, à liberdade, à propriedade privada e à busca pela felicidade. Os direitos de propriedade, importa dizer, constituem condição inescapável para os demais direitos ou propósitos do ser humano em sociedade.

Dessa construção teórica, o Objetivismo deduziu que o único sistema econômico condizente com os seus princípios morais seria o capitalismo *laissez-faire* – sem relativizações. O governo, na visão de Ayn Rand, se deveria limitar em absoluto a um conjunto muito

[355] Idem, p. 44.

[356] Idem, p. 160.

restrito de funções, e não seria, ao contrário de praticamente todas as demais vertentes do liberalismo, financiado através de impostos, mas de contribuições voluntárias, com os mais abastados mantendo seus serviços para os que não podem ou não querem pagar.

Na definição objetivista, um governo "é uma instituição que detém o poder exclusivo de impor certas regras de conduta social em uma dada área geográfica"[357]. Ayn Rand considerava estúpida a tese libertária de administrações paralelas, que ela tratou por "governos concorrentes", de que "deveria haver uma série de governos diferentes, em uma mesma área geográfica, competindo pela submissão de cidadãos individuais, com todo cidadão sendo livre para 'contratar' e respeitar qualquer governo que escolha"[358]. Para ela, se a coerção ou compulsão é a finalidade do governo, a ideia de governos concorrentes não fazia o menor sentido. O uso retaliatório da força em uma sociedade civilizada dependeria da existência de um mecanismo de estabelecimento de regras objetivas que evidenciassem o cometimento de crimes, o que deveria ser feito por uma instituição, o governo ou o Estado. "Um governo", Ayn Rand ainda definiria, "é o meio de colocar o uso retaliatório da força física sob controle objetivo, isto é, sob leis objetivamente definidas"[359]. O governo precisaria ser subordinado aos cidadãos e suas únicas tarefas apropriadas seriam "a polícia, para proteger os homens dos criminosos; as forças armadas, para proteger os homens de invasões externas; e os tribunais, para resolver disputas entre os homens de acordo com leis objetivas"[360]. Ela acreditava que, mediante transformações graduais, seria possível alcançar o cenário ideal em que todos esses serviços seriam financiados voluntariamente pela sociedade, sem a necessidade de impostos propriamente ditos. Apesar de divergir dos libertários rothbardianos quanto à questão do anarquismo, Ayn Rand essencialmente concordava com sua noção de

[357] Idem, p. 155.
[358] Idem, p. 161.
[359] Idem, p. 157.
[360] Idem, p. 160.

que o imposto seria sempre um roubo e, portanto, para proteger os direitos individuais, o que realmente se deve fazer é aboli-lo.

Ao argumento de que os serviços estatais se tornariam benefícios indiretos aos que não pagassem, Ayn Rand respondeu que "é, simplesmente, uma consequência marginal dos próprios interesses e despesas dos contribuintes. Esse tipo de bônus não pode ser estendido para cobrir benefícios diretos, ou para alegar – como os estadistas de bem-estar alegam – que assistências diretas aos não produtores são do interesse dos produtores. A diferença, em resumo, é a seguinte: se um trem estivesse rodando em uma ferrovia e permitisse que os pobres viajassem nos assentos vagos sem pagar, não seria a mesma coisa (nem o mesmo princípio) que oferecer aos pobres assentos de primeira classe em trens especiais. Qualquer tipo de assistência não sacrificial, bônus social, benefício gratuito ou presente entre os homens é possível, apenas, em uma sociedade livre, e é apropriado na medida em que não é um sacrifício"[361].

Ayn Rand não foi totalmente minuciosa quanto à dinâmica de operação de seu Estado ideal, mas parece possível depreender de sua abordagem que ele dispensaria a estrutura de divisão de poderes tradicional do liberalismo. Uma vez que a legislação objetiva, focada exclusivamente na proteção dos direitos individuais, estivesse definida, a polícia, as Forças Armadas e o Judiciário seriam as únicas estruturas que precisariam operar. Não há qualquer menção objetiva a deputados ou presidentes da República nos textos da filósofa.

Contrário a qualquer crença mística ou baseada alegadamente em uma revelação ou algo que não seja puramente racional, o Objetivismo é também contrário ao que usualmente se designa por pragmatismo, visto por Ayn Rand como implicando a negociação dos fatos objetivos, ou, em outros termos, a violação das virtudes da integridade e da honestidade – "não pode haver acordo algum sobre princípios morais"[362], ela diria. Isso se aplicaria, por exemplo, a qualquer suporte

---

[361] Idem, p. 171.

[362] Idem, p. 99.

a políticas assistencialistas por parte do Estado para benefício dos menos afortunados; um objetivista nunca aceitaria tal concessão, que dependeria da coerção, inerentemente imoral, sobre outros indivíduos de quem os recursos seriam espoliados. Portanto, apostaria todas as fichas, no máximo, na caridade – por definição, voluntária. Do fato de certos propósitos serem desejáveis, como a eliminação da pobreza, não se seguiria que todos os meios pretendidos para os atingir possam ser sancionados moralmente.

Uma das mais enfáticas adversárias do socialismo, de cuja tirania foi vítima, Ayn Rand era também contrária à "inflação de direitos" que "progressistas" e sociais-democratas introduziram através das Constituições, projetos de lei e parlamentos. Os EUA, em sua visão, foram a primeira sociedade moral da história, aproximando-se do seu ideal ao sustentar os direitos verdadeiros, os individuais, e enaltecer o auto interesse e o capitalismo. Os únicos direitos "econômicos" do ser humano são os de propriedade e livre comércio para perseguir sua felicidade e seus objetivos através das trocas livres. Ela se posicionou, por fim, de forma vigorosamente contrária ao coletivismo medonho do racismo, de que o liberalismo é o mais eficaz opositor.

12.

ANARCO-INDIVIDUALISMO E ANARCOCAPITALISMO

12.1. Precursores e pioneiros

Espera-se que tenha ficado claro, ao longo deste livro, que toda a tradição liberal nuclear, desenvolvida desde John Locke e os *whigs* até mesmo os austríacos como Hayek e Mises, nunca admitiu qualquer conexão entre seus ideais e o anarquismo. Os autores mais recentes, que efetivamente já empregavam o rótulo de "liberalismo" como identificação de sua doutrina política, proclamavam de forma explícita que não apenas não eram anarquistas como o liberalismo seria incompatível com o anarquismo.

Existe, no entanto, um grupo de intelectuais que, partindo da árvore individualista do pensamento político, concluíram por uma das respostas mais simples à pergunta quanto a qual seria o papel do Estado: a de que seria nenhum. De forma geral, os anarcoindividualistas sempre foram contrários a movimentos revolucionários e violentos, sustentando que sua tese principal de abolição do Estado, embora radical, deveria ser alcançada através de mecanismos pacíficos. Estão em oposição aos anarcocomunistas ou social-anarquistas, que integram a tradição da esquerda e eventualmente advogam revoluções sociais, cujo ícone foi Mikhail Bakunin.

Cumpre enfatizar que a expressão "grupo de intelectuais" aqui empregada não faz referência a uma tradição coesa ou a uma escola organizada; esses autores, que se concentram principalmente no século XIX, consistiam mais em personalidades isoladas, com filosofias distintas e em muitos pontos discrepantes, mas que tinham em comum a rejeição ao Estado de forma mais ou menos assumida.

O britânico William Godwin (1756-1836) é considerado um dos precursores do anarquismo. Jornalista, romancista e escritor político, Godwin, que acreditava na perfectibilidade humana, na filosofia utilitarista e no poder da razão[363], sustentou abertamente, em seu *Enquiry Concerning Political Justice* (1793), que o Estado seria uma força corruptora e perversora e que deveria ser substituído por pequenas comunidades autossuficientes e livres[364]. Apesar disso, embora sustentasse o direito de propriedade, ele também defendia que as pessoas teriam o dever moral de ofertar o excedente de suas posses a outras que estivessem em necessidade. O legado de Godwin é discutido, havendo divergências quanto a se os anarcoindividualistas ou os anarquistas de esquerda teriam maior legitimidade para reivindicá-lo.

Já no século XIX, o francês Pierre Joseph-Proudhon foi o primeiro pensador a se definir como "anarquista". Geralmente é associado à tradição anarquista de esquerda por sua pregação de limites à acumulação de bens, tendo inclusive travado um célebre debate contra o liberal Bastiat através da imprensa francesa sobre a legitimidade dos juros do capital, mas sua rejeição ao comunismo e sua defesa da alternativa conhecida pelo nome de mutualismo, bem como sua aberta discrepância em relação a Bakunin, fizeram com que alguns o identificassem como um autor individualista. O mutualismo defendia que os trabalhadores detivessem os meios de produção e se associassem em cooperativas para produzir, dinâmica que gradativamente e

---

363 THE EDITORS of Encyclopaedia Britannica. William Godwin: British philosopher. Encyclopaedia Britannica. Disponível em: https://www.britannica.com/biography/William-Godwin. Acesso em 06.01.2022.

364 GODWIN, William (1796) [1793]. Enquiry Concerning Political Justice and its Influence on Modern Morals and Manners. G.G. and J. Robinson. OCLC 2340417

pacificamente substituiria o predomínio dos grandes donos dos meios de produção e das instituições estatais.

Por sua vez, o filósofo alemão Max Stirner, pseudônimo de Johann Kaspar Schmidt (1806-1856), autor de *O único e sua propriedade* (1844), apoiava o egoísmo e dizia que todas as instituições, doutrinas políticas ou religiosas e organizações, como a Igreja, o Estado, o nacionalismo e o socialismo, eram ferramentas de manipulação. Stirner, fortemente criticado por Marx, defendeu uma associação de egoístas, dispostos a apoiar a satisfação dos próprios interesses contra os apelos coletivos. Estariam, em consequência, dispostos a "ignorar" o Estado e suas determinações. A apologia do egoísmo de Stirner até se assemelha ao pensamento de Ayn Rand, mas um exame mais atento pode revelar contrastes entre os dois autores[365], como a ideia de uma "ética objetivista" defendida por Rand, ao passo que Stirner não admitiria nenhum sistema organizado de moral, e a óbvia dessemelhança quanto ao papel do Estado, já que a filósofa nunca foi anarquista.

O principal berço do anarcoindividualismo, entretanto, esteve nos Estados Unidos. O poeta e pesquisador Henry David-Thoreau (1817-1862), em seu trabalho *A Desobediência Civil* (1849), consagrou o princípio da resistência pacífica ao Estado, apropriado por líderes como Mahatma Gandhi (1869-1948) e Martin Luther King Jr. (1929-1968). Thoreau era contrário à escravidão e à guerra entre os EUA e o México e, por isso, foi preso por se recusar a pagar impostos. Na visão de Thoreau, o Estado, parasitado por uma elite arrogante, exerce violência contra aqueles que não admitem sua tirania e suas pretensões distorcidas. O ideal para ele seria um governo que "não governasse", embora Thoreau jamais tenha se apresentado sob qualquer rotulação política específica, tampouco a de "anarquista".

O berço da principal escola anarcoindividualista do século XIX foi Boston. Benjamin Tucker (1854-1939) e Lysander Spooner (1808-1887) foram seus expoentes. O tipógrafo Benjamin Tucker editou

[365] D'AMATO, David S. Ayn Rand and Max Stirner argued different versions of egoism. Libertarianism.org. 11 mar. 2014. Disponível em: https://www.libertarianism.org/columns/egoism-rand-stirner. Acesso em 06.01.2022.

o periódico anarquista *Liberty* e foi originalmente influenciado pelo pensamento de Proudhon e do jurista Josiah Warren (1798-1874) – também um mutualista proudhoniano –, defendendo a teoria do valor-trabalho, até que, mais tarde, se tornou um adepto da filosofia de Max Stirner. Já o abolicionista, jurista e empresário Lysander Spooner, nascido em Massachussets, escreveu, em 1870, seu trabalho *The Constitution of no authority*, onde proclamou que o Estado é uma organização criminosa e violadora dos direitos individuais. Ele foi membro da Primeira Internacional Socialista e foi mais um a ser influenciado por Proudhon, mas seu casamento entre a defesa de propriedade privada e anarquismo, envolto em jusnaturalismo e críticas ácidas ao comportamento predatório do Estado, faria dele uma grande influência sobre aquele que "refundaria" o anarcoindividualismo no século XX sob novas bases, a partir das teses da Escola Austríaca de Economia, dando origem ao anarcocapitalismo moderno ou anarquismo de mercado: Murray Rothbard.

12.2. O anarcocapitalismo de Murray Rothbard

O pensamento rothbardiano consiste em uma síntese dos fundamentos da Escola Austríaca, levados a aplicações extremistas, com as ideias de pretensões simultaneamente anarquistas e individualistas de autores como Tucker e Spooner.

De acordo com o próprio economista, historiador e pensador americano, discípulo de Ludwig von Mises, não haveria prejuízo algum em ser intransigente em relação aos princípios defendidos, dado que eles ecoavam a razão e a lei natural, sendo os únicos a representar a verdadeira moral. Em seu clássico *Por uma nova liberdade: o manifesto libertário* (1973), Rothbard ofereceu a exposição mais organizada de seu sistema. O livro é dividido em três partes: "O credo libertário", "Aplicações libertárias a problemas atuais" e "Epílogo". Resumindo inicialmente o significado de sua proposta, Rothbard depois desenvolveu aplicações hipotéticas de suas sugestões sobre dilemas concretos da sociedade, concluindo com uma reflexão sobre a viabilidade e o destino do "libertarianismo", termo com que preferia designar sua filosofia.

Em uma interpretação bastante pessoal da história de fundação norte-americana, Rothbard afirmou que os ideários libertários por ele defendidos estariam fortemente presentes naquele momento entre algumas lideranças – em especial na facção jeffersoniana. Rothbard lamentou que boa parte das lideranças entre os primeiros americanos que defendiam uma retração do Estado, um governo quase nulo, também estavam, por ocasião da Guerra Civil, ao lado do escravismo. Uma visão retrospectiva de sua teoria na história era um elemento notório na obra de Rothbard: para ele, que enxergava o passado a partir da lente de sua concepção ideológica, o liberalismo seria um estágio de desenvolvimento do libertarianismo moderno; para deixar essa concepção muito bem demarcada, ele os chamava de "liberais clássicos libertários"[366]. Até mesmo o fundador do taoísmo na China, Lao Tsé (604 a. C. –517 a. C.), foi referenciado por ele como "um dos primeiros filósofos libertários"[367].

No entendimento rothbardiano, o libertarianismo era uma ideologia que preconizava a liberdade individual mais absoluta, e não a "liberdade ordenada", ou a "ordem" (como a direita), nem a "igualdade" (como a esquerda). Apesar de preferir se manter apartado das correntes ideológicas tradicionalmente referenciadas nos embates políticos, Rothbard "reforçou" a ideia de que o liberalismo, por oposição aos tradicionalismos mais ou menos estatistas da Europa pré-Revolução Francesa, foi originalmente a "esquerda". O libertarianismo poderia, portanto, ser encarado como a versão mais radical dos princípios originários do verdadeiro movimento "da esquerda", depois sequestrado pelos socialistas – pois, na visão de Rothbard, o socialismo seria uma mistura do pensamento cientificista com o "conservadorismo". É importante frisar que, na sua interpretação,

---

[366] ROTHBARD, Murray. Por uma Nova Liberdade: o Manifesto Libertário. Instituto Ludwig von Mises Brasil, 2013, p. 26.

[367] Idem, p. 82.

"conservadorismo" significava originalmente a resistência continental à Revolução Francesa e o nacionalismo estatista prussiano, mais tarde se aplicando a seus conterrâneos do Partido Republicano. Temos aí um mosaico de grupos bastante heterogêneos. Em uma definição um tanto rasteira, no entanto, ele chegou a dizer que "um dos principais motivos pelos quais a oposição conservadora ao coletivismo tem sido tão fraca é que o conservadorismo, por sua própria natureza, não oferece uma filosofia política consistente, mas apenas uma defesa 'prática' do *status quo* existente, reverenciado como uma encarnação da 'tradição' americana"[368]. Afirmou ainda que os conservadores "muitas vezes se atêm a tradições monárquicas de um passado europeu felizmente obsoleto"[369], enquanto os libertários "estão totalmente inseridos na grande tradição liberal clássica que construiu os Estados Unidos e nos legou a herança americana da liberdade individual, uma política externa pacífica, um governo mínimo e uma economia de livre mercado. Os libertários são os únicos herdeiros genuínos atuais de Jefferson, Paine, Jackson e os abolicionistas"[370]. Sabemos, no entanto, que nenhum dos pais fundadores dos Estados Unidos alimentava qualquer simpatia anarquista.

Rothbard contestou com veemência o utilitarismo, característico do pensamento de seu mestre Mises. Para ele, existiriam princípios morais, pairando sobre as transitoriedades da história. Partindo desse jusnaturalismo implacável, Rothbard estabeleceu o direito de propriedade original sobre si mesmo e sobre os elementos naturais como eixos fundamentais do libertarianismo. Seriam esses os mais emblemáticos "direitos naturais" que interessariam aos focos de análise de sua ideologia: "Liberdade é uma condição na qual os direitos de propriedade de uma pessoa sobre seu próprio corpo e sua propriedade material legítima não são inválidos, e não sofrem qualquer agressão"[371]. No entanto, ele deduzia disso consequências extremas: o próprio conceito

368 Idem, p. 354.
369 Idem, p. 374.
370 Idem, p. 374.
371 Idem, p. 58.

de uma "sociedade" que demandaria um Estado para recolher impostos das pessoas já representava uma autêntica agressão. Todo imposto, para Rothbard e seus seguidores, é considerado automaticamente um roubo, por não se tratar de um pagamento pactuado livremente. A ideia de que exista uma "sociedade" seria uma mentira contumaz que os agentes do Estado utilizariam para manter seu poder, empregando para tanto lideranças religiosas, carismáticas e intelectuais.

Curiosamente, Rothbard não parecia demonizar o sentimento de patriotismo. Ele dizia apenas que esse sentimento de apego à própria terra, em si mesmo algo natural, era explorado pelo Estado em seu favor. Aparentemente, aliás, Rothbard apelava ao que considerava serem os valores americanos como fontes soberanas de sua filosofia. Seja qual for sua opinião sobre isso, o fato é que ele provavelmente diria que o Estado estraga as melhores coisas.

Assim, ele resumiu o credo libertário como "1) o direito absoluto de todos os homens à propriedade de seu próprio corpo; 2) o direito igualmente absoluto de ter posse e, portanto, controlar os recursos materiais que ele encontrou e transformou; e 3) o direito absoluto de trocar ou dar a propriedade destes títulos a quem quer que esteja disposto a trocá-los ou recebê-los"[372]. O mercado inteiramente livre, sem qualquer controle de câmbio e deslocamento de recursos, representava o mundo ideal de Rothbard. Sem concessão possível, seu mundo ideal importaria em que o Estado cessasse de existir e, em consequência lógica, se retirasse de todo e qualquer setor concebível. Com base nesses princípios fundamentais, ele se pôs a detalhar suas bandeiras específicas, que fariam estarrecer muita gente – por isso não se pode, mesmo discordando de suas ideias, desconhecer a sua intrepidez. Propostas como a privatização de todas as Forças Armadas, a privatização das ruas e de todos os meios de comunicação, o fim do alistamento obrigatório, a liberdade de comércio de drogas e sexo – bem como de pornografia –, a liberdade de portar armas e a rejeição terminante ao envolvimento em guerras ou conflitos bélicos

---

[372] Idem, p. 89.

de qualquer natureza compunham o quadro de teses libertárias que conteriam, como elemento aglutinador, a aniquilação sem piedade da "gangue de criminosos" que Rothbard e seus pupilos até hoje enxergam no Estado.

Em cada capítulo, Rothbard tentou construir um cenário irreal, mas virtualmente possível, em que apresentou o que acreditava serem soluções para cada dilema que o "senso comum" levantaria contra a aplicação completa de suas ideias. Algumas delas – como a liberação do porte de armas – eram e são malquistas pelos militantes da esquerda do Partido Democrata nos Estados Unidos; outras já seriam antitéticas à agenda dos Republicanos. Rothbard via todos os lados dessas questões como partidos defensores da interferência do Estado na vida das pessoas, modificando-se apenas o teor dessa intervenção. O aspecto do "isolacionismo" em questões militares e disputas entre nações estrangeiras, por exemplo, era uma bandeira que se chocava com a pauta de setores importantes entre os Republicanos.

As funções clássicas de segurança e justiça, para Rothbard, também poderiam ser transferidas completamente para a iniciativa privada. "Não podemos fazer projeções a respeito de um mercado que existe apenas como uma hipótese, porém é razoável crer que o serviço policial numa sociedade libertária seria fornecido pelos proprietários de terra ou pelas empresas de seguro. Uma vez que estas empresas teriam de pagar seguro às vítimas do crime, é altamente provável que elas proveriam o serviço policial como uma forma de manter o crime em níveis baixos e, assim, evitar os seus gastos com o pagamento de seguros"[373], argumentou a respeito da segurança. Ele afirmou ainda que as pessoas mais pobres, sem a obrigação de pagar impostos, teriam mais recursos para financiar a segurança privada, podendo também ser beneficiadas pela caridade e pela boa-vontade das próprias empresas de seguro, em busca de melhorar suas reputações no mercado.

Quanto à Justiça, as comunidades privadas pactuariam seus próprios códigos legais ou teriam de aceitar os códigos emitidos pelo

---

[373] Idem, p. 258.

proprietário principal de uma determinada região. Os tribunais privados ficariam responsáveis por punir a violação desses códigos, que seria considerada como uma quebra de contratos. O financiamento desses tribunais poderia ser feito de diversas formas, imaginadas por Rothbard em seu trabalho: poderiam ser pagos por quem precisasse usar seus serviços, poderiam ser contratados pelas empresas de segurança como árbitros privados para equacionar conflitos ou mesmo poderia haver grandes empresas que prestassem ao mesmo tempo serviços jurídicos e de segurança.

Rothbard alvejou ainda o Estado de bem-estar social e, ao contrário de pensadores como Friedman e Hayek, nesse caso em acordo com Ayn Rand, previsivelmente rejeitou qualquer política de assistencialismo estatal. Ele acreditava que apenas a eliminação total dos impostos trataria adequadamente do problema e permitiria a proliferação da caridade "privada" e das atividades filantrópicas. A contração dos tributos promoveria maior geração de riquezas e retiraria menos recursos do trabalhador (em verdade, em uma sociedade anarcocapitalista, nenhum), o que por si só melhoraria todos os indicadores sociais de um país.

O economista anarquista encampou a conhecida rivalidade da Escola Austríaca com o keynesianismo, atacando as emissões de crédito pelo governo, e dedicou bastante tempo a contestar os círculos intelectuais financiados pelo Estado para sustentar suas teses, o que se combateria com a difusão de círculos opostos financiada por quem se interessasse por isso. Rothbard empregou, também em seu opúsculo *Anatomia do Estado* (1974), a palavra "intelectuais" em um sentido mais amplo; para ele, todos aqueles dedicados a defender intelectualmente a legitimidade do Estado e do regime político estabelecido seriam intelectuais a seu serviço. Isso incluiria não apenas os acadêmicos e filósofos modernos, mas também os sacerdotes e teólogos das sociedades antigas e os justificadores do direito divino dos reis, por exemplo.

Assim como os autores anarcoindividualistas a que referenciava, Rothbard não propunha a violência em sua tática de ação. A seu ver, os libertários não deveriam fazer nada além de fundar associações, grupos de estudo, panfletos, periódicos e círculos de debate para difundir suas teses. Entretanto, deveriam manifestar abertamente as suas convicções. Isso não quer dizer que Rothbard rejeitava medidas que promovessem mudanças liberais graduais, embora sem aniquilar o Estado; mas ele julgava que os libertários não deveriam jamais fingir que as consideram transformações suficientes. A seu ver, os oportunistas que assim pensam, "ao se restringirem estritamente a programas 'práticos' e graduais, programas que têm uma boa chance de serem adotados imediatamente, (...) correm um grande risco de perder de vista o objetivo final, a meta libertária. (...) Se os libertários se recusarem a empunhar alto a bandeira do princípio puro, da meta final, quem o fará?"[374]. Se não haverá violência, seria essa pregação de ideias suficiente para demolir os Estados? Rothbard fazia pouco caso dos incrédulos, afirmando que, se, no mundo comunista, os países se afastaram do planejamento central, no mundo ocidental "o Capitalismo de Estado está em crise por toda a parte, à medida que fica claro, da maneira mais grave, que o governo não tem mais dinheiro; impostos cada vez mais altos enfraquecerão a indústria e os incentivos a um ponto em que não haverá mais conserto, enquanto o aumento na emissão de novo dinheiro levará a uma inflação descontrolada e desastrosa. E assim, ouvimos cada vez mais a respeito da necessidade de abaixarmos nossas expectativas do governo daqueles que eram os defensores mais ardentes do Estado"[375]. Desse cenário, Rothbard deduzia seu otimismo de que avançaríamos para a constatação de que o Estado é inútil.

O esforço final de Rothbard em afastar o libertarianismo da pecha de "utopia ingênua" foi acusar de utopistas aqueles que sustentam a diminuição do Estado, mas não admitem o seu fim – alguns chamados de "minarquistas". Ele pontuou que "o conservador, aparentemente muito mais realista, acredita no 'governo limitado', que é a verdadeira

[374] Idem, p. 351.

[375] Idem, p. 370.

utopia impraticável"[376]. As constituições não seriam suficientes para conter a ampliação das máquinas burocráticas e jamais haveria garantias de que o Estado não se ampliaria novamente, caso se permitisse que ele permanecesse existindo.

12.3. Hoppe e os males da democracia

Depois do trabalho de Rothbard, surgiram diversos teóricos anarcocapitalistas, com argumentos diversificados, entre os quais podem ser mencionados Jesús Huerta de Soto (n. 1956), Walter Block (n. 1941), Robert Murphy (n. 1976), Samuel Edward Konkin III (1947-2004) e David Friedman (n. 1945), filho de Milton Friedman. Entretanto, parece particularmente interessante ressaltar a abordagem do alemão-americano Hans-Hermann Hoppe (n. 1949), em seu bem-sucedido trabalho *Democracia: o Deus que Falhou* (2001).

Todo o livro de Hoppe pode ser resumido em duas teses principais: a primeira delas a de que, ao contrário do que normalmente se pensa, a transição histórica das chamadas monarquias para as chamadas democracias fora um retrocesso e não um avanço social. É importante esclarecer desde o início, contrariando algumas possíveis interpretações apressadas, que Hoppe não se referia, com o termo "monarquia", às monarquias constitucionais como a moderna Inglaterra, mas às monarquias antigas, pré-liberais. "Monarquias", para ele, seriam apenas as modalidades tradicionais ou absolutistas; as monarquias contemporâneas em geral estariam enquadradas exatamente no que Hoppe chamou de "democracia".

Por que alguém consideraria que uma monarquia absoluta é superior a um regime liberal-democrático ou representativo, tal como aquele defendido, com corte mais ou menos aristocrático, pela maioria das correntes liberais? A primeira lógica que Hoppe empregou para explicar sua posição foi a do conceito econômico de preferência

---

376 Idem, p. 356.

temporal, que ele extraiu da Praxeologia misesiana, sustentada na concepção de que "o agente humano (homem) sempre visa a substituir um estado de coisas menos satisfatório por um estado de coisas mais satisfatório"[377]. Diante disso, esse agente apenas trocaria o uso de um determinado bem no presente pelo seu uso no futuro – em outras palavras, ele apenas pouparia, adotaria uma postura austera e equilibrada fiscalmente – se esperasse "um aumento da sua quantidade de bens futuros"[378].

Diante disso, no antigo regime monárquico, o governo inteiro era uma propriedade do monarca e sua família, englobando-se nesse contexto os recursos que o compõem. "Os recursos confiscados são adicionados à propriedade privada do governante e são tratados como se fossem uma parte dessa propriedade"[379]; sabendo que o que fazia repercutiria para si próprio, sua família e sua descendência, a maior probabilidade era de que o monarca fosse mais ponderado no manejo desses recursos e mais poupador.

Da mesma forma, Hoppe afirmou que o monarca tenderia a não impor um excesso de impostos, pois "é do seu interesse parasitar uma economia cada vez mais pujante, produtiva e próspera, porque isso também incrementaria – sempre e sem qualquer esforço de sua parte – as suas próprias riquezas e a sua propriedade"[380]. Além disso, em razão das inúmeras restrições à entrada no governo, que englobava apenas a família e a Corte, estimulava-se "o desenvolvimento de uma nítida 'consciência de classe' nos governados, promovendo oposição e resistência a qualquer expansão do poder governamental de tributar"[381].

As democracias, que assumiram extrema preponderância e reputação positiva aos olhos do público a partir da Primeira Guerra Mundial, sob a liderança crescente dos Estados Unidos, ao contrário, são

---

[377] HOPPE, Hans-Hermann. Democracia, o Deus que Falhou. Instituto Ludwig von Mises Brasil, 2014, p. 31.

[378] Idem, p. 32.

[379] Idem, p. 49.

[380] Idem, p. 50.

[381] Idem, p. 52.

capitaneadas por governantes temporários e se sustentam no princípio da possibilidade de todos os indivíduos, independentemente de sua família ou origem, se tentarem fazer representar no aparato público ou até serem, eles mesmos, eleitos para ocupá-lo.

Em consequência da ampliação da presença social na máquina pública e do desinteresse dos governantes democráticos pelo futuro, porque o governo não é propriedade privada deles e de suas famílias, Hoppe sustentou, a partir da mesma teoria da preferência temporal, que as democracias, a um só tempo, produzem o aumento descontrolado e considerável da máquina do Estado e a irresponsabilidade fiscal e aumento de impostos por parte dos governantes. Sendo assim, ele concluiu, "sob o ponto de vista daqueles que preferem menos exploração a mais exploração e que valorizam a visão de longo prazo (orientada para o futuro) e a responsabilidade individual mais do que a visão de curto prazo (orientada para o presente) e a irresponsabilidade individual, a transição histórica da monarquia para a democracia representa, na verdade, declínio civilizatório"[382]. Nessa conclusão, ele acredita ter ido mais longe que o seu professor Rothbard e seu mestre Mises.

A afirmação de Hoppe não implicava a defesa do retorno das antigas monarquias; ele a fez porque deseja, antes de tudo, que os libertários se convençam de que a democracia é uma das piores criações da humanidade e de que os totalitarismos e autoritarismos do século XX não são uma perversão dela, mas uma consequência esperável do aumento do Estado que ela promove. Esse aumento e a irresponsabilidade dos governos democráticos estariam promovendo um ataque à propriedade privada sem efetiva equiparação com o que ocorria no passado, quando os interesses dos próprios mandatários dos reinos e a dinâmica das relações com os governados impunham, na prática, mais restrições do que aquelas que se tentam impor hoje através das Constituições.

Porém, mesmo que superior, a monarquia absolutista ainda se organizava em torno de um Estado, que se sustentava através de

---

382 Idem, p. 101.

impostos. Para Hoppe, o imposto é sempre um roubo, violando sem consentimento a propriedade privada, um direito fundamental do indivíduo que se configura quando ele se apropria dos bens da natureza, tal como na tradição lockeana. Os direitos de propriedade privada "precedem lógica e temporalmente qualquer governo", sendo resultado de "atos de apropriação original, de produção e/ou de troca" e "se referem ao direito do proprietário de exercer jurisdição exclusiva sobre determinados recursos físicos"[383]. O governo, qualquer que seja, sob o pretexto de garantir segurança e justiça, foi definido por Hoppe como uma agência monopolista dos dois serviços que extorque os proprietários sob o pretexto de proteger seus direitos. A democracia é pior que a monarquia apenas porque, empregando pretextos ilusoriamente virtuosos de "participação" e ensejo à expressão da "opinião pública" e dos "direitos", aumenta essa extorsão, o que fica extremamente potencializado pela exploração demagógica dos líderes políticos. Em nome dos direitos fundamentais, o que deveria ser feito, para Hoppe, seria implantar um regime baseado no que ele chamou de "ordem natural", que nada mais seria que o anarquismo de mercado ou anarcocapitalismo, sem qualquer diferença fundamental para o sistema já claramente definido pelo seu mentor Murray Rothbard.

A sociedade ideal seria uma sociedade reduzida a porções pequenas de terra, onde os grupos mais homogêneos se aglutinariam, com total direito a se discriminarem mutuamente. Isso significa, na prática, que Hoppe vislumbra um mundo onde grupos com religiões, opiniões sociais e estilos de vida inteiramente diferentes não convivam, concentrando-se em comunidades próprias, regidas por regras estabelecidas de maneira inteiramente privada, podendo determinar quem entra e quem sai de seus "domínios" – por consequência, seria um mundo de imigração restrita, condicionada às vontades dos proprietários. Um dos caminhos para se conquistar esse mundo dividido seria as secessões, razão pela qual Hoppe apoiava qualquer movimento que separasse populações de porções grandes de território sob gestão de

[383] Idem, p. 262.

algum Estado – em outras palavras, movimentos de independência e fracionamento.

A segurança nesse mundo anarquista de mercado seria feita por agências seguradoras, grandes e poderosas mundialmente, que também, através de negociações efetivadas quando segurados de diferentes agências, cada uma com regras e códigos distintos, entrassem em choque, levariam espontaneamente à formação de regras legais de aplicação geral para dirimir conflitos. Não haveria necessidade de nenhum Estado-nação, nem de diplomacia nos moldes hoje existentes ou órgãos internacionais como a ONU. Com efeito, ele considera positivo privar sociedades inteiras de "qualquer perversidade ou anormalidade imaginável"[384] (numa lista em que, de maneira algo polêmica para as suscetibilidades contemporâneas, ele inclui o "homossexualismo").

Ao abordar o socialismo e o estatismo, Hoppe procurou demonstrar que estão errados aqueles que mencionam a restrição à democracia no socialismo como um dos seus problemas – já que, por óbvio, se a democracia é um mal, não é um mal a sua restrição. O verdadeiro problema dos regimes socialistas seria apostar no planejamento econômico centralizado e na limitação da livre iniciativa, expandindo-se violentamente sobre a propriedade privada, que exige, para se caracterizar como tal, sua livre utilização pelos proprietários.

Já os liberais clássicos, de acordo com o diagnóstico de Hoppe, experimentaram um declínio global devido à incoerência de suas ideias. O grave erro dos liberais teria sido, ao mesmo tempo em que se esforçaram por defender as liberdades individuais e a propriedade privada, admitir a teoria do governo. Ao aceitar o governo como protetor da segurança e da propriedade, os liberais teriam aberto a porta para a sua maximização como destruidor de tudo aquilo que teoricamente deveria proteger. Alguns entre os próprios liberais, como Hayek, teriam, na verdade, se transformado em autênticos "sociais-democratas", aceitando inovações do Estado-de-bem-estar-social.

---

[384] Idem, p. 242.

As considerações de Hoppe abrem brechas para um debate: os anarcocapitalistas e anarcoindividualistas podem ser considerados liberais? Talvez este seja um daqueles questionamentos que não admitem uma resposta única. Se a pergunta fosse formulada, conforme pontuamos, a praticamente qualquer autor liberal de expressão, incluindo Mises, o professor de Rothbard, a resposta seria enfaticamente negativa. Os autores anarcoindividualistas anteriores à abordagem rothbardiana aqui mencionados, ou não conceberam um sistema político efetivamente elaborado, como seria o caso de um Thoreau, ou tinham recebido influências importantes do mutualismo de Proudhon, contendor direto dos liberais alinhados a Bastiat no debate político francês do século XIX, como era o caso de Tucker e Spooner. Uma exceção poderia ser o alemão Stirner, que, no entanto, em sua crítica a todos os sistemas políticos e religiosos, absolutamente não pouparia o liberalismo como corrente política, visto por ele como mais uma "ideologia" ou rótulo a aprisionar o "eu" em narrativas e constrangimentos, quando apenas ele, em sua singularidade, deveria prevalecer.

O próprio Rothbard, portanto, fundou algo particular, de conformações inéditas, e projetou sua filosofia no passado, encontrando nos liberais clássicos antecedentes de seu pensamento. Hoppe seguiria Rothbard, mas diria mais: que o libertarianismo anarcocapitalista é uma superação do liberalismo, descartando suas incoerências. Ora, é claro que a defesa do paradigma do individualismo e da economia de mercado, bem como o subsequente alinhamento em uma série de pautas práticas e imediatas, associam os liberais convencionais e os anarcocapitalistas. Contudo, se uma filosofia diz ter surgido para superar outra, ela ainda pode ser considerada uma vertente desta última? Deixamos que o leitor responda, sem pretensão de impor uma solução definitiva. Pontuamos apenas, com convicção extraída da observação dos fatos, que a tradição liberal não se encontra com a tradição propriamente anarquista a não ser através desses ramos mais jovens, peculiares e minoritários, não havendo, repetimos, nenhum vestígio de sua presença entre Locke e Mises.

13.

BREVES CONSIDERAÇÕES EM DEFESA DO LIBERALISMO BRASILEIRO

Este livro foi escrito sob a provocação de uma contenda, no seio do movimento liberal brasileiro, entre diferentes narrativas que ambicionam a monopolização do significado dessa ampla tradição que é o liberalismo. Entre correntes que desejam que essa tradição seja restrita a concepções sociais próximas ao anarquismo, quiçá propriamente anarquistas, e, de outro lado, correntes que consideram falsamente liberal o privatismo de figuras como Friedman e Hayek, todas cometem, em direções diferentes, o mesmo erro audacioso: tentar singularizar o que é plural.

A melhor forma de refutar essas narrativas monopolizadoras seria submergir, dentro das limitações inevitáveis, na história do liberalismo, ressaltando a diversidade de percepções dos seus protagonistas acerca do papel do Estado. Foi exatamente o que procuramos fazer. Entretanto, esses mesmos interlocutores petulantes lançam mão de uma argumentação depreciativa da tradição especificamente nacional do liberalismo, alegando, também em diferentes sentidos, que no Brasil não houve um só liberal verdadeiro, ou no máximo que houve uma quantidade e diversidade muito menores do que o que se poderia aventar. Para uns, não houve liberalismo no Brasil porque todos os nossos ditos liberais foram na verdade sociais-democratas, já que não defendiam postulados como "imposto é roubo" ou a privatização das ruas – ideias que, a essa altura deve estar claro, sempre foram de uma expressão muito reduzida em comparação à linha central de desenvolvimento do liberalismo. Para outros, todos os nossos liberais foram criaturas malignas, cruelmente insensíveis às dores da sociedade, golpistas e reacionários inveterados, à exceção de alguns poucos, como Merquior, por se terem identificado com a tradição do liberalismo social – e que seria "negligenciado" pelos liberais "do mal", pelos macabros "fundamentalistas do mercado", precisamente por isso.

Adotando a devida cautela para não nos estendermos neste tópico paralelo, acreditamos que seja necessário dedicar este breve espaço para algumas considerações em defesa da virtude e dos valores dos liberais brasileiros do passado, bem como da riqueza de nosso liberalismo daí decorrente, ainda que, por óbvio, o Brasil não tenha sido um dos centros de formulação de fundamentos novos para a tradição liberal. Tendo exposto as diversas escolas liberais, averiguaremos de que maneira esses diferentes "liberalismos" se fizeram presentes em território brasileiro, a fim de apresentar um contraponto aos recorrentes queixumes de nossos compatriotas.

Comecemos por Merquior. O leitor desta obra terá notado que estamos longe de desaconselhá-lo ou de manifestar quaisquer prevenções em relação ao estudo de seu trabalho; muito ao contrário, lançamos mão de sua brilhante produção diversas vezes. Seu livro *O Liberalismo Antigo e Moderno* é um apanhado inescapável da trajetória do liberalismo e de suas diferentes escolas e desenvolvimentos, certamente digno de reconhecimento internacional. Temos sempre recomendado que os liberais brasileiros conheçam melhor sua obra e seu pensamento, referendando-o como um dos mais qualificados intelectuais que o país já teve.

Apreciar o trabalho de Merquior não significa identificar-se com o tipo de liberalismo social por ele proposto, tampouco endossar todas as suas críticas aos austríacos e aos liberais por ele apontados como "neoliberistas", supostamente preocupados em excesso com a liberdade econômica, fossem nacionais ou estrangeiros. Essas críticas foram combatidas, por exemplo, pelo embaixador José Osvaldo de

Meira Penna, em época em que os dois pensadores frequentavam os círculos intelectuais do Instituto Liberal, contribuindo para a riqueza dos debates e a pluralidade interna da instituição.

Acreditamos pessoalmente que as críticas de Merquior se tornaram mais exageradas e inadequadas em outra obra de sua lavra, *O Argumento Liberal*. O livro é uma coletânea de ensaios profundos de Merquior sobre diversos temas filosóficos e sociais, nem todos tão explicitamente ligados à temática do liberalismo.

Em um deles, *Raízes da tradição autoritária*, originalmente publicado no *Jornal do Brasil* em 1982, Merquior alegou que, no Brasil, "a oposição ao autoritarismo tende a confundir autonomia da sociedade civil com liberalismo econômico absoluto". Nossos "neoliberais", para ele, "raciocinam como paleoliberais, saudosistas de uma ordem socioeconômica vitoriana, alheia ao princípio moderno da economia social do mercado e aos deveres do Estado num país em desenvolvimento"[385]. Isso seria responsável por manter a ideologia liberal restrita a determinados grupos sociais, enquanto a sociedade brasileira, em verdade, precisaria de um Estado simultaneamente eficiente e responsável.

Em outro texto, *Sociedade civil: mito e realidade*, originalmente lançado em *O Estado de São Paulo*, também em 1982, Merquior questionou que, "no Brasil dos nossos dias, a moda é a apologia da sociedade contra o Estado. De acordo com esse estado de espírito, o pecado original da sociedade brasileira é a atrofia da sociedade civil, e a palavra de ordem, a denúncia generalizada do Estado. Curiosamente, encontramos essa estadofobia tanto à direita, servida *à la* Hayek, quanto à esquerda, com molho Gramsci (...). O que os nossos estadófobos de direita e esquerda tendem a esquecer é todo um conjunto de circunstâncias. Por exemplo, a nossa tremenda carência de serviços sociais básicos, como educação e saúde, de implementação inconcebível sem a presença do Estado"[386].

[385] MERQUIOR, José Guilherme. O Argumento Liberal. Editora Nova Fronteira, 1983, p. 241.

[386] Idem, p. 127.

Merquior concluiu dizendo que o maior problema brasileiro não seria a hipertrofia estatal, mas a sua forma "patrimonialista". O liberalismo social ou social liberalismo deveria defender, para ele, um Estado que não fosse "nem um simples guarda de trânsito, como querem os neoliberais, nem um general, como preferem os dirigistas *à outrance*"[387].

Pontue-se que as considerações de Merquior não significam que tenha desprezado os economistas da Escola Austríaca ou da Escola de Chicago. Ao contrário dos seus pretensos seguidores contemporâneos, que se apoiam na autoridade do nome de Merquior, por vezes, para promover uma exclusão inteiramente arbitrária de outros pensadores do escopo do liberalismo, ele reconhecia àqueles que chamava "neoliberais" seus lugares na história do liberalismo e o valor de suas críticas ao Marxismo. Não foi outra a tônica de sua proximidade com os liberais que atuavam no Instituto Liberal.

Pessoalmente, entretanto, consideramos essas críticas de Merquior bastante injustas e desconectadas da realidade, em especial a de sua própria época. Primeiramente porque, se está ajustado à melhor tradição liberal brasileira, a exemplo da linha seguida pelos pupilos do professor Antonio Paim, em reconhecer o mal do patrimonialismo, não é possível concordar com Merquior em sua visão de que a hipertrofia estatal não estava no centro do problema – ainda mais considerando que tal crítica apareceu nos anos 1980, em tempos de hiperinflação, multiplicação de estatais e regulamentações jurássicas. O próprio Merquior reconheceria esse problema em boa medida noutras oportunidades, o que torna sua declaração um tremendo exagero inapropriado.

Da mesma forma, sua vinculação de Hayek à ideia "estadofóbica", segundo ele, de que os liberais brasileiros se valeriam para rejeitar a atuação do Estado até nas áreas da educação e saúde, é inaceitável. Sem dúvida, como estamos pontuando, existem hoje, mais do que à época, liberais mais radicais, objetivistas e libertários que se

---

387 Idem, p. 128.

orgulhariam em se enquadrar na designação de Merquior. Porém, Hayek é justamente um dos alvos dos ataques destes últimos, porque acreditava na utilidade de intervenções do Estado no auxílio dos mais pobres e em situações emergenciais, aceitando até a ideia de uma renda mínima para os mais miseráveis. Milton Friedman, ícone da Escola de Chicago, defendia o uso dos *vouchers* justamente para educação e saúde e boa parte dos liberais brasileiros contemporâneos de Merquior não chegava sequer aos pés dos extremos que seus pares às vezes defendem hoje. Por isso, a análise merquioriana nos referidos artigos era uma tremenda exorbitância, que apontamos sem alimentar qualquer pretensão de diminuir a importância de conhecer a obra do grande pensador brasileiro, que muito tem a contribuir para as reflexões contemporâneas. Este é unicamente um convite à sua leitura crítica e ao salutar exercício da separação do joio e do trigo, convite que certamente o próprio Merquior endossaria.

Como quer que seja, se o problema seria um suposto predomínio fantasmagórico de austríacos e "chicaguistas" – em época em que mal se ouvia falar deles –, cumpre enfatizar que Merquior esteve longe de ser o único teórico do liberalismo social no Brasil. Cabe citar, para nos atermos a apenas mais um exemplo (e de relevo político prático), a figura de Marco Maciel (1940-2021), que, segundo o professor Antonio Paim, em seu clássico *História do Liberalismo Brasileiro*, "procura inserir-se na tradição do liberalismo brasileiro, a começar do próprio Império. Vale a pena conferir como avalia o papel dos liberais na República, ao dizer que Rui Barbosa moldou juridicamente as instituições, enquanto Prudente de Morais (...) afirma a supremacia do poder civil e Campos Sales restaura a autoridade. Na República Velha, ainda que não haja partidos nacionais, a seu ver, os liberais estavam atuantes e é à sua bandeira que se recorre em 1930, com a Aliança Liberal. Na fase subsequente, o fato de que o liberalismo clássico tenha perdido muito de sua aura levou a que se vissem excluídos da hegemonia do processo, entregue à oscilação pendular entre autoritarismo e populismo. (...) À luz dessa perspectiva, aborda os mais importantes temas doutrinários, como o conceito de liberalismo e de democracia liberal, o papel do Estado, a questão das disparidades sociais e as relações entre representação política e outras formas de representação"[388].

Resta claro que, declarando-se filiado à tradição liberal, este personagem não negava de modo algum a presença do liberalismo ao longo da história brasileira. Maciel mencionava como suas principais inspirações o compatriota Joaquim Nabuco – que, como já tivemos ocasião de pontuar, era um admirador do liberalismo britânico de Gladstone – e o italiano Norberto Bobbio; no segundo, certamente colheu a flexão para o âmbito do liberalismo social em que se viria alojar. Porém, também fazia bastantes referências ao liberal peruano Vargas Llosa (n. 1936) e estava declaradamente filiado às interpretações de Leonard Hobhouse, acoplando à sua retórica uma defesa entusiasmada da igualdade de oportunidades. Enaltecia o legado da Revolução Inglesa e da Revolução Americana como pilares do liberalismo, mas a elas também adicionava a Revolução Francesa, apesar de suas feições radicais e "abstratistas", tão criticadas pelas vertentes mais conservadoras do pensamento liberal.

É muito difícil concordar com sua visão exageradamente positiva da Constituição de 1988 e sua tese de que ela deve ser interpretada à luz de um "moderno liberalismo", dados os aspectos flagrantemente dirigistas e, como diria Roberto Campos, "promiscuístas" de sua estruturação. Contudo, ao mesmo tempo, é inegável que ele tentou dar certa consistência teórica ao Partido da Frente Liberal (PFL) – posteriormente transformado em DEM, o que comprovou que teve relativamente pouco sucesso nesse propósito.

Marco Maciel sustentava um modelo de liberdade de organização partidária e restrição do acesso ao Parlamento conforme regras de desempenho, bem como o voto distrital misto e a revisão do pacto federativo. Na Constituinte de 1988, combateu limitações ao direito de propriedade privada, a remuneração adicional de 50% para a jornada extra de trabalho, a nacionalização do subsolo, a estatização

---

[388] PAIM, Antonio. História do Liberalismo Brasileiro. LVM Editora, 2018, p. 322.

do sistema financeiro, o limite de 12% ao ano para os juros reais, a possibilidade de desapropriação da propriedade produtiva, entre outras propostas intervencionistas. O professor Antonio Paim louvou, além disso, sua constante preocupação com o tema da educação, prioritariamente o desenvolvimento do ensino básico, como ingrediente essencial da cidadania e da prosperidade. Defendia ainda que o PFL encampasse diretrizes favoráveis à reforma previdenciária, à reforma tributária e à abertura da economia ao mercado internacional.

Sua retórica admitia, como a de muitos liberais sociais, preocupações com conceitos como "justiça social" e "direitos sociais", dificilmente admitidos por liberais como Friedrich Hayek, por exemplo. Também se encontra em certas passagens de seu trabalho uma estranha relativização do insucesso dos regimes socialistas em garantir o acesso ao necessário aos cidadãos, preferindo atacá-los mais pela supressão das liberdades e da formalidade liberal-democrática. Mesmo com esse tropeço, Marco Maciel defendia que a iniciativa privada deveria ser protagonista do desenvolvimento, ainda que em cooperação com o Estado.

Valendo-se da análise de Raymundo Faoro (1925-2003) sobre a formação do estamento burocrático brasileiro, Maciel também criticava objetivamente o patrimonialismo, o clientelismo, o cartorialismo e o corporativismo, consoantes com o gigantismo de Estado e sua tutela sobre a sociedade brasileira. É verdade que esses liberais sociais brasileiros que atuaram durante o final do regime militar e a Nova República, notadamente Maciel e Merquior, à diferença do pensamento dominante em nosso Instituto Liberal, demonstraram para com a substância dirigista e social-democrata da Constituição de 1988, bem como do quadro político que se ergueu triunfante dos escombros do ciclo autoritário, um questionável grau de tolerância em que não seríamos capazes de acompanhá-los. Registraram, contudo, dentro desse mesmo cenário, suas meritórias contribuições no sentido da sustentação de certos valores fundamentais e da aprovação de certas reformas que interessam a todas as vertentes da "macro tradição" da modernidade chamada liberalismo.

Na mesma linha, procurando postular um prestígio quase que exclusivo à corrente liberal social, temos a abordagem de alguns intelectuais que até reconhecem a presença da tradição liberal no Brasil, mas estabelecem uma escala de valores em que o liberalismo social é privilegiado e as demais vertentes são julgadas deformações antidemocráticas do pensamento liberal.

Esses autores, geralmente atuantes nos meios acadêmicos ou jornalísticos, procuram traçar uma distinção essencial entre o que consideram duas ideologias radicalmente distintas: o "liberalismo democrático" – tradição que, ao que parece, configuraria o liberalismo autêntico, mais completo, mas que eles teoricamente reduzem ao chamado "novo liberalismo" ou liberalismo social dos herdeiros de John Stuart Mill ou da turma norte-americana de John Dewey – e o "neoliberalismo" – que seria uma variante de inspiração "conservadora", dedicada a alçar o mercado à condição de organizador último da vida social, considerando que a liberdade econômica tem prevalência ou prioridade sobre a dimensão política.

Dentro dessa abordagem, o "liberalismo democrático", de Stuart Mill a Rawls, privilegiaria a democracia liberal em detrimento do liberalismo econômico, enquanto os "neoliberais" privilegiariam a economia de mercado e teriam uma visão mais relativista da importância do sistema democrático e das liberdades políticas. No juízo prático dos defensores dessa leitura, haveria uma urgente necessidade de demarcar uma distinção entre os dois grupos e identificar no quadro atual uma presença marcante dos chamados "neoliberais" como agentes de deslegitimação sistemática do papel dos chamados "liberais democráticos" – quando, na prática, eles não deixam de fazer exatamente aquilo de que os acusam.

Não discutiremos aqui os conceitos e convenções vocabulares que costumam ser empregados nesse tipo de crítica, ainda que seja evidente que a expressão "neoliberalismo", nas primeiras vezes em que apareceu, não tenha tido sua acepção associada às escolas liberais antikeynesianas que ganham força nos anos 1970 ou ao "liberismo" de forma geral, bem como ainda que se saiba que ela sofreu profundas polissemias ao longo do tempo. Para se ter uma ideia, no dizer de muitos libertários que beiram ao anarcocapitalismo, "neoliberalismo" é tratado como a doutrina de liberais que aceitam uma participação maior do Estado como resposta à Revolução Keynesiana. Longe de nós dizer que os termos são irrelevantes, e parte nuclear de nosso esforço com este trabalho é justamente defender a palavra "liberal" de distorções simplificadoras, mas estamos acostumados a perder um tempo precioso discutindo apenas os termos e rótulos em ocasiões em que precisaríamos gastar tempo discutindo as ideias e os conceitos.

Em primeiro lugar, é forçoso reconhecer que essa categorização, ainda que binária, conceitualmente falando, tem alguma pertinência. É evidente que personagens como o ex-presidente Campos Sales (1841-1913) e seu ministro da Fazenda Joaquim Murtinho (1848-1911), sob a influência do pensamento de Herbert Spencer, estavam mais preocupados com medidas de austeridade e com o valor do capitalismo do que com o sistema representativo liberal ou as garantias fundamentais de uma oposição democrática, enquanto o polímata Rui Barbosa, simultaneamente oposto aos radicais militaristas e à oligarquia da República Velha, estava mais preocupado com as instituições políticas. Isso foi fator de embate direto entre esses segmentos na República Velha. Também é verdade que o conceito de valorização da liberdade econômica em detrimento da democracia representativa se aplica com certa justiça a figuras como o economista Eugênio Gudin, que estendeu seu apoio à ditadura militar das décadas de 70 a 80 do século XX mesmo após os decretos que a endureceram.

Porém, é de bom tom recordar que Rui Barbosa, como parlamentar, elogiou explicitamente os liberais manchesterianos e o francês Frédéric Bastiat, vindo a adotar mais adiante, especialmente na fase final de sua carreira, as ideias do liberalismo social. Parece haver alguma confusão ou desvio retórico, por parte de certas vozes contemporâneas nos meios acadêmicos, entre a admissão de papéis adicionais ao Estado e um suposto desvio fundamental em relação ao princípio da liberdade econômica como um valor, o que esperamos tenha ficado demonstrado ser um exagero, à luz da caminhada liberal desde Locke e Adam Smith.

Concentremo-nos, entretanto, nas figuras de Roberto Campos e, principalmente, Carlos Lacerda. Afonso Arinos (1905-1990) é corriqueiramente referenciado como representante da opinião geral da parcela da UDN (o partido político de Lacerda, atuante no Brasil entre os anos 1940 e 1960) crítica à Constituição de 1967, quando o udenista mineiro defendeu a "perfeita compatibilidade entre a técnica de liberdade política, coração da democracia, e um maciço antiliberalismo econômico, que parece ser o traço marcante do nosso tempo"[389]. Menciona-se, igualmente, a figura de Carlos Lacerda como um "liberal democrata" alinhado a Afonso Arinos que condenou o neoliberalismo do governo Castelo Branco (1897-1967), cuja figura de proa era justamente Roberto Campos, qualificado como artífice de uma política de tecnocratas, abraçados a uma concepção neocolonialista de Brasil. Recorda-se oportunamente a esse respeito a declaração de Lacerda ao dizer que "Rui teve a intuição genial do sopro de progresso que poderia ter feito o Brasil dar um salto com a República, enquanto o Murtinho, no Governo Campos Sales, aplicou a política que, no afã de liquidar os excessos do Encilhamento, por timidez acadêmica, reduziu o desenvolvimento brasileiro"[390]. Já na década de 1990, ao redigir suas memórias, Roberto Campos lamentaria suas ácidas polêmicas com os "liberais democratas" como Carlos Lacerda ao dizer que "foi tudo um grande desencontro", mas em verdade, ele estaria equivocado nessa conclusão, dado que haveria um abismo essencial entre as concepções de ambos os campos.

Em primeiro lugar: em nenhum momento o governador da Guanabara fez profissão de fé do "antiliberalismo econômico" da mesma forma pela qual Afonso Arinos parece tê-lo feito. Seria

---

[389] ARINOS apud LYNCH, Cristian. Nada de NOVO sob o Sol: teoria e prática do neoliberalismo brasileiro. Disponível em: https://insightinteligencia.com.br/nada-de-novo-sob-o-sol-teoria-e-pratica-do-neoliberalismo-brasileiro/

[390] LACERDA, Carlos. Brasil entre a verdade e a mentira. Bloch Editores, 1965, p. 29.

um erro ladeá-los de forma tão absoluta, desconhecendo a pluralidade interna à própria UDN em suas concepções do liberalismo – tanto mais porque Arinos foi um dos responsáveis por "boicotar" as pretensões de Lacerda à presidência, ao apoiar a prorrogação do governo Castelo, como o próprio mineiro confessou ter pretendido. Afonso Arinos, um admirador de Hans Kelsen, Tocqueville e Nabuco, efetivamente, como outros bacharéis da UDN, transigia em tintas mais fortes com o Keynesianismo e até com aspectos mais típicos do desenvolvimentismo do que, a um só tempo, Lacerda e Roberto Campos. Poder-se-ia alegar, com maior justiça, que ele e Lacerda não poderiam pertencer rigorosamente ao mesmo campo, se fosse o caso de enfatizar sobremaneira as distinções, como se faz entre os liberalismos de Lacerda e Campos.

Em segundo lugar, ao se esforçar por estabelecer um profundo abismo entre o que chama de duas tradições liberais, abismo esse que se repetiria em uma fixa estrutura binária ao longo da história republicana, essa abordagem deixa de conferir o devido destaque às circunstâncias políticas. O governador da Guanabara se via politicamente ameaçado, mesmo traído, vindo até a buscar uma composição política com seus antigos inimigos, a Frente Ampla, e Campos servia ao governo como técnico no ministério do Planejamento. É inevitável reconhecer que essas posições influenciaram na forma pela qual se conduziram naquele enfrentamento.

É preciso ainda se ater ao conjunto dos fatos. Lacerda chegou, por certo tempo, a ser crítico do voto dos analfabetos, exatamente como Gudin e os outros ditos "neoliberais", dos quais ele é rigidamente separado de forma pouco convincente; Lacerda também não abandonou o governo Castelo Branco da noite para o dia, chegando inclusive a excursionar pela Europa para divulgar a "Revolução de 64", processo de ruptura institucional que faria com que o militar ascendesse ao poder. Nos anos 1950, Lacerda sustentou uma fórmula de suspensão das eleições previstas, o que ele chamava de "regime de emergência", com o pretexto de reformular as instituições fabricadas pelo varguismo e acalmar os espíritos ouriçados pelo suicídio de

Vargas, que deixariam o povo suscetível, sobretudo pela exploração da imagem do ditador feita pela rádio, ao emocionalismo – isto é, à demagogia que se costuma ver sendo criticada pelos "neoliberais", apontada pelos liberais sociais como um "veneno conservador" em sua ideologia supostamente precária. Esse receio da "tirania das maiorias", do "homem-massa", estava presente em todos eles, o que torna a formalização de uma "distância intransponível" entre seus discursos uma exorbitância flagrante.

É evidente que Lacerda não era um economista austríaco ou um "chicaguista"; sua referência maior no campo econômico estava no ordoliberalismo alemão e na economia social de mercado, especificamente na figura do *chanceler* Ludwig Ehrard, precisamente porque a Alemanha era a grande referência de sucesso de sua geração. Porém, seria um erro tremendo considerar que havia ali, em 1965, uma luta mortal entre um "intervencionista econômico empedernido em defesa do ideal democrático" e os "radicais neoliberais *laissez-feristas* que aceitavam a ditadura". Primeiro, porque ninguém ali estava radicalmente comprometido com o *laissez-faire*. Eugênio Gudin, o maior expoente do liberalismo econômico à época, admitia uma série de intervenções estatais e não rejeitava completamente o legado keynesiano, apesar de suas fortes influências de Mises e Hayek. Ele não era sequer contrário à proteção a algumas indústrias brasileiras específicas, embora fosse inimigo da ideia de o Estado assumir funções empresariais. Roberto Campos, o rival direto de Lacerda no embate político sobre o Plano de Ação Econômica do governo Castelo, fez parte da criação do Banco Nacional de Desenvolvimento Econômico e do Fundo de Garantia por Tempo de Serviço, entre outras políticas que muitos austríacos e "chicaguistas" deplorariam. Ainda não era o hayekiano convicto da década de 1980.

Segundo, porque a premissa de todos esses personagens históricos do Brasil da segunda metade do século XX, apesar de discordarem nesse ou naquele aspecto das políticas de intervenção do Estado, era uma mesma premissa de favorecer a liberdade econômica e evitar o rigoroso planejamento centralizado. No texto de Lacerda *Brasil entre a verdade e a mentira*, sem dúvida, não sendo, aliás, um técnico na área econômica, o tribuno udenista se mostrava mais simpático a políticas como o *New Deal* de Roosevelt nos Estados Unidos, admitindo um intervencionismo keynesiano moderado, de forma não totalmente distinta da de Gudin, diga-se de passagem. Preocupado ao longo de toda a carreira com a dimensão político-institucional – afinal, o tempo inteiro ele lutou contra um ditador, Getúlio Vargas, e seus herdeiros, bem como contra os comunistas em plena Guerra Fria –, ele deixava transparecer que teve em Rui Barbosa uma das suas fontes mais importantes de inspiração. Mostrou-se crítico a Campos Sales e Joaquim Murtinho tanto neste trabalho quanto em seu clássico *Depoimento*, ainda que tenha dado pouco aprofundamento ao assunto, posto que não era a sua área.

Contudo, no mesmo *Brasil entre a verdade e a mentira*, Lacerda disse que "vemos o eminente professor Eugênio Gudin, a quem ninguém dará como suspeito, a pedir exatamente o que acabo de ditar neste trabalho, ou seja: 'a redução de impostos para proporcionar recursos aos setores industriais onde se verifique desemprego'"[391]. Portanto, uma das referências lacerdistas para contestar o "neoliberal" Roberto Campos em seu embate político com o governo Castelo era o também "neoliberal" Eugênio Gudin, não um autor desenvolvimentista qualquer – Gudin, aliás, que era admirador de Lacerda.

No mesmo texto, Lacerda procurou demonstrar que seu ponto de vista era, ao contrário, mais liberal economicamente do que o de Roberto Campos. Ele alegou que "a planificação global da economia é incompatível com uma sociedade democrática, baseada na livre empresa. É preciso não confundir a necessidade de um núcleo de atividade econômica pioneira e impulsionadora da ação do Poder Público com a expansão crescente da área estatal das atividades econômicas, em prejuízo da criação de riqueza pela comunidade, pela imaginação, a técnica e a ambição dos homens"[392] – como, de novo, diriam os

[391] Idem, p. 58.

[392] Idem, p. 24.

"neoliberais". Em *O Poder das Ideias*, Lacerda proclamou que "não existe liberdade política sem liberdade econômica"[393] – exatamente como Friedrich Hayek e Milton Friedman, que provavelmente seriam vistos pelos críticos de quem falamos como versões estrangeiras dos "neoliberais". Disse também que "a pretexto de que é necessário dar pão aos que não o têm ainda, não se pode suprimir a liberdade dos que já ganham o seu pão e não querem perder sua liberdade"[394].

Diria ainda, em *O Poder das Ideias*, que o industrialismo fanático estava equivocado, devendo concentrar-se a atenção aos problemas de habitação, alimentação e industrialização da agricultura – exatamente como dizia Gudin. Criticou, mais de uma vez, tanto em seus livros quanto no jornal *Tribuna da Imprensa*, o Estado-providência, o populismo, o patrimonialismo, o nepotismo, a inflação, o fetiche pelo monopólio, o ódio ao capital estrangeiro; disse na *Tribuna* que "onde quer que a iniciativa privada possa desincumbir-se de uma função, não deve o Estado substituir-se a ela"[395]. Um bom "neoliberal" não deixaria de subscrever.

Em nossa interpretação, portanto, sem negar que existissem divergências de entendimento, essa abordagem supervaloriza contrastes políticos circunstanciais como se demarcassem uma distinção entre água e óleo. Elencando uma série indiscutível de similaridades entre ele e Lacerda em seu *A Lanterna na Popa*, Roberto Campos estava, sim, certo ao dizer que a briga entre os dois foi um "grande desencontro", e Lacerda tentou desfazer esse desencontro ao procurá-lo para uma conciliação, infelizmente falecendo antes que isso fosse possível.

Entre a palavra dos dois e a dos acadêmicos contemporâneos, respeitosamente preferimos ficar com a deles. O Instituto Liberal, frequentado pelos "neoliberais" Roberto Campos e Meira Penna, foi fundado em 1983 e se rege publicamente, ao menos desde 1988, pela

---

393 LACERDA, Carlos. O Poder das Ideias. Record, 1963, p. 127.

394 Idem, p. 144.

395 LACERDA apud BERLANZA, Lucas. Lacerda: A Virtude da Polêmica. LVM Editora, 2019, p. 198.

Declaração de Princípios dos Institutos Liberais, que inclui entre seus princípios a defesa da democracia representativa. Podemos acolher as melhores orientações de Eugênio Gudin no campo econômico sem aplaudir seu apoio a medidas duras do regime militar, por exemplo. Podemos acolher as contribuições de Lacerda sem concordar com seus elogios ao *New Deal*. Não existe nenhuma contradição em aproveitar as melhores contribuições que cada autor pode dar, a despeito de suas idiossincrasias e das influências do espírito da época. Vemos problema, ao contrário, em estabelecer, em relação a Lacerda e Campos, duas categorias estanques e inassimiláveis, onde o que existiu foram discordâncias periféricas, que poderiam perfeitamente ser resolvidas se houvesse mais tempo e maturidade para tal – sobretudo quando tal abismo é traçado com o propósito de engrandecer um lado e sentenciar que o outro é um completo "atraso de vida".

Na outra extremidade da questão, temos os libertários que proclamam que qualquer linha de pensamento menos "privatista" do que as deles não pertence ao campo do liberalismo, isto é, que qualquer um que não queira o fim total do Estado ou a sua absoluta redução apenas à segurança e à justiça não é verdadeiramente um liberal, erigindo em mantra uma falsidade histórico-conceitual perante a qual temos que nos manifestar contrariamente. Muitos entre eles fazem a afirmação despudorada de que o liberalismo no Brasil sempre foi apenas uma cilada dominada por sociais-democratas.

Ora, quando a tradição liberal chegou ao Brasil, ainda antes de sua independência, sequer existia a tradição social-democrata. O que se faz ao proferir tais alegações é cometer o mais patético dos anacronismos. Ainda em fins do século XVIII, os pensadores iluministas que iniciaram, nos grandes centros que já elencamos, a sedimentação do edifício liberal, chegaram ao conhecimento de alguns brasileiros, influenciando os movimentos nativistas de insatisfação com Portugal. Um liberalismo de natureza mais radical, com eco rousseauniano, se materializou no Seminário de Olinda, tendo como um de seus representantes Joaquim do Amor Divino Rabelo e Caneca, mais conhecido como Frei Caneca (1774-1825), atuante na Revolução Pernambucana de 1817 e na Confederação do Equador de 1824.

Inspirados pelo liberalismo inglês, tivemos as figuras de Hipólito José da Costa (1774-1823) e Silvestre Pinheiro Ferreira (1769-1846), defensores do sistema representativo, o segundo muito influente sobre a lógica da criação de nossas instituições imperiais. No ciclo de emancipação a Reino Unido, refulgiu a figura de José da Silva Lisboa, o Visconde de Cairu (1756-1835), divulgador do pensamento de Edmund Burke e da visão econômica de Adam Smith e Jean-Baptiste Say no país, embora ainda exibisse alguns aspectos mais tradicionalistas em seu pensamento. O trabalho de Cairu exerceu seus efeitos sobre a abertura dos portos às nações amigas empreendida ainda durante o reinado de D. João VI (1767-1826).

No processo de Independência, os maçons fluminenses, como Gonçalves Ledo (1781-1847), eram liberais. O imperador D. Pedro I, de quem já tratamos ao abordar o liberalismo português, e alguns dos estadistas que participaram da elaboração da Constituição de 1824, receberam sensível impacto do liberalismo francês, particularmente de Benjamin Constant, o notório crítico de Rousseau. José Bonifácio de Andrada e Silva (1763-1838), conhecido como Patriarca da Independência, manifestou receios diante de uma Constituinte imediata, temendo que a sociedade brasileira ainda não estivesse preparada para tal passo e fosse presa fácil de armadilhas demagógicas, mas preferiu o figurino da monarquia constitucional e claramente também foi influenciado pela bibliografia iluminista. A Constituição imperial erigia o Poder Moderador, um poder superior de que o imperador estava investido, mas estava marcada pela divisão de poderes e o reconhecimento dos direitos individuais.

Após um período intermediário e conturbado conhecido como Regência, em que diversas forças políticas se confrontaram, os vencedores, os integrantes do grupo político dos "liberais moderados", se dividiram em dois partidos, seguindo a tendência dos sistemas representativos da época: o Partido Conservador ("saquarema") e o Partido Liberal ("luzia"). Também já tivemos ocasião de apontar neste mesmo livro que o pensamento de ambas as correntes era moldado maciçamente em diferentes vertentes do liberalismo de então. Os saquaremas se alimentavam significativamente do liberalismo doutrinário francês, a exemplo do Visconde de Uruguai, que bebia diretamente de Guizot, bem como de Tocqueville. Os luzias tinham forte inclinação pelo imaginário anglo-saxão, inspirando-se, portanto, diretamente no liberalismo inglês e nos pais fundadores dos Estados Unidos.

Atentemos, por exemplo, para termos uma noção mais concreta de suas visões acerca das atribuições do Estado, para algumas das ideias de Aureliano Cândido Tavares Bastos (1839-1875). Para esse liberal alagoano, defensor de uma descentralização político-administrativa muito mais ampla que a que podia ser contemplada pelas instituições vigentes à época do Império, deveria haver ampla liberdade de ensino, mas, citando John Stuart Mill, ele admitia que o ensino estatal poderia ser necessário em sociedades como a brasileira. Sustentava a educação primária obrigatória, o ensino misto entre os sexos e um imposto provincial para a educação. Sobre a escravidão, postulava a necessidade de ações do governo central para encerrá-la, mas também a responsabilidade provincial por estimular a abolição gradual mediante alforrias indenizadas, o recenseamento dos escravos e o combate ao tráfico, entre outras medidas. Também defendia a liberdade de associação, o apoio governamental à imigração e o fim de uma burocracia centralizadora sobre a construção de obras públicas. Perceba-se que a ação do Estado, para Tavares Bastos, se fazia necessária em alguns setores; dir-se-ia, da forma mais estúpida e fora de tempo e espaço possível, que era um social-democrata e não um liberal? Ora, evidentemente que não!

O liberalismo brasileiro durante o Império conviveu com um legado patrimonialista e um sistema laboral escravista que implicavam restrições significativas ao fortalecimento do espírito de associação, ao desenvolvimento econômico e à eliminação de certos entraves para a ação espontânea da sociedade. Um exemplo era a obrigatoriedade de solicitar a sanção do imperador para abrir uma sociedade anônima em qualquer parte do território, por mais distante que fosse da capital. Isso sem dúvida demonstra a força do substrato antiliberal de nossa cultura; ao mesmo tempo, porém, o discurso fundante do país era um discurso liberal e logrou êxito em construir uma sociedade, particularmente no Segundo Reinado, com amplíssima liberdade de imprensa e um sistema representativo mais ordeiro que boa parte de seus vizinhos, com representação de interesses e correntes de pensamento no debate que era então travado.

O golpe militar de 1889, implantando um regime republicano, representou ruptura no processo evolutivo dessa institucionalidade; porém, em meio ao militarismo dos primeiros anos, ao impacto filosófico do Positivismo de Augusto Comte e à desfiguração oligárquica do sistema político, conviviam, como acabamos de ressaltar ao analisar a disparidade entre Rui Barbosa e a dupla Campos Sales e Joaquim Murtinho, teses spencerianas e liberais sociais, bem como liberalismos monarquistas e republicanos.

Figuras como Armando de Sales Oliveira (1887-1945), no período imediatamente anterior à ditadura de Getúlio Vargas, representaram um pensamento de natureza francamente liberal social, que também seria marcante na UDN de Carlos Lacerda, acompanhado da democracia cristã e, especificamente, da economia social de mercado. Na mesma época, devemos repetir que Eugênio Gudin já atuava promovendo um sincretismo entre teses dos economistas austríacos e monetaristas e aspectos do pensamento keynesiano, tendo integrado a Sociedade Mont Pèlerin. A partir do momento em que as teses austríacas e "chicaguistas" começaram a ascender pelo mundo graças à sua adoção parcial por importantes governos, iniciativas como a publicação, nos anos 1970, da *Revista Visão* de Henry Maksoud (1929-2014) – que trouxe Hayek para o Brasil – e a fundação do Instituto Liberal nos anos 1980 iniciaram uma fase de ingresso dessas teses no país de forma mais consistente. Os anos 2000 e 2010 viram a emergência de um fenômeno de interesse por ideias alternativas à hegemonia social-democrata que grassava nas esferas culturais, alcunhado de "Nova Direita", do qual a divulgação mais maciça dessas escolas antikeynesianas se tornou parte relevante. Uma escola de libertários e objetivistas, a partir de alguns pioneiros que já atuavam nos anos 1980, foi desenvolvida no país.

Trata-se de uma trajetória longa, diversificada e valorosa. Uma simples comparação de cada um de seus episódios ao que se passava na epopeia da tradição liberal pelo mundo mostrará facilmente que, a despeito dos profundos entraves de nossa cultura política ao enraizamento do liberalismo, ele praticamente nunca deixou de ter seus representantes, e sua luta e realizações passaram longe de ser vazias. Com exceção do ocaso tenebroso vivenciado nas décadas de 1930 e 1940, os liberais brasileiros sempre conseguiram, de alguma forma, resguardar ou promover, em algum grau, avanços quanto à manutenção de um sistema representativo no país ou a preocupação com direitos e liberdades individuais. O liberalismo construiu a narrativa e as instituições do Brasil como nação independente, ainda que ao redor da Coroa e tendo que conduzir a reboque a mácula atravancadora da escravidão. O liberalismo cultivou e alimentou um ambiente de desenvolvimento de uma opinião pública. O liberalismo garantiu que, mesmo sob a égide do Positivismo e do autoritarismo militarista, a República não fosse, não em todos os seus aspectos, um completo retrocesso tiranizante, ao promover reformas como a liberalização da abertura de sociedades anônimas e o acolhimento da separação entre Igreja e Estado. O liberalismo lutou pela reconstitucionalização do país após a Revolução de 1930 e lutou para destronar a ditadura de Getúlio Vargas, afinal deposta após os brasileiros contribuírem com a luta pela liberdade na Segunda Guerra Mundial. O liberalismo lutou contra a persistência subsequente do varguismo, o comunismo e outras correntes políticas populistas e autoritárias que prevaleceram, conseguindo provavelmente evitar algumas possibilidades de ditaduras ao longo dos anos entre 1946 e 1964. Infelizmente, enfraquecido pelo regime militar posterior, o liberalismo conseguiu, entretanto, construir um legado que teve um papel importante para que o referido regime não se convertesse em uma ditadura personalista e desavergonhada, estimulando-o a se cercar de uma série de atenuantes e "disfarces", como a manutenção de uma alternância presidencial e a presença de um sistema parlamentar bipartidário, ainda que constrangido. A Nova República que o sucedeu foi marcada pela prevalência social-democrata, mas evidentemente há cláusulas pétreas liberais na Constituição de 1988, bem como os liberais obtiveram conquistas ao participar da construção de importantes iniciativas para a estabilização econômica, como o Plano Real e a Lei de Responsabilidade Fiscal.

O liberalismo tem tradição no Brasil e, como esperamos esteja claro, o que ocorreu nas últimas décadas não foi a invenção de sua presença no país, mas apenas uma importante introdução mais significativa de algumas de suas vertentes, que por aqui se encontravam, no máximo, muito escasseadas, quando existiam, e que merecem seu espaço. Daí a que se apresentem como a inauguração da mensagem liberal no país, ou que, em sentido oposto, sejam apresentadas como causadoras de uma deletéria degeneração do puro e sacrossanto liberalismo social, vai uma grande distância. São injustos atrevimentos, que fazemos votos de estar colaborando para fazer recuarem.

CONCLUSÃO

Ao longo desta breve explanação da trajetória do liberalismo, reconstruímos alguns dos principais episódios que a perfizeram. Revisitamos o *whiggismo* e a filosofia de John Locke, bem como alguns dos afluentes iluministas verificados em Voltaire, Montesquieu e Kant; realçamos as contribuições essenciais de Adam Smith, sem nos descuidarmos de mencionar as antecipações dos escolásticos salamanticenses; apreendemos o pensamento dos pais fundadores dos Estados Unidos; observamos os complexos desafios representados pelo pensamento rousseauniano e pelos artífices da Revolução Francesa, bem como, por outro lado, o apelo à prudência conservadora que remete a Edmund Burke; no século XIX, percorrendo as três liberdades de que falava Merquior, devassamos grandes pensadores que refletiram sobre as atribuições do Estado, as prerrogativas do indivíduo e as conformações assumidas pela democracia, como o alemão Humboldt, os liberais doutrinários, Tocqueville, Gladstone e todo o vicejante Partido Liberal britânico. Do liberalismo ibérico, com a Constituição de Cádiz e os movimentos de emancipação da América Hispânica, de um lado, e o liberalismo luso-brasileiro, do outro, avançamos para o manchesterianismo e o spencerianismo, símbolos do livre-cambismo e da retração estatal. Investigamos detalhadamente o problema do liberalismo social, bem como das escolas que reagiram a ele, ao Keynesianismo e ao estatismo, como a Escola

Austríaca, a Escola de Chicago e o ordoliberalismo, concluindo nossa abordagem com as vertentes mais extremadas do Objetivismo e do libertarianismo anarquista e considerações específicas sobre o cenário brasileiro.

Deste passeio, podemos extrair a conclusão de que a tradição liberal, aplicando, discutindo e sofisticando princípios, teorias e instituições principalmente desenvolvidos a partir de alguns grandes centros – Reino Unido, França, Alemanha e Estados Unidos, em destaque –, pode ser dividida, quanto à questão do papel do Estado, de forma extremamente simplificada, em três grandes categorias:

1) a dos liberais que entendem que a segurança e a justiça, com o fim de manter a ordem social e favorecer a interação espontânea entre os membros da sociedade, são as funções precípuas do Estado, mas que ele também pode, desde que de forma previsível, aprovada dentro do sistema representativo e seguindo regras que podem ser acompanhadas e controladas pelos cidadãos, desempenhar outras funções, por motivos variados; recomenda-se, usualmente, que o Estado tenha algum papel nos campos da educação e da saúde, alegando-se, por exemplo, que é preciso situar os indivíduos em condições mínimas de vida para que possam participar da construção da mesma *res pública*, o que seria inclusive importante para a manutenção da própria ordem social. Esse papel não necessariamente deve ser exercido de forma gerencial, mas pode ser indireto, auxiliando os indivíduos menos abastados a matricularem seus filhos nas escolas ou a utilizarem serviços hospitalares, com as escolas e hospitais sendo privados. Há os que consideram também que caberia ao Estado, ao menos, auxiliar os idosos, as crianças e os enfermos que não conseguem se sustentar por si mesmos. Em intensidades e modalidades variadas, alguns dos integrantes deste grupo também admitem outras atribuições à máquina estatal, como alguma participação em questões infraestruturais e na solução de certas situações consideradas como

externalidades econômicas. A despeito das inúmeras diferenças entre eles, poderíamos incluir nessa categoria, partindo do princípio de que não restringem o Estado apenas à segurança e à justiça, autores como John Locke, Adam Smith, os pais fundadores dos Estados Unidos, Humboldt, Tocqueville, os liberais doutrinários franceses, William Gladstone, alguns entre os constituintes de Cádiz, Carl Menger, Hayek, os economistas da Escola de Chicago, os economistas neoinstitucionalistas, os economistas da Teoria da Escolha Pública e alguns entre os ordoliberais, entre muitos outros personagens da história do liberalismo. Mesmo os membros da Escola de Manchester, a rigor, se alojariam nessa grande divisão.

2) a dos liberais que julgam intrinsecamente absurda a extensão do papel do Estado a qualquer atribuição que ultrapasse as funções mínimas que definem sua existência, isto é, as já referidas segurança e justiça – ainda que alguns, por exemplo, dentro do campo da segurança, admitam o alistamento militar obrigatório. Nesse campo enquadraríamos principalmente Herbert Spencer, Ludwig von Mises, Robert Nozick (antes da mudança de ideia que experimentou anos depois) e Ayn Rand. Os libertários anarcocapitalistas levam as concepções deste grupo a um ponto mais extremo, sustentando a abolição do próprio Estado, o que pode fazer com que representem uma ruptura significativa com a tradição liberal propriamente dita, embora estejam vinculados à sua base individualista.
3) a dos liberais que recepcionaram um diálogo com teorias trabalhistas ou socialistas, admitindo algumas vezes o conceito de "justiça social", enfatizando bandeiras ligadas à construção de um *welfare state* e uma legislação social mínimos, acima do patamar tolerado pelos liberais do primeiro grupo, mas sem abandonar certos parâmetros tipicamente constantes da tradição liberal e sem provirem da tradição social-democrata. Nessa categoria, enquadraríamos John Stuart Mill, Hobhouse, Green e os demais liberais sociais.

A principal conclusão a que podemos chegar é que o primeiro grupo é imensamente mais numeroso que os outros dois e acaba por representar a linha central do desenvolvimento histórico da tradição liberal. Não obstante, integrantes dos outros dois grupos muitas vezes têm manifestado a estranha tendência de pretenderem monopolizar o significado do liberalismo. Nosso propósito não é, de modo algum, expurgá-los desse campo, mas garantir que a pluralidade liberal seja reconhecida e respeitada. Essa é uma condição essencial para que essa tradição de pensamento produza todos os frutos que pode produzir e se consolide cada vez mais em nosso cenário e, particularmente, em nosso debate público. Eis o que justifica nosso esforço, perante aqueles que hão de julgá-lo.